KB203890

유스 디비눔

Jus Divinum Regiminis Ecclesiastici

고백과 문답 편집

장종원 역

고백과 문답

편집 서문

이 책은 웨스트민스터 총회가 막바지에 이르러가던 1646년에 작성되어, 두 번째 판이 1647년에, 그리고 1654년에 세 번째 판이 인쇄됐다. 고백과 문답에 의해 최초로 출간되는 이 한글판은 그 가운데서도 1647년에 인쇄된 두 번째 판을 번역한 것이다.

그런데 이 논문의 저자에 대한 언급은 "런던 시에 있는 그리스도의 여러 목사들에 의해"(By sundry Ministers of CHRIST within the City of London) 라는 표현이 전부다. 스코틀랜드의 유능한 젊은 목사로서 웨스트민스터 총대이기도 했던 조지 길레스피(George Gillespie, 1613-1648)가 1646년에 에라스투스주의(Erastianism)에 대해 논박하며 변증하는 성격으로 저술한 『아론의 싹난 지팡이(Aaron's Rod Blossoming; Or, The Divine Ordinance of Church-Government Vindicated)』와 함께, 특별히 교회와 국가 사이의 적절한 관계설정과 더불어 독립교회정치(Independent Government)를 논박하는 기념비적인 논문을 작성하면서도 정작 저자의 이름조차 찾아볼 수 없는 것이다. 하지만 그럼에도 불구하고 장로교회정치에 관한 하나님의 법(Jus Divinum), 즉 신적권위(Divine Right)에 관한 상세하고도 성경적인 설명들은, 장로교회정치의 원리와 더불어서 그 기원에 있어서의 탁월한 근거들을 제공하고 있다.

특별히 이 책의 역사적 의미와 관련하여 서문은 이르기를 "수많은 논문들이 출판되어왔지만 신적권위의 특성이 무엇인지 그리고 신적권위를 부여받은 교회정치제도를 밝히고 성경을 통해 이 두 가지를 증명하는 성격의 논문은 지금까지 존재하지 않고 있는 실정입니다……그러므로 누구도 걷지 않았던 이 길을 가는 것이 우리의 운명일 것이며, 우리 자신들과 진지하고 사려 깊은 모든 독자들에게 우리의 발걸음과 그 안에서의 진보를 솔직하고 정확하게 평가할 것임을 약속드립니다. 그리고 확신하건대 그 결과로서 생기는 유익들은 이루 말할 수 없을 것입니다."라고 밝히고 있는데, 이것이야말로 이 책의 전체적인 의도를 함축하는 서언이다.

사실 이 책이 왜 저자들을 밝히지 않은 채로 출판되었는가에 대해서는 당시의 정치적인 상황 가운데서 설명할 수 있는데, 특별히 장기의회의 에라스티안(Erastian)파의 영향 가운데서 신앙과 교회정치에 대한 표현의 자유를 위한 심각한 싸움 중에 있었기 때문인 것으로 알려져 있다. 당시의 의회는 처음에 제출된 국교회적인 입장의 문서들 외에 다른 입장에서의 출판을 엄격히 금지 시켰기 때문에, 부득이 "런던 시에 있는 그리스도의 여러 목사들에 의해"라고 하는 모호한 문구로서 저자들에 관한 정보를 기재했던 것이다. 하지만 그럼에도 불구하고 이 책의 저자들은 상세한 내용들 가운데서 국교회주의인 에라스티안파와 독립교회파, 그리고 주교제도에 대한 반박 가운데서 철저한 장로주의를 표방하고 있다. 그러므로 이 책의 저자들이 웨스트민스터 총회의 신학자들이거나 웨스트민스터 총회의 장로주의신학과

정치를 따르는 인물들이었음을 익히 알 수가 있는 것이다. 따라서 장로교회 정치를 연구하는 전문적인 신학자, 교수, 학생, 그리고 교회정치의 주체인 목사와 나머지 교회의 직원(항존직원)들까지도 반드시 알아야할 장로교회 정치의 원리들을 제공하는 필독서가 바로 이 책이다.

끝으로 이 책은, 기독교출판물 번역작업에 첫발을 내딛은 장종원 번역가의 수고와 노력에 바탕을 둔 것임을 밝힌다. 장종원 번역가는 이 작업 가운데서 영어번역의 탁월함 뿐 아니라 난해하고도 복잡한 본서의 체계와 질서를 최대한 살리되, 원례의 의미를 손상시키지 않으면서도 쉽게 이해할 수 있는 문장으로 번역하는 탁월함을 보여주었다. 심지어 그의 탁월함은 신학적 소양의 부족함조차도 상당부분을 스스로 만회할 정도였다. 아울러 이 자료에 관한 기초적인 정보를 제공해 주신 성광중앙교회 한은광 담임목사의 협조 또한 간과할 수 없다. 이러한 분들의 협력을 바탕으로 고백과 문답의 첫 번역서인 이 책이 출간될 수 있었음에 감사를 표하는 바이다.

고백과 문답 편집팀

추천사

참으로 기쁜 소식입니다. 한국 장로교회가 정체성을 잃은 지 상당한 기간이 된 지금에, 장로교회의 교회정치의 성경적 원리를 밝혀놓은 이 책이 번역되어 출간되는 것은 매우 시의적절할 뿐 아니라, 오히려 한국교회사적으로는 이제야 나오게 된 것을 유감으로 여겨야 할 형편일 것입니다. 그 까닭은 교회정치와 관련한 하나님의 법은 성경을 통해 논증함에 있어서 이 책은 고전적 권위를 갖는 장로교회의 소중한 유산이기 때문입니다. 아울러 장로교회 정치의 성경적 근거에 관한 확신의 부족과 그 원리와 내용에 관한 이해의 결핍으로 인해, 한국 장로교회의 여러 양상들은 마음 아프게도 이름뿐인 장로교회의 실례들을 너무나 많이 듣고 보기 때문입니다.

이 책은 본래 저자의 이름이 밝혀지지 않은 채 출판되었습니다. 그것은 당시 교회를 국가 조직의 일부로 왕의 통치 아래 두고자 하는 에라스티안적인 경향을 가진 의회가 장로교회 정치에 관한 일종의 함구령을 행사하고 있었기 때문입니다. 그러한 배경에 비추어 이 책은 장로교회 정치론을 지지하는 웨스트민스터 총대들이 당대의 의회의 함구령에 대하여 자신들의 견해를 제시한 것으로 여겨지며, 웨스트민스터 신앙문서들을 통해 구현하고자 했던 교회정치의 의도를 가장 바르게 판단하는 데에 가장 적절한 것으로 인정을 받습니다. 이 책을 통해서 독자는 하나님께서 그의 말씀을 통해 규정한 교회정치는 다름 아닌 바로 장로교회 정치임을 주장하는 설득력 있는 논증을 만나게 될 것입니다. 그리고 이 책이 밝히는 장로교회의 정치원리에 대한 이해가 증가함에 따라, 교회의 현상과 목회의 양상에 대한 고민과 수정을 도전받게 될 것입니다.

이 책을 번역하는 일은 정말로 많은 노력이 요구됩니다. 히브리어, 헬라어, 그리고 라틴어 구문들이 많이 등장하는 언어적인 문제가 그렇고, 또한 교회정치에 대한 이해와 개념을 올바르게 가지고 관련된 단어들을 번역하는 문제가 그렇습니다. 그러하기에 독자들에 따라 이러한 문제들에 대한 의견이 부분적으로 다를 수는 있겠습니다만, 역자가 기울인 헌신적인 노력은 참으로 높이 평가를 받을만하며, 깊은 감사를 표현하지 않을 수가 없습니다. 장로교회를 알고자 하며 또한 사랑하는 독자들에게 진심으로 권합니다.

합동신학대학원대학교 김병훈 교수

추천사

1644년 11월 런던에서 개최된 웨스트민스터 총회(the Westminster Assembly)는 당시 잉글랜드와 스코틀랜드, 그리고 아일랜드의 정치적인 배경 가운데서, 세 왕국을 하나의 통합된 나라로 묶는데 있어 기독교 신앙의 일치가 너무도 중요했음을 시사하는 역사로 남아 있다. 그 가운데서도 장로교회정치는 'Jus Divinum Regiminis Ecclesiastici' (The Divine Right of Church Government), 즉 하나님께서 제정하신 교회정부로서의 정치원리가 무엇인지를 결론짓는 중요한 역사였다. 그러므로 웨스트민스터 총회의 시기에 이미 여러 저자들에 의해 Jus Divinum의 주제가 다루어진바 있었는데, 그 가운데서도 'Jus Divinum Regiminis Ecclesiastici'는 광범위하면서도 탁월한 장로교회정치의 원리를 정리한 문서다. 물론 이보다 수개월 앞서 조지 길레스피(George Gillespie)가 『Aaron's Rod Blossoming』를 통해 장로교회의 'Jure Divino' 를 명확하게 선언한 바 있지만, Jus Divinum Regiminis Ecclesiastici는 그에 못지않은 중요한 장로교회정치의 문서다.

그러나 올리버 크롬웰에 의해 웨스트민스터 총회의 장로주의정치의 타당성에 대한 논의와 결론들은 모두 부정되고 말았으며, 심지어 웨스트민스터 총회의 모든 표준문서들 또한 거의 부정되고 독립교회파의 입장이 표명되었으며, 그 후로도 성공회를 표방하는 영국의 공식적인 교회(국교회)정체에 의해 장로주의 교회정치는 지속적으로 부정되어 왔다. 특히 신대륙인 미국으로 넘어간 장로교회가 이후의 역사 가운데서 계속적으로 웨스트민스터 표준문서의 입장을 따르지 못하고 점차 웨스트민스터 표준문서에 근거하지 못하는 쪽으로 진전된 것은 참으로 안타까운 일이며, 그것은 상당히 후대에 전파된 조선의 장로교회에 있어서도 마찬가지였다.

비록 상당히 뒤늦은 가운데서나마 'Jure Divino' 로서의 장로교회정치와 그 원리적 바탕을 다루고 있는 이 책이 번역된 것은 참으로 큰 은혜다. 무엇보다 거의 암호와도 같은 이 문헌을 상당히 읽기 수월하게 번역한 번역자의 수고가 놀랍다. 이제 막 기독교 전문번역자의 길에 들어선 분의 번역이지만, 그의 탁월한 어학실력에 의해 이만큼의 결과물이 소개될 수 있게 된 것을 높이 치하하며 적극 추천하는 바이다.

고백과 문답 대표 장대선 목사

Contents 목차

Part II 성경에 따라 신적권위를 부여받은 교회정치의 성격

서 문

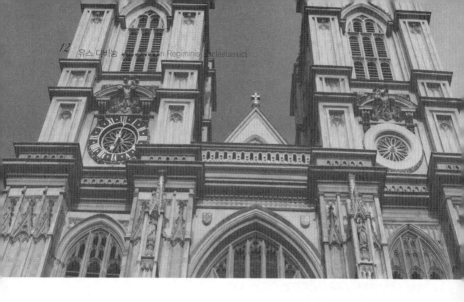

그리스도인 독자 여러분, 이 논문에는 하나님의 법(Jus Divinum), 즉 신적권위(Divine Right)의 특성에 관하여 명확히 기술되어 있습니다. 즉 신적권위가 무엇이며, 어떤 대상이 얼마나 다양한 방식으로 성경을 따라 신적권위를 부여받았는지에 대하여 기술되어 있는 것입니다. 그러므로 이 논문을 통해 신적권위를 가장 명확히 지닌 것으로 보이고, (다른 모든 학자들이 주장하는 바와 같이) 그리스도의 말씀에 가장 일치하고 부합하는 것으로 보이는 교회정치에 대해서 분명하고도 친절하게 설명하고자 합니다. 이 교회정치에 대한 기술(교회정치의 전체적인 구조와 제도를 포함하는)은 성경의 증언과 성경을 통한 논증들로 세분화하여 설명하고 확증할 것입니다. 다시 말해 쉽게 인정되는 사항들은 간략하게, 그리고 일반적으로 논란이 되는 것들은 좀 더 상세히 다룰 것이지만, 이 이례적이고 광범위한 주제의 특성이 허용하는 범위 내에서 최대한 명료하고 간결하게 설명할 것입니다. 또한 수많은 문제들이 논쟁을 통한 구별[흔히 언쟁(딤전 6:3-4; 딤후 2:23)과 쓸데없는 토론(딤전 1:6)으로 이어진다.]이 아니라 긍정적인 주장을 통해 다룰 것입니다. 이에 대해 여러 가지 반론들로 반박하고자 한다면, 최대한 엄숙과 온유와 절제로 하기를 바랍니다. 왜냐하면 우리와 의견을 달리하는 자들의 마음을 상하게 하지 않고 오히려 그들의 마음을 얻고자하기 때문입니다. 우리는 분열로서 상황을 악화시키기보다는 치유하고자 노력하고, 승리를 쟁취하기 위해서가 아니라 진리를 수호하기 위해 싸웠습니다.

이 논문은 무수하고도 집요한 요구 끝에, 이런 유의 논문의 필요성과 이 논문으로 인한 유익들, 그리고 이 논문을 해외로 보내기 위한 시의적절함 등을 고려하여 심사숙고한 끝에 출판하게 된 것입니다. 그러므로 이 논문의 필요성은 명백하고도 긴급하다 하겠습니다.

1. 우리의 일반적인 목회적 소명의 의무뿐 아니라 하나님과의 엄숙한 언약의 유대로 인해 이 논문을 펴내지 않을 수 없습니다. 특히, 제 1조(Art. 1)에 다음과 같이 나와 있습니다: “우리는 최선을 다해 하나님의 말씀을 따라 종교개혁을 추진해 나가되, 이 종교개혁이 효과를 내기 위해서는 하나님의 교회 안에 성경적인 정치와 치리가 제대로 정립되어 있어야 한다.” 설교나 저술활동을 통해서 이 교회정치가 성경의 증언에서 비롯되었음을 공표하는 일은 우리의 고유하고도 특별한 소명입니다.

2. 교회정치 문제와 관련해서 악과 편견의 그림자가 너무나 보편적으로 사람들(실제로 하나님의 백성들 가운데에도)의 판단과 생각 위에 드리워져 있습니다. 이러한 현상은 교회정치의 어려움 혹은 특이성(타 개혁주의 교회들에서는 오래된 친숙한 주제일지 모르지만 우리에겐 새롭고 낯선)이나, 참된 장로교회 정치의 소수의 지지자나 교회정치에 적대적인 자들의 잘못된 진술, 경건한 신자들과 목회자들 가운데서 발견될 수 있는 교회정치에 대한 다양한 견해들로 인해 수많은 연약하고 불안정한 사람들을 혼란스러운 사고와 우유부단함의 미궁에 빠지도록 합니다.

3. 수많은 논문들이 출판되어왔지만(이중 일부는 교회정치의 일부분과 그 신적권위에 대해서 긍정적으로 주장하는 반면에, 논쟁을 통해서 그 정당성을 입증하는 것들도 있었다) 신적권위의 특성이 무엇인지 그리고 신적권위를 부여받은 교회정치제도를 밝히고 성경을 통해 이 두 가지를 증명하는 성격의 논문은 지금까지 존재하지 않고 있는 실정입니다. 만일에 이러한 작업이 없다고 한다면 부단히 노력하기로 서약해서 반드시 복종해야만 하는 교회정치가 성경말씀에 기초한 것인지에 대한 많은 회의가 일 것입니다. 그러므로 누구도 걷지 않았던 이 길을 가는 것이 우리의 운명일 것이며, 우리 자신들과 진지하고 사려 깊은 모든 독자들에게 우리의 발걸음과 그 안에서의 진보를 솔직하고 정확하게 평가할 것임을 약속드립니다. 그리고 확신하건대 그 결과로서 생기는 유익들은 이루 말할 수 없을 것입니다. 1. 어떤 일에 있어서 오도되고 상반되는 사고를 하는 자들이 설득되어 다시 우리에게로 돌아오게 될 줄을 누가 알겠는가? 단 한명이라도 오류에서 구제될 수

있다면 우리의 수고는 헛되지 않을 것이다. 2. 불안하고 회의적이며 우유부단한 자들의 의심과 주저함을 제거해주고 이들이 교회정치에 대해 좀 더 안정된 주장을 할 수 있게 함으로써 이들에게 어느 정도의 만족함을 줄 것이다. 3. 교회정치에 대해 문외한이거나 이 주제의 많은 서적들을 살 돈이 없든지 읽을 여유가 없는 자들이, 이 논문을 통해서 교회정치의 전 구조에 대해 만족스러울 정도로 알 수 있게 되는 많은 유익을 얻을 수 있다. 4. 결과적으로 이러한 목적들이 달성되면 종교개혁이라는 과업이 훨씬 용이해질 것이고, 사람들의 마음이 주님과 주님의 규례들에 대해 복종할 준비를 하게 될 것이다. 5. 이 시도(완전하거나 만족스럽지 못하더라도)를 통해 우리의 형제들 가운데 좀 더 명민하고 탁월한 사고를 하는 자들이 자극을 받아 교회의 공적 유익을 위해서 좀 더 심도 있는 발견들을 하는 데에 박차를 가할 수 있다. 6. 이전에 우리가 한 일에 대해 완전히 실망한다 하더라도 우리는 여전히 성령 안에서 평안과 안식을 누릴 것이다. 우리는 받은 달란트를 이 땅에 묻어두지 않았으며 그리스도의 왕권으로 자신의 교회를 다스리는 것에 대한 그리스도의 진리를 증거하는 일에 소홀 하지도 않았기 때문이다. 이 진리를 증거할 때 그리스도께서는 모든 시대마다 거센 저항을 받았고(시 2:1-3; 눅 19:14, 27; 행 4), 일부 학자들[1]이 주장하는 바와 같이 이 진리를

1) 예수 그리스도께서는 왕이시며 자신의 교회 안에 이 세상 나라와는 구별된 나라와 정치를 두셨다는 진리의 말씀을 하셨기에, 그리스도 자신은 죽기까지 고난 당하셨고 자신의 피로 이를 봉인하셨다. 그리스도 수난의 이야기에서 이 주장이 그리스도께서 고소당한 유일한 죄목이라는 것을 목격할 수 있다. 이 진리의 말씀은 그리스도께서 고백하고 공언하신 것이었고(눅 23:3; 요 18:33-37). 이로 인해서 유대인들이 가장 격분하고 고소하며 마음에 수긍이 갔으며(눅 23:2; 요 19:22, 25); 빌라도가 예수를 사형 선고를 내리는 명분으로 작용했고(요 19:12-13); 십자가의 죄패에도 씌어있었다(요 19:19). 그리고 비록 우리의 죄에 대한 하나님의 공의를 충족시키는 것이었지만, 그리스도의 죽음은

증거하기 위해 그리스도께서는 특별하고도 직접적인 방식으로 많은 고난을 당하셨다. 이 목적을 이루기 위해 그리스도께서 이 세상에 오셨다(그리고 이 목적을 위해서 우리는 목회의 소명–진리를 증거하는 것–을 받았다). 마지막으로, 현재 이러한 주제에 관한 논문의 출판은 우리에게 많은 자극과 격려를 줍니다. 지금 우리는 런던지방에서 실제로 그 언약적인 교회정치의 시행의 초창기 가운데에 있습니다. 하지만 우리는 심사숙고한 결의문을 통해 이 교회정치를 시행할 뜻을 오랫동안 내비쳐 왔습니다. 따라서 일반적으로 우리는 교회 직원으로서 교회정치를 하거나 교회의 회원으로서 교회정치에 복종하는 방식으로 교회정치에 관여할 것입니다. 하지만 양심적인 신자라고 한다면 교회정치의 신적권위에 대해서 어느 정도 확신이 설 때까지 어떻게 교회정치를 하거나 믿음과 분별력과 자진하는 마음으로 그 정치에 복종할 수 있겠습니까? 신적권위도 없이 단순히 신중함만으로 교회정치의 전체 틀을 세우는 충분한 기초가 될 수 있겠습니까(일부가 동의하는 바처럼)? 성경의 일반적인 규범에 따라서 신중함은 비본질적인 요소들에서는 유용할 수 있습니다. 하지만 하나님, 언약, 양심, 종교개혁의 위대한 과업에서의 목적과 같은 본질적인 요소들에서 신중함만으로 충분하다고 말할 수 있겠습니까? 치리장로의 직분을 수행하는 양심적인 신자라고 한다면, 과연 치리장로의 신적권위가 성경 말씀에 제시되어 있는지에 대해 고민을 하지 않을까요? 제멋대로 구는 자를 징계하고 수치스러운 짓을 범하고도 강퍅한 자를 출교시키며, 회개하는 자를 회

---

lutron, 구속의 대가였지만 그리스도에 대한 박해와 고소와 정죄를 한 자들에 대하여는 marturion, 그 진리를 봉인하는 순교자의 증언이었다. 길래스피의 아론의 지팡이(Aaron's Rod Blossoming); 독자들에 대한 서신 참고.

복시키는 등의 치리를 행하는 자가 성경에서 제시하는 신적권위를 부여받지 못했을까요? 그러므로 치리장로들과 그 외 교회정치에 관여하는 자들은 성경이 명확히 제시해주는 교회정치의 신적권위를 어느 정도 인식함으로써 양심적으로 분별력을 가지고서 기꺼이 교회정치로서의 치리를 시행할 수가 있는 것입니다. 그러므로 하나님의 축복으로 이 소논문이 우리에게 어느 정도 적절한 도움이 되기를 바랍니다.

지금까지 이 논문의 성격과 발행 근거에 대해서 살펴보았습니다. 이제는 간단명료하게 해결된 교회정치에 관한 몇 가지 의혹들에 대해 살펴보겠습니다.

의혹 1. 교회정치의 전체 구조에 대한 신적권위에 관한 많은 의혹들이 있다.

1. 신적권위를 부여받은(jure divino) 특정 교회정치가 과연 있는가? 2. 그러한 교회정치는 무엇인가? 3. 어떤 교회 직원이나 당회의 회원들이 신적권위를 부여받았는가? 4. '당회' 는 신적권위를 부여받았는가? 5. '노회' 는 신적권위를 부여받았는가? 6. '지방대회', '전국대회', '세계대회' 는 신적권위를 부여받았는가? 7. '당회' 에서 '노회', '지방대회', 그리고 '세계대회' 로의 상소와 그 대회들에서 상소들을 결정하는 권세가 신적권위를 부여받았는가? 8. 치리의 권세가 신적권위를 부여받은 '당회' 나 다른 '상회' 에 있는가? 9. 사람들이나 회에서 권세를 행사할 때 그들에게 지침이 되는 특별한 규범들이 성경에 있는가? 10. 세속의 통치자나 그 위원회나 위원들이 교회의 치리권을 행사하는 것이 그리스도께서 자신의 교회에

정하신 정치의 방식과 배치되지는 않는가?

답변. 이러한 의혹들 대부분이 이 논문을 진지하게 고려함으로써 상당하게 해소될 수 있다. 1. 신약시대에 하나님의 법을 부여받은 교회정치가 존재한다는 성경의 선언은 파트 1에서 입증된다. 2. 특히 교회정치가 무엇인지가 교회정치의 기술과 성경을 통한 교회정치 요소들의 확증을 통해 명시된다(파트 2, 1장에서 이 책의 끝까지). 따라서 장로교회 정치야말로 하나님의 말씀을 따라 신적권위를 부여받은 특별한 교회정치임이 명확하다. 3. 통상적인 교회 직원들(다양한 당회의 회원들) 가운데 하나님의 법을 부여받은 대상이 파트 2, 11장, 1항에서 증명된다. 즉 목사와 교사와 치리장로들이다. 4. 말씀을 전하는 장로(목사)와 치리장로들로 구성된 당회(Parochial or Congregational Elderships)가 하나님의 법을 부여받았음이 파트 2, 12장에 명시된다. 5. 노회(Classical Presbyteries or Classical Assemblies)와 교회정치에 있어서 그들의 권세가 하나님의 법을 부여받은(jure divino) 사실은 파트 2, 13장에서 증명된다. 6. 일반적으로 대회(Synodal Assemblies, or Councils)[구체적으로 분류하면 지방대회(Provincial Synods), 전국대회(National Synods), 또는 세계대회(Ecumenical Synods)]와 교회정치에 있어서 그들의 권세가 하나님의 법을 부여받은(jure divino) 사실은 파트 2, 14장에서 분명하게 규명된다. 7. 당회에서 노회와 대회로, 즉 하회에서 상회로 제기하는 상소와 그러한 상소에 있어 권위 있는 결정을 내릴 수 있는 그러한 회들의 권세가 하나님의 법을 부여받은(jure divino) 것은 파트 2, 15장에서 증명된다. 8. 교회에서 권징의 권세는 그리스도에게 속해

있고 그 권세의 첫 번째 주체이자 적합한 그릇인 교회 직원들에게 있으며, 그 권세가 하나님의 법을 부여받은(jure divino) 사실은 파트 2, 11장 2항에서 명확히 밝혀졌다. 이 그리스도의 직원들은 모든 각 치리회들 –당회, 노회, 대회- 에서 권징의 권세를 가지며 행사할 수 있다(salve cuiusque jure). 11장의 3항과 12–15장을 참고하라. 9. 성경은 일반적인 교회정치뿐만 아니라 회원들과 회들의 교회정치의 권세에 대한 정당한 이행방법을 충분히 지시하는 구체적인 많은 규범들을 제시한다(파트 2, 4장). 그리고 그러한 규범들이 구체적으로 무엇인지 알고 싶어 하는 자들은 마그데부르크(Magdeburg)의 역사가들이 성경의 말씀에 있는 교회정치에 관한 규범들을 모아서 체계적으로 정리한 자료들을 참고하면 된다. 이 규범들의 서문에서 그들은 다음과 같이 말한다. “사도들은 교회정치에 관련한 규범들을 정했으며, 우리는 이 규범들을 규정집(Orders)에 추가할 것이다.” [2] 이 규정집의 항목들을 일일이 나열하는 것은 너무 장황한 일이 될 것이다. 10. 마지막으로 세속의 최고 통치자도, 그의 권세로 세워진 어떤 위원들이나 위원회도 교회정치의 공식적인 권세의 적합한 주체가 아니며, 통치자의 지위를 이용해서는 교회의 권징이나 규례들을 합법적으로 시행할 수 없다. 오히려 그렇게 하는 것은 그리스도께서 자신의 교회에 정해 놓으신 정치의 방식과 일치하지 않는다는 것이 파트 2, 9장에서 입증된다.

2) Cen. I, lib. 2, cap. 7, p. 407–418 (Basel, 1624). De rebus ad Gubernationem Ecclesiae pertinentibus, Apostoli certos quosdam Canones tradiderunt: quos ordine subjiciemus, &c.

의혹 2. 하지만 장로교회 정치는 독단적이고 전제적인 정치일 것이다. 왜냐하면 목사와 그 외 다른 사람들[디오드레베(Diotrephes, 요한 3서의 수신자인 가이오가 속한 교회의 한 사람: 편집자 주)처럼 사실상 전횡을 일삼는]로 구성된 회(Assembly)의 장로들이 규례를 통해 수치스러운 일을 행한 자를 출교하는데 있어서 자신들의 판단에 따라 무제한의 권세를 요구했기 때문이다.

답변. 장로교회 정치에 대한 이러한 가증스러운 비난이 정당화 될 수 있는가? 이런 흑색비방을 일소하기 위해 다음 두 가지를 고려하자. 1. 그 비난 자체는 부당하고 근거가 없다. 2. 그 가식적인 비난의 근거는 거짓되고 분별없는 것이다.

1. 제기된 비난, 즉 "장로교회 정치는 독단적이고 전제적인 정치일 것"이라는 비난은 부당하고 근거가 없다. (1) 장로교회 정치에 어떠한 독단이 있단 말인가? 다시 말해, 어떻게 장로교회 정치가 단순히 인간의 뜻과 입맛대로 운영될 수 있단 말인가? A. 장로교회 정치는 본질적으로 인간의 창작물이 아니라 그리스도의 규례다. 그리고 장로교회 정치는 인간의 뜻에 기초한 선언으로써 집행되는 것이 아니라 오직 예언의 말씀, 곧 거룩한 성경에 기초한 선언으로만 집행된다. 이 장로교회 정치는 한 교회 직원만을 인정하는 경우가 없고 교회 직원들로 구성된 한 치리회만을 인정하지도 않으며, 어떠한 직원이나 회에 의해 행사되는 하나의 권징이나 권세의 행위만을 인정하지도 않고 하나님의 교회 안에서 관리되는 하나의 규례만을 허용하지도 않는다. 장로교회 정치는 오직 하나님의 말씀에 기반을 두고 그 말씀

에 의해 보증된다. 이 정치는 성경의 개별적인 규범들, 적어도 일반적인 규범들을 따르지 않고서는 주요한 일이든 부수적인 일이든 그 어떤 일에 있어서도 집행될 수 없다. 그리고 장로교회 정치는 인간의 뜻에 따르지 않고, 인간의 뜻을 제한하고 그 뜻에 명령을 내리는 오직 그리스도의 규범을 따라 운영되는데, 이 장로교회 정치를 독단적이라고 할 수 있겠는가? 더구나 교회에서의 모든 전횡적인 정치를 막는데 있어서, 다른 모든 법령이나 헌법, 즉 모든 독단적인 정치를 방지하기 위해 인간이 만든 모든 세속법보다 성경은 더욱 안전하고 탁월한 규범이 아닌가? 그러니 아무리 사람들의 눈을 속이려 한다고 해도 그에 속지 말라. B. 과연 어느 누가 최근 몇 년 사이에 개혁주의 장로교회에서 전횡적으로 교회정치를 운영했다고 이의를 제기할 수 있는가? 그 비난하는 자들은 모두 어디에 있는가? C. 잉글랜드에 장로교회 정치가 시행되기는커녕 아직 채 세워지지도 전에 그 정치제도가 독단적이라고 예단하는 이유는 도대체 무엇인가? 만약 독단적인 행태들이 보인다면 장로교회 정치를 반대하는 자들로 하여금 이의를 제기하게 하라. D. 혹여나 독단적인 행태들이 개혁주의교회에서 발견되거나 우리에게 해당된다 하더라도, 그것은 장로교회 정치 자체에 문제가 있어서가 아니라 그 정치를 시행하는 자들의 연약함과 결점들 때문이라고 판단하는 것이 정당하다 할 것이다. (2) 장로교회 정치에서 전제주의라는 것이 가능하기는 한 건가? 도대체 누가, 어떤 치리회에서 전제정치를 할 것인가? 목사들로서는 불가능하다. 지금까지 장로교회 정치를 다룬 이후로 목사들은 혐의를 받을만한 명분을 전혀 제공한 적이 없다. 항상 목사 한 명에 치리장로 두 명 꼴로 이미 규정되어 있기 때문에 목사들은 모든 회에서 복수의 치리장로들과 균형을 이뤄야만 한다.[3] 목사와 장로들이 여전히 1:2의 비율로 존재한다면 목사들이 어떻게 전횡을 일삼을 수 있겠는가? 목사와 장로를 세우고 임명하는 자들이 그 목사와 장로들이 회중들을 다스릴 만한 양심적이고 신중하며 자비로운 자들인지 적절한 주의를 기울인다고 한다면 그들은 전횡적인 정치를 결코 하지 못할 것이다. 더욱이 상회나 하회에 상관없이 치리회들도 역시나 전제정치를 할 수 없다. 장로교회 정치에서 모든 하회들(이들 중 일부는 좀 더 연약하고 경험이 부족한 회원들로 구성된다)은 상회들에 복종하지만, 그릇된 정치의 시행으로 인해 고통 받는 자들이 하회에서 상회로 상소할 자유가 있고, 전국대회(National Assembly) 자체도 비록 정치적인 최고 통치자에게 종속되어 있지는 않지만 한 국가의 시민이고 회원인 이상 모든 절차에 대해서 그(정치적인 최고 통치자)에게 책임을 져야한다. (3) 그들이 누군가를 대상으로 어떻게 전제적으로 행할 수 있겠는가? 혹은 어떤 측면에서 그럴 수 있는가? 사람들의 재산을 결코 함부로 할 수 없다. 다시 말해 벌금 부과, 강탈, 재산 몰수 등을 통해서 사람들의 재산을 통제할 세속적 권세를 지닐 수 없다. 뿐만 아니라 사람들의 신체에 대해서도 결코 함부로 할 수 없다. 다시 말해 추방, 투옥, 인두로 지지기, 신체를 베어 가르기, 죄인의 귀 끝을 자르기, 구타, 채찍질, 팔다리를 절단하기, 살인 등의 방법으로 체벌을 가해서는 안 된다. 그리고 영혼에 대해서도 함부로 전횡을 일삼을 수 없

3) 상하원의원들의 지침서, 1645, 8, 19, p. 10.

다. 왜냐하면 그들은 이 정치를 통해서 형제들을 얻고(마 18:15), 세우고(고후 10:8, 13:10), 구원하기를(고전 5:5) 추구해야 하기 때문이다. 오직 이러한 장로교회 정치는 육신을 멸하는 경우라도 죄에 대해 공정하고 엄중해야 한다(고전 5:5). 그것은 오직 영을 죽이고 파괴하는 부패를 멸하기 위함이기 때문이다. 따라서 장로교회 정치에 대해 독단적이라거나 전제적이라고 하는 비방은 그 자체로 부당하고 근거 없는 것이다.

2. 그 가식적인 비난–"목사와 그 외 다른 사람들[디오드레베처럼 탁월함을 주장하는]로 구성된 회(Assembly)의 장로들이 규례를 통해 수치스러운 일을 행한 자를 출교하는데 있어서, 자신들의 판단에 따라 무제한의 권세를 요구했다고 하는"–의 근거는 거짓되고 분별없는 것이다. (1) 이 회에 속한 장로들과 그 외 다른 사람들의 성품은 디오드레베의 전횡적인 기질과는 거리가 멀다. 예수 그리스도께서 그들에게 교회정치에 관여할 직책을 주시지 않았더라면, 그들은 기꺼이 진심으로 교회정치에 있어서의 모든 관여를 중지했을 것이다. 그리하여 오직 말씀을 전하고 성례전을 집행함으로써 그들은 증오를 덜 사고 직무 수행에 있어서도 좀 더 수월했을 것이다. (2) 장로들과 그 외 다른 사람들은 명시된 수치스러운 일을 범한 자들과 이와 유사한 죄를 지은 자들이 규례에 참여하지 못하게 할 권한(그리고 무제한적인 자신들의 뜻이 아니라 말씀 안에 있는 그리스도의 정신을 따라 그러한 범죄가 어떤 것인지를 판단할 권한)이 있었다. 그러니 이것이 그렇게 흉악한 욕구란 말인가? 그들이 이 권한을 원했던 것은 자신들을 위해서가 아니라 잘 구성된 당회(Elderships)를 위해서였던 것이다. 왜냐하면 큰 권세

가 바로 그 예배서(the very Service-Book)를 통해 모든 개별 성직자들에게 부여되었기 때문이다(the Rubric before the Communion 참고). 수치스러운 일에 대한 완벽한 명시와 묘사는 성경 외에는 어떠한 책에서도 불가능하다. 그리고 이처럼 성경 속에 수치스러운 일에 대하여 완전히 묘사되어 있거늘, 우리가 그것을 언급해서는 안 된단 말인가? 모든 수치스러운 일들은 처벌을 받아야만 한다. 따라서 어떤 수치에 대해서는 형벌을 가하면서, 그 보다 더하면 더했지 결코 덜하지 않은 다른 수치에 대해 형벌을 가하지 않는다면, 이것은 핑계할 수 없는 편파적인 행위인 것이다. 정당하게 구성된 당회, 특히 상회들이 적어도 개별 성직자만큼 신실하고 지적이고 신중하다고 여김을 받아야 마땅하지 않겠는가? 또한 그들은 성경을 따라서 무엇이 수치스러운 일이고 무엇이 수치스러운 일이 아닌지를 모든 면에서 능력있게 판단하는 자로 여김을 받아야 하며, 세속법정이나 위원회, 혹은 그 위원들처럼 독단적이거나 전제적으로 행하지 말아야 한다. 따라서 교회의 치리회는 교회의 모든 정치를 도맡는다. 또한 신실한 개혁주의 교회들에서는 명시된 수치스러운 일뿐 아니라 명시되지는 않았지만 그와 유사한 성격의 일을 행한 자가 교회에서 시행하는 규례들에 참여하지 못하도록 하는 권세를 그들의 당회에 허용한다. 각주[4]의 참고문헌들에 따르면 이 수치스러운

4) (1) 1633년 라틴어로 출간된 고대의 보헤미아 형제들의 치리서(The ancient Discipline of the Bohemian Brethren), pp. 90, 100. (2) 제네바 치리서(The Discipline of Geneva, 1576) in Art. I, 22, 57, 86-87. (3) 프랭크포드의 프랑스교회 치리서(Discipline of the French Church), 2판(1555) in Cap. de Disciplina & Excomm., p. 75; and the Ecclesiast. 프랑스 개혁주의교회들의 치리서(Discipline of the Reformed Churches of France)(London: 1642), Art. 15, 16, & 24. (4) 잉글랜드에 있는 화란교회들의 대회 헌법(The Synodal Constitutions of the Dutch Churches in England), chap. 4, Art 13 & Tit. I, Art. 2. 그리고 벨기에의 화란

일들에 대한 일반적인 항목 일부가 여덟 개의 다른 교회들에서 발견된다. 따라서 어떤 새로운 권한을 원하는 것이 아니라 개혁주의 교회들에서 일반적으로 행해져왔던 이 같은 권한들을 원하는 것이다. 만약 이것들이 우리를 순결함과 온전함으로 인도한다면 우리는 그들의 본을 따라야 할 것이다.

의혹 3. 하지만 독립교회정치가 훨씬 더 탁월한 방편으로 보이며, 거룩하고 신실한 많은 신자들과 목사들에 의해 받아들여지고 있다.

답변. 독립교회정치에 있어서 특정한 사항들이 장로교회 정치와 일치하거나 장로교회적이라고 한다면, 그 특정한 사항들을 탁월하다고 할 수 있을 것이다. 독립교회정치에 있어서 탁월한 점들을 살펴보면 다음과 같다. 거기에도 그리스도께서 정하신 직원들-목사, 교사, 치리장로, 집사-이 있다. 또한 그리스도의 규례들을 지키고 성도들을 잘 인도하기 위해서 그리스도께서 정하신 것, 즉 훈계와 출교와 다시 교회 안으로 받아들이는 영적인 권징이 있다. 각자의 교회에 적합하고 필요한 모든 정치행위들을 행사하기 위해서 정당하게 선출하여 구성한 당회가 있다. 아울러 그들 자신의 직원들, 즉 목사와 장로와 집사들을 선출할 권한이 있다. 교회 전체가 좋지 못한 영향을 받는

교회들: See Harmonia Synodorum Belgicarum, cap. 14, Art. 7.11 & 15. (5) 제퍼(Zepper)의 증언대로 독일 나소의 개혁주의 교회들, De Politeia Eccles. (Herborne, 1607). Tit. de Censuris Ecclesiast. part 4, Art. 64. (6) 존 아 라스코(John A' Lasco)의 노고로 만들어진 교회치리서(The Discipline in the Churches), entitled Forma ac ratio tota Ecclesiastici Miniserii &c (1555), p. 294. (7) 마리아의 박해를 피해 프랭크포드로 달아난 잉글랜드 망명자들이 합의하여 작성한 치리서, 이후 제네바로 건너와 뺑이 받아들였다. Entitled Ratio ac forma punlice orandi Deum &c (Geneva, 1556); Tit de Disciplina, p. 68. (8) 스코틀랜드 교회에서 사용된 출교와 공적 회개의 규범(1571); 공적인 회개를 할 만한 범죄, pp. 87-88 비교.

것을 차단하고 그리스도의 규례들이 오염되고 부패하지 않도록 순전하게 보존할 권세가 있는 것이다. 이러한 모든 사항들은 장로교회 정치에서도 발견된다. 따라서 독립교회정치에서 참으로 탁월한 모든 점은 장로교회 정치에서도 동일하게 탁월하다.

2. 독립교회정치에 장로교회 정치와는 실제로 다른데도 불구하고 참으로 탁월한 점이 어느 한 가지라도 있다는 말인가? 우선 그 차이점들을 몇 가지 살펴보자.

독립교회 정치	장로교회 정치
그리스도의 가시적인 교회의 다른 어떠한 형태도 인정하지 않으면서 오직 모든 규례에 참예하기 위하여 한 장소에서 모이는 단일 회중만을 인정한다.	지상에 그리스도의 한 가시적인 보편교회가 있음을 인정하고 모든 개 교회들과 단일 회중을 단지 그 보편교회에 속한 것으로 본다.
가시적인 교회의 회원들은 (그들의 가장 분별력 있는 판단에 따르면) 참된 은혜를 소유한 자, 즉 진정한 성도들이어야 한다.	비가시적인 교회의 회원들은 오직 참된 신자이지만, 가시적인 교회에는 그리스도에 대한 참된 믿음과 그리스도께 복음의 원리를 따라 순종할 것을 고백하는 자들이
교회들이 목사나 양 무리의 허가나 동의없이, 실제로 그들의 뜻에 반하여 다른 참된 그리스도의 가시적인 교회 밖에서 모인다. 그리고 그 교회들은 스스로 참된 신자임을 자처하는 자들을 받아들이고, 실제로 흔히들 스스로나 다른 사람들을 통해서 직간접적으로 자기들을 추종하는 제자들을 미혹시킨다.	지역교회들은 그리스도의 참된 가시적인 교회들로서 받아들여지고, 교회를 서로 세우는데 가장 용이하다. 교회들 밖에서 모이는 회중교회들은 성경을 따르지 않고 사도의 관습에 반하며 교회들을 흩어지게 한다. 즉 회중교회들은 분열의 딸이요 혼돈의 어머니로서 교회를 세우는 일에 해를 끼친다.
말씀 전하는 장로들은 단지 선출되는 것이지 임명되지 않는다.	말씀 전하는 장로들은 선출되고 임명된다.
치리장로들 역시 말씀을 전한다.	치리장로들은 치리만 할뿐 말씀을 전하지 않는다(딤전 5:17).
교회정치를 하는 자는 신자들의 공동체(coetus fidelium)이다.	교회정치를 하는 자는 오직 그리스도에 속한 교회의 직원들이다.

교회의 직원들은 교회에 의해서 위임되어 즉시 교회의 종의 역할을 한다.	교회를 다스리는 자들은 그리스도에 의해서 임명되어 즉시 그리스도의 종의 역할을 한다.
교회정치의 치리를 비롯한 모든 행위들은 최종적이고 독립적으로 개별 교회 안에서 시행되며, 상회(Church-Assembly)에 대한 상소의 자유가 없다. 따라서 고통을 당하는 자들이 치유될 방법이 없다.	교회정치의 치리를 비롯한 모든 행위들은 종속적이고 의존적으로 당회 안에서 시행되며, 모든 재판에서 노회나 대회에 상소할 자유가 있다. 따라서 고통을 당하는 자들이 치유될 방법이 충분하다.
일반적이고 크고 어려운 재판과 상소 사건에서 어떤 권위 있는 종교법원이나 대회도 인정하지 않고, 오직 설득과 협의만 할 뿐이다. 만일 권고가 없을 시에는 단지 친교를 중지한다.	매우 중요하고 어려운 일반적인 재판이나 상소에서 설득과 협의를 할 뿐만 아니라 권위 있는 종교법원과 대회를 인정하고 이들을 성공적으로 잘 활용한다. 이들 종교법원과 대회는 필요할 경우 교회의 모든 치리를 행사할 권세를 갖는다.

이처럼 장로교회정치 방식과 다르지만 그와 유사한 독립교회정치 방식의 세부적인 것들을 숙고하여보면, 중립적인 독자들은 독립교회의 방식들이 기형적이거나, 적어도 허술하다는 사실을 스스로 충분히 판단할 수 있을 것이다.

3. 그 방식에 있어 독립교회정치를 능가하는 장로교회 정치의 방식이 얼마나 탁월한가? 앞의 표에서 정리한 장로교회 정치에 관한 내용들만 보아도 이 장로교회 정치가 독립교회정치를 얼마나 능가하는지, 실제로 독립교회정치는 장로교회 정치에 비하면 정치도 아니라는 것을 알 수 있다. 장로교회 정치에는 (하나님의 말씀에 따라서) 혼란에 맞선 질서, 분파와 분열에 맞선 교회의 평안과 일치, 모든 오류와 이단에 맞선 믿음의 진리, 대화의 모든 불경건함과 추문에 맞선 경건함과 무흠, 모든 잘못된 행정(무지하거나 전횡적이거나 전제적이거나 상관이 없이)에 맞선 공평과 의, 모든 경멸과 오염, 신성모독에 맞선 그리스도의 모든 규례들을 존중하고 순결하게

지키는 것 등을 풍성하게 공급하심이 발견된다. 결과적으로 장로교회 정치는 그리스도의 영적인 성소에서의 모든 신비로운 예배 가운데, 하나님과 우리 주 그리스도께만 영광을 돌리도록 한다. 반면에 독립교회정치에서는 이러한 풍요로운 유익들이 도무지 발견되지 않는다. 비록 몇몇 경건한 목사들과 신자들이 독립교회정치제도를 수용하고 있지만, 그렇다고 해서 뭐가 달라지겠는가? 이것은 연약한 자들의 눈을 현혹시킬 수는 있어도 총명한 자들의 눈을 미혹시키지는 못한다. 우리의 교회정치는 인간의 모범들을 통해서가 아니라 성경의 보증을 통해 규정되어야 한다. 교회의 문제에 있어서 아무리 탁월한 성인들이라고 해도 실패한 경험들이 있었다. 바울과 바나바 사이에 얼마나 치열한 대립이 있었는가(행 15:39). 또한 베드로와 유대인들, 그리고 바나바에게 얼마나 위험스런 위선들이 있었는가(갈 2:11-13). 그러므로 탁월한 성인들의 모든 행실들을 쫓는 것은 안전하거나 신중한 것이 아니며, 양심적이라 할 수도 없다. 그러나 장로교회 정치를 따르는 수많은 귀한 목사들뿐 아니라 성도들과도 비교했을 때에, 독립교회 정치를 따르는 자들에게서는 학문도 경건함도 어떤 다른 영적인 은사도 극히 찾아보기가 어렵다. 따라서 하나님의 모든 참 이스라엘은 영광스럽지 못한 성도들의 회의적인 행실들을 본받을 것이 아니라, 영광스런 왕께서 성도들에게 주신 기록된 말씀만을 끊임없이 따르도록 하자. 주님의 평강이 이 규범을 따르는 모든 자들과 하나님의 영적 이스라엘 위에 임하기를 기도드린다.

Jus Divinum Regiminis Ecclesiastici

THE DIVINE RIGHT
OF CHURCH
GOVERNMENT

Part I

하나님의 법, 즉 신적권위의 성격과 성경을 따라
신적권위를 부여받을 수 있는가.

제1장

신약시대의 신적권위를 지닌 교회

우리의 중보자 예수 그리스도께서는 자신의 어깨에 정사(교회를 다스리시고 교회를 위해 만물을 다스림)를 메었고(사 9:6), 이 목적을 이루기 위해 하늘과 땅의 모든 권세를 부여 받으셨다(마 28:18, 요일 5:22, 엡 1:22). 하지만 교만(시 10:2, 4)과 하나님의 법에 대한 적대감으로 가득찬(롬 8:7) 타락한 인간은 하나님과 그리스도의 모든 정사에 분노한다(시 2:1-3, 눅 19:14, 27).[5] 이러한 이유로 모든 시대, 특히 우리가 사는 현 시대는 그리스도께서 다스리시고 왕권을 행사하시는 것을 대적했다. 하나님의 말씀에 따라서 교회정치를 개혁하겠다고 하나님께 서약한 이후에도 당시 잉글랜드에서는 이러한 대적행위들-논쟁을 일삼기 위한 질의, 논쟁, 그럴듯해 보이는 기만적인 행위, 난해한 정책, 극단적인 이익 추구, 거칠고 완고한 주장 등-이 계속 이어졌다.[6] 그럼에도 불구하고 하나님의 교회에 정

---

5) Nihil humano ingenio magis adversum est, quam subjectio. verum enim illud olim dictu est, Regis animum, quemque; intra se habere. Calvin on 1 Pet. 5:5.

6) 데이빗 홀(David W. Hall)은 "이 어구는 웨스트민스터 마가렛트 교회(St. Margaret' s)에서 1643년 9월 25일, 의회와 웨스트민스터 신학자들이 서명한 엄숙동맹과 언약(Solemn League and Covenant)의 채택을 말하는 것으로

치가 있어야 한다는 사실은 쉽게 수긍이 갈 것이다. 만약 정치가 없다면 교회는 바벨탑 사건처럼 무질서한 혼란에 빠지게 될 것이며, 세상에 있는 어떤 인간 사회보다 더 끔직한 상황에 처하게 될 것이다. 그리고 그 자체로서 가장 바람직하며 현 상태에 가장 적합한 여타의 정치체제에 우선하는 어떤 교회정치가 존재한다고 말할 수 있다. 그렇지 않다면 감독정치가 밀려나고 다른 더 좋은 정치가 세워지도록 했을 이유가 없지 않겠는가?

하지만 다음과 같은 문제가 여전히 남아있다. 신적권위를 지닌 가시적인 교회에 정치라는 것이 존재하는가? 만일 존재한다면 성경에서 명확히 인정하고 있는 신적권위를 지닌 교회정치–신적권위에 토대를 두고 있다고 주장하는 정치–는 어떤 것인가? 만약 교회정치의 존재가 확실시되면 에라스투스주의자(Erastians) 및 반에라스투스주의자(Semi–Erastians)들의 생각–세속 통치자의 정치와 구분되는 교회의 모든 정치를 인정하지 않는 생각–은 사라지게 될 것이다. 만일 성경이 어떤 특정 교회정치에 대한 신적권위를 확실히 입증한다면, 예수 그리스도께서 아래 제시된 여러 정치들 가운데 신적권위를 부여한 특정 정치를 당신의 교회에 남겨두신 것이 확실하다. 따라서 나머지 다른 정치들은 받아들여질 수 없을 것이다: 교황들과 감독들의 '군주제정치'(Monarchical Government), 브라운주의자들과 분리주의자들처럼 동일한 권위를 가진 모든 신자들의 '회중정치'(Democratical

보인다"고 설명한다.

Government), 독립교회처럼 노회에 종속되지도 않고 항소의 도움도 받지 않는 자체적인 단일 회중 내의 장로와 성도들에 의한 '혼합민주정치' (mixid Democratical Government), 장로교회처럼 상회에 종속되지만 상회에 대한 항소권이 있으며 성도를 제외한 노회나 교회 치리자들에 의한 '순수귀족정치' (pure Aristocratical Government) 등.

그러므로 교회정치의 신적권위에 관한 문제들을 명확하고 신속하게 처리하기 위해 다음과 같은 일반명제를 제시한다.

성경은 신약시대의 가시적인 그리스도의 교회에는 신적권위가 부여된 정치가 있었음을 선언한다.

이 사실은 고전 12:28절에 명확히 드러나 있다. "하나님이 교회 중에 몇을 세우셨으니 첫째는 사도요 둘째는 선지자요 셋째는 교사요……서로 돕는 것과 다스리는 것." 이 구절에는 다음과 같은 사항들이 분명히 드러나 있다. 1. 사도는 가시적인 교회를 언급하고 있다. 이전 구절(7-12절)에서 성령의 가시적인 은사들과 나타나심을 말했는데, 이는 모든 지체들로 이루어진 이 교회에 유익을 주기 위함이라고 했기 때문이다. 또한 사도는 하나님의 이 교회를 보이는 여러 지체들로 이루어진 가시적인 하나의 유기체에 비유하고 있다(12절 이하). 그리고 28절에서 이 교회의 가시적인 여러 직원들을 열거하고 있다. 2. 사도는 가시적인 하나의 보편교회를 말하고 있다. 왜냐하면 여러 개별 교회들이 아닌 단수 형태인 교회(te ekklesia)를 언급하고 있기 때문이다. 게다가 여기서 사도가 말하는 교회란 성령의 모든 은사들, 모든 지체들, 비상직원들이나 일반직원에 상관없이 모든 직분자들을 포함하는 보편교회를 가리킨다. 즉 고린도 교회나 어느 특정 교회가 아닌 이 땅에 있는 하나의 보편교회를 의미한다. 3. 여기서 의미하는 가시적인 보편교회는 구약시대가 아닌 신약시대에 속한 그리스도의 교회다. 이는 사도가 신약시대의 직원들만을 언급하고 있기 때문이다(28절). 4. 신약시대의 가시적인 보편교회에는 다스리는 자가 세워져 있다. 사도와 선지자, 교사 외에도 이들과 구분되는 다른 부류의 직원을 이곳에서 언급하고 있는데, 이는 추상적인 용어로 다스리는 것들(kuberneseis)이라 불린다. 이는 조타수, 항해사, 선장 등에서 따온 비유적인 단어로, 이들은 조타기-나침반, 케이블, 기타 도구-를 이용해서 배의 인도와 방향설정을 하는 역할을 하고 필요하다면 배의 방향을 틀거나 배가 구불구불 나아가게 한다. 그래서 다스리는 것들이라고 불리는 이러한 직원들은 교회라는 영적인 배를 다스리고 조정하는 능력을 지닌다. 따라서 베자(Theodore Beza, 1519-1605)는 다음과 같이 말한다(in loc.). 치리 및 교회정치를 맡은 자들인 장로들을 임명한다(Presbyterorum ordinem declarant, qui disciplinae et politie ecclesiasticae custodies errant). 다시 말해서, 만약 장로들이 교회에서 다스리는 권한을 부여받지 못한다면 그들을 교회의 다스리는 자로 임명하는 것은 매우 부적절할 것이다. 더구나 이러한 문제를 세속 통치자의 판단에 맡길 수도 없다. 사도바울이 고린도전서를 쓸 당시에 교회에는 분명히 다스리는 자가 있었지만, 교회를 보호할 세속 통치자는 없었다. 과연 언제 하나님께서 교회의 이러한 권위를 세속 통치자에게 넘겨주었단 말인가? 게다가 여기서 열거된 다른 모든 직원들은 순전히 교회의 직분자들이다. 그렇다면 정치(governments)라는 미명하에 세속정치의 통치자를 그와는 전혀 성격이 다른 교회 직원들의 명부에 올리는 것이 얼마나 터무니없고 모순된 일이겠는가?

마지막으로 세속 통치자는 그리스도의 교회를 다스리는 자이기는 커녕 가시적인 교회의 회원도 아니다. 만일 회원이라고 한다면 모든 이방 통치자들까지도 교회의 회원자격을 갖게 될 것이다. 5. 보편교회에 정해진 정치는 신적 권위(Jus Divinum)를 지닌다. 사도, 선지자, 교사뿐 아니라 다스리는 자에 대해서도 다음과 같이 기록되어있다. "하나님께서는 교회에 저들을 두셨다"("하나님께서는 교회에 저들을 두셨다"는 아람어로 'Constituit' 인데 '구성하고 임명하였다' 는 의미이다—Beza, the Greek). 그러므로 이제 저들이 교회 안에서 직책을 맡고 있고 하나님께서 저들을 교회 안에 두셨다면, 교회정치를 위한 신적권위가 명백히 존재함을 입증한다.

고후 10:8절을 근거로 한 부연 설명이 있다. "주께서 주신 권세는 너희를 파하려고 하신 것이 아니요 세우려고 하신 것이니…." 여기서 언급한 내용을 보면 다음과 같다. 1. 교회정치를 위한 교회의 권세나 권위(tes exousias) 2. 이 권세의 목적은 적극적으로는 교회를 세우기 위함이요, 부정적으로는 교회를 파하기 위함이 아니다. 3. 이 권위의 저자이자 근원(edoken ho Kurio)이 되시는 주 그리스도께서 이 권위를 주셨으며 분배하셨다. 따라서 교회는 신적권위를 지닌다. 4. 이러한 권위를 부여 받은 적합한 자들, 즉 우리의 권위자인 교회 치리자들-그리스도께서 우리에게 주신(edoken hemin)-은 교회와 교회정치를 위해 권한을 부여 받은 자들이다. 이러한 내용들과 비교해 볼 성경구절들은 다음과 같다: 살전 5:12, 마 16:19-20, 18:18, 요 20:21-23. 이후에 좀 더 분명히 드러나겠지만 성경 여러 곳에서 교회정치의 신적권위를 명백히 증거하고 있다. 그러나 위 사실만으로도 이 보편적인 명제를 확증하기에 충분하다.

제2장

일반적인 의미에서의 하나님의 법(Jus Divinum), 즉 신적권위(Divine Right)의 특성

교회정치의 하나님의 법(jus divinum)을 다루면서 온전한 사고와 중립적인 판단을 하는 자들을 만족 시킬 정도로 하나님의 법의 명료성을 더하고자 두 가지 사항을 보다 구체적으로 밝히고 증명하려 한다. 1. 하나님의 법의 특성은 무엇이며 성경의 보증을 통해 어떤 대상이 하나님의 법(jus divinum)을 부여받는 다양한 방식으로 인정할 수 있는가. 2. 성경에서 보증하는 신적권위를 지닌 신약시대 교회정치의 특성은 무엇인가.

하나님의 법, 즉 신적권위의 특성에 대하여 우선적으로 고려할 사항은 일반적으로 신적권위란 무엇이며, 구체적으로 성경의 보증을 통해 어떤 대상의 신적권위를 얼마나 다양한 방식으로 인정할 수 있는가이다.

'Jus' 는 라틴어인데 종종 "법' 이라고 번역된다. 예를 들면, "자연의 법"(Jus natural), "열방의 법"(Jus Gentium)등이 있다. 때때로 이 단어는 어떤 법[7]에 따르면 "적법한, 공정한, 적절한"이라고 번역된다(Jus idem est quod justum, aquum, etc.). 학자들은[8] 다양한 어원을 제시하고 있는데 이 중 대표적인 두 가지는 다음과 같다:

1. 'Jus'는 '명령하는'이라는 뜻의 'jubendo'에서 유래했으며, '명령 받은 것'이라는 뜻의 'jussum'은 'jus-sum'으로 둘로 나누어지면 뜻이 분명해지는 것 같다. 이런 의미에서 수아레즈(Francisco Suárez, 1548-1617)가 바르게 지적한 바와 같이 'Jus'는 "법 · 규칙 · 명령"이라는 의미로 흔히 사용된다(Nam Lex in jussione, seu imperio positaest). 법의 본질은 명령하는 데 있다. 이러한 의미와 부합하는 히브리 단어는 Jus, Statutum, Lex(법, 법령, 법률) 등을 의미하는 'hok'인데, 이는 성문법으로 받아들일 수 있는 어떤 것을 의미한다. 그리고 이 단어는 misphat Jus, Judicium(권위, 판결)과는 다르다. 전자는 대체로 교회의 규칙과 의식에 적용되고, 후자는 주로 정치와 관련되어 쓰인다[as Mercer in Pagn. notes].

2. 어떤 이들에 따르면 'Jus'는 '의'(Righteousness)와 '공의'(Justice)를 의미하는 '정의'(Justitia)에서 유래했으며, 'Jus'는 첫 음절에 해당한다고 한다. 이시도레(Isiodore)[9]가 이 어원을 지지하고(Jus dictum

7) Calvin, Lex Jurid. on verb "jus."

8) Suarez, Tractat. de legibus, I, ch. 2.

9) Isodore, Etymol., ch. 3.

est, quia justum est), 아우구스티누스(Augustine)[10] 역시 이에 동의한다(Jus & injuria contraria sunt:jus enim est quod justum est). 이러한 사실이 'Jus' 라는 단어의 첫 번째 근거이자 의미라고 토마스(Thomas)[11] 역시 생각하는 바이며, 권위(Jus)는 법 그 자체가 아니라 법이 규정하고 가늠하는 어떤 것이라고 결론짓는다(Jus non esse legem, sed potius esse id, quod lege prascribitur seu mensuratru). 법을 의미하는 헬라어는 'nomos' 인데, 모든 사람들에게 '공정하고 적합하며 동등한 것' 을 나누어 준다는 의미이다. 이러한 의미에서 Jus(Right)는 어떤 사물의 내부에 또는 그 사물에 대하여 존재하는 정당한 권리나 권한을 함축하고 있다. 라틴어로 Jus in re와 Jus ad rem이라는 표현이 있는데, 아버지가 자신의 상속재산에 대한 권리가 있는 것처럼 그의 상속자(비록 미성년자이지만) 역시 그 상속재산에 대한 권리를 지닌다는 의미다. 이 두 가지 어원 중 어느 것이 더 신뢰할만한지는 결정하기 어렵다. 그러나 현재 우리가 다루는 신적권위의 경우에는 두 어원 중 어느 쪽이든 이용 가능하다.

'Divinum' 은 헬라어로 'theion' (신적인)이다. 성경에서 사용되는 이 용어의 의미는 다음과 같다. 1. 가끔씩 신적 본질이나 하나님 자신을 가리킨다. "신을 금이나 은이나 돌에다 사람의 기술과 고안으로 새긴 것들과 같이 여길 것이 아니니라"(행 17:29)(to theion heinai homioi). 2. 하나님

---

10) Augustine, on Psalm 145. Sub. fin.

11) Aquinas, 2, Q. 57, art. I, 2.

께서 우리에게 은혜나 영광중에 부어주신 어떤 신적인 은사들을 의미하기도 하며, 어떤 의미에서는 우리를 하나님께 비유한다: "너희로 신의 성품에 참예하는 자가 되게 하려 하셨으니"(벧후 1:4). 3. 때로는 하나님이 주신 신적인 보증이나 신적인 권위를 나타내는데, 이는 만물 위에 새겨져 있거나 인친바 되었다. 이에 따라 'Divinum'은 인간과 관계하거나 피조된 모든 권위와 권세를 초월한다. 따라서 모든 성경은 하나님의 감동으로 되었다(theopneustos). 그러므로 성경은 하나님의 법을 부여 받았다고 주장할 수 있다(딤후 3:16-17). 특히, 마지막 의미에서 하나님의 법(jus divinum), 즉 신적권위를 교회정치와 관련해서 언급하고 있는데, 그 신적권위는 하나님 자신에게서 받은 신적보증이요 권위를 의미하며, 교회정치와 치리 위에 새겨졌고(이후에 다루어질 것이다.) 무오하고 완전한 하나님의 말씀인 성경 안에서 우리에게 계시되었다. 그래서 (용어들에 대한 이러한 해석을 따라) 하나님의 법(Jus divinum), 신적권위(divine Right)는 공정하고 적합하며 동등하거나(justum) 신적보증이나 권위로 명령받은(jussum) 어떤 것을 가리킨다. 그리고 일반적으로 어떤 대상이 어느 모로 보든지 신적인 공의와 공평함을 지닌(divinitus justum) 것이거나, 하나님의 법이나 이 법과 대동소이한 것을 통해 하나님에게서 명령 받은(divinitus jussum) 것이라고 한다면 이 대상은 신적권위를 지녔다고 할 수 있다. 신적보증과 권위의 인치심을 받았다고 성경으로 입증할 수 있는 교회정치와 관련한 모든 것은, 하나님께서 모든 능력과 권위를 주신 예수 그리스도의 뜻과 임명을 통해서 교회정치를 위한 신적권위를 부여받았다고 말하는 것은 적절하다(마 28:18-

20, 사 9:6; 요 5:22; 엡 1:22).

이러한 의미에서 교회정치나 그 일부가 신적권위를 지녔음이 밝혀지면, 다음과 같은 결론을 내릴 수 있다: 1. 하나님의 법은 이 세상에 있는 인간의 모든 권세와 피조된 모든 권위를 초월하며 이들과 구별된다. 하나님의 법(Jus divinum)은 최고이자 최선의 지위를 가지며, 이를 통해서 교회는 그리스도의 교리 · 예배 · 정치를 유지할 수 있다. 오직 하나님만이 이러한 것들 위에 신적권위를 인치실 수 있으며 이로 인해서 우리의 양심은 은혜를 입게 될 것이다. 이러한 맥락에서 우리의 마음에서 고안된 것이거나 타인의 유전(Traditions)에서 유래한 것이거나 인간이 만든 모든 것들은 신적권위와 양립할 수 없고 모순되며 그것들은 본질적으로 헛된 것이며 그것들을 사용하는 모든 이들은 하나님에게 정죄를 받을 뿐이다(왕상 12:32-33; 사 29:4; 마 15:6-9 참고).

2. 그리스도의 교회의 신적권위를 폐지하거나 신적권위의 정당한 이행을 반대하는 것은 인간이나 피조된 권세가 할 수 있는 영역 밖의 일이다. 신적권위는 인간이 아닌 하나님께서 붙들고 계시기 때문이며, 이를 반박하는 것은 하나님을 대적하는 것이 될 뿐이다. 따라서 (교회의 신적권위를 인정하고 이 신적권위가 정당하게 이행되도록 할 경우에) 비로소 열왕들은 교회의 새아버지(stepfathers)가 아니라 양부(nurse-fathers)가 될 것이다(사 49:23)-그들의 권세는 교회에 손실과 파괴를 일삼는 것이 아니라 누적되어 교회를 완전하게 되도록 하는 것이다. 이는 그리스도인 통치자가 세상에 세워지기 오래 전부터 교회는 교회정치의 권세를 지녔으며 이를 행사했

기 때문이다. 아울러 그리스도께서 그러한 권세를 교회에서 거두어 가셨거나 정치적인 통치자가 그리스도인이 되었을 때에 그에게 그러한 권세를 넘겼다는 어떠한 증거도 없다.

3. 신적권위는 전 기독교계의 모든 교회들에게 지극히 필수적인 요소이기에 교회들은 신적권위를 지닌 모든 실체들 속에 있는 그 권위에 한결같이 최대한 복종해야 한다. 왜냐하면 신적권위(Jus divinum)는 모든 교회에 동일하게 적용되는 필수적인 요소이기 때문이다. 신적권위가 모든 개개인, 국가, 지위들에게도 강력하게 요구되기 때문에 그 어떤 것도 신적권위를 지닌 교회정치로부터 예외일 수 없으며, 단지 인간의 권위를 지닌 어떤 것도 교회정치에 용인되어서는 안 된다. 또한 모든 그리스도인들은 이러한 예외 및 용인을 추구하거나 묵인해서도 안 된다. 만일 그렇게 할 경우 인간이 만든 것이 하나님의 명령보다 우선할 것이고, 우리 자신의 지혜와 뜻, 권위가 그리스도의 것보다 더욱 비중 있게 될 것이다. 급기야 이런 말을 하게 될 것이다. "우리는 이 사람이 우리의 왕 됨을 원하지 아니하나이다"(눅 19:27); "우리가 그들의 맨 것을 끊고 그의 결박을 벗어 버리자"(시 2:3).

제 3장

구체적인 의미에서의 하나님의 법(jus divinum),
즉 신적권위(divine right)의 특성.
어떤 대상에 신적권위를 부여하는 다양한 방식:
첫째, 자연의 참된 빛을 통해 부여받은 신적권위.

우리는 신적권위에 대한 일반적인 이해를 갖게 되었고, 이제 그 구체적인 의미를 살펴 볼 것이다. '교회정치' 라는 주제의 틀 안에서 어떤 대상에 신적권위("성경의 보증")를 부여하는 다양한 방식을 고려해 보자.

우선 어떤 대상이 다음과 같은 다양한 방식으로 신적권위를 부여받았거나 신에 의해 재정된 것이라고 할 수 있다. 신적권위의 비중이 낮은 것에서 높은 것 순으로 다섯 가지를 간추려 보자: 1. 자연의 빛을 통해서; 2. 성경에 나오는 의무적으로 따라야 하는 모범들을 통해서; 3. 하나님의 인정을 통해서; 4. 하나님의 행위들을 통해서; 5. 하나님의 명령들을 통해서.

자연의 빛. 자연의 참된 빛, 즉 타고난 이성으로 명백하게 드러나고 이 참된 빛에 부합하는 것이라면 종교적인 문제에 있어서 신적권위를 부여받았음을 인정할 수 있다. 다음 두 가지 사실을 성경을 통해 이해할 수 있다. 1. 자연의 참된 빛이란 무엇인가. 2. 자연의 참된 빛을 통해서 명백히 드러나고 이 빛에 부합하는 어떤 종교적인 것들이 신적권위를 부여받았음을 증명할 수 있는 방법은 무엇인가.

첫째, 자연의 참된 빛, 즉 타고난 이성이 의미하는 바가 무엇인지 살펴보면 다음과 같다.

1. 자연의 빛은 타락하기 전에 인간 안에 있었으며 하나님의 형상이요 하나님을 닮은 어떤 것이었고, 처음에 그 형상대로이거나 혹 아니라면 적어도 부분적으로나마 그러한 형상대로 인간은 창조되었다(창 1:26-27). 하나님의 형상, 곧 자연의 빛은 인간과 동시에 창조되었으며 완전한 것이었다. 다시 말해서 인간의 죄 없는 상태에 요구될 정도로 너무나 완전한 것이었다. 그 자연의 빛 안에는 죄악의 흑암이나 왜곡됨, 불완전함이 전무했다. 그리고 이렇게 순전한 자연의 빛을 통해 명백히 드러나거나 이에 일치하는 것은 모두 이론적으로나 실제적으로 틀림없이 신적권위를 부여받았다. 왜냐하면 자연의 빛은 아담의 마음 안에 태생적으로 새겨진 하나님의 형상의 신적인 법과 일치했기 때문이다. 하지만 우리의 견해와는 다른 주장이 있는데, 인간은 이제 타락한 존재이므로 우리에겐 자연의 빛이라는 게 전혀 없다는 것이다.

2. 인간이 타락한 이후에 자연의 빛과 하나님의 형상은 인간 안에 아직 남아있으며 완전히 파괴되어 흔적을 찾아 볼 수 없을 정도로 제거된 것은 아니다. 그 잔재와 파편들, 즉 자연의 빛의 흔적과 희미한 움직임, 일반 원리들이 하나님께 대한 경건함, 인간에 대한 공평함, 인간 자아에 대한 온전한 정신 등을 이끌어 낸다. 다음 성경구절들을 비교해보면 그러한 사실을 쉽게 이해할 수 있다: 시 19:1-2; 행 14:17, 17:27-28; 롬 1:18-21, 2:12, 14-15; 고전 5:1. 여기서 명확히 드러나는 사실은 다음과 같다: (1) 피조물이라는 책은 (성경, 즉 신적계시가 없어도) 하나님에 대한 많은 사실들, 즉 하나님의 '보이지 않는 신성' 과 속성들을 인간에게 알려줄 수 있다 (시 19:1-2; 행 14:17, 17:27-28). 따라서 저희가 "핑계치 못하게 한다" (롬 1:18-21). (2) 이방인들의 마음에도 자연의 빛이 많이 남아 있어서 피조물들을 통해서 '하나님의 보이지 않는 것들' 을 이방인들에게도 알릴 수 있었다. 실제로 저들은 하나님을 어느 정도는 알고 있었다. 하지만 이러한 지식을 따라 살지 않았기 때문에 고통에 시달렸다(롬 1:18-24). (3) '율법의 준행' (새 언약의 축복인 그 행위에 맞는 근거 및 방식, 목적은 아닐지라도-렘 31:33; 히 8:10)이 실질적으로 그들의 '마음에' 어느 정도 '새겨져' 있었다고 할 수 있는 이유는 저들이 율법이 없어도 "본성으로 율법의 일들을 행했고, 따라서 저들이 자신들에게 율법이 되었기"(롬 2:14-15)때문이다. 좀 더 구체적으로 말하자면, 율법을 소유한 자들(고후 5:1)이 지켰던 율법에서 금하고 있는 죄들 중 일부를 율법이 없는 자들은 본성을 따라 삼갔다. 저들이 행한 선행과 악행에 따라 양심이 송사하고 변명했기 때문

에 저들이 자신들에게 율법이 됐다(롬 2:15). 하지만 이제는 양심을 초월하는 하나님의 규례나 원리, 법 외에는 양심이 송사하거나 변명하지 않는다. 이방인들의 경우에는 율법은 없어도 저들의 마음에 율법의 부분적인 특징들이 있었다. 이 특징들이 타락으로 인해 전적으로 제거되지는 않았다. 타락 후에도 남겨진 이러한 자연의 빛이 타락 전 자연의 빛에서 유래한 참된 유산이라면, 이 빛에 부합하는 것은 종교와 관련된 문제에 있어서 하나님의 법을 부여 받았다고(jure divino) 할 수 있다. 이에 대한 입증은 이후에 이루어질 것이다.

둘째, 어떤 종교적인 것들이 이러한 자연의 참된 빛을 통해서 명백히 드러나고 이 빛에 부합하는지에 대해 어떻게 증명할 수 있는지 잠시 살펴보겠다.

1. 자연의 빛을 통해 이방인들이 가지고 있는 "하나님의 보이지 않는 것들"에 대한 지식은 한 줄기의 신적인 빛으로, 사도바울은 이방인들의 자연의 빛에 대해서 다음과 같이 말하고 있다. "이는 하나님을 알 만한 것이 그들 속에 보임이라 하나님께서 이를 그들에게 보이셨느니라. 창세로부터 그의 보이지 아니하는 것들……"(롬 1:19-20). 하나님 자신은 자연의 참된 빛의 근원이자 저자이시다. 따라서 어떤 이들은 마땅히 그것을 가리켜 자연 속에 드러난 하나님의 빛이라고 한다. 자연의 참된 빛이 존재하는 목적이요 원리가 곧 하나님 이시기 때문이다. 따라서 하나님의 드러내 보이심에 일치하는 것은 신적권위를 부여받은 게 틀림없다.

2. 하나님의 영과 신약의 그리스도의 영은 정죄하거나 마땅히 해야 할 일을 권하거나 촉구하실 때 자연의 빛을 즐겨 사용하셨다. 따라서 고린도인의 근친상간에 대해 이렇게 말씀하신다. "너희 중에 심지어 음행이 있다 함을 들으니 그런 음행은 이방인(의지할 건 자연의 빛밖에 없는) 중에서도 없는 것이라"(고전 5:1). 또한 교회에 모여서 기도하거나 예언할 때 여성의 머리는 가리고 남성의 머리는 드러나도록 해야 한다는 관습이 있었다: "너희는 스스로 판단하라 여자가 머리를 가리지 않고 하나님께 기도하는 것이 마땅하냐? 만일 남자에게 긴 머리가 있으면 자기에게 부끄러움이 되는 것을 본성이 너희에게 가르치지 아니하느냐? 만일 여자가 긴 머리가 있으면 자기에게 영광이 되나니……"(고전 11:13-15). 여기서 사도는 교회에서 모일 때 그들이 행하는 관습의 규제와 관리를 위해 자연의 빛에 분명히 호소하고 있다. 따라서 회중 앞에서 해석해주는 자도 없는데 알아듣지 못하는 방언으로 기도하거나 예언할 경우, 사도는 자연의 빛에 비추어 이를 강력히 금지하고 있으며(고전 14:7-11), 이후에 여자는 교회에서 말하는 것을 허락함이 없나니 "잠잠하라고" 촉구한다: "이는 여자가 교회에서 말하는 것은 부끄러운 것이라"(고전 14:34-35).

하나님의 영이 자연의 빛에 비추어 어떤 것들은 악하다고 정죄하며 다른 것들은 도덕적으로 탁월하다고 칭찬하면, 그 자연의 빛에는 신적권위가 있지 아니한가? 종교적인 문제에서 자연의 빛에 일치하지 않는 것은 신적권위로 정죄 받았고 자연의 빛에 일치하는 것은 신적권위를 부여받았다고 할 수 있지 않은가? 만일 그렇지 않다면 자연의 빛에 비추어 이러한 주장을 하는 게 무슨 효력이 있겠는가?

결과적으로, 현재 논의 중인 교회정치문제에서 자연의 참된 빛에 부합하는 것은 신적권위를 부여받은 것으로 반드시 인정해야 한다. 비록 자연의 빛이 그저 희미하게 발휘된다 해도 어느 정도 도움을 줄 것이다. 예를 들면, 자연의 빛은 이러한 가르침을 준다: 1. 세상의 사회마다 제 나름의 독특한 정치가 있으며, 만일 그렇지 않으면 그 사회는 존속할 수 없을 것이다. 이와 마찬가지로 한 사회를 이루는 교회 역시 고유한 정치가 있다. 그것이 없다면 교회도 다른 사회처럼 더 이상 존재할 수 없을 것이다. 2. 모든 사회에서 논란이 되는 문제를 다룰 때마다 소수의 주장은 힘을 잃고 다수가 그 문제의 결론을 내린다. 그렇게 하지 않으면 논란은 끝이 나지 않는다. 교회에서도 당연히 그렇지 않겠는가? 3. 하회(inferior Societies)에서 행정이 제대로 이루어지지 않을 때마다 공의의 실현을 위해서 피해당사자들은 상회(superior Societies)로 자유롭게 항소 할 수 있어야한다. 이와 같이 교회의 회의들(Church-Assemblies)도 하회(inferior)에서 상회(superior)로 항소할 수 있어야 한다.

제4장

성경에 나오는 의무적으로 따라야 하는 모범들을 통해 부여된 신적권위

성경의 의무적인 모범(하나님의 백성들은 이 모범을 반드시 지키고 따라야한다)을 통해 어떤 대상에 신적권위가 부여된다. 종교문제들은 예수 그리스도의 뜻과 지정에 따라 신적권위를 지니게 됐다. 그리스도의 영을 통해 그러한 모범들이 성경에 기록되었고 그 모범을 따르도록 성도들에게 제시됐다. 이때 자연의 빛은 다소 도움을 준다. 하지만 성경의 의무적인 모범들의 빛은 훨씬 많은 도움을 준다. 이 빛은 더 분명하고 구별되며 구체적이기 때문이다. 성경의 모범들만 무오하고 공평한 하나님의 손길로 제시되었다. 의무적이고 강제력을 지닌 성경의 모범들(성경에는 우리가 반드시 따르지 않아도 되는 본들이 많이 있기 때문에)이 별도의 용도와 목적으로 기록되어 있다.

그러한 모범들은 종교적인 문제, 특히 교회정치에 많이 이용될 수 있는데, 이는 교회정치의 신적권위를 분명히 하고자 함이다. 일부 사람들은 이 모범들의 강제력을 강력히 반대한다. 특히 패역한 영을 지닌 사람들이 (에라스투스파의 많은 사람들처럼) 크게 반발하고 있다. 그러므로 이러한 성경의 모범들과 그러한 모범들의 강제력을 밝혀서 명확히 하는 것은 대단히 중요한 일이다. 이 일은 성경의 모범들이 어느 범위까지 우리가 지켜야할 법이요 규례인지, 즉 신적권위를 지녔는지를 알리고자 함이다. 일반적으로 다음에 제시된 명제에는 의문의 여지가 없다: 예수 그리스도께서는 성경의 모든 구속력 있는 모범들로 혹은 그 모범들에 비추어 모든 종교적인 문제나 행위를 자신의 교회와 성도들에게 알리신다. 그렇게 알려진 종교적인 문제나 행위는 예수 그리스도의 뜻과 지정으로 이루어진다. 하지만 이를 좀 더 명확히 하자면, 다음과 같은 다양한 구체적인 사항들을 분명히 구별해야 한다: 1. 종교적인 문제를 다룰 때 성경의 모범들 중 일부는 그리스도인들에게 의무적이고 구속력을 지닌다. 2. 그러한 성경의 모범들에는 무엇이 있는가. 이러한 것들이 밝혀지면 성경의 모범들이 우리에게 종교의 신비들, 특히 교회정치에서 신적권위를 강력히 제시하고 있음을 이해하게 된다.

Ⅰ. 종교적인 문제에서 성경의 모범들 중 일부는 양심적으로 반드시 따라야하는 본보기와 규칙으로서, 그리스도인들이 의무적으로 따라야 함이 분명하다.

1. 그리스도께서는 하나님의 영의 신적인 뜻을 따라 성경의 모범들을 기록하고 제안하시는데, 이는 그 모범들을 우리가 따르도록 하고자 하심이다. 따라서 그리스도가 제자들의 발을 씻기실 때 보여준 겸손은 반드시 따라야 할 본으로, 제자들과 그들의 뒤를 잇는 우리가 서로에게 겸손한 마음

으로 사랑이라는 가장 고귀한 일을 반드시 실천할 것을 뜻하며 제시하신 것이다: "내가 주와 또는 선생이 되어 너희 발을 씻었으니 너희도 서로 발을 씻어 주는 것이 옳으니라. 내가 너희에게 행한 것 같이 너희도 행하게 하려 하여 본을 보였노라"(요 13:4 이하, 13-15). 따라서 죄짓지 않고 맞받아 욕하지도 않으시고 꿋꿋이 인내하면서 그리스도께서 고난당하신 것은 모든 그리스도인들이 본받도록 하신 것으로, 저들은 양심을 따라 최대한 이 본을 따라야 한다: "그리스도도 너희를 위하여 고난을 받으사 너희에게 본을 끼쳐 그 자취를 따라오게 하려 하셨느니라…"(벧전 2:21-23).[12] 그러므로 사도는 고린도인들이 가난한 성도들에게 베풀 때 실제로 그들 자신들이 가난해지는 지경에 이르더라도 그리스도의 본을 따를 것을 간절히 구한다: "우리 주 예수 그리스도의 은혜를 너희가 알거니와 부요하신 이로서 너희를 위하여 가난하게 되심은 그의 가난함으로 말미암아 너희를 부요하게 하려 하심이라"(고후 8:9). 우리가 따라야 할 모범으로서 그리스도의 본 외에도 초대교회 사도들의 본들 역시 기록되었는데, 이는 후대에 우리가 비슷한 경우에 처했을 때 반드시 따라야 할 구속력을 갖는 모범들이다. 이것이야말로 사도행전의 역사를 쓸 때 그리스도의 영이 품고 있던 하나의 특별한 근거요 목적이자 의도이다. 다시 말해서, 초대교회의 사도행전은 뒤를 잇는 교회들

---

12) Exemplar, translatio a pictoribus, vel paedogogis sumptat. Beza in loc. Vox Grace signifcat proprie exemplar scriptionis, quale solent praescribere discipulis suis magistri scriptorii. Proponitur autem Christus nobis in Scripturis ad exemplum multifarium: 1. In exemplum lenitatis & mansuetudinis, Mt. 11:29. 2. Humilitatis ac servitii, Jn. 13:12-13. 3. Mutuae pacis ac charitatis, Jn. 14:27 and 13:34-35; Eph. 5:2. 4. Dilectionis conjugalis, sive matrimonialis, Eph. 5:25. 5. Vitae Sanctitatis, 1 Cor. 11:1; 1 Jn. 2:6. 6. Patientae ac toleratiae in cruce & afflictionibus in praesenti hoc loco Petri. Laurent in loc.

의 규칙이 되도록 기록된 것이다. 그 근거를 몇 가지 들어 보겠다.

(1) 사도행전에는 (일부 사람들[13]이 잘 지적하고 있듯이) 많은 교리적인 것들, 즉 사도들의 다양한 교리들이 들어 있지만, 사도들이 행한 일을 우리가 본받을 수 있도록 하고자 교리집이 아니라 사도행전이라 불렸다. 또한 세속의 역사와 거룩한 역사의 주요한 차이점 한 가지는 이렇다. 전자는 사색을 위한 것이요 후자는 경계하고 본받도록 하고자 함이다(고전 10:11). 그러므로 사도행전은 우리가 동일한 상황에 처할 때 동일한 행동을 하도록 훈계하고 의무적인 본들을 제시하고 있다.

(2) 누가(사도행전 저자)는 그리스도의 역사에서 사도들의 역사로 이동시키는 방식을 취하고 이들의 역사를 한데 엮어서 한권의 책으로 만들었다(행 1:1). 여기서 우리가 깨닫게 되는 것은, 만일 이러한 사도들의 기록이 없었다면 성령께서 교회를 향하여 뜻하셨던 그 온전한 가르침이 교회에 존재하지 않게 되었을 것이다. 다시 말해 사도행전은 다른 성경기록들 만큼이나 유익하며 필요한 것이다.

(3) 사도행전은 서두에 이렇게 기록되어 있다. "그가 택하신 사도들에게 성령으로 명하시고 승천하신 날까지의 일을 기록하였노라……하나님 나라의 일을 말씀하시니라"(행 1:2-3). 다시 말해서 어떤 이들[14]은 이 말씀을 두고 교회정치를 말씀하신 것이라고 해석하고, 또 다른 이들[15]은 은혜

13) Robert Parker, de Polit. Eccles., II, Chap. 42.

14) R. Parker, de Polit. Eccles. II, Chap. 42.

15) Regnum Dei vel generaliter considerature, quatenus generali providentia omnia coelo, terraque compreshensa gubernantur, cuius ambitu ne eximere licet Satanamnec Spiritus infernalies; vel

의 나라를 말씀하신 것이라고 해석한다. 신중한 칼뱅은 그것을 교회정치로 해석하면서 이렇게 말한다. "그리스도께서는 우리의 모든 근심을 떨쳐버리기 위한 방편으로 세상을 떠나는 방식을 택하지 않으셨다고 누가는 우리에게 충고한다"(nam quod perpetuum in Ecclesia regimen constituit, hoc documento osendit)-그리스도는 이러한 가르침으로 당신의 교회에 영원한 정치를 세우셨다는 사실을 보여준다. 이어서 이렇게 말한다. "그러므로 그리스도께서 당신의 교회정치를 예비하시기 전에는 떠나지 않으셨음을 누가는 보여주고 있다"(Significat ergo Lucas, non prius abiisse Christum, quam Ecclesiae suae Gubernationi prospexerit)." 사도행전이 기록된 후 중대한 권위와 구속력을 지니기 위해 앞표지에 이러한 표현들이 실려 있다. 사도행전은 그리스도의 명령에 따라 기록되었으며, 그리스도는 그의 나라와 교회정치를 처음 세우실 때 사도들의 행전이 후대의 교회들에게 규범이 되기를 원하셨다. 그리스도가 사도들에게 당신의 나라에 대해 말씀하신 것은 다음과 같다: "내가 너희에게 말하는 것을 모두에게 말하노라"(막 13:37). 이는 곧 설교와 세례, 죄용서와 유보에 대해서 사도들에게 전한 것을 "세상 끝날 까지" 사도들의 계승자 모두에게 전한 것과 같다(요 20:21-23; 마. 28:18-20).

---

specialiter expenditure, ut restrictum est ad Ecclesiam, atque ita est, aut gratiae in hoc mundo adminstratum per Verbum, Sacramenta & Disciplinam: aut gloriae in futuro, quo, hac adminstrationis for a cessante, Deus Pater plenarie & immediate erit omnia in omnibus. Per regnum ergo Dei intellige Gratiae, quod tantum a Gloriae regno modo administrationis distinguitur. John Malcom's Commentary on Acts 1:2-3.

2. 하나님께서는 성경의 가르침과 주님과 사도와 초대교회들의 본을 따르는 자들을 인정하시고 칭찬하셨다: "또 너희는 우리와 주를 본받은 자(mimetai)가 되었으니"(살전 1:6-7); "형제들아 너희가 그리스도 예수 안에서 유대에 있는 하나님의 교회들을 본받은 자(mimetai)[16] 되었으니 그들이 유대인들에게 고난을 받음과 같이 너희도 너희 동족에게서 동일한 고난을 받았느니라"(살전 2:14). 이렇게 성경 여러 곳에서 성령님은 데살로니가 사람들이 주와 사도, 교회들을 본받는 자들이었다고 반복해서 말씀하시고 그들을 칭찬하셨다. 이로써 저들은 행실이 좋았고 그 본받는 일을 충실히 해냈음을 우리는 이해하게 된다. 하나님의 정죄하심은 금지하시는 것과 같고 칭찬하심은 따라야 할 지침을 규정하시는 것과 같다.

3. 주님께서 명령하시는 몇 가지 본들을 따라야 한다. 이러한 성격의 명령들은 반복적으로 나온다. 일반적으로는, "사랑하는 자여 악한 것을 본받지 말고 선한 것을 본받으라"(요삼 1:11). 구체적으로는, (1) 하나님과 그리스도를 본받으라: "그러므로 사랑을 받는 자녀 같이 너희는 하나님을 본받는 자가 되고 그리스도께서 너희를 사랑하신 것같이 너희도 사랑 가운데서 행하라"(엡 5:1-2; 엡 4:32); "그의 안에 산다고 하는 자는 그가 행하시는 대로 자기도 행할지니라"(요일 2:6). (2) 사도들과 하나님께 속한 다른 성도들을 본받으라: "그러므로 내가 너희에게 권하노니 너희는 나를 본받는 자가 되라 이로 말미암아 내가 주 안에서 내 사랑하고 신실한 아들 디

16) 이 헬라어의 처음의 가장 적절한 의미는 어떤 본에서 선하거나 나쁜 것을 도덕적으로 본받는 것을 의미한다. 요삼. 1, me mime, imitate not.

모데를 너희에게 보내었으니 그가 너희로 하여금 그리스도 예수 안에서 나의 행사 곧 내가 각처 각 교회에서 가르치는 것을 생각나게 하리라"(고전 4:16-17); "내가 그리스도를 본받는 자가 된 것 같이 너희는 나를 본받는 자가 되라"(고전 11:1); "너희는 내게 배우고 받고 듣고 본 바를 행하라 그리하면 평강의 하나님이 너희와 함께 계시리라"(빌 4:9); "게으르지 아니하고 믿음과 오래 참음으로 말미암아 약속들을 기업으로 받는 자들을 본받는 자 되게 하려는 것이니라"(히 6:2); "그들의 행실의 결말을 주의하여 보고 그들의 믿음을 본받으라"(히 13:7); "형제들아 주의 이름으로 말한 선지자들을 고난과 오래 참음의 본으로 삼으라"(약 5:10). 이러한 하나님의 명령들은 성경의 많은 모범들이 의무적이고 우리의 양심이 그 모범들을 따라야 한다고 무오적으로 증거하고 있다.

4. 누구보다도 크리소스톰(Chrysostom)[17]과 니사의 그레고리(Gregory Nyssa)[18]가 잘 지적하듯이 고대와 근대의 정통주의적이며 학문적으로 탁월한 저술가들은 성경의 몇 가지 모범들은 강제력을 띄고 우리가 본받도록 기

---

17) 크리소스톰: "하지만 사도들의 역사, 즉 그들의 기록이나 말뿐만 아니라 그들이 전생애 동안 어떻게 행했는지, 무엇을 먹었고 언제 먹었는지, 언제 앉았고 어디로 갔는지, 날마다 무엇을 했는지, 그들이 어느 지역에 살았고 어느 집으로 들어갔으며 어디로 항해해 갔는지 등, 이 모든 일을 우리에게 전해주고 정확하게 설명해 줄 수 있는 자가 없었더라면 어떠했겠는가. 그들의 모든 행적들은 우리에게 너무나도 유용한 모범들이다." Chrisostom. Argum in Epist. ad. Philem. 그리고 그는 또 다른 곳에서 주장한다. "성령 하나님의 은혜로 말미암아 우리에겐 이러한 역사의 기록물이 남아있었다. 이는 우리의 마음을 일깨워 그러한 사도들을 본받도록 하고자 함이다. 우리가 사도들의 인내와 절도 있는 생활이나 낯선 자를 환대하는 마음이나 그들의 많은 선행과 그들이 삶 속에서 어떻게 빛의 역할을 감당했는지에 대해서 전해들을 때 우리 마음속에 비슷한 열정이 솟구친다." Chrysostom. on Genesis 30:25. Homil. 57 in initio.

18) "그러므로 이러한 명분을 위해서 그렇게 탁월한 위인들의 대화가 정확하게 전해지는데, 이는 그들을 본받음으로써 우리네 인생이 선한 곳으로 인도받고자 함이다." Greg. Nyssen. lib. de vita Mosis, Tom. I. Vide to. lib.

록되어 있음을 인정한다. 근대 저술가들 가운데 퍼킨스(William Perkins, 1558-1602)[19]는 다음과 같은 탁월한 말을 한다. "이것은 신성의 규범이다: 성경에서 인정하는 보편적인 가르침을 따르는 거룩한 자들이 행한 일반적인 본들은 일반적인 규범과 같은 강제력을 지니며 반드시 따라야 한다." 또한 피터 마터(Peter Martyr),[20]칼뱅[21] 등을 참고하기 바란다.

5. 마지막으로, 교황과 고위성직자와 같은 적대세력들의 신앙고백서에서도 성경의 모범들이 본질적으로 강제력을 띈다고 인정한다. 따라서 모든 면에서 봤을 때 성경에 제시되어 있는 모범들 중 일부가 의무적이라는 것은 명백하다. 이제 성경에 나오는 어떠한 모범들이 의무적인지 좀 더 자세히 살펴보자. 여기서 두 가지 사항을 명확히 할 필요가 있다. 1. 우리에게 제시되어 있는 구속력을 지닌 모범들이 얼마나 많은 종류로 우리에게 제시되어 있는가. 2. 우리가 지키며 살아야 하는 규범들 중에 그러한 모범들의 구속력을 나타내는 규범들은 무엇인가.

성경에 구속력을 지닌 모범들이 얼마나 많은 종류로 우리에게 제시되어 있는가? 여기에는 크게 세 가지, 즉 하나님의 모범, 그리스도의 모범, 그리스도인들의 모범이 있다.

---

19) Perkins on Mt. 6:16. See him also on Heb. 11:16, p. 28 in fol. col. 2 B.C. &, and on Heb. 11:22, p. 131, col. 2 D, and notably on Heb. 12:1, p. 200, col. 2 C. D. &c, and on Rev. 2:18. Cf. also his Art of Prophecying, p. 663.

20) Vide Pet. Martyr in lib. Jud., p. 2, and on Rom. 4:23-24.

21) Calvin on Heb. 12:1, Rom. 4:23-24, and 1 Pet. 1:21. &c.

I. 하나님의 모범. 성경에 제시된 하나님의 모범은 도덕적으로 가장 탁월하게 행할 것을 우리에게 요구한다(마 5:44—48; 엡 5:1; 벧전 1:14-16; 요일 4:10-11).

II. 그리스도의 모범. 그리스도의 모범은 의무적이며 우리가 본받아야 하는 구속력 있는 규범이라는 사실은 성경의 다음과 같은 증언들을 통해 분명히 드러난다(마 11:29; 고전 11:11; 엡 5:2-3, 25; 요일 2:6; 벧전 2:21-23). (탁월한 캐미어(Chamier)[22]가 말하듯이) 요 13:14-15절에서 우리는 개인적인 행동(the individuum actum)이 아니라 이성(rationem exempli)을 따라야 한다, 즉 그리스도의 본을 좇아서 우리는 타인에게 사랑과 섬김이라는 가장 겸손한 행위를 할 준비가 되어 있어야 한다.

그런데 그리스도의 본들 중 어떤 것이 그리스도인들에게 의무적인지는 그리스도께서 행하신 다양한 행위들을 구별해 보면 더 잘 드러나게 된다. 그리스도의 행위들은 종류와 성격이 다양하다. 이들 모두를 본받는 것은 필요하지 않으며 가능하지도 않다. 정통주의 저술가들은 그리스도의 행위들을 다음과 같이 분류하고 있다:

1. 신적인 권세와 의를 지닌 행위. 물을 포도주로 바꾸는 기적(요 2:7); 바다 위를 걷기(막 6:48-49); 자신의 말씀으로 마귀를 내쫓으심(막 1:27; 눅 4:36); 침을 뱉어 진흙을 이겨 날 때부터 맹인 된 사람을 고치심(요 9);

---

22) Chamier, Tom. 3, book 198, ch. 7, de jejunis, par. 55 and 60. and book 24 chap. 9 de satisfact., par. 21 and Tom. 4, book 8, chap. 2.

자신의 말씀과 만지심으로 병든 자를 고치심(요 4:50; 막 6:56); 죽은 자들을 살리심(요 12:1; 마 11:5; 눅 7:22).

2. 신적인 권능의 행위. 먼저 주인의 허락도 구하지 않고 나귀와 나귀새끼를 끌고 오라고 하셨다(마 21:2).

3. 중보적인 성격의 행위. 그리스도께서는 중보자로서 선지자, 제사장, 그리고 교회의 머리로서 행하셨다. 그리스도의 말씀인 성경을 받아쓰게 하셨고(골 3:16); 양들을 위해 자신의 목숨을 버리셨으며(요 10:15); 성령을 보내셨고(요 20:22; 행 2); 당신의 직원들을 임명하셔서 각자에게 임무를 맡기셨으며(엡 4:7-11; 마 10, 28:18-20); 새로운 법을 제정하시고 옛 법을 폐기하셨다(마 28:18-19; 고전 11:23).

4. 불규칙이며 우연한 정황적인 성격의 행위. 그리스도께서 성찬식을 기념하실 때는 오전이 아닌 밤이었으며 저녁 식사 전이 아니라 이후였다. 그리고 함께한 자들은 모두 남자와 사역자들이었으며 그때 사용한 떡은 누룩을 넣지 않은 떡이었다. 이러한 정황들은 유월절로 인해 우연히 생겨났으며 그리스도의 가족이라는 성격을 지니고 있었다.

5. 그리스도의 도덕적 행위나 도덕적 이성과 토대에 근거한 행위. 그리스도의 도덕적 행위(마 11: 29; 엡 5:2-3, 25)와 도덕적 이성과 토대에 근거한 행위(요 13:14-15)가 제시되어 있다.

그리스도의 첫 세 가지 행위(신적인 권세와 의를 지닌 행위, 신적인 권능의 행위, 중보적인 성격의 행동)를 따라하는 것은 완전히 불법이며 불가능하다. 그리스도의 정황적인 행위를 따라하려는 것은 비본질적인 것을 필수적으로 만들고(ex necessitate) 우연히 미신에 가까이 가는 것이다. 어떤 것을 마치 절대 필요한 것처럼 확정된 것 너머로(supra statutum) 다그치는 것은 미신을 재촉하는 것이다. 그리고 어떤 것을 그냥 필요한 것처럼 확정된 것 너머로(supra statutum) 넘기는 것은 미신에 굴복하는 것이다. 하지만 그리스도의 도덕적 행위나 도덕적 이성에 근거한 행위들을 본받는 것은 우리의 의무다. 그리스도의 그러한 행위들은 그리스도인들의 규범이 되어야 한다.

III. 선지자, 사도, 성도, 초대교회들의 모범. 이들의 모범들이 의무적이라는 사실은 여러 곳에서 명백히 드러나 있다: 고전 11:1; 빌 4:8-9; 벧전 3:4-6; 살전 1:6, 2:14; 히 13:7; 약 5:10-11; 요삼 11.

저들의 행위들을 구별해서 아래와 같이 결론내릴 수 있다.

1. 죄 있는 행위. 이러한 행위들은 본받을 것이 아니라 주의와 경계를 목적으로 기록되었다(고전 10:5-12, "의로운 자가 자신의 안전을 확신하다가 교만해지지 않도록, 의롭지 못한 자가 좌절을 통한 치유에 대해 더욱 강팍해지지 않도록"[23]). 이하 네 번째 규칙을 참고하기 바란다.

2. 영웅적인 행위. 이러한 행위는 하나님의 영의 특별한 충동과 자극으로 이루어진 것이다. 비록 충동이라고 명확히 기록되어 있지는 않지만 하

23) August. conc. Faust. Manich., 22, ch. 96.

나님의 충동으로 이루어진 것으로 여길 수 있는 다양한 행위들이 있다. 예를 들면, 엘리야가 하늘의 불이 내릴 것을 명하는 행위(열하 1:10). 하지만 바로 그 사도들(야고보와 요한)은 엘리야에게 임한 영을 받지 않았기에 이를 행할 수 없었다(눅 9:54-55); 비느하스가 행음하는 남자와 여자를 죽이는 행위(민 25:7-8); 삼손의 죽음을 통한 자신의 적들에 대한 복수(삿 16:30)-이에 대해 버나드[24]는 말한다. "삼손의 죄가 아니었다는 사실을 변호할 수 있다면 삼손은 틀림없이 개인적인 지시를 받았다고 볼 수 있다." 즉 자신이 행한 죄에 대해서 하나님께서 내리신 지시를 받았다고 할 수 있는 것이다; 다윗이 가드출신의 거인 골리앗을 상대로 벌인 접전(삼상 17:32)-이 구절은 개인적인 결투와 싸움을 정당화하고자 기록된 것이 아니다. 이러한 영웅적인 행동들의 기록목적은 우리가 본받도록 하는데 있지 않고 용감한 정신과 신적인 충동을 공급받았음을 보여주는데 있다.

3. 특별한 소명과 경륜으로 인한 행위. 아브람에게 고향을 떠나 가나안 땅으로 가라고 명하심(창 12:1, 4). 이는 로마 가톨릭에서 행하는 성지순례를 정당화하지 않는다; 하나님께서 아브라함을 특별히 시험하시고자 내린 명령에 아브라함이 아들을 죽여 희생재물로 드리려고 함(창 22:10)-부모가 자녀를 죽이고 희생재물로 드리는 행위를 정당화 하지 않는다; 이스라엘 자손이 애굽 사람의 허락도 없이 그들의 물품을 노략질하여 소유함(출 12:35)-이는 기만이나 도적질, 갚을 생각 없이 빌리는 행위를 정당화

24) Bernard, de pracep & dispensat; and Pet. Mart in loc: Deus ilus Spiritu suo gubernabat.

하지 않는다(롬 3:18; 살전 4:6; 시 37:21 참고); 이스라엘 사람들이 가나안 족속 이방인들에게서 이자를 받음(이방인들의 성읍과 그 족속들은 멸망할 운명이었다.) (신 20:15-17, 23:20)-이는 이방인들이 우리 형제들에게 혹은 우리가 우리 형제들에게 이자를 받는 것을 정당화하지 않는다(레 25:36-37; 신 23:19-20; 느 5:7, 10; 시 15:5; 잠 28:8; 에 18:8, 13, 17, 22:12); 세례요한의 유대광야에서의 삶(마 3:1)-이는 가톨릭의 수도생활을 변호하지도 않으며 수도생활이 더 완벽한 삶이라는 것을 입증하는 것도 아니다.

4. 시간과 계절이라는 특별한 필연으로, 또는 수치스런 사건이나 우연한 비상사태의 현재적 출현으로 인한 단지 우연적이거나 가끔씩 발생하는 행위. 초대교회 그리스도인들은 “모든 물건을 서로 통용했다”(행 4:32). 하지만 이것이 재세례파 공동체의 존립 근거를 제시하는 것이 아니다. 바울은 텐트 만드는 일을 해서 자신의 손으로 자신의 필요를 충당했으며(행 20:34), 고린도 교회에서 말씀전하는 일에 대해 아무런 사례도 받지 않으려고 했다(고후 11:7-9). 하지만 바울이 처한 이와 비슷한 상황을 제외하고는 말씀사역자들이 무보수로 복음을 전해야 하거나 스스로 육체노동을 해서 자립해야 한다고 말하는 것은 아니다(갈 6:6-8; 고전 9:6-13; 딤전 5:17-18).

5. 도덕적 성격을 갖거나 도덕적 근거에 기초하는 행위. 그들은 그리스도를 본받았으니 우리는 그들을 본받아야 한다(고전 11:1; 빌 4:8-9). 개개인과 교회들이 각자 속한 세대 속에서 자신들에게 도덕적이고 영원하며

공통된 근거 위에서 행한 모든 행동들은 모든 사람들에게 의무적이며 이후 세대들에게 규범이 된다. 따라서 초대교회에서 여성들에게 세례 주는 일(행 8:12; 16:15)—비록 구약시대에는 남성들만 할례를 받았지만—이 오늘날 우리가 남성과 여성 모두에게 세례 주는 일의 규범이 되며 "이들은 모두 그리스도 안에서 하나"다(갈 3:28). 이와 같이 하나님께서 유아들이 부모들과 함께 은혜언약 안에 있는 것으로 보기 때문에 구약시대의 유아들에게 첫 번째 성례, 즉 할례를 받게 하는 것은 신약시대의 유아들에게 첫 번째 성례인 세례를 주는 규범이 된다. 구약 당시뿐 아니라 오늘날에도 유아들은 믿는 부모들과 함께 연합적으로 거룩하며 은혜언약 안에 있기 때문이다(롬 11:16; 고전 7:14; 골 2:11-12). 따라서 이전에 다양한 사람들에게 세례를 준 일은 비록 특정한 회중 속으로나 특정한 회중의 회원 자격으로는 아니라도(내시, 행 8; 루디아, 간수, 행 16) 저들이 그리스도의 보편적이고 가시적인 한 몸 속으로 세례 받은 것으로 충분하기 때문에(고전 12:12-13), 오늘날 동일한 상황에 처했을 때 동일한 공동의 근거 위에서 우리가 무엇을 해야 할지를 보여주는 규범이 된다. 이와 같이 교회가 주중 첫 날에 말씀을 전하고 떡을 떼었던 일은(행 20:7) 오늘날 말씀과 성례, 기타 거룩한 규례들을 지킴으로써 주님의 날을 거룩하게 해야 하는 규범이 된다. 마찬가지로 초대교회에서 안수를 통해 장로들을 임명하는 일(딤전 4:14; 딤후 1:6; 행 13:3); 하나의 공동 노회를 통해 한 도시의 모든 교회(신자들)를 다스리는 일—이 노회와 관련된 모든 교회들은 예루살렘 교회(행 8:1, 15:4), 안디옥 교회(행 13:1, 11:25-26), 고린도 교회(고전 1:2, 14:34; 고후 1:1)와 같이 한 교회의 이름으로 불린다; 다양한 장로교회들에 문제를 일으키는 일반 스캔들과 오류들을 치유하는 일-이 일은 다양한 장로교회들의 회원들로 구성된 노회의 권위적인 명령으로 이루어진다(행 15)-은 유사한 경우에 우리가 따라야 할 규범으로서 주님께서 우리를 인도하시기 위해 남겨놓으셨으며, 이 규범은 초대교회뿐 아니라 현재 우리에게도 동일한 조치를 취할 수 있는 근거가 된다.

이와 같이 마지막에 제시한 모범들은 신적인 다양한 명령으로서 특별히 우리가 따라야 하는 것들이다. 그러므로 그러한 모범들은 하나님께서 제정하신 것이다. 그러한 구속력 있는 모범들을 근거로 우리가 반드시 행해야 하는 것은 예수 그리스도의 뜻과 지정으로 하나님의 법적 지위를 갖는다.

우리가 지키며 살아야 하는 기록들이나 규범들 중에 성경의 모범들의 구속력을 드러내는 것들은 무엇이며, 그러한 예들로서 어떠한 모범들이 제시되어 있는가? 이들을 찾아보기 위해서 다음의 일반 규범들을 살펴보자.

1. 그리스도의 영이 우리에게 본받도록 명령하는 성경의 모범들은 틀림없이 강제성을 띤다. 성경에 기록된 하나님, 그리스도, 사도, 선지자, 성도, 그리고 교회들이 보여준 도덕적인 모범들이 그러한데, 이러한 모범들에는 명령이 수반된다(엡 4:32, 5:1-2; 요일 2:6; 고전 11:1; 빌 4:9; 히 6:12, 13:7; 약 5:10; 요삼 11).

2. 그리스도의 영이 권면하고 칭찬하는 성경에 제시된 모범들은 의무적이다. 그의 권면은 사실상 명령이며, 특히 하나님께서 칭찬할 만한 것으

로 여기는 것은 무엇이든지 따라야 한다(빌 4:8-9; 고후 10:18). 그리스도의 영이 우리에게 권면하는 많은 모범들은 다음과 같다: 에녹이 하나님과 동행함(창 5:24); 노아의 의로움(창 6); 아브라함의 믿음(롬 4)과 순종(창 22); 소돔의 죄에 대한 롯의 심령이 상함(벧후 2:9); 욥의 인내(약 5:10-11) 등. 한마디로 다른 성도들이 본받도록 성경 안에서 권면하고 있는 모든 모범들(살전 1:6-7, 2:14)과 함께 주님께서 인정하고 칭찬하시는(히 11; 벧전 3:5-6;) 성도들이 행한 모든 모범들을 권면하시는 것이다.

3. 성경의 그러한 모범들은 의무적인데 그 근거, 이유, 범위, 목적까지도 의무적이다. 이 모범들의 성격은 도덕적이며, 구약시대의 모범이건 신약시대의 모범이건 모든 그리스도인, 모든 교회, 모든 시대에 적용된다. 따라서 고린도 교회는 근친상간한 성도는 악한 자이기에 이 성도를 출교했다. 이렇게 하는 것은 온 덩어리에 누룩이 퍼지지 않도록 하고 복음주의적인 유월절을 진실함으로 지키기 위함이며-교회 내에는 이러한 문제를 판결할 능력이 있었다-그의 육신은 멸하고 영은 주 예수의 날에 구원을 받게 하려 함이라(고전 5:5-13). 이렇게 행하는 근거와 목적은 도덕적이며 모든 악한 문제를 일삼는 자들을 이와 유사하게 치리할 것을 의무화한다.

4. 우리가 동일한 선을 행하거나 동일한 악행을 피하도록 성경에 제시되어있는 본이나 모범(tupoi or upodeigmata)들로서의 행위들은 우리가 의무적으로 따라야 하는 법이다. 이와 같이 경계의 본과 본받아야 할 본(Exemplum vitationis seu cautelae, & exemplum imitationis seu sequelae)이 있다. 따라서 선을 행하거나 선을 위해 고난당하는 것과 관련

하여 그리스도와 그의 사도들, 그 외 성도들의 본들은 후에 기록될 모범으로 제시되어 있다(욥 13:14–15; 히 11, 12:1 참고: "구름같이 둘러싼 허다한 증인들이 있으니"). 학문에 가장 조예가 깊은 그 해석가[25]는 말한다. 이 성경구절은 이전 장을 맺는말로서 율법 아래에서 믿음이 탁월한 성도들에 해당하는 범주를 보여주고 있는데, 이는 모든 이가 그들을 본받기에 합당하게 하고자 함이다. 또 어떤 이[26]는 덧붙인다. "그는 저들을 구름이라고 부르는데, 우리를 인도하는 구름을 말한다. 이는 이스라엘 백성들을 가나안 땅으로 인도하려고 광야에서 그들을 앞서 간 구름을 가리킨다(nebulam, sc. qua dirigamur: per allusionem ad nebulam illam qua Israelitis in deserto praevit, ut recta via ad terram Canaan ducerentur) (벧전 2:21–23; 약 5:10 참고).

이와 같이 악행에 관해서도 우리가 이를 범하지 않도록 경계와 주의를 줄 것을 목적으로 성도들과 다른 이들의 악한 본들이 우리 앞에 제시되어 있다. 이는 우리가 그들이 행한 유사한 악행들을 피할 것을 요구한다(고전 10:5, 6, 11): "이러한 것들은 저들이 행한 것같이 악행을 좇지 말라는 경계의 목적으로 제시된 우리가 피해야 할 본들이다. 이제 본보기로서 그들에게 이 모든 일들이 일어났다"(유 7). 이와 같이 옛 교훈[27]은 심지어 선한 사

---

25) Calvin in loc.

26) Parker, de Polit. Eccles. book 2, ch. 42. See also that learned Perkins on Heb. 12:11 thus opening the metaphor.

27) Attende ne credas; non sit delectatio minorum lapsus majorum: sed sit casus majorium tremot minorum. August. Tom. 10, in book 50, Homiliar. Hom. 21. Multi cadere volunt cum David & nolunt surgere cumcum David: Cf. also Ambrose Tom. 4, in lib. de Abraham, ch. 6.

람들의 악한 본들을 개선하라고 우리에게 가르치고 있다.

5. 성도와 그리스도인들로서 저들이 행한 행위들은 모든 그리스도인들이 의무적으로 본받아야 한다. 하지만 재판장, 선지자, 사도, 목회자 등이 행한 행위들은 그와 같은 직분을 가진 자들에게만 의무이며 모두에게 의무인 것은 아니다. (어떤 격언은 이른다. "그와 같은 모든 것과 일치하는 것은 그러한 성격의 모든 것과 일치한다"(Quod covenit alicui qua tale, convenit omni tali).) 따라서 야고보는 기도할 때 엘리야의 본을 따를 것을 촉구한다(약 5:17). 아울러 바울은 믿음으로 의롭게 된 아브라함의 본[28]을 따를 것을 재촉한다(롬 4:23-24). 또한 베드로는 아내들의 모범으로 사라와 그 외의 옛 거룩한 부녀들의 본을 규정하고 있는데, 이는 온유하고 안정한 심령으로 자기 남편에게 순종함으로 자기를 단장하기 위함이다(벧전 3:4-6).

6. 공통으로 그리고 일반적으로 행해진 행위들은 일상적으로 본받아야 한다. 일례로 다른 것이 아닌 오직 물로 세례를 주는 것은 신약시대의 일반적 관습이었다(마 3:11, 16; 막 1:6, 10; 눅 3:16; 요 1:26, 31, 33; 행 1:5, 8:36-38, 10:47, 11:16). 따라서 그 관습을 기준으로 우리는 오직

---

28) Hoc etiam praetera hic elicitur, quoties aut 매흠 nobis alliquod constituendum, aut prae ceptum aliquod Dei explicandum est, opportune fieri, si probatio ab exemplis petatur. Nam in locis scrupulosis & exilibus, probatio ab exemplis magnam perspicuitatem adhibet: in illis enim mens & sensue conjungunture. Peter Martyr on Rom. 4. Excellently, Calvin: Diserte asserit Paulus in Abrahae person editum suisse specimen communis justitiae, quae peraque ad omnes spectat. Locus quo admonearmur de cipiendo exemplorum fructu in Scripturis. Historiam esse vitae magistram, vere dixerunt ethnici &c. Vide. Plur in Calvin on Rom. 4:23-24.

물로 세례를 주어야 한다. 또한 많은 그리스도인들이 주의 성만찬에 함께 참여하는 것은 일반적으로 행하던 일이었다(마 26:20, 26–27; 행 2:42, 20:7; 고전 11:20). 따라서 우리는 이를 일상적으로 본받아야 한다. 성찬식이 달리 어떤 방식으로 행해질 수 있겠는가?(고전 10:16–17)

하지만 특별한 명분이나 이유가 있을 경우에 행하는 행위들은 그와 비슷한 경우에만 따른다. 그래서 특별한 명분, 즉 하나님의 특별한 부르심을 받았기에 행한 엘리야와 엘리사의 특별한 본들을 언급하시면서, 다른 곳에서는 하나님의 부르심을 받았기에 기적을 행했지만 나사렛에서는 하나님의 부르심이 없으므로 기적을 행하지 않을 것이라고 그리스도는 주장한다(눅 9:25–27). 이에 따라 다윗이 시장하여 진설병을 먹은 예를 들면서 그리스도는 부득이한 사정으로 안식일에 제자들이 이삭을 잘라 먹는 것이 합법적임을 증명한다(마 12:1–5).

7. 특별한 소명과 은사들로 인해 행해지는 행동들은 특별한 소명과 은사를 받은 사람들만이 따를 수 있는데, 이때 이들의 특별한 행동방식이 고려되어야 한다. 그러므로 그리스도께서는 자신의 사도들에게 엘리야에게 임한 성령이 임한 적이 없는데도 불구하고 하늘에서 불을 명했던 엘리야의 특별한 행위를 모방하려는 사도들을 꾸짖으셨다(눅 9:54–55). 그러므로 로마 가톨릭 교도들은 그들의 사순절 금식기간에 모세와 엘리야, 그리스도의 특별한 40주야 금식을 모방하는데 대해 비난받아 마땅하다. 고위성직자들은 사도들이 장로들보다 높은 지위에 있음에 비추어 주교가 자신의 형제, 곧 사역자들보다 지위가 높다고 주장하지만 이는 잘못된 주장일 뿐이다.

제 5 장

하나님의 인정하심으로 부여받게 되는 하나님의 법, 즉 신적권위

하나님의 말씀 안에 깃들어 있는 예수 그리스도의 영에 대한 하나님의 인정. 하나님이 그리스도의 영이 깃들어 있음을 인정하시는 성경 속 모든 종교문제는 예수 그리스도의 뜻과 지정에 따른 것이다. 그리고 하나님께서 어떤 것을 인정하시거나 허용하신다는 것은 그것이 하나님의 뜻과 기쁨에 일치해서 하나님이 그것을 제정하시거나 지정하신 것과 같은 의미다. 반드시 지켜야 할 일과 그렇지 않아도 되는 일을 처리하는 입법자들에게 하나님의 뜻을 알리는 것 외에 다른 무엇을 위해서 신적인 제도나 법이 존재하는가? 하나님은 자신의 뜻에 반(反)하는 것은 그 무엇도 인정하지 않으신다. 역으로 하나님이 어떤 것을 인정하지 않으시는 것은 그것이 하나님의 뜻을 거스르는 것이어서 하나님의 법을 지니고 있지 않으며 불법적이라는 사실을 분명히 나타낸다. 어떤 것이 그 자체로 선하거나 악해서 하나님이 그것을 인정하거나 인정하지 않는 것이 아니라, 하나님이 그것을 인정하거나 인정하지 않기 때문에 그것이 선하거나 악한 것이다.

하나님께서는 사물에 대한 인정여부를 다음과 같은 다양한 방식으로 결정하신다. (1) 칭찬과 책망(laudando & vituperando) (2) 약속과 협박(promittendo & comminando) (3) 보상(remunerando).

1. 칭찬과 책망. 요시야 왕이 종교개혁을 이룰 때 보여준 열정과 공명정대함을 하나님께서는 칭찬하셨다(왕하 23:25). 이는 모든 군주들과 통치자들의 개혁에 대한 규범이다. 에베소 교회의 천사는 칭찬을 받았는데, 이는 악한 자들을 용납하지 않았고 거짓 사도들을 시험하여 그들의 거짓됨을 드러내 보인 것과 니골라당의 행위를 미워했기 때문이다(계 2:2-6). 버가모 교회의 천사는 여러 위험한 곳에서 그리고 박해가 가장 심하던 때에 그리스도의 이름을 굳게 붙들고 그리스도에 대한 믿음을 저버리지 않아서 칭찬받았다(계 2:13)-이는 이와 같은 상황을 만날 때 모든 목회자들과 교회들이 어떻게 처신해야 하는지를 보여주는 규범이다. 하나님의 칭찬은 곧 하나님의 명령이다. 반대로 하나님께서 책망하시는 예들을 보면 다음과 같다: 처음 사랑을 버린 에베소 교회(계 2:4); 발람과 니골라당의 교훈을 지키는 버가모 교회(계 2:14-15); 거짓 선지자 이세벨을 용납하여 그의 종들을 가르쳐 꾀게 한 두아디라 교회(계 2:20); 차갑지도 뜨겁지도 않고 미지근한 라오디게아 교회(계 3:15); 교회에 모일 때 주의 만찬에 대하여 일어난 분열과 스캔들, 분쟁을 일으킨 고린도 교회(고전 11:17). 교회들의 이러한 모든 부패를 하나님께서 책망하시면서 후대의 교회들에게 이와 유사한 부패들을 강력히 금하고 계신다. 하나님의 책망은 곧 하나님의 금하심이다.

교회의 선한 장로들은 잘 다스리기 때문에 칭찬받는다(딤전 5:17). 그러므로 장로들은 교회를 더욱 더 잘 다스려야 한다.

2. 약속과 협박. 하나님께서 의무가 아닌 행위에 대해 무슨 약속을 했는가? 아니면 죄 없는 행위에 대해 무슨 협박을 했는가? 하나님께서는 그리스도를 위해서 모든 것을 버리는 자에게 "현세에 그 모든 것의 백배를 더해 줄 것과 내세에 영생을 주실 것을" 약속하셨다(막 10:29-30). 그러므로 그리스도를 위해서 모든 것을 버리는 것은 우리의 의무다. 그리스도께서는 자기 제자들이 땅에서 매고 푸는 것을 인정해 주시고 두세 사람이 그러한 목적으로 모이면 그들과 함께 있겠다고 약속하셨다(마 16:19, 18:18-20; 요 20:23). 그러므로 매고 푸는 일, 죄를 용서하고 그대로 두는 일, 그러한 목적으로 함께 모이는 일이 그들에게 속해있다. 그리스도께서는 자신의 이름으로 세례를 주고 말씀을 전하며 죄를 용서하거나 혹은 그대로 두는 일, 이 모든 일을 할 때 "세상 끝날까지" 제자들과 늘 함께 하겠다고 약속하셨다(마 20:23, 28:18-20). 이 약속이 보여주는 바는 이러한 모든 행위와 일들이 세상이 끝나는 날까지 사도들뿐 아니라 그들의 뒤를 잇는 모든 목회자에게 속해있다는 것이다. 반대로 주님께서는 처음 사랑을 버린 에베소 교회(계 2:4-5), 거짓된 교훈을 지키는 버가모 교회(계 2:14-15); 미지근한 라오디게아 교회(계 3:15-16)를 위협하신다. 그러므로 이 모든 것들은 그들의 죄이며, 우리 역시 이와 같은 죄들을 범하지 않도록 하나님께서 동일하게 위협하신다.

3. 보답과 보상. 하나님께서는 축복을 내리시거나 심판 하신다. 하나님

께서는 히브리 산파들에게 축복을 내리셨다. 그 여인들이 바로의 명령을 어기고 이스라엘의 사내아이들을 살려두었기 때문이다("하나님이 그들의 집안을 흥왕하게 하신지라" 출 1:17-21). 하나님은 잘 다스리는 장로들을 배나 존경할 자로 여기고 후하게 보상해 주셨다(딤전 5:17). 따라서 저들이 교회를 다스리는 일은 하나님께서 후한 보상을 약속하시는 직무다. 반대로 하나님은 직접 번제를 드린 사울 왕(삼상 13:12-14); 하나님의 궤가 떨어지려고 했을 때 그 궤를 붙든 웃사; 분향하러 성전에 들어간 웃시야 왕(대하 26:16)을 심판하셨다. 이들 중 어느 누구도 제사장이 아니었는데 제사장 일에 개입했었다. 이는 교회직분을 맡지 않은 자들에 대한 규범을 보여주는 것으로, 비록 왕이나 최고의 통치자라도 교회의 권위나 직분을 빼앗지 말 것을 경고하고 있다. 하나님은 주의 만찬에 합당치 않게 참여한 고린도 교인들을 연약함과 질병과 사망으로 심판하셨다(고전 11:30). 이것은 이후에 있을 모든 교회에 대한 하나님의 경고로서 합당치 않게 성찬식에 참여하는 것을 금하고 있는 것이다.

제 6 장

하나님의 행하심으로 부여되는 하나님의 법, 즉 신적권위

하나님의 행하심. 하나님의 교회 안에서 제정되었거나 교회에 주어진 모든 종교적인 문제들은 하나님, 즉 삼위일체의 모든 위격이 성경에 기록해 놓으신 것이며, 예수 그리스도의 뜻과 지정으로 신적권위를 부여 받은 것이다. 하나님이 인정하시는 성도들에 대한 강제력 있는 모범들이 우리에게 신적권위를 상세히 나타내지 않는가? 그리고 하나님과 그리스도, 성령의 신적행위들이 신적권위를 훨씬 더 상세히 말해주지 않는가? 몇 가지 예를 들어보겠다. 하나님께서 세상을 모두 만드신 후 제 7일에 쉬시고 그 날을 거룩히 하사 그 날을 안식일로 처음 제정하시지 않았는가?(창 2:2-3). 그리스도께서 새로운 세상이라는 영적인 창조를 완성하신 행위들로, 즉 그리스도께서 부활하시고 그 날 제자들에게 모습을 보이시고 그날을 축복하고 거룩하게 하시며 성령의 은사를 부어주심으로써(사도행전 2장) 주의 날이 안식일(주중 마지막 날이 주중 첫날로 변경되었음)로 제정되지 않았는가?-이것은 초대교회 사도의 관습으로 확인된다(행 20:7; 고전 16:1-2). 그리고 그리스도의 교회들은 보통 이러한 사실들을 근거로 주의 날 곧 안식일이 신적권위를 부여 받았다고 결론내리지 않는가? 따라서 그리스도의 행위를 통해 할례는 신적권위가 상실되고, 세례가 대신하여 제정되었다(골 2:11-12). 구약의 유월절 역시 신적권위를 잃고, 그리스도 자신이 우리의 참된 "유월절 양으로 우리를 대신하여 희생되셨다"(고전 5:7). 유월절 대신 그리스도의 죽음을 기념하여 성찬식이 제정되었다(마 26; 막 14; 눅 22). 그리고 모든 어두움을 물리치는 그리스도의 죽음으로 모든 의식법(Ceremonial Law)들은 더 이상 사용되지 않으며 효력을 잃게 되었다. 그러므로 그리스도는 성령을 보내시기 직전에 "다 이루었다"고 외치시고(요 19:30; 골 2:14; 엡 2:14-15 참고), 법조문으로 된 계명의 율법을 폐하셨다(히 8:13, 10:4-5). 따라서 그리스도께서 천국 열쇠들을 베드로와 사도들에게 주심을 통해(마 16:19, 18:18-19) 그 천국 열쇠들을 신적권위를 지닌 교회 직원들이 소유하게 됐다. "하나님이 교회 중에 몇을 세우셨으니 첫째는 사도요……"(고전 12:28)에서처럼 하나님이 직원들을 세우시는 행위를 통해서 이 직원들은 모두 신적권위를 지닌 가시적인 보편교회에 속한다. 그리스도께서 승리에 찬 승천을 하실 때 각 사람에게 은사를 주시는(엡 4:7, 11-12) 행위를 통해 모든 교회 직원들은 곧 그리스도의 은사들로서 하나님의 법을 지니게 된다. 마지막으로 "장로들을 양들의 감독으로 세우는"(행 20:28) 성령님의 행위로 장로들은 신적권위를 지닌 감독들이 되었다.

제 7 장

하나님의 명령으로 부여된 하나님의 법, 신적권위

하나님의 명령. 말씀으로 하나님이 명하시거나 금하신 종교적인 모든 것은 신적권위가 부여된 의무이거나 죄다: 모든 도덕법의 의무로서 하나님께서 명령하신 십계명과(출애굽기 20장; 신명기 5장); 그리스도를 믿는 것(요일 3:23); 사역자들을 존경하는 마음으로 후하게 대할 것(딤전 5:17-18; 고전 9:9-14; 갈 6:6); 성도들이 목회자와 교사들을 존중하고 사랑하며 순종하는 것(살전 5:12; 히 13:7, 17); 사역자들이 양떼들을 먹이고 감시하는 일에 성실하고 신실할 것(행 20:28; 딤후 4:1-3; 벧전 4:1-3); 그 외에도 수많은 각종 명령들이 있다. 이렇게 하나님이 명하신 모든 것들은 분명히 신적권위를 가지며 이에 대해 아무도 반박하지 않고 에라스투스주의자들조차도 이 사실을 부인하지 않는다. 하지만 하나님의 명령을 어디까지 확장시킬 것인가라는 문제가 여전히 남아있다. 이를 명확히 하고자 다음과 같이 구별해 보자: 우선 하나님의 명령들은 직접적이거나 중보적이다.

1. 하나님 직접적인 명령들. 하나님이 직접 제기하시고 촉구하시는 명령: 십계명(출 20; 신 5)과 그 외 당신의 말씀으로 분명히 하신 모든 명령들. 그러한 명령들 가운데 사도는 말한다, "내가 명하노니 (명하는 자는 내가 아니요 주시라)"(고전 7:10). 이러한 하나님의 직접적인 명령들은 선포하고 제기하는 방식에 따라 명시적이거나 암시적인 것들이 있다.

(1) 분명하고 간단한 용어로 기록된 명시적인 명령들: 십계명(출 20); 그리스도의 명령, "내 양을 치라, 내 양을 먹이라"(요 21); "가서 모든 민족을 제자로 삼아"(마 28:19); "나를 기념하여 이것을 행하라"(마 26; 고전 11:23-24 등). 하나님께서 간단하고 분명한 용어로 명확하게 명하신 것은 신적권위를 지니고 있으며, 이것은 어떠한 논란의 여지도 없다. 오직 주의할 것은 다음과 같다: 하나님께서 분명히 명하신 것들의 신적권위는 주님이 명하신 것의 성격과 목적, 범위에 따라 해석되어야 한다: ① 도덕적인 의미로 영원히 사용하도록 명하신 것들: 아버지와 어머니를 공경하는 것 등. 이러한 명령은 영원히 신적권위를 갖는다. ② 특정한 절기를 따라 사용하도록 분명히 명하신 것들: 그리스도가 오실 때까지 유대교회의 절기를 지키는 것과 유대국가의 사법의 준수. 분명히 드러난 이런 모든 법들은 그리스도께서 폐기하실 때까지 신적권위를 지닌다. ③ 하나님이 시험할 목적으로 명하신 것들은 그렇게 행할 것을 뜻하신 것이 아니라 하나님을 향한 백성들의 경외심과 사랑, 순종이 진실하다는 것을 입증하기 위함이다. 따라서 하나님은 아브라함에게 아들 이삭을 번제물로 드리라고 명하셨다(창 22). 이러한 것들은 무오적인 특별한 명령으로 신적권위를 지닌다. ④ 하

나님이 선택받은 특정한 대상과 예외적인 경우에 명하시는 것들: 이스라엘 백성들에게 돌려주지 않을 생각으로 에굽 사람들의 보석을 요구하라고 하신 명령(출 11. 2); 제자들에게 가서 말씀을 전하되 금이나 은을 구하지 말라고 하신 명령(마 10:7-10); (교회 안에서 기적들이 필연적으로 사용될 때) 교회장로들에게 병든 자들의 회복을 위해 주의 이름으로 기름을 바를 것을 명하심(약 5:14). 이와 같은 특별한 명령들은 특별하고 예외적인 경우에 한해서 신적권위를 지니고 있었다.

(2) 암시적이거나 내포적인 명령: 명령조의 분명한 용어와 글 속에 함축적으로 포함되어 있거나, 그 분명한 용어와 글로부터 추론할 수 있는 명령.

명령의 글 속에 명시적으로 드러나 있지는 않지만 많은 것들이 내포되어 있다. 이와 같이 십계명의 모든 지시들은 대유법을 사용하고 있으며, 하나님께서는 명시된 글 이면에 있는 많은 것을 알리기를 원하신다고 십계명에 대한 정통파[29] 주석가들은 일반적으로 고백한다. 예를 들면 죄를 금하

---

29) Rivet. Explicat. Decal, pp. 5-7. Edit. 2; Zanchius. Tom. 4, book 1 de Decalog Thes. 3, where he sums up excellently what he had largely laid down in these words: Summa, Quantum ad illa quae damnantur: Damnantur lege Dei, 1. Fons omnium malorum concupiscentia. 2. Primi eius, licet involuntarii, motus. 3. Affectus omnes corrupti & iniqui. 4. Consensus voluntaris in omnes malos concupiscentiae motus. 5. Omnes externae etiam malarum concupiscentiarum & affectuum significationes, sive per verba, sive per nutus factae. 6. Multo magis externum internae iniquitatis complementum. 7. Maxime vero consuetudo & pertinacia, atque habitus in malo perpetrando. Contra mandantur haec, 1. Justitia naturae, perfectaque sicut initio fuerat, reformatio. 2. Sancti ex ea motus, & ii quidem perpetui in voluntatem Dei faciendam tendentes. Pii affectus cum natura Dei consentientes. 4. Consensus voluntatis in omnes bonos & Sanctos regeneratae naturae motus. 5. Sancta verba, honestique motes, quie veram internamque spirent pietatem. 6. Sancta externa obedientia. 7. Divini habitus, consuetudinesque constantes in bono. 2. Verbum Dei est, quod ex verbo Dei quadam sequelae necessitate deducitur. Vid. Cameron in fol. de verb Dei, ch. 17 & ch. 18, Where against Popish cavils he demonstrates the just and necessary use of consequences from Scripture.

는 부정적인 명령에서 그 반대의 의무를 규정하는 긍정적인 명령을 이해할 수 있다. 반대로 긍정적인 명령에서 이것이 내포하고 있는 부정적인 명령을 이해할 수 있다. 따라서 그리스도는 제 6계명을 상세히 설명하고 있다(마 5:21-27, 43 이하). 그래서 모든 악을 금하실 때, 외적인 악행들뿐만 아니라 모든 내적인 악행과 그 범위까지도 동일하게 금하신다. 예를 들면 살인, 자극하는 말, 분노, 화(마 5:21-22)와 간음, 음란한 눈빛과 생각 등이다(마 5:27-30). 이처럼 명령 안에 포함된 모든 것들은(비록 명시되어 있지는 않지만) 신적권위를 지닌다.

결과적으로 성경의 분명한 명령들로부터 많은 것들을 명확히 추론할 수 있다. 이는 명확하고 자발적이며 무오한 부인할 수 없는 결과다. 필연적 결과로 명령되는[통제되는] 모든 것들뿐 아니라 분명한 용어로 규정된 것들도 신적권위를 지닌다. 예를 들어 세례의 경우에 신약시대의 일반 목회자들이 세례를 주라는 명시적인 명령을 구두로 받았는가? 그렇지 않다. 하지만 논리적으로 추론을 해보면 분명히 사도들이 세례를 주라는 명령을 받았고, 그리스도께서 세상 끝날 때까지 함께 하시겠다는 약속을 받은 것도 사도들임이 틀림없이 명백하다(마 28:18-20). 이는 속사도(Apostolic Father)들에게만 적용되는 것이 아니다. 저들은 세상 끝날 때까지 살 수도 없고 세상이 끝나기도 한참 전에 이미 사라져버릴 것이기 때문이다. 세상 끝날 때까지 속사도, 사도를 계승하는 자, 복음전하는 목회자에게까지 적용되는 것이다. 결과적으로 명확한 추론을 통해서 그리스도의 임재의 약속이 적용되는 사람들에게 세례를 베풀고 가르치라는 명령이 내포되어 있다는 사실을 알 수 있다. 그래서 신약시대 그리스도인 부모들의 유아들은 세례를 받도록 명령을 받은 것이다. 구약시대 하나님의 백성들의 유아들은 할례를 행하도록 명받았기 때문이다(창 17). 구약시대 신자들이 지닌 특권과 마찬가지로 신약시대 신자들도 많은 특권이 있다. 구약시대 신자들의 자녀들뿐 아니라 신약시대 신자들의 자녀들도 연합적으로 거룩하며 하나님의 은혜 안에 있다(창 17; 롬 11:16 ; 고전 7:14 비교). 유아들의 무능력함으로 인해 이들에게 세례를 베풀면 안 된다고 하면 유아들에게 할례도 행하지 않았을 것이다. 아이들이 과거에 개시의 성례(initiating sacrament, 할례)에 참여했는데 그것과 유사한 개시의 성례(세례)–언약과 성례의 주님은 그것들을 어디에서도 금하지 않음–에 참여할 수 없다고 하는 것은 아무런 근거도 찾을 수 없다. 세례는 할례의 자리를 대신하는 것이다(골 2:11–12). 따라서 성찬식 때, 사도들은 떡과 포도주를 나누어 주고 성도들은 이것들을 받도록 명령을 받았다: "나를 기념하여 이것을 행하라"(마 26; 고전 11:24–25); 결과적으로 사도들을 계승하는 복음사역자들은 하나님의 신비의 청지기로서 동일한 책무를 지닌다. 남녀 모두 성례에 참여하여 유월절에 온 가족이 주의 성만찬에 참여한 믿음의 조상들과 교통하도록 명을 받았으며(출 14); 남자나 여자나 다 그리스도 예수 안에서 하나다(갈 3:28). 신약시대 목회자들을 부양하는 일이 하나님의 명령임을 사도들은 입증하고 있다: 하나님께서는 곡식을 밟아 떠는 소의 입에 망을 씌우지 말라 하셨고, 구약시대에는 제사장들을 부양하라고 명하셨다(고전 9:14; 딤전 5:17–18). 따라서 교회정치에서 히브리인들은 주안에서 인도하는 자들에게 순종하고 복종하라는 명을 받았다(히 13:17). 결과적으로 다른 모든 교회들이 인도하는 자들을 둘 뿐 아니라 그들의 인도와 다스림에 순종하고 복종하라는 명을 받았다. 디모데는 장로들을 임명할 때 경솔히 안수하지 말라는 명을 받았다(딤전 5:21-22). 결과적으로 디모데의 뒤를 이어 장로를 임명하는 자들은 경솔하지 않고 심사숙고 해서 장로를 임명하라는 명을 받는다. 사도는 사람들을 먼저 시험하여보고 책망할 것이 없으면 집사의 직분을 맡게 할 것을 명한다(딤전 3:10). 따라서 치리장로를 임명할 때는 먼저 시험하여 보고 책망할 것이 없으면 이들을 임명하여 치리할 것을 명한다. 그리고 목회자 역시 동일한 검증을 거친 후 목회할 것을 명한다. 이러한 직분들은 집사의 직분보다 더욱 중대하기 때문이다.

2. 중보적인 신적 명령들. 하나님에게서는 중보적으로, 하지만 인간에게서는 직접적으로 받은 명령으로서 이중적으로 고려해 볼 수 있다.

(1) 그러한 명령들의 일반적인 원리들은 주님에게서 직접 받은 것이지만 조정하여 결정된 구체적인 명령들은 인간에게서 온 것이다. 다음과 같은 근거에서 명백히 추론할 수 있다. 사도바울은 말한다. "그 나머지 사람들에게 내가 말하노니 이는 주의 명령이 아니라"(고전 7:12)-바울은 단순히 자신이 생각한 명령을 전한 것이 아니라[주의 자비로 인하여 충성스러운 자가 된 내가 의견을 말하노니(25절); 나도 또한 하나님의 영을 받은 줄로 생각하노라(40절)], 자신의 명령을 하나님의 말씀에 근거하여 해석하는 자이다. 위 상황은 결혼한 신자와 불신자간의 이혼에 관한 것이다. 주님은 이혼

에 관한 일반적인 규칙들을 주셨지만 구체적인 규칙들을 주시지는 않았다(이는 유대인들에게는 특별한 일이 아니다). 그러므로 사도는 일반적인 규칙을 구체적인 경우에 적응시키는 역할을 한다: 구체적인 규칙은 주님이 아니라 사도가 정한 것이다. 따라서 건전한 해석자들[30]은 구체적인 규칙이 사도에 의해 결정된 것으로 생각한다. 공적인 회중의 질서를 다루면서 사도는 말한다. "선지자와 신령한 자는 내가 쓰는 이 글이 주의 명령인 줄 알라"(고전 14:37). 이 글을 중보적으로, 즉 계시된 주의 원리들과 일치하는 것으로 이해하라. 그렇지 않으면 주님이 사도에게 직접 계시하신 것을 선지자가 어떻게 알겠는가? 또는 이 구체적인 내용들이 일반원리로부터 쉽고 분명하게 추론될 수 있으며 계시들이 불필요하게 증가하는 것이 아니라는 점을 고려할 때, 바울이 여기서 말하고 있는 교회들의 질서와 바른 행실이 주님의 말씀이나 계시를 통해 직접적으로 분명하게 전달받았을 것이라고 왜 우리가 생각하겠는가? 하지만 이렇게 구체적으로 추론되고 결정된 사항들은 여기서 주님의 계명이라고 불린다.

(2) 우연적이고 임시적인 성격의 명령들 역시 그 근거와 일반원리들은 주님의 것이다. 하지만 결정되고 추론된 구체적인 명령들은 위기상황

30) Non ita intellegit a Seipso esse, quin ex Dei Spiritu hauserit: sed quoniam de hac re nusquam extabat in lege aut Prophetis certum aut expressum verbum, praevenit hoc modo improborum calumnias, quum sibi quod disturus erat tributur. Calvin in loc. Cf. also Beza in loc.: Suum id esse dicit Apostolos, de quo nihil diserte expreserit Dominus, non quod ipse ex sese temere aut suo arbitrio esset commentus; id enim se secisse negat, infra (v. 25, 40). Fundumentum enim eius doctrinae quam tradit. authoritate verbi Dei nititur, cuius interpres erat Apostolus. * Cf. also Pareus in loc. and D. Sclater, Explic. ad 1 Cor. 7:12.

이 아니면 좀처럼 만들어지지 않는다. 사도행전 15장의 교회의 회의장면에서 피와 목매어 죽인 것을 멀리하라(레위법이 이제 폐기되었지만)고 명하는데, 이는 그것들을 일반적으로 사용하는 일은 가증한 것이 되기 때문이다. 그러므로 그리스도인의 자유를 일시적으로 중지할 수 있는데(ex lege Charitatis), 만일 그렇게 하지 않으면 형제의 추문이 위험에 처하게 되는 경우로 제한한다. 하지만 이러한 경우가 아니라면 평등의 원칙에 따라 그러한 특정한 규칙이 생기지 않았을 것이다. 현재 대회에서는 이러한 결정문을 발표한다: "그것은 성령님과 우리에게 유익하게 보였다"(행 15:28). 그들처럼 성경의 동일한 빛과 규칙을 따르는 또 다른 대회는 사도바울이 말한 것처럼 스스로 말할 수 있다고 학자 휘테이커(Jeremiah Whitaker, 1599-1645)[31]는 말한다.

---

31) Whitaker, Controv. 3, Q 6, p. 610 in fol.

Jus Divinum Regiminis Ecclesiastici

THE DIVINE RIGHT
OF CHURCH
GOVERNMENT

Part Ⅱ

성경에 따라 신적권위를 부여받은 교회정치의 성격

제1장

교회정치에 대한 기술(Description)

지금까지 신적권위의 본질이 무엇인지 그리고 종교문제들이 지닌 신적권위가 얼마나 다양한 방식으로 표현될 수 있는지를 상세히 살펴봤다. 다음으로는 성경에 따라 신적권위를 지닌 교회정치의 본질을 고려해 보고자 한다. 좀 더 자세하고 명확한 설명을 위해서 먼저 교회정치를 어떻게 기술할 수 있는지에 대해, 그런 다음에 하나님 말씀으로 그러한 기술을 어떻게 설명하고 정당화할 수 있는지를 살펴보도록 한다.

교회정치는 다음과 같이 기술될 수 있다: 교회정치는 우리의 중보자[32] 예수 그리스도에게서 나온 것으로 자신의 직원들[33]만을 대상으로 성경에[34] 계시된 영적인[35] 권세나 권위[36]이다. 이 직원들이 그리스도의 교회를 세우

---

32) 엡 4:8, 11-12; 고전 12:28; 마 28:18-20; 요 20:21-23; 마 16:19; 고후 10:18.

33) 마 16:19, 28:19; 요 20:21, 23; 고후 10:8, 13:10.

34) 딤후 3:16-17; 딤전 3:14-15; '정치(다스림)' 을 언급하는 모든 곳.

35) 마 16:19, 18:15-18; 고전 5:45; 고후 10:8, 13:10.

36) 고전 4:20-21; 고후 10:8, 13:10.

기 위해[37] 그리스도의 말씀,[38] 인치심,[39] 책망,[40] 그 외 모든 규례들[41]을 이행할 때 이 권세와 권위를 행사한다.

교회정치에 대한 기술은 다음과 같이 설명되고 입증될 수 있다. 세 가지 주요한 고려사항이 있다: I. 교회정치의 정의[1장]. II. 교회정치가 다른 모든 정치와 공통적으로 갖는 일반적인 성격, 즉 권세와 권위[2장]. III. 교회정치가 다른 모든 정치와 구분되는 명확한 차이점[3장]. 차이점 여섯 가지는 다음과 같다: I. 교회정치를 계시하고 가늠할 수 있는 특별한 규칙, 즉 성경[4장]. II. 교회정치의 권세가 유래한 고유한 저자이자 근원, 즉 중보자 예수 그리스도[5장]. III. 이 권세나 권위의 특별함: 영적인 권세, 유래한 권세, 행사되는 권세[6장]. IV. 이 권세가 행사될 때의 다양한 요소나 행위들: 그리스도의 말씀, 인치심, 책망, 그 외 다른 모든 규례들의 이행[7장]. V. 이 권세의 특별한 목적이나 범위: 교회를 세우는 것[8장]. VI. 그리스도가 이 모든 권세를 맡기신 고유하고 구별된 주체, 즉 담는 용기: 오직 그리스도 자신의 직원들[9-15장]. 이 모든 내용들이 교회정치기술에 포함되어 있으며 교회정치의 본질 전체가 이와 같이 다양하게 분류되어 설명될 수 있다. 성경을 통해 이런 점들이 설명되고 확인되면 교회정치가 무엇인지, 그리고

---

37) 고후 10:8, 13:10.

38) 마 28:18-20; 행 6:4; 딤후 4:2.

39) 마 28:18-20; 고전 11:24.

40) 마 18:15-17; 딛 3:10; 딤전 5:20; 고전 5:4-5, 13; 고후 2:6; 딤전 1:20; 고후 2:7-8 등.

41) 고전 4:1

이 교회정치가 우리의 중보자 되시는 예수 그리스도의 뜻과 명령을 통해 신적권위를 부여받게 된다는 것이 쉽고 충분히 밝혀질 것이다.

제2장

교회정치의 용어에 대한 간략한 개요

교회정치를 구성하는 두 용어에 대한 정의를 간단히 설명한다. I. 교회란 무엇인가. II. 정치란 무엇인가.

I. 교회는 헬라어로 에클레시아(ekklesia)(행 19:32, 39-40; 엡 5:23; 고전 12:28)로 표기된다. 이 단어는 원래 에칼레오(ekkaleo), 즉 '소환하다' 또는 '불러내다' 에서 유래했다. 따라서 에클레시아(ekklesia)는 소환되거나 부름을 받은 단체나 무리를 나타낸다. 이 단어의 표기에는 다음 세 가지가 내포되어 있다: 1. 무리를 불러냈다. 2. 무리가 부름을 받았다. 3. 이 두 용어를 연결해주는 매체나 수단, 즉 불러냄(kaleo). 일반적으로 기록된 이러한 것들은 교회라고 불릴 수 있는 모든 무리와 일치한다. 교회를 나타내는 히브리 단어들이 구약에서 많이 사용된다. 예를 들면, (a) mikra: 불러냄 또는 불러모음, kara: 소환하다, 함께 부르다, 불러내다(convocavit, evocavit)(출 12:6). (b) kahal: 회중이나 단체(레 16:17), per metahesin: 글자의 전위나 변화를 통해서. (c) lahakath(삼상 19:20) from kahal, congregavit, collegit: 모으거나 소집하다. 이러한 용어들은 칠십인역(Septuagint)에서 우리에게 익숙한 '에클레시아' 로 번역된다(출 12:6).

이 단어 교회(ekklesia)는 결코 한 명의 특정인을 가리키지 않고 불러 모인, 소집된 다수를 의미한다. 신약에서는 교회가 다양한 의미와 용도로 쓰인다.

1. 교회는 통상적이고 세속적인 의미에서 '세속의 모임' 이나 함께 모인 사람들의 '큰 무리' 를 뜻한다. 따라서 소요를 일으키고 반란을 일으키는 무리 역시 교회(ekklesia)라고 불린다(행 19:32, 39, 40). 2. 교회는 특별한 종교적 의미에서는 '거룩한 모임' 이나 '하나님의 백성들의 모임' 으로 쓰인다. 따라서 교회는 하나님의 교회를 의미한다: (1) 하나님의 선택을 받은 자들만을 포함하는 비가시적인 교회(히 12:23; 엡 5:23); (2)그리스도에 대한 믿음을 가시적으로 고백하고 복음에 따라 그리스도께 순종하도록 부름 받은 자들의 무리를 포함하는 가시적인 교회(행 2:47, 5:11, 8:3, 12:1, 2; 고전 12:28 등). 여기서 말하는 교회는 세속의 모임(이러한 모임은 세속 권력의 지배를 받는다.)으로 이해되지 않고 그리스도의 비가시적인 교회로도 이해되지 않으며-(제대로 말하면)교회는 비가시적이기 때문에 그리스도와 그의 영에 의해서 비가시적으로 다스림을 받는다(롬 8:14; 갈 2:20)-그리스도의 가시적인 교회로 이해된다. 이 가시적인 교회에 그리스도는 교회의 가시적이고 비가시적인 지체들의 유익을 위해서 가시적인 정치 조직체, 가시적인 직원들을 통한 가시적인 정치, 규례들을 제공하셨다. 바로 이것이 여기서 말하는 교회정치이다.

II. 정치는 헬라어로 쿠베르네시스(kubernesis)이다. 이는 '선장이나 선원이 지도를 보면서 배를 조정하는 것' 을 의미한다[따라서 kubernesis 라고 불린다(행 27:11; 계 18:17)]. 비유적으로 정치적인 모든 것이나 교회의 다스림을 의미하는데 쓰인다. 이 단어는 신약 전체를 통틀어 고전 12:28절에서 한번만 사용된다−kubernesis, 다스림(정치), 즉 교회의 치리장로를 말하는데, 추상적인 것이 구체적인 것을 대신하여 쓰인 예로 다스리는 자를 대신하여 다스리는 것으로서 쓰였다. 구약에서 정치는 히브리어로 가끔 굴레(resen)라고 한다. 말을 제어하는 굴레와 재갈에 빗대어 비유적으로 표현한 용어다; 다스림을 받는 자들(욥 30:11; 사 30:28). 가끔 정치는 열쇠(maphteach)라고 불린다(사 22:22, 9:6 비교; 마 16:10 참고). 비유적으로 열쇠는 문을 열고 닫는 기능을 하고 들여보내거나 들어오지 못하게 한다. 따라서 열쇠는 청지기에게 맡겨진 집을 다스리라는 징표다. 때로는 정치가 통치, 지배, 장악(memshaleth) 등으로 불린다. "내가 너의 열쇠를 그의 손에 쥐어 주리니"(사 22:22). 가끔 정치는 Hammisra, Principatus ipse라고 불린다. 트레멜리우스(Tremellius)−the Principality, the Government, kat exokio, from Sur, dominari, principatum habera, to rule, have dominion 등. 이 단어는 구약에서 두 번만 사용됐다: 그리스도의 정사(정치, government)(사 9:6−7). 하지만 정치(government)를 표현하는 용어와 이름이 무엇이건 간에 일반적으로 생각하는 정치는 '어떤 이가 소유하고 타인에 대하여 행사하는 직분, 권력, 권위의 우월성' 을 의미하는 것 같다. 이것이 일반적으로 이해하고 있는 정치의 개념이다. 따라서 교회정치의 일반적인 의미는 영적인 문제, 즉 교회문제에서 어떤 사람이 가지고서 다른 사람들에 대하여 행사하는 직분, 권력, 권위의 탁월함이나 우월함을 나타낸다. 여기서 교회정치에 대해 좀 더 고려해야 할 사항은 다음과 같다. 1. 교회정치는 권위와 위엄과 최고의 지위를 갖는다: 근원적으로 그리고 절대적으로 하나님 안에 있거나(마 28:18), 아니면 섭리적이고 중보적이어서 오직 우리의 중보자 예수 그리스도 안에 있으며, "이 예수를 하나님이 주와 그리스도가 되게 하셨고"(행 2:36; 마 23:8, 10; 고전 8:6), 이 예수께만 하나님께서 모든 권세와 권능을 주셨다(마 28:18-19; 요 5:22). 그리스도께만 부여된 교회정치는 군주제다운 성격을 지닌다. 2. 교회정치는 목회적이고 청지기다운 종속된 성격을 지닌다: 예수 그리스도는 이러한 권세를 자신의 교회 인도자들과 교회 직원들에게 주셨고(고후 10:8, 13:10), 교회 인도자들의 손에 맡겨진 교회정치는 귀족적인 성격(Aristocratical)을 갖는다. 그리스도가 자신의 직원들에게 맡긴 목회적인 교회정치는 구약시대의 모세공동체, 즉 레위공동체에서 시행한 교회정치가 아니라(구약시대 교회정치는 효력을 잃고 더 이상 쓸모가 없어졌다.) 신약시대에 그리스도의 직원들이 시행한 복음주의적 기독교 정치를 말한다. 여기서 설명하고 있는 교회정치는 그리스도의 최고의 통치자로서의 정치가 아니라 그리스도의 직원들에 의한 종속적이고 목회적인 정치를 의미한다. 이러한 정치는 구약시대에는 없었으며 오늘날 신약시대에 적용돼야 한다.

제 3 장

교회정치의 일반적인 성격, 즉 권세나 권위

다른 모든 정치와 공유하는 교회정치의 일반적인 성격은 권세나 권위다. 여기서 몇 가지 구체적 사항들을 명확히 입증하고자 한다.

1. 성경은 교회정치를 권세나 권위라고 부른다. "주께서 주신 권위(또는 권세)는 너희를 무너뜨리려고 하신 것이 아니요 세우려고 하신 것이니"(고후 10:8). 바울은 이러한 교회정치의 권세를 말하고 있다. 다시 한 번 동일한 주제에 관해서 바울은 말한다. "대면할 때에 주께서 너희를 넘어뜨리려 하지 않고 세우려 하여 내게 주신 그 권한을 따라 엄하지(kata to exousia) 않게 하려 함이라"(고후 13:10). 다른 곳에서 이렇게 말한다. "하나님의 나라는 말에 있지 아니하고 오직 권세에 있음이라(en duname)." 다음 구절에 그의 '매'(rod) 라는 언급이 나오는데, 여기서 교회정치의 목회적인 권세를 이해할 수 있다. "내가 매를 가지고 너희에게 나아가랴"(고전 4:20-21). 따라서 성경에서는 목회적인 교회정치를 권세와 권위(exosia and dunamis)라고 부른다.

2. 성경에 있는 다른 정치들도 권세와 권위라는 동일한 공통된 이름을 사용한다. 예를 들면, 만물 위에 하나님의 절대적인 정치(행 1:7); 예수 그리스도의 최고의 정치(마 28:18; 계 12:10); 여러 국가들에 있는 재판장들의 정치와 같은 정치(요 19:10; 롬 13:1-3; 눅 23:7); 상관의 지휘를 받는 군사들의 군대정치(마 8:9); 가족의 어른이 자신의 가족에 대해 지니는 가족정치(딤전 3:5): "사람이 자기 집을 다스릴(prosheinai) 줄 알지 못하면 어찌 하나님의 교회를 돌보리요." 아내는 자신의 머리위에 권세(exousia)를 두어야 한다, 즉 수건은 남편이 아내에게 갖는 권세의 표다(고전 11:10); 한 남자가 자기 자신에 대해 가지고 있는 정치는 곧 권세다(고전 7:37); 죄와 사탄이 육적인 인간에 대해 행사하는 바로 그 압제적인 통치를 권세라고 부른다(행 26:18; 골 1:13). 이와 같이 모든 종류의 정치를 일반적으로 '권세' 나 '권위' 라고 한다. 그러므로 교회정치의 일반적인 성격을 권세나 권위라고 부르는 것은 당연하다.

3. 권세나 권위란 무엇인가? 신약성경에서 권세와 권위의 의미로 쓰이는 명칭은 두 가지, 즉 exousia와 dunamis가 있다. 이 두 용어는 신약에서 그리스도의 최고의 권세(눅 4:36, 6:19; 막 1:17)뿐만 아니라 직원들이 받은 권세(고전 4:20-21; 고후 10:8, 13:10)도 의미한다. Exousia는 다양한 의미로 사용된다. (1) 위엄, 특권, 대권: "영접하는 자 곧 그 이름을 믿는 자들에게는 하나님의 자녀가 되는 권세를 주셨으니"(요 1:12).[42] (2) 자

42) Vide. Fulk in loc. Dignitatem hoc loco significat. Calv. in loc.

유, 허가, 면허: “그런즉 너희의 자유가 믿음이 약한 자들에게 걸려 넘어지게 하는 것이 되지 않도록 조심하라”(고전 8:9); “우리가 먹고 마실 권리가 없겠느냐? 믿음의 자매 된 아내를 데리고 다닐 권리가 없겠느냐?”(고전 9:4-5). (3) 그러나 대개 권세와 권위의 의미로 쓰인다(마 21:23-27, 18:18; 고후 10:8, 13:10). 교회정치에서 마지막 의미로 사용된 exousia를 살펴보자. 이 용어는 권세(dunamis)라는 용어와는 다른 것 같다. 따라서 exousia는 권한과 권위(jus, authoritatem, potestatem)를 가리킨다. 그러나 dunamis는 그러한 권위를 이행할 수 있는 힘과 능력(vires, virtutem, potentiam) 등을 가리킨다.[43] 하지만 어떤 이들은 그 용어들이 인간에게 적용될 때만 이러한 차이가 유효하고 하나님에게 적용될 때는 그렇지 않다고 말한다-하나님은 모든 권위를 가지고 계실뿐 아니라 만물을 다스릴 수 있는 모든 능력, 사실상 전능성을 지니고 계신다. 명칭에 대해서는 충분히 다루었으니 이제는 ‘권세’와 ‘권위’라는 용어에 내포되어 있는 본질에 대해서 고려해 보고자 한다.

일반적 의미의 권세나 권위는 다음과 같이 몇 가지로 설명된다. 타

---

43) Exousia proprie significat jus, potestatem & authoritatem, ab Exesi licet. Quando hominibus tributur, hoc modo a dunamis distinguitur, quod exousia signifcat licentiam & potestatem, dunamis autem robur, vires & potentiam. Sic imperator Romanus habet exousian funditus delendi Turcam, quia possidet Regna ad Romanum imperium pertinentia, sed non habet dunamis vicissim Turca habet dunamis nos oppugnandi, sed non habet exousian, nullum jus vel authoritatem divinitus sibi confessam ad hoc obtinet. Quando autem de deo vox exousia usurpatur, tunc a dunamis plane non sejungitur, siquidem ut deus in omnes creaturas habet just & authoritatem, ita etiam omnem potentiam habet, vel potius est ipsa omniptentia. Gerhard, Harm. in Matt. 28:18.

인에게 해를 끼치지 않고 자신의 것이라고 주장할 수 있는 것으로서[44] 권세는 사물이나 행위들이나 사람들에 대해서(vel circa Res, Actiones, vel Personas) 행사된다. 1. 소유물에 대해서: 남에게 해를 끼치지 않고 어떤 사람이 자신의 소유물을 처분할 수 있다. 2. 행위들에 대해서: 어떤 사람이 법을 위반하지 않는 범위 내에서 행한다. 3. 사람들에 관해서: 자신의 권세 아래에 있는 자녀들이나 종에게 명령한다.

따라서 정치에 있어서 교회의 권세는 다음과 같이 행사된다. 1. 소유물. 교회가 자신의 것이라고 주장할 수 있는 것 중에서 신적권위가 있는(de jure) 말씀을 통해서 결정할 수 있는 소유물을 말한다: 모든 직원들은 교회의 소유이다(엡 4:7-11; 고전 12:28); 모든 약속은 교회에 속한다(벧후 1:4; 딤전 4:8); 만물이 교회의 것이다(고전 3:21-22); 천국열쇠는 교회의 것이다(마 16:19, 18:18; 요 20:21-23). 2. 행위들. 신적권위를 부여받은(de jure divino) 교회가 행할 수 있는지의 여부를 말씀으로 결정한 행위들을 말한다: 악한 자들을 용납하지 아니한 것(계 2:2); 교회의 처음 사랑을 버리지 말 것(계 2:4); 여자가 가르치는 것을 용납하지 말 것과 거짓 교리를 가르치지 말 것(계 2:20); 교회는 순종하지 않는 자들을 권계하고(살전 5:14); 교회의 말을 듣지 않고 교정이 안 되는 자들을 출교할 수 있으나(마 18:17-18; 고전 5:4-5, 13); 회개하는 자는 다시 신자들의 공동체로 받아들인다(고후 2:7-8); 교회회의에서 구속력 있는 명령을 내릴 수 있는데,

44) Cameron, Pralect. de Eccles. in fol., pp. 296-298.

추문을 방지하기 위해 그리스도인이 정당하게 자유를 외적으로 행사하는 것을 일시적으로 억제 할 수 있다(행 15). 3. 사람들. 교회는 사람들에게 하나님의 말씀에 따라서 자신들의 의무를 이행하고 지키도록 요구할 권세가 있다: 장로들에게 명하시기를 “여러분은 자기를 위하여 또는 온 양 떼를 위하여 삼가라 성령이 그들 가운데 여러분을 감독자로 삼고”(행 20:28); “아킵보에게 이르기를 주 안에서 받은 직분을 삼가 이루라고 하라”(골 4:17); 범죄한 자들을 모든 사람 앞에서 꾸짖어 나머지 사람들로 두려워하게 하라(딤전 5:20); 집사를 택하는 일(행 6:2-3); 장로들을 세우는 일(딛 1:5; 행 14:23); 모든 명령들을 할 때 천국열쇠들을 사용하는 일(마 18:18-20; 요 20:21-23); 한마디로 교회 안에 있는 모든 사람들을 판단하는 일(고전 5:12).

이것이 교회정치의 본질에 일반적으로 놓여있는 권세요 권위다. 좀 더 명확히 하고자 이곳에서 추가된 교회의 권세와 권위의 유형이나 계획에 따른 다양한 종류의 교회의 권세를 고려해 본다.

교회의 권세는 최고(Supreme)이고 권위가 있거나 종속적이고 목회적인 성격을 띤다.

1. 최고의 권위 있는 권세는 교회에 대하여 주님이 행사하시는 지배와 주권에 있다.

(1) 이 권세는 마땅히 오직 하나님의 것이다. 따라서 절대주권과 최고

의 권세는 온 우주에 있는 교회와 모든 피조물들 위에 계시는 오직 하나님의 것이다. 이러한 최고의 신적권세는 '본질적' 이거나 '중보적' 이다.

A. 본질적인(nativa, ingenita) 권세. 하나님의 본질과 삼위일체 하나님의 모든 위격에 공통적으로 속하는 권세: "하나님의 나라가 만유를 다스리신다"(시 103:19); "하나님이 야곱 중에서 땅 끝까지 다스리신다"(시 59:13); "나라는 여호와의 것이요 여호와는 모든 나라의 주재심이로다"(시 22:28).

B. 중보적인(dispensatoria, data) 권세. 하나님이 교회와 만물의 머리되신 중보자 그리스도에게 주시거나 위임하시거나 맡기신 주인으로서 행사하는 재판장으로서 최고의 권세나 지배이고 이 권세는 유일하게 우리의 중보자 되시는 예수 그리스도에게 속해있다: " 하늘과 땅의 모든 권세를 내게 주셨으니"(마 28:18); "아버지께서 아들을 사랑하사 만물을 다 그의 손에 주셨으니"(요 3:35); "아버지께서 아무도 심판하지 아니하시고 심판을 다 아들에게 맡기셨으니"(요 5:22); "너희의 지도자는 한 분이시니 곧 그리스도시니라"(마 23:8, 10); "또 만물을 그의 발 아래에 복종하게 하시고 그를 만물 위에 교회의 머리로 삼으셨느니라"(엡 1:20-23). 그리스도의 권세는 모든 교회와 관련된 권세가 교회로 흘러오는 유일한 참된 근원이다.

(2) 인간이 이 권세를 사칭하고 빼앗는 사례

A. 교황의 사례. 교황은 자신이 '그리스도를 대신하는 대리사제로 사칭하고, 이 세상에 있는 그리스도의 가시적인 가톨릭교회의 가시적인 최고의 머리(rex regum, dominus dominatium)' 라고 하며 만물 위에 자신을

높이고 지상에서 통치자, 군주, 왕들 위에 있고, 실제로 인간의 모든 영혼과 양심, 하나님의 성경 그 자체보다 위에 있다고 한다(살후 2:4; 계 18:10-13).

B. 군주의 사례. 잉글랜드의 헨리 8세와 그의 후계자들은 교황과 대주교에게서 이들의 권세와 지위를 없애고 그 권세를 자신들의 것으로 삼아 교회를 지배했으며, 스스로 모든 교회 권세의 근원이라고 여겼고(성문법으로 자신들의 왕권에 추가시켰다), 스스로 교회의 우두머리(summum caput ecclesia sub Christo)라는 교황의 칭호를 취했는데, 이는 동방 정교회 신학자들의 거센 비난을 받았다. 따라서 학문적으로 탁월한 리벳(Rivet)[45]은 왕의 최고의 지위를 찬양했다고 주교 가디너(Gardiner)를 비난하면서 말했다. "로마 가톨릭교회의 교리를 공급한 자가 그 교리가 생겨난 후 왕에게 새로운 교황의 직을 세웠다." 분별력 있는 칼뱅(베자와 다른 이들은 보통 칼뱅을 doctissimus interpretem이라고 한다)은 다음과 같이 말한다.

"그리고 오늘날 저들의 가톨릭교회에서는 가능한 모든 권리와 권력을 왕에게 집중시켜 종교적 분쟁은 없지만, 이 권력이 한 왕에게 편중되어 있어 자신의 입맛대로 원하는 것을 명하는 일이 아무런 분쟁이 없이 일정하게 유지되는 경우가 얼마나 많은가? 처음에는 잉글랜드 왕 헨리를 극찬한 저들은(틀림없이 그들은 분별없는 사람들이었다) 왕에게 모든 것에 대한 최고의 권력을 주었다. 나는 이 일로 인해 몹시 괴로웠다. 저들은 그 왕을 그리

45) Rivet, Explicat. Decalog. Edit. II, p. 203.

스도 아래에 있는 교회의 최고 우두머리라고 부르는 등 신성모독을 일삼았기 때문이다. 틀림없이 이것은 지나친 주장이었다. 하지만 이 일은 묻어 두기로 하자. 왜냐하면 저들은 무분별하게 열정적으로 죄를 지었기 때문이다. 하지만 저 사기꾼(리벳이 말한 것처럼 칼뱅은 주교 가디너를 지칭하고 있다)이 그 당시 모든 적들을 제압하여 프로세르피나(Proserpina)의 수상이 되었다. 라티스본(Ratisbon)에 있을 때 그는 (나는 윈체스터(Winchester)의 주교였던 마지막 수상을 말하고 있다.) 이성적으로 논쟁을 벌이지 않았다. 그는 성경의 증언을 무시했고 법령을 폐기하고 새로운 의식을 재정하는 것이 왕을 즐겁게 해주는 일이라고 말했다. 금식문제에 있어서 왕이 고기를 먹는 날을 금할 수도 있고 명할 수도 있다. 왕이 사제들의 결혼을 금지시키는 것은 합법적이고 왕이 백성들이 주의 성만찬식 때 잔을 사용하는 것을 금지시키는 것은 합법이며 왕이 자신의 왕국에서 이런 저런 일을 명하는 것은 합법이다. 왜 그럴까? 왕이 최고의 권력을 쥐고 있었기 때문이다. 이사야 선지자가 왕들을 가리켜 말한바 대로 저들이 의무를 충실히 다한다면 종교의 수호성인(patrons)이자 교회의 양부(nurse-fathers)가 되는 것은 확실하다(사 49:23). 그러므로 왕들은 하나님께 예배드리는 일을 유지하기 위해 저들이 공급받은 검을 사용해야 한다. 그러나 무분별한 사람들이 자신들을 지나치게 영적인 존재로 만들고 있다. 이러한 오류는 독일 전반을 지배하고 확산됐다. 현재 우리는 이러한 뿌리에서 나온 결과들을 인식하고 있다. 다시 말해서 군주들과 관직에 있는 자들 모두 자신들이 매우 영적인 존재라고 생각하며 이들에게서 교회정치란 찾아볼 수가 없다. 이러한 신성모독적인 일들이 우리들 사이에 침투해 들어와 있는데, 이는 저들이 확실하고 합법적인 기준으로 자신들의 일을 평가할 수 없기 때문이다. 교회의 모든 권위를 폐지하지 않으면 저들이 군림할 수 없다는 생각으로 교회와 모든 영적인 정치에서 주요한 심판자 노릇을 한다. 처음에는 약간의 열정을 보이는 듯 하다가 자신들의 야욕에 사로잡혀 모든 것들을 도둑질하여 자기들 것으로 삼는 일에 혈안이 되었다. 그러므로 분명 이러한 기류가 한동안 유지되었을 것이다. 군주들의 마음은 언제나 이러한 질병에 사로잡혀서 저들의 쾌락과 정욕에 이끌리는 대로 종교를 왜곡시키고 한동안 자신들의 이익을 챙겼기 때문이다. 저들은 자신들의 이익에만 눈이 멀었고 대부분 하나님의 영에 따라 행하지 않고 자신들의 야망에 이끌렸다."

그러므로 칼뱅은 암 7:13절 말씀을 두고 다음과 같이 말한다. "이 거룩한 자가 살아서 우리의 시대상에 대한 글을 봤다면 얼마나 울화통이 터졌겠는가!"

2. 종속적이고 목회적인 권세는 다음 두 가지 견해가 있다.

(1) 간접적이고 비공식적인 측면에서 오직 교회와 관련되거나 영적이다. (권세의 본질상 공식적으로는 단지 세속적이거나 정치적 권세이지만 그 권세가 영적이거나 교회와 관련된 대상들에 대하여 행사되기 때문이다.) 이 권세는 종교에 대해서 세속의 재판장에게 허용된다. 이 재판장은 교회 밖의 일을 감독하는 자(episcopus)(콘스탄티누스가 말한바 대로, 유세비우스, li. 4)로서 교회 밖에서 존경을 받는 자이어야 하고(externam curam

Religions ad exterioria Templi) 양부로서 종교를 외부에서 돌본다. 이는 히스기야, 요시아, 아사, 여호사벳 등이 부패한 종교를 회복하고 부패한 교회를 개혁하며 이 개혁된 교회를 보호했던 것과 같다(사 49:23).

(2) 직접적이고 엄밀하며 공식적인 측면에서 교회적이거나 영적이다.

교회 내(ad interiora Templi)의 문제를 다룬다. 이 권세는 오직 교회 직원들, 즉 교회 내 문제들을 감독하는 자들(episkopi)에게 속한다(고전 4:20-21; 고후 10:8, 13:10). 이는 다음과 같이 분류할 수 있다.

A. 일부 교회 지도자들의 직분에 고유한 권세로서 복음을 전하고 성례전을 집행하는 일은 목회자들에게만 맡겨졌다. 이것을 교리의 열쇠(key of doctrine) 또는 지식의 열쇠(key of knowledge)라고 부르는 사람들과 명령의 권세(potestas ordinis) 또는 특별한 직분의 권세(potestas muneris specialis)라고 부르는 사람들도 있다(마 28:18-20; 롬 10:15; 딤전 5:17 참고).

B. 모든 교회 지도자들의 직분에 부여되는 좀 더 보편적이고 일반적인 책망의 권세로서, 치리장로들은 목회자들과 함께 제멋대로 구는 자들을 책망하고 그럼에도 불구하고 교정이 되지 않는 자들을 출교시키지만, 회개하는 자들은 용서해주고 다시 교회 공동체로 받아들인다(마 18:17-18; 고전 5:2-13; 고후 2:6-12를 롬 12:8; 고전 12, 28; 딤전 5:17와 비교). 이것은 권징의 열쇠(clavis discipline) 또는 재판의 권세(potestas jurisdictions)라고 불린다.

제4장

I. 교회정치와 다른 정치와의 특별한 차이점

교회정치에 대한 기술에서[파트 2, 1장] 교회정치가 다른 모든 정치들과 구분되는 특별한 차이점이 여러 가지가 있었는데, 이는 좀 더 많은 설명과 확증이 필요하다. 이 차이점을 다룰 때 교회정치에 대한 기술에서 서술한 순서를 따르지 않고, 이해하는 데 가장 도움이 되는 순서를 따른다. 각 부분들은 아래와 같이 구별되어 기록되어 있다.

교회정치의 특별한 규범, 즉 성경에 관하여. 교회정치의 규범이나 기준은 오직 성경이다. 따라서 교회정치의 기술에서 교회정치는 성경에 계시된 권세나 권위라고 하였다. 이해를 돕기 위해 다음 명제를 보자.

우리의 중보자 예수 그리스도께서는 자신의 말씀 속에 신약시대의 자신의 가시적인 교회정치를 위해 완전하고 충분한 규범을 두셨다. 그리스도의 교회 회원들 모두 세상 끝날까지 이 규범을 지키고 이에 복종해야 한다. 이해를 돕기 위해 다음 사항들을 고려해 보자.

1. 신약시대의 가시적인 교회의 정치는 구약시대 못지않게 필수적이

다. 신약시대에 요구되지 않는 강력한 교회정치가 구약시대엔 필요했는가? 그리스도의 가시적인 교회는 구약시대와 마찬가지로 신약시대에도 건전한 회원들과 그렇지 못한 회원들, 결실을 많이 맺는 가지들과 그렇지 못한 가지들, 쭉정이와 알곡, 선과 악, 신실한 신자들과 위선자들, 양과 염소들로 혼재되어있지 않은가? 구약시대처럼 신약시대에도 교회의 권세로 선과 악, 깨끗한 것과 불결한 것(서로 더럽히고 감염시키고 좋지 않은 영향을 끼친다)을 분리하고 구별시킬 좋은 명분이 없는가? 구약시대 못지않게 신약시대에도 하나님의 거룩한 명령들이 멸시받거나 오염되지 않도록 교회정치라는 장치를 통해 이들을 잘 보존하고 보호해야하지 않겠는가? 구약시대뿐 아니라 신약시대에도 교회정치를 통해 죄를 억제하고 경건함을 장려하여 교회를 세워나가야 하지 않겠는가? 구약시대의 가시적인 교회에는 교회정치라는 완전한 규범이 있었는데(모두가 인정하는 바임), 예수 그리스도가 신약시대의 교회를 구약시대보다 더 못한 상황에 내버려 두셨겠는가?

2. 주 예수 그리스도께서는[그의 어깨에는 정사를 메었고(사 9:6), 그리고 예수께서 나아와 말씀하여 이르시되 하늘과 땅의 모든 권세를 내게 주셨으니(마 28:18)] 자신의 모든 집, 교회에서 가장 신실하며 맡겨둔 모든 진리를 충분히 선포하고 교회의 존재와 온전한 성장에 필요한 모든 것들을 교회에 완전히 공급해 주신다. 구약의 모세는 신실했다. 하나님이 모세에게 의식법(Ceremonial Law)에서 교회정치의 모범을 주신대로 모세는 그 모범을 따라 모든 것을 행했다. 모세가 종으로서 다른 사람의 집을 충성되게 다스렸던 것처럼 주 예수가 아들로서 자신의 집을 충성되게 다스리지 않았을

까? “우리가 믿는 도리의 사도이시며 대제사장이신 예수를 깊이 생각하라, 그는 자기를 세우신 이에게 신실하시기를 모세가 하나님의 온 집에서 한 것과 같이 하셨으니, 또한 모세는 장래에 말할 것을 증언하기 위하여 하나님의 온 집에서 종으로서 신실하였고 그리스도는 하나님의 집을 맡은 아들이며 우리는 그의 집이라”(히 3:1, 2, 5, 6); “예수 그리스도는 어제나 오늘이나 영원토록 동일하시니라”(히 13:8). 모세와 구약시대의 교회 직원들에게 준 교회정치의 모범을 생각할 때[그 당시 교회는 어린아이처럼 아직 성숙하지 못했다(갈 4:1)], 신약시대에는 교회가 성인처럼 성숙한 상태인데 그리스도께서 신약시대의 사도들과 교회 직원들에게 교회정치모범을 신중하게 남겨두지 않았겠는가?

3. 성경은 모든 국가와 시대, 신 · 구약시대에 하나님의 교회들을 위한 매우 엄격한 규범들을 포함하는 등 현재 변경할 수 없을 정도로 완전하다. 이 성경을 통해 모든 부류와 지위의 하나님의 백성들뿐만 아니라 모든 유형과 시대의 하나님의 사람들과 교회 직원들이 온전해지고 모든 선한 일을 행할 능력을 갖추게 하려 함이다: “여호와의 율법은 완전하다”(시 19:7); “모든 성경은 하나님의 감동으로 된 것으로 교훈과 책망과 바르게 함과 의로 교육하기에 유익하니 이는 하나님의 사람으로 온전하게 하며 모든 선한 일을 행할 능력을 갖추게 하려 함이라”(딤후 3:16-17). 그리고 디모데전서(하나님에 대한 예배와 치리, 정치를 위한 교회의 모범)에서 그는 말한다. “내가 이것을 네게 쓰는 것은 너로 하여금 하나님의 집에서 어떻게 행하여야 할지를 알게 하려 함이니 이 집은 살아 계신 하나님의 교회요”[이것

은 특히 교회정치관련 문제들에 관하여 말하고 있다(딤전 3:14-15)]. 그리고 사도바울은 자신의 서신서에서 이전의 문제와 관련해서 디모데와 디모데 이후의 모든 목회자들에게 말했다. "하나님의 싸움에서 내가 너를 명하노니 우리 주 예수 그리스도께서 나타나실 때까지 흠도 없고 책망 받을 것도 없이 이 명령을 지키라"[그러므로 이 명령은 세상 끝날 까지 디모데 이후의 모든 목회자들에게 내린 것이다(딤전 6:13-14와 딤전 5:21을 비교)]. 요한계시록 말미에 모든 성경의 완전함은 다음의 증언으로 인봉되어 있다. "만일 누구든지 이것들 외에 더하면 하나님이 이 두루마리에 기록된 재앙들을 그에게 더하실 것이요 만일 누구든지 이 두루마리의 예언의 말씀에서 제하여 버리면 하나님이 이 두루마리에 기록된 생명나무와 및 거룩한 성에 참여함을 제하여 버리시리라"(계 22:18-19). 만일 성경이 이렇게 완전하고 완결되었으면 성경은 현재 신약시대의 교회정치를 위한 충분한 모범과 규범들을 포함하고 있음이 틀림없다. 성경 여러 곳에 규범들이 산재해 있는데(꽃들이 들판 여기저기에 자라고, 은이 광석에 섞여있고 금이 모래와 섞여 있는 것처럼), 이는 하나님께서 이 규범을 적용해서 자신의 교회를 심사하기 위함이다.

4. 신약시대 교회정치의 모든 중요한 내용들이 말씀 안에 구체적인 규범들로 기록되어 있다.[46] 이 규범들은 직원, 명령, 책망, 회집, 그리고 이후

46) See the Canons or Rules of the Apostles about church government, collected out of the New Testament, and digested into one methodical System by those renowned Centuriators of Magdenburg; Cent. I, 2, ch. 7 (Basel, 124).

에 다루게 될 직원들의 권한의 범위 등 이 모든 것들을 포함한다. 그리고 이 모든 것들이 교회의 질서와 품위와 덕을 세운다는 일반적인 규범 아래에 기록되어 있다(고전 14:5, 12, 26, 40). 결과적으로 교회정치를 위한 완전하고 충분한 규범들이 성경에 기록되어 있으며 이를 반드시 지켜야 한다.

제 5 장

II. 교회정치와 그 신적권위가 파생한 고유한 저자, 즉 원천인 우리의 중보자 예수 그리스도

성경이 교회정치의 규범인 것처럼 그리스도는 그 규범이 흘러나오는 유일한 근원이자 원천이다. 그러므로 교회정치에 대한 기술[파트 2, 1장]에서 밝힌바와 같이 "교회정치는 우리의 중보자 예수 그리스도에게서 파생된 권세나 권위이다."

우리의 중보자 예수 그리스도께서는 자신의 교회정치를 위한 하늘과 땅의 모든 권위와 권세를 가지고 계신다. 이는 하나님 아버지께서 그리스도에게 주신 것이다. 이 사실은 명백하다.

1. 성경의 명확한 증언들에 따르면 하나님께서 그의 어깨 위에 교회정치를 두셨다고 선언하시고, 그 교회정치를 위해서 그리스도에게 모든 권위와 권세를 부여하셨다: "그의 어깨에는 정사를 멜 것이다"(사 9:6-7); "하늘과 땅의 모든 권세를 내게 주셨다. 너희는 가서 모든 민족을 제자로 삼아

라"(마 28:18-19); "그가 큰 자가 되고 지극히 높으신 이의 아들이라 일컬어질 것이요 주 하나님께서 그 조상 다윗의 왕위를 그에게 주시리니, 영원히 야곱의 집을 왕으로 다스리실 것이며 그 나라가 무궁하리라"(눅 1:32-33); "아버지께서 아무도 심판하지 아니하시고 심판을 다 아들에게 맡기셨으니-또 인자됨으로 말미암아 심판하는 권한을 주셨느니라"(요 5:22, 27); "아버지께서 아들을 사랑하사 만물을 다 그의 손에 주셨으니"(요 3:35); "다윗의 열쇠를 가지신 이 곧 열면 닫을 사람이 없고 닫으면 열 사람이 없는 그가 이르시되"(계 3:7); "죽은 자들 가운데서 다시 살리시고 하늘에서 자기의 오른편에 앉히사 모든 통치와 권세와 능력과 주권과 이 세상뿐 아니라 오는 세상에 일컫는 모든 이름 위에 뛰어나게 하시고 또 만물을 그의 발 아래에 복종하게 하시고 그를 만물 위에 교회의 머리로 삼으셨느니라 교회는 그의 몸이니"(엡 1:20-23).

2. 우리의 중보자 예수 그리스도에게 높은 왕의 칭호를 부여하셔서 그리스도의 교회와 관련하여 왕으로서의 권위, 권세, 통치, 그리고 정치가 그에게 있다는 것을 누구나 알아볼 수 있게 했다: "내 백성 이스라엘을 먹일(다스릴) 자"(마 2:6); "양들의 큰 목자"(히 13:20); "너희 영혼의 목자와 감독"(벧전 2장 이하); "너희의 지도자는 한 분이시니 곧 그리스도"(마 23:8, 10); "그리스도는 하나님의 집을 맡은 아들로서"(히 3:6); "그는 몸인 교회의 머리시라"(골 1:18; 엡 5:23); "그를 만물 위에 교회의 머리로 삼으셨느니라"(엡 1:22); "우리에게는 주 예수 그리스도 한분만 계시니"(고전 8:6); "이 예수를 하나님이 주와 그리스도가 되게 하셨느니라"(행 2:36); "만왕

의 왕이요"(계 19:16); "그는 만유의 주 되신다"(행 10:36); "하나님의 왕을 그의 거룩한 산 시온에 세웠다" (시 2:6); "그들의 왕 다윗"(렘 30:9; 스 34:23, 37:24; 호 3:5); "만왕의 왕이요"(계 19:16).

3. 교회정치에서 처음으로 근본적이면서 주권적으로, 권세와 최고의 권위를 행사하시는 일은, 모든 피조물 위에 계신 자에게만 적합한 것으로, 오직 우리의 중보자 예수 그리스도에게 귀속된다.

(1) 자신의 교회에 법을 주심: "그리스도의 법"(갈 6:2); "사도들에게 성령으로 명하시고"(행 1:2); "입법자는 오직 한 분이시니 능히 구원하기도 하시며 멸하기도 하시느니라"(약 4:12); "여호와는 우리 재판장이시요 여호와는 우리에게 율법을 세우신 이요(율법을 제정한 자) 여호와는 우리의 왕이시니"(사 33:22).

(2) 자신의 교회를 세우시기 위해 규례를 정하심: 말씀을 전파하는 일(마 10:7; 고전 1:17; 마 28:18-20; 막 16:15); 세례를 베푸는 일(요 1:33; 마 3:13, 28:18-19); 주의 만찬(고전 11:20, 23; 마 26:26; 막 14:22; 눅 22:19-20); 책망(마 16:19, 18:15-18).

(3) 자신의 교회에서 자신의 규례들을 이행하고 관리할 자신의 교회 직원들을 임명: "우리 각 사람에게 그리스도의 선물의 분량대로 은혜를 주셨나니-그가 어떤 사람은 사도로, 어떤 사람은 선지자로, 어떤 사람은 복음 전하는 자로, 어떤 사람은 목사와 교사로 삼으셨으니"(엡 4:7-11; 고전 12:28; 살전 5:12; 행 20:28).

(4) 그리스도의 규례들을 이행하되 통치자, 목회자, 교회, 의회 등이

아니라 그리스도 자신의 이름으로 한다: 사도들은 "예수의 이름으로 말하고 가르쳤다"(행 4:17-18); "너희가 내 이름으로 무엇을 구하든지"(요 14:13-14, 16:23); "아버지와 아들의 이름으로 세례를 베풀고"(마 28:18-19); "그들이 듣고 주 예수의 이름으로 세례를 받으니"(행 19:5); "주 예수의 이름으로 너희가 내 영과 함께 모여서 우리 주 예수의 능력으로 이런 자를 사탄에게 내주었으니"(고전 5:4); 실제로 교회의 모임은 그리스도의 이름으로 이루어져야 한다-"두세 사람이 내 이름으로 모인 곳에는 나도 그들 중에 있느니라"(마 18:20).

제 6 장

Ⅲ. 교회정치의 권세와 권위의 특별한 종류 또는 고유한 성격

교회정치의 권위의 규범, 즉 성경과 그 권위의 근원이 우리의 중보자 예수 그리스도이심에 대해서 살펴봤으니, 이제 교회정치에 대한 기술[파트 2, 1장]에서 기록해 놓은 이 권위의 특별한 종류나 고유한 성격에 대해서 세 가지 다양한 방식으로 생각해 보자. 1. 영적인 권세나 권위. 2. 파생된 권세. 3. 행사되는 권세.

1. 교회정치의 권세나 권위는 영적인 권세다[47]. 하지만 그리스도의 최고의 정치만큼 완벽하고 완전하게 영적이지는 않다. 오직 그리스도만이 인

47) Externum Regimen Ecclesiae ad Regimen Christi coeleste & spirituale pertinet; adminstratio enim illus a Spiritu proficiscitur, Spiritusque donis perficitur, 1 Cor. 12:1. ergo Spiriutale: quod ad finem, datur ad aedificationem Spiritualem, Eph. 4:12. ergo Spirituale: quod ad materiam, Verbum & Sacramenta quae administrantur, spiritualia sunt, 1 Cor. 10:3-4. ergo Spirituale: quod ad formam agendi, per evidentiam Spiritus agit, 2 Cor. 2:4, 13. ergo spirituale: quod ad media, operatur per arma Spiritualia, 2 Cor. 10:4. ergo Spirituale: quod ad effectum, Ministeriam Spiritus est, 2 Cor. 3:6. ergo Spiritual. Parker de Polit. Eccles, book 1, ch. 6.

간의 모든 영과 양심위에 절대적이고 직접적인 권세와 권위를 갖는다. 그리스도는 자신의 뜻대로 자신의 영과 보이지 않는 은혜의 감화를 통해서 인간을 다스리신다(요 3:8; 롬 8:14; 갈 2:20). 이 권세는 매우 순수하고 고유하며 오직 영적이어서 세상 통치자의 손에 있는 권세, 즉 세속적이고 정치적인 권세와는 본질적으로뿐 아니라 구체적으로도 다르며 대조적인 특성들로 구별된다. 이런 의미에서 오늘날 이 교회정치의 권세는 고유하고 순전하며 오직 영적이다. 이는 성경에 따라 다양한 방식으로 입증될 수 있다. 따라서 이러한 권세의 규범, 근원, 내용, 형식, 주체, 대상, 목적, 그 외 모든 것들은 오직 영적이다.

(1) 교회정치의 권세를 계시하고 규제하는 것은 국가정책의 원칙이나 의회의 공문서도 아니고 도시나 지방, 왕국, 제국을 다스리는 장치인 인간이 만든 성문법, 법, 규례, 칙령, 법령, 전통, 인간의 계율이 아니라 영적인 규범, 즉 완전한 하나님의 경전인 성경이다. 주 예수 그리스도는 이 성경 속에 자신의 집인 교회를 어떻게 다스려야 할지(딤전 3:14-15) 그리고 그리스도의 모든 규례, 말씀, 성례전, 책망을 어떻게 이행해야 하는지를(딤후 3:16-17. 4장 참고) 충분히 계시하셨다. 성경은-"하나님의 호흡이 불어넣어지고 하나님의 감동하심을 받았다"-오류를 범할 수 있는 인간의 뜻을 따르지 않고 무오적인 성령님의 행하심을 따라 거룩한 자들에 의해 기록되었다(딤후 3:16; 벧후 1:20-21).

(2) 교회정치의 권세는 그 근원이자 저자 안에서 영적이다. 이 권세는 세상의 통치자나 왕, 혹은 지배자에게서 나오지 않고 세상의 어떠한 인간

에게서나 뜻에서도 나오지 않으며 오직 우리의 중보자 예수 그리스도에게서 나온다. 예수 그리스도 자신이 아버지에게서 나오는 모든 권세를 처음으로 유일하게 받는 그릇이다(마 28:18; 요 5:22). 결과적으로 자신의 교회의 모든 권세와 권위의 근원이시다(3장과 5장에서 이미 명백히 밝혀졌다.)(마 16:19, 18:18-20; 28:18-20; 요 20:21, 23; 고후 10:8).

(3) 교회정치의 권세의 본질과 이 권세의 다양한 요소들은 영적이다. 그러므로 이 땅의 왕국들의 열쇠들이 아니라 "천국 열쇠들"이라 불린다(마 16:19). 그리스도가 이렇게 고백한바 있다. "내 나라는 이 세상에 속한 것이 아니니라"(요 18:36). 한 사람이 그리스도에게 이르되 그의 형을 명하여 유산을 그와 나누게 해달라고 요구했을 때 그리스도는 그러한 세상적이고 육적인 모든 권세를 완전히 거부하시고는 이렇게 말씀하셨다. "이 사람아 누가 나를 너희의 재판장이나 물건 나누는 자로 세웠느냐"(눅 12:13-14). 교리나 치리에 있어서든 아니면 영적인 모든 문제를 매고 푸는 일에서든 이러한 영적인 천국열쇠들을 생각해보자. 예를 들어 교리는 인간적이지 않고 신적인 것으로 하나님의 영을 통해 성경에 계시되었고 가장 숭고하고 영적인 종교의 신비들을 다룬다(벧후 1; 딤후 3:16-17). 그 인치심은 육적인 특권, 자유, 이익, 권위를 확증하고 증언하는 세상적인 인치심이 아니라 믿음의 의를 영적으로 인치심을 말하며(롬 4:11), 예수 그리스도의 죽음과 피의 모든 영적인 가치와 효력이 그리스도의 지체들에게 미친다(롬 5:6; 갈 3:1; 고전 10:16-17; 11:23-24). 책망하는 일은 강제징수, 벌금형, 재산몰수, 투옥, 채찍질, 태형, 낙인, 수족을 떼어내거나 목숨을 빼앗는 일 등

금전을 몰수하거나 신체에 해를 가하거나 사형시키는 일을 하는 것이 아니다(교회정치는 이러한 모든 일에 관여해서는 안 되고 그런 일들은 세속의 검에 맡긴다). 책망하는 일은 영적인 것으로 오직 영혼과 양심에 관한 것이다. 통제가 안 되고 무질서한 자들을 꾸짖고(마 18:18-19), 교정이 안 되는 완고한 자들을 성도의 영적공동체에서 내쫓고(마 18:18-19; 고전 5), 회개하는 자들을 신실한 자들의 영적공동체 속으로 다시 받아들인다(고후 2). 따라서 천국열쇠의 주요 기능으로 여기는 매고 푸는 일은 우리 구주께서 죄를 용서하고 유보하시는 것으로서 영적으로 해석된다(마 18:18-19; 요 20:21, 23).

(4) 교회정치의 권세의 본질뿐 아니라 형식과 방식도 영적이다. 이 권세는 자연의 방식으로, 즉 모든 세속의 권력처럼 세상의 통치자, 법정, 의회, 왕, 지배자 등 이들의 어떠한 육적인 이름이나 성인이나 목회자나 교회의 이름으로 행사해서는 안 되고, 주 예수의 이름으로 영적으로 행사되어야 한다. 그리스도의 모든 직원들은 오직 그로부터 이 권세를 행사할 수 있는 권위를 받는다. 말씀전하는 일도 주 예수의 이름으로(행 17:18), 인치는 일도 예수의 이름으로(마 28:19; 행 19:5), 책망하는 일도 예수의 이름으로 행해야 한다(고전 5:4 등, 5장 참고).

(5) 그의 권세를 부여받은 주체는 영적이다. 이 주체는 일반 시민이나 정치적이거나 세속적인 통치자가 아니라(이하 9장 참고), 그리스도 자신이 제정하시고 자신의 교회 위에 주신 영적인 직원들이다: 사도, 목사, 교사, 장로(엡 4:7-11). 그리스도께서는 오직 이들에게 천국열쇠들을 주셨다(마

16:19, 18:18-19, 28:18-19; 요 20:21-23; 고후 10:8). 하나님이 당신의 교회 중에 직원들을 세우셨다(고전 12:28). 하나님은 이 직원들에게 순종과 복종을 하고(히 13:17) 잘 다스리는 장로들을 배나 존경하라고 하셨다(딤전 5:17).

(6) 이러한 권세가 행사되는 대상은 영적인 것, 즉 사물이나 행위나 세속에 속한 사람들이 아니라 영적이고 교회와 관련된 것이다. 따라서 성문법이나 정치법을 위반하는 행위가 아니라 우리 형제들이나 하나님의 교회에 문제를 일삼는 유해한 행위들이 이 대상에 해당하며 그 권세로 처벌받아야 한다. 따라서 근친상간한 자는 악한 사람이고, 그의 나쁜 본보기로 다른 사람들에게 좋지 않은 영향을 끼칠 것이므로 내쫓는다(고전 5:13, 16). 따라서 교회가 심판할 수 있는 사람들은 교회 밖 세상에 속한 사람들이 아니라 어떤 면에서 영적이며 교회 안에 있는 자들이다(고전 5:12).

(7) 이 권세의 범위와 목적 또한 영적이다. 성경은 이 사실을 자주 언급하고 있다. 형제는 사적으로나 때로는 공적으로 책망을 받아야 하는데, 우리의 개인적인 이익을 얻기 위해서가 아니라 우리 형제를 얻기 위해서이다. 다시 말해서 그 형제의 영혼과 양심이 하나님과 자신의 의무에 충실하고, 그가 새롭게 변할 수 있게 하기 위함이다(마 18:15): 근친상간한 자를 사탄에게 내주었으니 이는 육신은 멸하고 영은 주 예수의 날에 구원을 받게 하려 함이라(고전 5:5); 실제로 주님이 교회 지도자들에게 주신 모든 권위는 이러한 목적을 이루기 위해서, 즉 교회를 무너뜨리기 위해서가 아니라 세우려고 주어졌다(고후 10:8, 13:10). 따라서 이러한 목적은 모두 영적이다.

여기서 기술된 교회정치의 권세는 전적으로 완전히 영적인 권세로서 우리는 이 권세의 규범, 근원, 본질, 형식, 주체, 대상, 목적 등 이 모든 것을 존중한다. 이러한 맥락에서 교회정치의 권세는 모든 세속권세와 실제로 그리고 구체적으로 구별되고, 세속 재판장의 권위가 오직 세속 정치에만 관여한다면 그 권위에 어떠한 침해를 가하거나 편파적이어서는 안 된다.

2. 교회정치의 권세나 권위는 파생된 권세이다. 이를 명확히 하고자 다음을 주목하자. 우리의 중보자 예수 그리스도께서는 재판장으로서의 최고 권세가 있다(3장. 5장 비교). 다른 곳에서도 자주 증언하고 있듯이, 성경에서 선언하고 있는 바 교회지도자들에게는 종속적이며 목회적인 파생된 권세가 부여되어 있다(마 16:19, 18:18, 28:19-20; 요 20:21-22; 고후 10:8, 13:10). 하지만 이 권세는 처음에 어디에서 파생되어 저들에게 주어졌는가? 여기서 이러한 권세나 권위에 대하여 고려할 세 가지 사항이 있다. (1) 권세 자체를 부여하는 일과 이 권세를 지닌 직분들을 부여하는 일. (2) 특정 개개인을 이 권세가 부여된 직분들로 임명하는 일. (3) 여러 영역에서 직원들이 이 권세를 공적으로 행사할 때 그들을 공적으로 보호하고 지지하며 권위를 부여하고 변호하며 유지시키는 일.

이것들을 전제로 우리는 성경의 보증을 따라서 다음과 같이 명확히 결정할 수 있다. 권세와 권위가 새겨진 교회의 직분에 특정 개개인을 임명하는 일, 즉 구별하여 세우는 일은 교회에서 임명하고 선출하고 정한다(행 13:1-3, 14:23; 딤전 4:14, 5:22; 딛 1:5).

3. 여러 영역에서 그들의 직책이 지닌 권세와 권위를 공적으로 행사할 때 이 직원들을 공적으로 보호하고 변호하며 유지하는 일은 교회의 양부인 세속의 통치자에게서 나온다(사 49:23). 왜냐하면 그러한 공적인 자리들이 공적사역을 위해 구별되고 이러한 사역을 위해서 직원들을 유지하고 이들에게 보상을 주는 일은 그의 권위와 재가를 통해서 수행되기 때문이다. 또한 각 회집에 속한 사람들 모두 자신들의 임무를 태만히 할 경우 정치적인 형벌을 받게 된다. 하지만 직분과 그 직분에 영적인 권위를 부여하는 일은 오직 우리의 중보자 예수 그리스도에게서 나온다. 그리스도만이 모든 교회 직원들을 세우시니, 어느 누구도 새로운 직원들을 세우거나 더할 수 없다(엡 4:7-11; 고전 12:28). 말씀, 성례전, 책망 등 모든 규례들을 이행하도록 직원들에게 모든 영적인 권위와 권세를 주실 수 있는 분은 그리스도뿐이시다(마 16:19, 28:18-20; 요 20:21-23; 고후 10:8, 13:10). 그러므로 어떠한 피조물이 그리스도의 이러한 왕권을 침해하거나 교회 직원에게 어떤 권세를 주는 일은 위험한 일이다. 아무도 자신이 소유하지 않은 것을 줄 수는 없다(Nihil dat, quod non habet).

제 7장

Ⅳ. 교회 내에서 행사되는 교회정치의 권세의 다양한 부분이나 행위들

지금까지 이 권세의 특별한 종류나 고유한 성격에 대해 살펴보았다. 이제는 교회정치기술의 다음의 표현들에서 포함하고 있는 이 권세의 다양한 부분들이나 행위들에 대해서 살펴보고자 한다: "말씀, 인치심, 책망, 그리스도의 모든 다른 규례들을 시행하는데 있어서." 그리스도가 자신의 교회에 정하신 복음주의적인 규례들이 많으며 이들 모두를 그리스도가 신적 권위로 세우신다. 그리스도의 규례들을 열거하고 신적권위를 살펴보자.

중보자 예수 그리스도는 이하의 규례들이 자신의 교회에서 지속적이고 영원하도록 제정하시고 지정하셨다(3장에서 기록된 열쇠들의 분배에 따라서 규례들이 두 가지로 요약될 수 있다. Ⅰ. 명령이나 교리의 열쇠. Ⅱ. 재판이나 치리의 열쇠.

Ⅰ. 명령이나 교리의 열쇠와 관련된 규례들

1. 공적인 기도와 감사는 신적인 규례들이다. (1) 바울은 디모데전서를 기록하면서 "너로 하여금 하나님의 집에서 어떻게 행하여야 할지를 알게 하려 함이니"(딤전 3:14-15)라는 지시를 우리에게 내린다. "그러므로 내가 첫째로 권하노니 모든 사람을 위하여 간구와 기도와 도고와 감사를 하되 임금들과 높은 지위에 있는 모든 사람을 위하여 하라 이는 우리가 모든 경건과 단정함으로 고요하고 평안한 생활을 하려 함이라 이것이 우리 구주 하나님 앞에 선하고 받으실 만한 것이니"(딤전 2:1-3). (2) 사도바울은 모임에서 공적기도를 할 때 누구나 이해할 수 있도록 하라고 규제하고 있고 공적기도는 그리스도의 규례임을 당연시 한다(고전 14:14-17 참고). (3) 이외에도 사도는 공적기도를, 접대하는 일과 가난한 자들의 필요를 채워주는 일보다 더 중요하게 여겼고 실제로 그들의 목회적인 직분에서 가장 중요한 일로 여기고 기도와 말씀 사역에 전념한다(행 6:4). 그리고 이것이 신앙적으로 가장 순결한 시대의 교회의 관습이었고(행 1:13-14), 이들의 경건한 행위는 우리의 귀감이 된다. (4) 예수 그리스도는 공적기도에 대하여 은혜의 약속, 즉 자신의 이름으로 모인 자들과 함께하시고 저들의 기도를 들으시겠다고 약속하셨다(마 18:19-20). 공적기도가 자신이 정한 규례가 아니었다면 그리스도께서 공적기도의 지위를 그토록 높였겠는가?

2. 시편의 찬양은 신적인 규례다.

(1) 규정되어 있다: "시와 찬송과 신령한 노래들로 서로 화답하며 오직 성령으로 충만함을 받으라"(엡 5:18-19); "그리스도의 말씀이 너희 속에 풍성히 거하여 모든 지혜로 피차 가르치며 권면하고 시와 찬송과 신령한 노

래를 부르며 감사하는 마음으로 하나님을 찬양하고"(골 3:16).

(2) 규제되어 있다: 찬양의 적절한 방식이 정해져 있다. "내가 영으로 찬송하고 또 마음으로 찬송하리라"(고전 14:15-16); "감사하는 마음으로 하나님을 찬양하고"(골 3:16); "너희의 마음으로 주께 노래하며 찬송하며"(엡 5:19).

3. 교회에서 하나님의 말씀의 공적사역. "우리는 오로지 기도하는 일과 말씀 사역에 힘쓰리라 하니"(행 6:4). 성경봉독이나 설교나 문답식이든 상관없이 말씀사역은 신성한 규례다.

(1) (봉독한 말씀에 대한 해설이 항상 바로 이어지지는 않지만) 말씀의 공적인 봉독은 신적인 규례다. 이유는 다음과 같다.

A. 하나님은 공적으로 말씀을 봉독하라고 명하셨고 그 이후로 이 명령을 절대로 철회하지 않으셨다(신 31:11-13; 렘 36:6; 골 3:16).

B. 성경의 공적인 봉독은 그리스도 이전(출 24:7; 느:8:18, 9:3, 13:1)과 이후(행 13:15, 27, 15:21; 고후 3:14)로 하나님의 교회의 관습이었다.

C. 성경의 공적인 봉독은 늘 그랬던 것처럼 지금도 필수적이고 유익한 일이다(신 31:11-13).

(2) 말씀의 공적인 설교는 그리스도의 유명한 규례다. 이것은 여러 곳에서 명백히 드러나 있다:

A. 그리스도께서는 말씀을 전파할 것을 명하셨다(막 3:14, 16:15; 마 10:7, 28:19-20; 딤후 4:1-2; 고전 1:17, 9:16-17; 행 20:28; 벧전

5:1-4).

B. 그리스도께서는 누가 말씀을 전해야 하는지를 정하셨다: "보내심을 받지 아니하였으면 어찌 전파하리요"(롬 10:15); 말씀을 전파하는 장로들의 자격들(딤전 3:2-8; 딛 1:5-9 비교).

C. 그리스도께서는 말씀이 어떻게 전파되어야 하는지를 정하셨다: "너는 말씀을 전파하라 때를 얻든지 못 얻든지 항상 힘쓰라 범사에 오래 참음과 가르침으로 경책하며 경계하며 권하라"(딤후 4:2); "이는 능히 바른 교훈으로 권면하고 거슬러 말하는 자들을 책망하게 하려 함이라"(딛 1:9); "여호와의 말씀이니라 꿈을 꾼 선지자는 꿈을 말할 것이요 내 말을 받은 자는 성실함으로 내 말을 말할 것이라 겨가 어찌 알곡과 같겠느냐"(렘 23:28).

D. 그리스도께서는 자신의 규례가 아니라면 전파되지 않았을 자신의 말씀을 전파하도록 격려의 약속을 자주 하셨다(마 16:19, 18:18, 28:20; 요 20:23; 행 18:19-20).

(3) 말씀을 교리문답식으로 전하거나 설명하는 일, 즉 하나님의 명령들의 주요한 원리들을 명백하고 알기 쉽게 전하는 일은 그리스도의 명령이다.

A. 사도들이 처음 교회를 세울 때 교회를 가르치는 사도적인 방식이다(히 6:1-2; 고전 3:13).

B. 목사와 성도들 상호간의 관계와 직무를 설명할 때 성령님이 사용하시는 우회적인 표현이다: "가르침을 받는 자는 말씀을 가르치는 자와 모든 좋은 것을 함께 하라"(갈 6:6).

4. 성례의 집행은 하나님께서 제정하셨다.

세례. “나를 보내어 물로 세례를 베풀라 하신 그이가”(요 1:33); “그러므로 너희는 가서 모든 민족을 제자로 삼아 아버지와 아들과 성령의 이름으로 세례를 베풀고”(마 28:18-20).

성만찬. “그리스도가 버림받던 날 밤에” 이를 제정하셨다. 이 제정은 충분히 기술되어 있다(고전 11:20-23; 마. 26:26-31; 막 14:22-27; 눅 22:19-20).

II. 재판이나 치리의 열쇠와 관련된 규례들.

1. 기도와 금식을 한 후 장로의 회에서 안수를 하고 장로들을 임명하는 일은 신적규례이다(딤전 4:14, 5:22; 행 13:2-3, 14:21-23; 딛 1:5).

2. 하나님의 말씀에 따라서 교리에 대한 권위 있는 분별과 판결은 신적규례이다. 예루살렘 공의회에서는 거짓된 교리와 거짓교사들의 행위들을 권위 있게 판결하였다. 그들을 저희의 마음을 혼란하게 하고 교회를 괴롭히는 자로 낙인을 찍었다. “들은즉 우리 가운데서 어떤 사람들이 우리의 지시도 없이 나가서 말(‘너희는 할례를 받고 율법을 지켜야 한다.’)로 너희를 괴롭게 하고 마음을 혼란하게 한다 하기로……성령과 우리는 이 요긴한 것들 외에는 아무 짐도 너희에게 지우지 아니하는 것이 옳은 줄 알았노니”(행 15:24-28). 여러 논쟁이 있을 때마다 이러한 판결은 성경의 근거들을 통해서 이루어졌고 이후에 그들의 결정과 판결은 사도와 장로들이 정한 규례(dogmata kekeimda)라고 불린다(행 16:4).

3. 죄인들을 훈계하고 공적으로 책망하는 일은 그리스도의 신적규례이다(마 18:15-17; 요 20:23). 이를 위한 효력 있는 한 가지 방법은 권위를 가지고 행하는 설득력 있는 책망이다(살전 5:14; 딤전 5:20; 딛 1:13; 고후. 2:6).

4. 악하고 교정되지 않는 자들이 교회의 성찬식에 참여하지 못하게 이들을 거부하거나 내쫓는 일은 그리스도의 규례이다(마 16:19, 18:17-18; 요 20:21-23). 이단에 속한 사람을 한두 번 훈계한 후에 멀리하라(딛 3:10). 즉 그가 회계할 때까지 출교시킨다-Piscator in loc. 교회의 적법한 판결을 통해서 회개하지 않는 자를 사탄에게 내어준다-Beza in loc(딤전 1:20). 고린도전서 5장에서 사도는 고린도 교회에서 근친상간한 자를 내쫓으라고 요구한다(고전. 5:2-11).

5. 회개하는 자를 용서하고 받아들이며 위로하고 권위 있게 교회의 교통 속으로 다시 확증하는 일은 신적규례이다. "무엇이든지 땅에서 풀면 하늘에서도 풀리리라"(마 16:19, 18:18); "너희가 누구의 죄든지 사하면 사하여질 것이요"(요 20:23). 이러한 풀고 용서하는 일은 말씀전파에서 교리적이고 선언적이고, 책망하는 일은 사법적이고 권위적이다. 죄를 용서하는 일은 구별하여 '사죄(absolution)'라고 불린다. 고린도 교회에서 근친상간한 자를 출교시킨 후 그가 자신의 회개를 충분히 입증하면 사도는 그들에게 명하여 그를 교회의 공동체 속으로 받아들이라고 명한다(고후 2:6-9).

6. 교회의 지체들 중 가난하고 고통 받는 자들의 궁핍과 고통을 덜어주기 위해서 특별히 보살피는 일은 신적규례이다. 이것은 접대와 섬기는 일

(diakonia)이라고 불린다(행 6:2). 그리스도의 교회를 처음 세울 때 사도들은 교회의 물품들을 받는 일을 직접 챙기고 각 사람의 필요를 따라 나누어주었다(행 4:34–35). 교회가 커지면서 이렇게 남을 돕고 보살펴야 할 부담이 증가하는 중에 헬라인들이 자기의 과부들이 홀대를 받는 것에 불만을 품으니, 가난한 자들을 더 잘 부양하기 위해서 집사라는 직분이 세워졌다(행 6:1–7). 이들은 "하나님이 교회에 세우신 돕는 자들"이라고 불린다(고전 12:28). 그들의 책무는 이와 같다. "구제하는 자는 성실함으로……긍휼을 베푸는 자는 즐거움으로 할 것이니라"(롬 12:8). 성도들을 돕기 위한 연보를 어떻게 드려야 하는지에 대한 지침이 있다. 즉, "매주 첫날에 너희 각 사람의 수입에 따라 모아 두어서 내가 갈 때에 연보를 하지 않게 하라." 이것은 풍족한 여정을 거쳐 자신의 안식처, 즉 여정의 끝에 행복하게 도달한 자를 비유로 말하고 있다. 어떤 과부가 교회의 자선을 받기에 적합한지 사도가 상세히 전하고 있다(딤전 5:3–17).

제 8 장

V. 교회정치의 목적과 범위

그리스도께서 교회정치를 제정하실 때 뜻하신 목적과 범위와 그리스도의 직원들이 교회정치를 시행할 때, 즉 말씀전파, 성례, 책망, 그리스도의 모든 규례들을 시행할 때 의도한 목적인 동시에 범위는 [교회정치의 기술에서 표현하는 대로, (파트 2, 1장)]그리스도의 교회를 세우는 것이다. 이 목적은 매우 종합적이다. 이를 좀 더 명확히 하려면 다음 세 가지가 입증되어야 한다. 1. 신약시대에 우리의 중보자 예수 그리스도께서 지상에 한 가시적인 보편교회를 두셨다. 2. 신약시대의 하나님의 말씀, 사역, 정치, 모든 규례들은 하나의 가시적인 보편교회를 위해 주로 그리스도께서 공급해주신 것이다. 3. 그리스도의 교회를 세운다는 것이 곧 그리스도께서 교회정치의 권세와 다른 규례들을 교회에 주신 이유에 대한 완전한 범위요 목적이다.

I. 첫째, 신약시대에 우리의 중보자 예수 그리스도께서 지상에 모든 개교회들로 이루어진 하나의 가시적인 보편교회를 두셨다는 것은 다음의 특별한 사항들을 고려함으로써 명확해진다.

1. 예수 그리스도께서 지상에 많은 가시적인 교회들을 두셨다는 것은 성경을 통해 명백히 드러나 있다(회중교회, 장로교회, 지방교회, 국가교회 중 어느 교회인지는 여기서 결정할 필요는 없다): "갈라디아 여러 교회들에게"(갈 1:2); "유대의 교회들"(갈 1:22); "수리아와 길리기아로 다니며 교회들을 견고하게 하니라"(행 15:41); "아시아에 있는 일곱 교회에 편지하노니"(계 1:4, 20); "에베소 교회"(계 2:1); 요한계시록에 나오는 다른 교회들(계 2:8, 12, 18, 3:1, 7, 14); "저의 집에 있는 교회"(롬 16:5, 빌 2); "여자는 교회에서 잠잠하라"(고전 14:34); "이방인의 모든 교회"(롬 16:4); "내가 모든 교회에서 이와 같이 명하노라"(고전 7:17); "모든 성도가 교회에서 함과 같이"(고전 14:33); "모든 교회를 위하여 염려하는 것이라"(고후 11:28). 신약에는 이와 유사한 표현들이 자주 등장한다.

2. 그리스도께서 이 세상에 아무리 많은 교회들을 세우셨다 하더라도 성경은 이 모두를 오직 그리스도에게 속한 하나의 가시적인 보편교회로 본다. 이것은 여러 면에서 명백한 사실이다.

(1) 여러 성경에서 교회(Ekklesia)라는 단어를 광범위하게 충분히 사용하고 있는데, 이 교회는 단 하나의 개별 교회를 의미하는 것이 아니라 하나의 가시적인 보편교회를 의미하고 있다. "내가 이 반석 위에 내 교회를 세우리니"(마 16:18); "유대인에게나 헬라인에게나 하나님의 교회에나 거치는 자가 되지 말고"(고전 10:32); "하나님이 교회 중에 몇을 세우셨으니 첫째는 사도요 둘째는 선지자요 셋째는 교사요…"(고전 12:28); "나는 하나님의 교회를 박해하였으므로"(고전 15:9; 갈 1:13); "이 집은 살아 계신 하

나님의 교회요 진리의 기둥과 터니라"(딤전 3:15); "이는 이제 교회로 말미암아 하늘에 있는 통치자들과 권세들에게 하나님의 각종 지혜를 알게 하려 하심이니"(엡 3:10); "내가 주를 교회 중에서 찬송하리라 하셨으며"(히 2:12). 이와 유사한 여러 곳에 등장하는 교회가 그리스도의 한 가시적인 보편교회를 가리키고 있음을 반드시 이해해야 한다.

(2) 성경구절에서는 온 세상의 모든 그리스도의 신앙고백자와 지체들을 눈과 귀와 손 등, 다시 말해 다양한 기관과 도구와 직원들이 온 몸의 유익을 위해 존재하는 하나의 유기체에 비유하고 있다(엡 4:11-12; 롬 12:4-9; 고전 12:12). 이러한 맥락은 이 세상에 있는 그리스도의 가시적인 모든 지체들이 유대인이건 이방인이건 상관없이 그리스도의 유기적인 한 몸에 속한 지체들임을 명백히 보여준다. 이 그리스도의 유기적인 몸은 그리스도의 가시적인 보편교회다. 왜냐하면 보이지 않는 교회는 유기적이지 않기 때문이다.

II. 둘째, 우리의 중보자 예수 그리스도께서 가시적인 보편교회를 위해서 신약의 하나님의 말씀과 사역, 정치와 모든 규례들을 주신 것은 다음의 몇 가지 사항들을 통해 입증될 수 있다.

1. 하나님의 말씀은 주로 가시적인 보편교회에 주어졌다. "이 집은 살아 계신 하나님의 교회요 진리의 기둥과 터니라"(딤전 3:15)-교회가 진리의 저자이거나 최초의 토대가 아니다. 왜냐하면 진리가 교회의 토대이기 때문이다(엡 2:20). 교회는 그리스도의 진리를 담는 용기이다. 즉 교회

는 사람들 가운데 진리의 증거자요 양육자이며 보존자이다(testis, altrix & conservatrix veritatis inter homines)"–Beza in loc. 법원에서 모든 사람들이 읽고 인식할 수 있도록 법과 칙령을 기둥위에 매달아 제시했던 것처럼 교회는 그리스도의 진리를 좀 더 법정적으로 제시한다. 따라서 이러한 표현은 적절하다. "이는 이제 교회로 말미암아 하늘에 있는 통치자들과 권세들에게 하나님의 각종 지혜를 알게 하려 하심이니"(엡 3:10).

2. 목회는 주로 가시적인 보편교회에 주어졌다(엡 4:11–13; 고전 12:28; 롬 12:4–9).

3. 신약의 규례들 역시 주로 가시적인 보편교회를 위해 공급되었다(마 16:18–19, 28:18–20; 요 20:21–23).[48]

그리고 이 사실은 이전 명제들 위에서 반드시 받아들여져야 한다. 신약의 규례들을 포함하고 있는 하나님의 말씀과 그리스도께서 이 규례들을 관리하고 제공할 목회자들을 주로 가시적인 보편교회에 두셨다면, 이 규례들 역시 분명 보편교회를 위해서 공급되었기 때문이다(롬 12:4–9; 엡 4:11–13).

게다가 세례라는 규례를 통해서 우리는 모두 하나의 몸인 가시적인 보편교회 속으로 받아들여진다(고전 12:12). 하지만 사도행전 8장의 내시의 경우처럼 일부 사람들은 세례를 받고 보편교회 속으로는 받아들여졌으나

48) Authoritas Rectorum pro dono quidem Ecclesiae a Chrisio data est, sed non pro dono absoluto, ut penes totam Ecclesiam resideat cui datur, sed pro dono conditionali, ut Rectoribus ipsis communicetur ad aedificationem totius. Parker de Politic, book III, ch. 8.

모든 개 교회 속으로 받아들여지지는 못했다.

III. 그리스도의 교회를 세우는 일은 곧 그리스도가 교회정치와 신약의 다른 모든 규례들을 자신의 교회에 주신 이유에 대한 그 유명한 범위와 목적이다. 이것은 성경에서 자주 증언한다.

1. 이 교회정치의 권세에 대하여 사도는 말했다. "주께서 주신 권세는 너희를 무너뜨리려고 하신 것이 아니요 세우려고 하신 것이니"(고후 10:8). 그는 다른 곳에서 비슷한 말을 한다. "주께서 너희를 넘어뜨리려 하지 않고 세우려 하여 내게 주신 그 권한을 따라"(고후 13:10). 이 두 곳에서 그는 교회정치의 웅장하고 보편적이며 직접적인 목적이 적극적으로는 교회를 세우는 것이고 소극적으로는 교회를 파괴하거나 멸망시키는 것이 아니라고 하면서 보편적이고 종합적으로 교회정치의 권위에 대해서 말하고 있다.

2. 마찬가지로 정치의 특별한 행위들과 규례들을 언급할 때 적어도 교회회원들 안에서는 교회를 세우는 일이 모든 일의 커다란 목적으로 제시된다. 예를 들어, 권고를 행하는 목적은 세우기 위한 것으로 죄를 범한 형제를 얻고(마 18:15-16); 흔들리는 마음이 믿음 안에서 온전해지고["네가 그들을 엄히 꾸짖으라 이는 그들로 하여금 믿음을 온전하게 하고"(딛 1:13)]; 지켜보는 자들이 비슷한 죄에 빠지는 것을 두려워하게 하고자함이다["범죄한 자들을 모든 사람 앞에서 꾸짖어 나머지 사람들로 두려워하게 하라"(딤전 5:20)]. 출교는 특히 죄를 지은 지체를 세우기 위한 것이다. 따라서 근친상간한 자는 "사탄에게 내주었으니 이는 육신은 멸하고 영은 주 예수의 날

에 구원을 받게 하려 함이라"(고전 5:4-5); "그 가운데 후메내오와 알렉산더가 있으니 내가 사탄에게 내준 것은 그들로 훈계를 받아 신성을 모독하지 못하게 하려 함이라"(딤전 1:20). 교회에 대해서 좀 더 보편적으로 적용해서 교회 전체가 악한 영향을 받지 않도록 근친상간한 자를 그들 중에서 내아야 했다(고전 5). 죄의 용서 역시 세우기 위한 것으로, 회개하는 자가 "너무 많은 근심에 잠기지 않도록"하기 위함이다(고후 2:7). 따라서 교회와 교회 지체들을 세우는 일은 그리스도의 은사, 즉 그리스도 교회의 모든 직원들의 목적이요 범위이고(엡 4:7-8, 11-16), 이 직원들의 기도와 예언과 방언과 같은 모든 은사와 재능들의 목적이요 범위이다. 따라서 이 모든 것들은 교회를 세우는 방식으로 관리되어야 한다. 이것이 고린도전서 12장과 14장 전체의 범위이다. 우리 그리스도인의 자유는 단지 남을 세우기 위하여 관리되어야 한다(롬 14:19-20). 실제로 우리가 하는 말은 듣는 자들의 덕을 세워야 한다(엡 4:29). 따라서 교회정치와 모든 종류의 규례들은 특별한 행위들로써 이렇게 덕을 세우는 것을 목표로 해야 한다. 덕을 세운다는 말은 영적인 건물을 물리적인 건물(아마도 물질적이고 전형적인 성전)에 우아하게 비유한 표현이다. 다음 성경구절들을 간단히 살펴보자. 건축자는 곧 목회자이다(고전 3:10); 건물을 지탱하고 붙들며 건물에 힘을 주는 기초이자 모퉁잇돌은 바로 예수 그리스도시다(고전 3:11; 벧전 2:4-6); 돌이나 재료들은 "산 돌"이라고 하는 신령한 자나 성도들이다(벧전 2:5); 건물이나 집 자체가 곧 교회이고 영적인 집이며 살아계신 하나님의 성전이다(엡 2:21; 4:12; 고전 3:9, 16-17). 이 집을 세우는 일은 그리스도가 재림할 때까지, 즉 마지막에 머릿돌(the capstone)이 놓일 때까지 기독교의 토대를 세우고 사람들을 그리스도에게로 인도하며 그리스도 안에서 저들의 영적성장이 완성에 이르도록 계속 세워나감으로써 '손으로 만든 집이 아닌 천국의 영원한 집' 으로 옮겨가는 방식으로 점차적으로 완성되어 간다.

제9장

Ⅵ. 그리스도께서 교회정치의 모든 권세와 권위를 이행할 것을 맡기신 그릇이자 주체. 1. 부정적인 의미. 정치적 재판장은 이 권세의 적합한 주체가 아니다.

지금까지 우리는 교회정치의 규범과 근원, 종류, 지류, 목적에 대해서 간단히 살펴보았다. 이 모든 내용들은 교회정치의 기술[파트 2, 1장]에 포함되어 있고 논란이 적은 내용들을 중심으로 간략히 다루었다. 이제 교회정치기술에서 마지막으로 고려해 볼 사항은 그리스도에게서 이 모든 권세를 적합하게 받은 그릇, 즉 그리스도께서 이 권세와 이 권세의 시행을 맡기신 특별한 주체인 오직 그리스도 당신의 직원들이다. 왜냐하면 '교회정치는 우리의 중보자 예수 그리스도에게서 오직 당신 자신의 직원들에게 주셔서 이 직원들이 말씀을 전할 때 행사하는 영적인 권세 혹은 권위' 이기 때문이다. 현재 이 권세의 주체를 두고 수많은 다양한 주장과 끈질긴 요구가 있기 때문에 많은 분쟁이 일 것이다(이 권세의 주체가 교황이라고 하는 로마 가톨릭의 주장과 주교라고 하는 감독교회의 주장). 정치적인 에라스투스주의자(Erastian)는 모든 교회정치의 유일하게 적합한 주체는 정치적이거나 세속의 재판장이라고 주장한다. 철저한 브라운주의자들(Brownists), 즉 엄격한 분리주의자들에 따르면 교회정치의 주체는 동일한 수준의 신자들의 몸이나 공동체라고 주장한다. 이보다는 좀 더 세분화된 자(스스로를 브라운주의자들과 구별시키고자 '독립교회주의자(independents)' 라고 부른다.[49])는 교회정치의 주체를 당회가 있는 단일 회중, 즉 당회나 교회 직원들이 있는 신자들의 모임(the coetus fidelium)이라고 주장한다. 장로교회파 사람들은 그리스도께서 임명하여 모든 교회권세와 그 권세의 행사를 맡겨주신 적합한 주체는 오직 그리스도 자신의 교회 직원들뿐이라고 주장한다. 그러므로 지금부터 교회정치의 권세의 주체가 누구인지를 밝히는 문제는 더 심화되고 그 속도는 더딜 것이다. 반대주장이 많으므로 이 문제에 대한 논고는 불가피하게 더 방대해진다.

좀 더 명확한 이해를 돕기 위해 이 권세가 그리스도에게서 오직 당신 자신의 직원들에게 주어지는데, 여기서 '오직' 이라는 단어는 모든 다른 주체들을 제외시킨다는 점을 고려했을 때 교회권세의 주체를 다음 두 가지 접근 방식으로 생각해 볼 수 있다. 1. 부정적으로는 주체에 해당되지 않는 자. 2. 긍정적으로는 주체에 해당하는 자.

부정적인 방식으로 보면 그리스도께서 교회정치의 권세와 이 권세의 행사를 맡기신 적합한 주체에 해당되지 않는 자는 다음과 같다: 1. 에

49) 에드워즈의 Antapologia(1644년) 201페이지 참고. 특히 1619년에 인쇄된 소책자 A Collection of certain Matters 를 참고. 이 책의 거의 모든 페이지에서 독립교회와 독립교회주의자라는 명칭을 사용하고 있다. 여기에서 독립교회주의의 원리들 대부분이 유래한 것으로 보인다.

라스투스주의자들이 생각하는 정치적인 통치자. 2. 장로교회든 아니든 상관없이 분리주의자와 독립교회주의자가 주장하는 신자들의 몸(coetus fidelium). 먼저 부정적인 방식으로 그 권세의 주체를 명확히 밝히고 나면 긍정적인 접근 방식이 좀 더 명확하게 밝혀질 것이다.

이중에서 먼저 다룰 사항은 다음과 같다. 정치적 재판장이 우리의 중보자 예수 그리스도께서 교회정치의 권세와 그 권세의 행사를 맡기신 주체가 아니라는 사실은 다음 두 가지 사항을 구별하여 다양하게 선언함으로써 명확해질 것이다. 1. 교회문제에 관하여 어떤 권세가 세속 재판장에게 주어졌는가. 2. 동일한 문제에 관하여 어떤 권세가 세속 재판장에게 허용되지 않았는가, 그리고 그 이유는 무엇인가.

1항

개혁주의 교회들과 정통파 학자들은 정치적인 재판장이 교회문제들과 관련하여 많은 권세를 부여받았다고 인정한다.

다음 세부적인 사항들을 고려해 보자.

1. 교회와 교회의 회원들을 보호하고 지원하는 권세. "왕들은 네 양부가 되며"(사 49:23 참고); "그는 하나님의 사역자가 되어 네게 선을 베푸는 자니라 그러나 네가 악을 행하거든 두려워하라 그가 공연히 칼을 가지지 아니하였으니 곧 하나님의 사역자가 되어 악을 행하는 자에게 진노하심을 따라 보응하는 자니라"(롬 13:3-4); "사람들을 수치스럽게 할 수 있는 통제권을 상속한 자, 즉 소유한 자"(삿 1:7). 그리고 교회가 "왕들과 모든 권위 있

는 자들을 위해 기도해야 하는 것"처럼 권위 있는 모든 자들도 교회와 하나님의 백성들이 모든 경건과 단정함으로 (권위자들의 보호를 받으며) 평안한 생활을 할 수 있도록 기도에 힘써야 한다(딤전 2:2). 주석가들[50]이 만장일치로 동의하는 바, 위의 명제는 이 기도들의 목적과 범위로 판단하건대 명백히 드러났다. 그리고 교회에게 다음과 같은 약속들이 주어진다. "이방인들이 네 성벽을 쌓을 것이요 그들의 왕들이 너를 섬길 것이며"(사 60:10); "네가 이방 나라들의 젖을 빨며 뭇 왕의 젖을 빨고"(사 60:16). 이방의 왕들이 이렇게 교회를 돌보고 보호하는 일은 다음과 같은 행위들에서 드러난다.

(1) 세속의 왕은 여호사밧 왕, 아사 왕, 히스기야, 요시야가 했던 것처럼 자신의 세속권력으로 진리와 거룩함이 풍성해지도록 참된 종교, 즉 하나님께 경배 드리는 데 방해되는 모든 외적 요소들, 예를 들면 박해, 신성모독, 이단, 우상숭배, 미신 등을 사람이든 사물이든 가리지 말고 제거해야한다. 따라서 하나님은 산당들과 우상숭배의 기념비들을 제거하고 파괴하지 않은 것을 자주 정죄하신다(열상 15:14, 22:44; 열하 12:3; 대하 15:17). 이와는 반대로 아사(역하 15:8, 16), 여호사밧(대하 17:3-4, 6-10), 히스기야(대하 31:1; 왕하 18:4), 므낫세(대하 33:15), 요시야(왕하 23:8, 13, 19, 20, 24)에게는 칭찬을 아끼지 않으신다-성령님은 요시야에게 그의 전 · 후의 모든 왕들보다 뛰어난 칭찬을 하신다(25절).

(2) 아사(대하 15:9-16), 여호사밧(대하 20:7-9), 히스기야(대하 29-

---

50) See Calvin in loc.; Beza Annotations in loc.; Vorst. Comment. on 1 Tim. 2:2.

31), 요시야(대하 34, 35)가 행했던 것처럼 세속의 왕은 그리스도께서 교회에 주신 교회의 영적인 자유와 특권의 충만함을 유지시키고 교회가 거룩한 예배와 치리, 교회정치에 있어서 하나님의 통치 가운데 종교와 관련된 하나님의 모든 규례와 의무를 공적으로 행사하는 일[51]을 후원하고 지지하며 전진시키고 장려해야 한다. 이 목적을 위해서 하나님은 왕이 율법을 행하는 자일뿐 아니라 율법의 보호자(custos tabularum), 즉 율법을 지키는 자이어야 하므로 왕은 끊임없이 낭독하기 위하여(신 17:18-20) 하나님 율법서의 등사본을 소유하고 있어야 한다고 율법서에 규정해 두셨다.

(3) 세속의 왕은 종교적인 문제와 관련된 모든 외적인 필수품, 물품, 수단, 세속적인 도움을 교회에 제공해야 한다. 예를 들어 교회가 그리스도의 모든 공적인 규례들을 편하게 이행할 수 있도록, 이 모든 세속적인 도구들을 편안하고 효과적으로 누림과 동시에 예배드릴 편리한 공공장소, 목회자들에 대한 충분한 관리[성경에서 요구하는 바대로 (딤전 5:17-18; 고전 9:6-15; 갈 6:6)], 학문을 장려하기 위한 학교 등이 있다. 이에 따라 다윗은 재료들을 준비했으나 솔로몬은 성전을 지었다(대상 22); 히스기야는 성전의 모든 그릇들을 안으로 들이고(대하 29:19), 예루살렘 안에 거하는 백성들에게 제사장들과 레위인들이 여호와의 율법 안에서 힘을 얻도록 저들의 몫을 나누어 줄 것을 명했다. 히스기야 자신과 그의 왕자들이 와서 이 일

51) Cum Magistratus in sacris literis dii nominentur, omnium prima & potentissima ipsorum cura esse debet, tali pacto Deo servire, ut regnum eius in imperiis suis innotescat, crescat, conservetur: Cent. Magd. in Praefat. Cent. 7.

이 이행되는 것을 보았다(대하 31:4); 요시야는 하나님의 집을 수리했다(대하 34).

세속 왕은 세상 속에서 그리스도의 몸이자 어린양의 아내인 교회를 보호하는 일을 경시하지 않고 오히려 그것을 자신의 영광으로 여겼다. 그리스도께서는 교회를 구속하기 위하여 돌아가셨고 교회를 모으고 완전하게 하려고 이 세상을 지속시킨다.

2. 교회문제에 있어서 교회를 규제할 권세가(a diatactic ordering, or regulating power) 세속 왕에게도 정치적으로 허용되어 있다. 이는 왕이 정당하게 다음 두 가지를 이행할 수 있도록 하고자 함이다.

(1) 모세(출 32), 여호수아(수 24), 아사(대하 15), 여호사밧(대하 17), 히스기야(왕하 18), 요시야(왕하 23; 대하 34)가 행했던 것처럼 거룩한 예배나 치리, 정치가 부패했을 때 교회를 개혁한다.

(2) 말씀에 따라서 교회가 어떻게 개혁되고 깨끗하게 되어야 하는지, 그리고 개혁할 때 교회를 인도하고 다스리는 방법을 협의하고 조언을 하며 확정적으로 결론내리기 위하여 교회 신자들로 구성된 종교회의와 공의회를 소집한다.

A. 구약시대의 경건한 왕들[52]이 교회를 모으고 공의회를 소집했다. 예를 들면, 다윗이 하나님의 궤를 다시 가져온 일(대상 13:1-2), 다윗이 늙었을 때 공의회를 소집한 일(대상 23:1), 그 외에 솔로몬(왕상 8:1), 히스기야

52) Vide doctis. Whitaker in his de susius differentem, Controv. de Concil., quest. 2, cap. 3, p. 381.

(대하 29:4), 요시야(왕하 23:1-2) 등이 공의회를 소집했다.

B. 각 사람은 위에 있는 권세들에게 복종하라 이는 우리가 모든 경건과 단정함으로 고요하고 평안한 생활을 하려 함이라(롬 13:1-2; 벧전 2:13절을 참조한 17; 딤전 2:2). 그러므로 권세를 가진 자들은 의회를 소집할 수 있다.

C. 그리스도인 왕들은 네 번의 총회를 소집했다. 콘스탄티누스 황제가 제1차 니케아공의회를, 데오도시우스 황제 1세가 제1차 콘스탄티노플 공의회를, 데오도시우스 황제 2세가 제1차 에베소공의회, 마르키아누스 황제(Flavius Marcianus)가 칼케돈공의회를 소집했다.

D. 고대문헌들이 이에 대하여 입증하고 있다.

(3) 쿠스토스 타불라룸(Custos Tabularum)이 자신의 통치하에 있는 모든 사람들이 하나님의 율법을 엄격히 지키고 침범하지 못하도록 세속의 형벌을 두어 하나님의 율법들을 자신의 세속의 권위로 지지한다. “요시야가 이스라엘의 모든 사람으로 그들의 하나님 여호와를 섬기게 하였으므로”(대하 34:33). 느헤미야가 안식일을 거룩하게 하고 이방 아내들을 버리라고 했다(느 12:13 등). 실제로 이방인 느부갓네살 왕은 사드락의 하나님께 경솔히 말하는 사람은 누구나 그 몸을 쪼개고 그들의 뼈를 거름이 되도록 명령했다(단 3:28-29). 다리오 왕은 명령했다. “내 나라 관할 아래에 있는 사람들은 다 다니엘의 하나님 앞에서 떨며 두려워할지니….” (단 6:26-27).

세속 왕이 자신의 권위로 하나님의 법과 규례들을 공고히 하는 것처럼,

자신의 통치범위 내에서 교회의 정당하고 필요한 명령들을 종교회의와 공의회에서 자신의 법령으로 비준하고 확정한다(이는 하나님의 말씀에 합당하다).

(4) 세속 왕은 이전에 자신의 법령과 관련하여 교회에서 판단하고 결정한 것들에 관하여 일관된 정치적인 판단[53]이나 사리분별력으로, 자신이 교회의 방법들을 승인할지 안할지 그리고 어떤 방식으로 승인할 것인지 아니면 자신의 공적권위로 거부할 것인지를 확정적으로 판단하고 결정한다. 왜냐하면 그는 교회에서 명령하는 것은 뭐든지 하는 것처럼 짐승같이 행하지(교황주의자들이 시키는 대로)않고, 신중하고 지적으로(prudenter & scinter) 행하기 때문이다. 그러므로 그리스도인 지도자에게는 자신의 직책과 관련하여 분별 있는 판단력(모든 그리스도인이 자신의 행위의 질서를 위해서 갖추어야 함)이 있어야 한다.

(5) 공식적인 교회의 문제와 규례들이 교회 신자들에 의해서 정당하게 관리될 수 있도록 정치적으로 보살핀다. 따라서 히스기야는 제사장들과 레위인들에게 자신들의 의무를 다하라고 명령했고(대하 29:5, 24) 이스라엘 백성들에게 직무를 다하라고 명했다(대하 30:1). 이에 대해 히스기야는 여호와께 칭찬을 받았으며 그에게서 떠나지 아니하고 여호와께서 모세에게 명령하신 계명을 지켰다(왕하 18:6). 따라서 왕이 율법의 모든 계명을 지키고 행하도록 명을 받을 때 여호와께서는(정통파 신학자들이 생각하는 바와

53) Apollon jus Majest. p. 7, n. 6 & p. 9 & p. 5, n. 3.

같이) 왕과 더불어 그의 모든 백성들이 하나님과 사람에게 모든 의무를 다 하도록, 왕이 개인으로서뿐 아니라 왕으로서 최대한 신중과 노력을 기울여 계명들을 지킬 것을 뜻하셨다(신 17:18-20).

3. 정치적인 왕은 그의 관할 아래에 있는 모든 부류의 사람과 사물과 관련된 종교문제에 있어서 강제적이거나 위압적인 혹은 징벌하거나 교정하는 정치적인 권세를 부여받는다. 그는 자신의 관할 아래에 있는 비신자(outward man of all persons)나 교회 직원들, 그 외의 다른 신자들이 종교문제에서 각자의 의무와 직책을 외적으로 수행할 것을 정치적으로 강제할 수 있다. 만약 그들이 의무를 소홀히 하거나 부정직하게 한다면 그리고 두 번째 판(the second table)과 반대로 공평과 절제하지 않을 뿐 아니라 십계명의 첫 번째 판(the first table)과 반대로 진실하고 경건하지 않으면 처벌할 수 있다.

두 번째 판을 범하는 경우에 왕이 행사하는 형벌의 권세가 많이 명시되어 있다. 완악하고 패역하여 우리말을 듣지 아니하고 방탕하며 술에 잠겨 제 5계명을 범하는 죄를 지은 자는 돌로 쳐 죽여야 했다(신 21:18-21). 살인하여 제 6계명을 범하는 죄를 지은 자는 반드시 죽여야 했다(출 9:6; 민 35:30-34; 신 10:11-14). 불결하여 제 7계명을 범하는 죄를 지은 자는 죽여야 했다(창 38:24; 레 20:11-25). 모세 이전에, 즉 율법이 만들어지기 전에 살았던 욥은 간음은 가중한 범죄로 재판장에게 처벌을 받아야 하는 죄라고 명시한다[54](욥 31:9-11). 도둑질하여 제 8계명을 범하는 죄를 지은 자는 반드시 보상해야 한다(출 22:1, 15). 위증하여 제 9계명을 범하는 죄를 지은 자에 대해서는 그가 그의 형제에게 행하려고 꾀한 그대로 그에게 행했다(신 19:16-21).

왕의 형벌의 권세는 첫 번째 판을 범하는 죄로도 확대된다. 이 죄는 거짓선지자들이 여호와의 이름으로 거짓과 왜곡된 말, 이설들을 가르쳐서 사람들을 참 하나님으로부터 멀어지게 하려고 함으로써 제 1계명을 범하는 죄에 해당한다. "너희 중에 그런 선지자나 꿈꾸는 자는 죽이라 이는 그가 너희에게 너희를 애굽 땅에서 인도하여 내시며 종 되었던 집에서 속량하신 너희의 하나님 여호와를 배반하게 하려 하였기 때문이다."(신 13:1-6). 여기서부터 칼뱅은 거짓선지자들과 사기꾼들이 하나님의 백성으로 하여금 참 하나님을 배반하게 할 경우 왕이 형벌의 권세를 행사할 것을 강력히 주장한다.[55] 이 사실은 현재 복음의 시대에 그리스도인인 왕이 위와 유사한 경우에 형벌의 권세를 행사할 수 있다는 것을 보여준다.

가장 가까운 사람이라도 너를 꾀어 하나님으로부터 멀어지게 하는 자는 엄격한 형벌을 받도록 해야만 한다(신 13:6-12). 또한 12절 이하를 살펴보자. 한 성읍이 이와 유사한 경우에 처했을 때 어떠한 형벌을 받는지 잘 보여준다. 그리고 버로우(Jeremy Burroughs, 1599-1646)는 자신의 이레니쿰(Irenicum)에서 신명기 13장 6절 말씀이 복음의 은혜 아래에 살고

54) Mercerus, Comment, Job 31:11.

55) Calvin in loc.

있는 우리에게도 해당한다는 것을 보여준다.[56] 왕의 형벌의 권세는 제 2계명을 어긴 범죄에도 미친다(신 17:1-8; 레 17:2-8; 대하 16:13, 16; 욥 31:26-28; 출 8:25, 26 참고). 또는 이교도 왕 느부갓네살이 제 3계명을 어긴 범죄(레 24:15-16), 즉 하나님의 이름을 망령되이 일컫는 자에 대해서 그 유명한 조서를 내렸고(단 3:29), 이방의 통치자 아닥사스다 왕은 하나님의 법을 준행하지 않는 자에 대해 더욱 철저한 조서를 내렸고 에스라는 이로 인해 하나님께 영광을 돌렸다(스 7:26-27).

이러한 모든 자연의 빛과 구약의 증거 외에도 하나님께 범죄한 행위를 통치자가 처벌하는 정치적인 형벌의 권세에 대해 신약의 여러 곳에서도 보여주고 있다. 세속의 형벌의 권세는 여전히 세속 통치자에게 있다. 이에 대해 롬 13:3-4절에서 증거하고 있다. "다스리는 자들은 선한 일에 대하여 두려움이 되지 않고 악한 일에 대하여 되나니……네가 악을 행하거든 두려워하라 그가 공연히 칼을 가지지 아니하였으니 곧 하나님의 사역자가 되어 악을 행하는 자에게 진노하심을 따라 보응하는 자니라"; "인간의 모든 제도를 주를 위하여 순종하되 혹은 위에 있는 왕이나 혹은 그가 악행하는 자

56) 어떤 사람도 이 성경 말씀을 미루도록 하지마라. 이것은 구약에 있는 말씀이지 복음서에서는 그런 내용이 없다. 왜냐하면 거의 동일한 말씀들이 복음의 시대에 대한 예언에서 사용된 것을 발견한다(슥 13:3). 12장 말미에서 그리스도를 찌른 자들은 그를 보고는 슬피울고 은혜와 간구의 영이 그들에게 임할 것이라는 것이 예언된다. "그 날에 죄와 더러움을 씻는 샘이 다윗의 족속과 예루살렘 주민을 위하여 열리리라"(13:1). "사람이 아직도 예언할 것 같으면 그 낳은 부모가 그에게 이르기를 네가 여호와의 이름을 빙자하여 거짓말을 하니 살지 못하리라 하고 낳은 부모가 그가 예언할 때에 칼로 그를 찌르리라"(13:3). 여러분은 이 말을 신명기에 있는 구절로 이해해야 한다. 그 의미는 그의 아버지나 어머니가 그를 칼로 찔러 죽일 것이다가 아니라, 비록 그들이 그를 낳았지만 그들은 그에게 적절한 형벌을 가하고, 심지어 그의 생명을 앗아가는 수단이 될 것이라는 것이다. 그의 생명의 수단이 되었던 자들이 이제는 그를 죽이는 수단이 될 것이라는 의미다. Jer Burroughs in his Irenicum, chap.5, pp. 19-20, printed 1646.

[57]를 징벌하고 선행하는 자를 포상하기 위하여 보낸 총독에게 하라"(벧전. 2:13-14).

버로우가 말한 대로[58] 사물의 본질이 요구하는 것 외에 성경에서 일반적으로 이와 같이 말하고 있는 점으로 미루어 볼 때, 우리가 왜 성경에서 말하지 않는데 구별해야 하는가? 이러한 표현들은 두 번째 판뿐 아니라 첫 번째 판을 범한 악행들, 검으로 인간의 육신살해뿐만 아니라 이단의 영혼 살해, 세상의 신으로 간주되는 왕이나 통치자들에 대한 모독 뿐 아니라 하늘에 계신 하나님에 대한 모독에까지 확대될 수 있다(히 10:28-29). "모세의 법을 폐한 자도 두세 증인으로 말미암아 불쌍히 여김을 받지 못하고 죽었거든 하물며 하나님의 아들을 짓밟고 자기를 거룩하게 한 언약의 피를 부정한 것으로 여기고 은혜의 성령을 욕되게 하는 자가 당연히 받을 형벌은 얼마나 더 무겁겠느냐 너희는 생각하라." 실로 성령님이 하나님이심을 부인한다면 무슨 형벌을 받아 마땅하겠는가?

로마 가톨릭 신자들은 자신들의 지도자들이 통치자의 심판에 거스르는 행위를 하더라도 그들을 면제시켜주며 시민의 세금, 공물, 형벌로부터 그들을 면제시켜준다. 하지만 우리는 다음과 같은 이유로 이에 반대한다.

(1) 교회 직원들과 회원들이 자신들이 속한 국가의 지배를 받지 않는다는 것은 자연의 빛에 모순된다.

---

57) 분리주의자와 이단들은 행악하는 자들이라고 불린다(빌 3:2). 그리고 이단은 육에 속한 자들의 일로 분류된다(갈 5:20).

58) Irenicum, chap. 5, p. 25.

(2) 구약에서 그러한 면제의 사실에 대한 언급이 없으므로 이는 구약의 율법과 관습을 어기는 것이다. 실제로 대제사장 아비아달의 예를 보면 그는 아도니야와 협력하여 반란을 일으켰기에 솔로몬 왕에게 쫓겨났고 결과적으로 제사장 직분을 파면 당했다(왕상 2:26-27).

(3) 적극적인 범죄를 피하기 위하여 율법을 따라 세금을 낸 우리 주님의 본과 맞지 않는다(마 17:26)[Cajetan이 말한 대로 Ne scandalizemus, dicit; non, ne scandalizentur, ver. 27]. 그리고 예수께서 빌라도가 자신을 정죄하거나 풀어줄 권한은 위에서 주신 것이라고 고백하셨다(요 19:11).

(4) 마지막으로 모두가 위에 있는 권세들에게 복종하라고 명하는 사도들의 가르침에 위배된다(롬 13:1-4; 벧전 2:13-15).

4. 누적되는 권세. 통치자에게 주어지는 이전의 모든 권세는 그리스도에게서 부여된 교회의 자유나 특권을 탈취하지 않고 누적시키며 감소시키지 않고 증대시킨다. 이교도 왕들은 네 양부가 되며(사 49:23; 딤전 2:2), 계부가 될 수 없고, 교회와 종교를 보호하며, 종교에 관한 많은 것들을 정치적으로 명령할 수 있지만, 교회를 제거하거나 박해할 수 없으며, 종교회의를 소집하여 교회의 개혁을 도와야지 방해해서는 안 된다(행 15). 통치자가 교회의 개혁을 돕지 않는다면 차라리 통치자가 없는 편이 교회에게는 더 나을 것이다. 그리스도인 통치자는 교회에게 유리한 방향으로 치우쳐져서는 안 된다. 만약 그럴 경우 이방 통치자가 다스릴 때 보다 그리스도인 통치자의 다스림 아래에서 교회의 상태는 더 악화될 것이다.

5. 마지막으로 통치자의 이 모든 권세는 거룩함 주변에 있지 거룩함 안에 있지 않다("circa Sacra", not "in Sacris"). 통치자에게는 교회문제에 대한 객관적이고 외적이며 간접적인 권한이 있다. 이것은 통치자의 권한이 갖는 고유한 특성이다. 이는 교회관련 대상에 대해서만 행사되기 때문에 객관적이거나 교회적이라고 불린다. 통치자는 여러 대상, 즉 영적인 문제들에 대해서 정치적으로나 외부적으로 자신의 권세를 행사할 수 있다. 하지만 영적으로나 내부적으로, 공식적으로는 교회 내에서 어떠한 권세를 행사할 수 없다. 통치자는 아사, 여호사밧, 히스기야, 요시아처럼 교회문제에서 권세를 행사할 수 있지만 고라, 사울, 우사, 웃시아처럼 행사할 수는 없다. 그는 내부적인 문제들이 아닌 외부적인 문제들을 감독하는 자(episcopus)다. 한마디로 교회직분과 종교에 대한 그의 전 권세는 완전히 그리고 공식적으로 세속적이거나 정치적이다.[59]

이것은 단지 우리의 개인적인 판단이나 종교문제에 대한 통치자의 권세를 부여하거나 제한하는 문제에 대한 소수 특정인들의 의견이 아니다. 세상에 공표된 신앙고백문에서 위와 동일한 취지로 충분히, 명백히 스스로의 의사를 표현하는 많은 개혁주의 교회들의 참정권이 우리에게 있다.

헬베티아 교회(Helvetian church)는 다음과 같이 표명한다. "모든 통치자는 하나님께 속해 있으므로, (폭정을 하지 않는 자라면) 통치자의 주된 임

59) 이 사실은 (Apollon. jus Majest., pp. 25-26.)에서 다양한 근거로 입증되었다.

무는 모든 신성모독을 억제하는 가운데 종교를 변호하고 필요한 것을 공급해주며, 선지자들이 가르친 말씀대로 최대한 이 일을 수행하는 것이다. 예를 들면 하나님의 말씀을 순수하고 자유롭게 가르치는 일, 젊은이들과 시민, 학자들을 올바르고 부지런히 체계적으로 훈련시키는 일, 교회의 목회자들을 공정하고 자유롭게 관리하는 일, 가난한 자들을 세심히 배려하는 일 등, 이러한 모든 일들을 우선시해야 한다." Corp. Confess. in Helvet. Con. 36. p. 92.

프랑스 교회(French churches)는 다음과 같이 표명한다. "그러므로 그는 또한 통치자들의 손에 검을 맡기셨는데, 이는 통치자들이 두 번째 판뿐 아니라 첫 번째 판에 대한 범죄까지도 억제하기 위함이다. 그러므로 하나님의 최고의 통치가 완전하고 고스란히 그대로 유지되는 한, 비록 통치자가 신앙이 없는 자라도 우리는 그들의 법과 법규들을 순종하고 존중해야하며, 우리가 짊어 져야할 다른 짐들을 감당하고 자발적으로 복종의 의무를 져야한다(마 24; 행 4:17, 19; 유 8)." Corp. Confess. in Confess. Gallic. Eccles. Carol. 9. Regi. An. 1561. exhibit. & in Lasinum Convers. An. Dom. 1566. § 39, 40. pp. 110-111.

스코틀랜드 교회(Scotland church)는 다음과 같이 표명한다. "게다가 우리는 종교를 정화하고 보전하는 일이 왕, 군주, 총독, 통치자들의 가장 중요하고도 특별한 임무라고 단언한다. 그들은 세상정치뿐 아니라 참된 종교를 보전하고 모든 우상과 미신을 금지하기 위해 하나님께 임명된 자들이다. 이러한 사실은 다윗, 여호사밧, 요시아, 히스기야 등에서 명백히 드러나 있으며 이들은 자신들의 단일한 열성으로 인해 칭찬을 받았다." Corp. Confess. in Confes. Scotican. § 24. p. 156. Suscript. An. Dom. 1581, 20 Martii.

벨직 교회(Belgic church)는 다음과 같이 표명한다. "그러므로 그는 악한 자를 벌하고 선한 자를 보호하도록 통치자들을 검으로 무장시키셨다. 게다가, 세상정치를 보존하는 일에 세심하게 배려하고 거룩한 사역이 보존되고 모든 우상숭배와 하나님에 대한 음란한 예배를 금지하며 적그리스도의 나라를 허물고 그리스도의 나라가 번성하도록 열심을 다하는 것이 그들의 의무다. 마지막으로 복음의 거룩한 말씀이 모든 곳에 전해지고, 모든 사람들이 말씀의 가르침을 따라 자유롭고 순전히 하나님을 예배와 경배드릴 수 있도록 하는 것이 그들의 역할이다. 모든 사람은 제 아무리 높은 위엄과 지위와 처지에 있다하더라도 합법적인 통치자에게 복종하고 세금과 보조금을 내며 하나님 말씀에 위배되지 않는 모든 일에서 순종하고 하나님께서 그들이 올바른 행동을 하도록 인도하며 우리가 거룩하고 정직하게 고요하고 평화로운 삶을 살 수 있도록 인도해 주실 것을 기도해야 한다. 그러므로 우리는 위에서의 지배와 통치자를 거부하고 모든 선한 것을 저속하게 만들며 결국에는 하나님께서 인간들이 정직하도록 제정하신 모든 질서와 지위를 폐지하거나 혼란스럽게 하는 재세례파와 무질서한 모든 인간들을 증오한다." Corp. Confess. in Belgic, Confess. § 36. pp. 183-184.

보헤미아 교회(Bohemia church)는 다음과 같이 표명한다. "하나님의 말씀에 따르면 모든 사람들은 어느 곳에나 존재하는 높은 권세자들에게 복종해야 한다. 하지만 이 권력자들은 하나님과 하나님 말씀과 모순되어서는 안 된다. 그러나 인간의 영혼, 믿음, 구원과 관련된 것들을 다룰 때 그리스도께서 '시저(Caesar)의 것은 시저에게 주고 하나님의 것은 하나님께 드려라' 고 말씀하신 바처럼 인간은 오직 하나님의 말씀과 목회자들의 말에 귀를 기울여야 한다고 가르친다. 그러나 어느 누가 하나님께 거스르는 것들을 강요하고 영원한 하나님의 말씀에 대항해서 싸운다면 사도의 본을 따르라고 가르친다. 사도는 다음과 같이 예루살렘의 재판관에게 응답했다. '인간을 따르기보다 하나님께 순종함이 마땅하다' " Corp. Confess. in Bohem. Confe. Artic. 16. p. 265.

마지막으로, 색소니 교회(Saxony church)는 이러한 점에서 다음과 같이 표명했다. "하나님께서는 모든 인간들, 중생하지 않은 자들까지도 정치적인 정부의 통치를 받고 통제받도록 하실 것이다." 이러한 정부 안에서 하나님의 지혜와 공의, 선하심이 인류를 비춘다. 선과 악을 구별하시는 하나님의 지혜와 명령은 그 놀라운 지혜로 명하신 여러 합법적인 정부와 계약을 통해서 인간의 연합을 선언하신다. 하나님의 공의는 통치자들에게 형벌을 받을만한 악함을 드러낼 정치적인 정부 안에서도 드러난다. 다스리는 자들이 죄지은 자들을 벌하지 않을 때 하나님 당신이 친히 그들을 벌하실 것이고, 이 세상에서 극악무도한 죄들에 대해서 무시무시한 벌을 내리신다. "검을 사용하는 자는 검으로 망할 것이요 호색가들과 간음하는 자들을 하나님께서 심판하실 것이다." 하나님께서는 이러한 형벌로 악과 선의 차이가 드러나게 할 것이며 우리가 하나님의 지혜, 공의, 참되심, 순결을 알게 할 것이다. 이러한 방법으로 하나님은 인간사회를 보전하시기 때문에 하나님의 인간을 향한 선하심이 드러난다. 그러므로 하나님은 교회가 모일 수 있도록 인간사회를 보전하시고 국가들이 교회가 거하는 장소가 되게 하실 것이다. 통치자는 이러한 신적이고 확고한 법칙들을 지키고 이들을 어기는 모든 사람들을 벌해야 한다. 법은 형벌과 처형이 없으면 인간들을 규제하는데 힘이 미약하다. 따라서 바울은 말했다. "권력은 악한 행위를 위협하고 선한 행위는 존중해야 한다." 고대인들은 이러한 말을 했다. "통치자는 선한 명령에 속하는 첫 번째 판과 두 번째 판의 율법을 지키는 자이다." 비록 정치를 하는 많은 이들이 하나님의 영광을 무시하고 있지만, 하나님의 아들에 관한 참된 교리를 듣고 받아들이며 교회를 세워나가야 하는 일에 그들은 주의를 기울여야 한다. 시편에는 다음과 같이 기록되어 있다. "이제 왕들아 이해하고 세상 재판관들아 가르침을 받아라. 왕들아 너희의 문을 열라." 즉 너희의 제국이 복음을 받아들이고 하나님의 아들을 보호하라. 이사야 49장 말씀에 이렇게 기록되어 있다. 왕들은 네 양부가 되며 왕비들, 즉 여러 나라들은 네 유모, 즉 교회의 유모가 될 것이며 교회에서 경건한 연구를 할 수 있도록 거처를 제공할 것이다. 여러 왕과 군주들 자신은 교회의 회원이 되어야 하며 교리를 올바르게 이해해야 하고, 거짓교리를 만들고 부당하게 잔인한 행동을 하는 자들을 돕지 말아야 하며 다음과 같은 말을 명심해야 한다. "나는 나에게 영광을 돌리는 자들을 영화롭게 할 것이다." 하나님께서 "의로움으로 죄와 단절하고 가난한 자들에게 자비를 베풀어서 너희의 부정을 중지하라"고 말씀하실 때 다니엘은 바벨론 왕에게 하나님의 진노를 인정하고 유배된 교회를 향해서 자비를 베풀도록 권고한다. 그들이 교회의 주요한 회원들이기 때문에 콘스탄티누스(Constantine), 테오도시우스(Theodosius), 아르카디우스(Arcadius), 마르시아누스(Marcianus), 찰스 대왕(Charles the Great), 그 외의 경건한 많은 왕들이 교회의 재판이 올바르게 행사되도록 주의를 기울였던 것처럼 그들도 주의를 기울여야한다. Corp. Confess. in Saxon. Conf. edit. An. Dom. 1552. § 23. pp. 129-130.

이와 같이 그리스도께서 통치자의 권력과 구별된 영적인 권세를 교회 직원들에게 주셨는데, 통치자가 이 영적 권세를 자기 것이라고 주장함으로써 권력을 견고히 할 의도를 갖지 못하도록 장로교회 재판장들은 종교적인 문제에 대해서도(circa Sacra) 시저의 것은 시저에게 주는 것을 마다하지 않는다. 그러나 독립교회의 재판장들과 그들의 추종자들은 통치자의 권력을 빼앗는다.[60)]

2항

반면에 세속 재판장들은 종교와 교회문제와 관련된 몇 가지 권세에 대해서는 아무런 권한이 없다. 비록 그가 통치자의 자리에 있지만 그 권세들이 그에게 전혀 속해 있지 않기 때문이다. 다음을 고려해 보자.

현재 신약시대에 우리의 중보자 예수 그리스도께서는 정치적인 통치자나 이

60) M. S. to A. S., pp. 55-60 참고.

교도나 통치자의 자리에 있는 그리스도인에게 교회정치를 하도록 재판이나 목회나 교회의 영적인 권세를 맡긴 적이 없으며 그 권세의 행사 역시 맡긴 적이 없다.

이를 간단히 설명해 보겠다.

1. 통치자와 목회자의 영적인 권세의 의미가 교회정치의 일반적인 성격(3장)에 제시되어 있다. 그리고 통치자로서 교회에 대한 주권적 권세가 모두 특별히 만물의 주되시는 우리의 중보자 예수 그리스도께만 속해있다는 사실이 이미 증명되었다(5장). 결과적으로 세상 통치자는 그리스도의 대권에 도전하거나 침해해서는 안 된다. 따라서 우리는 자신이 "이 세상에 있는 그리스도의 가시적인 교회에 대한 그리스도의 총 대리"라고 도전하는 교황을 적그리스도라고 정죄한다. 여기서 세속 왕이 목회적인 권세를 갖는가에 대한 질문이 나온다.

2. 정식으로나 영적으로, 혹은 공식적으로나 실질적으로 교회와 관련된 권세는 무엇을 의미하는가? 세속의 왕에게는 없는 순전한 교회의 권세를 좀 더 명확히 구별하기 위해서 이러한 다양한 용어들이 의도적으로 사용된다. 교회적인 대상에 대해 정통할지라도 교회와 관련한 대상들에 대하여 세속의 왕 자신에게 부여된 권세는 순전히 정치적인 권세이다. 여기서 교회와 관련한 대상이란 정식으로가 아닌 비정식으로, 영적으로가[61] 아닌 외면적으로, 공식적이 아닌 비공식적으로 교회적인 것을 말한다. 왕은 자기 아

61) Salmos. Apparat. at ad librum de Primatus. p. 303. edit. Lugdum. 1645.

래에 있는 사람 누구에게 전하여 줄만한 교회의 권세를 가지고 있지 않다. 세속의 왕은 자신의 관할 내에서 교회가 권세를 공적으로 행사하는 일을 승인하고 보호해 줄 수는 있어도, 특정한 개인에게 직분과 권세를 부여하는 일은 교회에서 한다. 그 직분과 권세를 주시는 분은 오직 그리스도 자신뿐이다.

3. 세속의 왕은 왜 교회의 권세를 받지 못하는가? 사실 왕의 지위에는 공식적으로나 실질적으로나 교회정치를 할 수 있는 교회의 권세가 없다. 왕이 장로로서 선택될 수는 있다. 그래서 장로로서 교회의 권세를 부여받는 것은 적절할 수 있다. 하지만 왕에게 영적인 교회의 권세는 없다.

이러한 명제를 확증하기 위해서 다음의 논증들을 고려해 보자.

논증 1. 그리스도께서 세속의 왕에게 천국열쇠를 절대로 주시지 않았다. 그러므로 그는 왕으로서 교회정치를 행사할 수 있는 적합한 주체가 될 수 없다.

우리는 이렇게 추론 할 수 있다.

대명제. 그리스도께서 세속의 왕에게 천국열쇠의 권세를 절대 주지 않았다.

소명제. 교회정치의 모든 공식적인 권세는 적어도 천국열쇠의 권세에 속한다.

결론. 교회정치의 어떠한 공식적인 권세도 그리스도로 말미암아 세속의 왕에게 주어지지 않았다.

이 명제는 명백하다.

1. 그리스도가 '천국열쇠'를 주었을 때 직접적으로나 간접적으로, 명시적으로나 암시적으로 천국열쇠를 받는 주체로서 세속의 왕을 언급하지 않으셨다(마 16:19, 18:18; 요 20:21-23와 마 18:18-20 비교).

2. 그리스도는 '천국열쇠'를 주실 때 세속의 왕과 실제로 그리고 본질적으로 다른 교회 직원들, 즉 나머지 모든 이름 가운데 베드로(마 16:18-19)와 그와 함께 천국열쇠를 받는 자로서 나머지 사도들(마 18:18)을 분명히 언급하신다. 도마를 제외한 함께 모인 모든 제자들에게 그리스도는 다른 표현의 말로 동일한 임무를 주셨다(요 20:20-24; 마 28:18-20). 만일 그리스도가 천국 열쇠들이나 그 열쇠들의 권세를 통치자에게까지(quatenus a Magistrate) 주셨다면, 결과적으로 그리스도는 열쇠들이나 그 열쇠들의 권세를 그 통치자에게만 주셨음에 틀림없다. 왜냐하면 누구에게까지(quatenus) 가 필연적으로(Per se) '누구인' 그 자신(ipsum)까지 만을 포함하기 때문이다. 그렇다면 어떻게 그리스도께서 통치자와 실제로 구별되는 교회 직원인 사도들에게 천국열쇠들의 권세를 주실 수 있었겠는가?

3. 예수 그리스도께서 '천국열쇠'를 주실 때 그 열쇠들의 어느 한 종류나 기능, 부분을 다양하게 주신 게 아니라 그 열쇠의 모든 종류와 부분들을 합친 것, 즉 그 열쇠들의 모든 권세를 주셨다. 성경에는 다음과 같이 기록되어 있다. "내가 천국 열쇠를 네게 주리니 네가 땅에서 무엇이든지 매면 하늘에서도 매일 것이요 네가 땅에서 무엇이든지 풀면 하늘에서도 풀리리라

하시고", "너희가 누구의 죄든지 사하면 사하여질 것이요 누구의 죄든지 그대로 두면 그대로 있으리라 하시니라"(마 16:19; 요 20:23). 그래서 이곳에서 '열쇠' 뿐 아니라 '열쇠들' 이 동시에 주어진다. 교리의 열쇠, 치리의 열쇠, 명령의 열쇠, 죄를 그대로 두거나 사하는 재판의 열쇠, 즉 이러한 모든 행위들에는 '열쇠들' 이 부여된다. 그리스도께서 세속의 통치자에게 그 열쇠들을 주셨다면 그에게 그 열쇠들의 모든 종류와 기능들을 주셨을 것이다. 그렇다면 그 통치자는 책망뿐 아니라 말씀을 전하고 성례전도 시행했을 것이다(에라스투스라면 통치자에게 시켰을 것처럼). (그리스도께서 동일한 임무를 맡기실 때 모든 열쇠를 한데 모으셨는데 무슨 근거로 그것들이 분리되었단 말인가?) 만약 분리되었다면 교회에 목사와 교사가 왜 필요하겠는가? 세속의 통치자에게 모든 일을 맡기면 되었을 것이다. 치리장로(이후에 추가된)는 오직 열쇠들 중 하나, 즉 치리의 열쇠로 제한되는 것이 사실이지만, 이 제한은 장로의 직분을 임명한 동일한 권위로 이루어진다.

4. 그리스도께서 세속의 통치자에게 '천국열쇠들' 을 주셨다면 유대인, 이교도들, 그리스도인 구분 없이 모든 통치자에게 주었을 것이다(For quatenus ipsum includes de omni). 그러나 천국열쇠가 유대인 통치자에게는 주어지지 않았다. 그 홀이 그에게서 떠나고 유대 사회가 해체되어 거의 사라질 운명에 처해있었기 때문이다. 이교도 통치자에게도 천국열쇠가 주어지지 않았는데, 만일 그렇게 되면 교회회원이 아닌데 공식적으로 교회를 다스리는 자가 될 것이기 때문이다. 그리고 그 이교도 통치자가 교회를 다스리기를 거부하면(지상에 다른 통치자가 없을 때), 교회는 정치라는 것

이 완전히 결여된 상태에 빠지게 된다. 위 두 경우 모두 너무나 터무니없는 일이다. 마지막으로, 그리스도인 통치자도 그 천국열쇠를 받지 못했다. 왜냐하면 그리스도께서는 그 당시 존재했던 직원들에게 그 열쇠들을 주셨고, 그 당시에는 그리스도인 통치자가 세상에 존재하지도 않았기 때문이다. 격언에 이러한 말이 있다. 실재하지 않으면 어떠한 일도 일어나지 않는다(Non entis nulla sunt accidentia). 그러므로 천국열쇠들은 그리스도로 말미암아 어떠한 세속의 왕에게 주어지지 않았다.

상기 소명제, 즉 교회정치의 모든 공식적인 권세는 적어도 천국열쇠들의 권세에 속한다는 것은 명확하다. 만일 우리가 교회정치에 교리, 예배, 치리를 모두 포함시킨다면 그것은 '천국열쇠들' 의 모든 권세가 된다. 엄밀하게 말하면 교회정치가 오직 치리에만 제한될 때에도 그것은 적어도 천국열쇠의 권세에 속하게 된다.

1. 명령의 권세뿐 아니라 재판의 권세가 '천국열쇠들' 이라는 단어에 포함되어 있다. 그렇지 않으면 '열쇠들' 이 아닌 '열쇠' 라고 말했을 것이다. 그러므로 교회정치는 적어도 '천국열쇠들' 의 권세에 속한다.

2. 이사야 22장 22절에 기록된바 청지기로서의 권세를 의미하는 열쇠(에라스투스주의자들 스스로 쉽게 인정하는 것처럼)라는 단어는 열쇠를 쥐고 있는 청지기의 직분이 가정을 먹이는 일뿐만 아니라 가정을 다스리고 질서를 세우고 통치하는 일이라는 점에 있어서, 성격상 교리를 통해 가르치는 권세에서 재판을 통해 다스리는 권세의 의미로 당연히 확대될 수 있다.

이러한 내용은 눅 12:41-49절에서 명백히 증거하고 있다. 그리스도께서는 제자들에게 이러한 말씀을 하시기 때문이다. "그렇다면 주님이 가정을 다스리는 자로 삼을 신실하고 지혜로운 청지기가 누구냐? 주님은 그를 주님의 모든 것을 다스리는 자로 삼을 것이다."

3. 성경본문이나 문맥 어디에서도 '열쇠들'과 그 행위들을 교리에만 제한시키고 치리를 배제시켜야하는 근거가 없으며, 실제로 성경본문에서 제한하고 있지 않으므로 우리도 제한해서는 안 된다.

4. 정통적 해석자들은 '열쇠들'과 그 행위들을 교리뿐만 아니라 치리로, 명령의 문제들뿐만 아니라 재판의 문제로 확대한다.

위 모든 사실로부터 다음과 같이 결론내릴 수 있다. 그리스도는 교회정치의 어떠한 공식적인 권세도 세속의 통치자에게 부여하지 않았다.

논증 2. 그리스도인 통치자가 없을 때, 실제로 모든 통치자들이 교회의 양부이기는커녕 교회를 잔인하게 도살하는 등 박해했을 때에도 교회 안에는 교회정치의 완전한 권세가 있었다. 그러므로 통치자는 교회정치의 권세를 받는 자로 부적합하다.

따라서 우리는 다음과 같이 주장한다.

대명제. 통치자가 그리스도인이 되기 전, 실제로 통치자들이 교회를 박해했을 때 그리스도의 교회 안에서 완전히 행사되었던 교회정치의 고유한 권세가 그리스도로 말미암아 세속의 통치자에게 주어지지 않았다.

소명제. 통치자가 그리스도인이 되기 전 그리스도의 교회를 잔인하게 박해했을 때에도 교회정치의 모든 고유한 권세는 교회 내에서 완전히 행사되었다.

결론. 교회정치의 어떠한 고유한 권세도 그리스도로 말미암아 세속 통치자에게 주어지지 않았다.

상기 대명제를 받아들여야 하는 근거는 다음과 같다.

1. 교회정치의 모든 권세가 교회에 속하지 않고 통치자에게만 속해있는데 교회가 그 권세를 행사했더라면 교회는 그 권세를 침해한 격이 되었을 것이다. 통치자에게 속한 모든 권세는 오직 통치자의 소유이기 때문이다. 하지만 사도들이나 가장 순수했던 초대교회들이 아무런 권리도 없이 교회정치의 권세를 침해해서 행사했다고 생각하는 것은 터무니없는 말이다.

2. 교회가 그리스도께서 주시지도 않은 그 권세를 침해해서 행사했다면, 그리스도께서 교회의 헌장을 취소하고 이 권세를 다시 회복하여 통치자에게 주었음을 그 통치자에게 증명해 보이게 하라.

상기 소명제 역시 부인할 수 없는 근거는 다음과 같다.

1. 당시는 온 세상을 지배했던 로마 황제들 중 어느 누구도 그리스도인이 되기 전인 주후 300년경 이었다(눅 2:1). 콘스탄티누스 황제가 최초로 신앙을 받아들여서 교회에 평안을 주고 주후 309년경 교회에 대한 잔인

한 박해를 중지시켰다.[62] 콘스탄티누스 황제 이전에는 네로황제와 다른 잔인한 황제들의 폭압정치에 의한 10 차례에 이르는 유혈박해를 통해 교회는 처참하게 황폐화되고 도살당했다.

2. 하지만 309년과 311년 사이에 교회정치의 모든 고유한 권세가 그리스도의 교회 내에서 완전히 행사되었다. 말씀이 전파되고(행 4:2; 딤전 3:16) 성례전이 시행되었을 뿐만 아니라(행 2:4, 8:12, 20:7; 고전 11:17) 집사의 직분을 수행하도록 집사들을 구별하고(행 6) 장로를 임명하여 파견하고(행 13:1-3, 14:23; 딤전 4; 딛 1:5) 공적인 훈계(딛 3:10; 딤전 5:20)와 출교(고전 5; 딤전 1:20)를 시행하고 회개하는 자를 용서하며(고후 2:6-7) 대회를 열고 규례를 정했다(행 15, 16:4).

그러므로 교회정치의 어떠한 권세도 그리스도로 말미암아 세속통치자에게 주어지지 않았다.

논증 3. 통치자의 권세는 실제적으로나 구체적으로나 본질적으로나 교회의 권세와 다르다. 그러므로 세속 통치자는 이러한 교회권세의 적합한 주체가 되지 못한다.

따라서 다음과 같이 주장한다.

---

62) Helvic. Chronoolog., pp. 22-25 & Alsted. Chronol. Rom. p. 180. The Magdenburg Centuriators compute it to be in A. D. 311, Cent. 4, cap. 3, de Tranquillitate Ecclesiae sub Constantino, p. 32 (Basel, 1624).

대명제. 통치자의 권세와 실제적으로나 구체적으로나 본질적으로나 다른 어떠한 권세가 그리스도에 의해 통치자에게 주어지지 않았다.

소명제. 모든 교회의 고유한 권세는 실제적으로나 구체적으로나 본질적으로나 통치자의 권세와 다르다.

결론. 어떠한 고유한 교회의 권세가 예수 그리스도에 의해 세속통치자에게 주어지지 않았다.

상기 대명제는 명백하다.

세속통치자가 어떻게 자신의 직위와 실제적으로나 본질적으로 구별된 다른 권세를 받을 수 있겠는가? 만일 그렇게 하려면 통치자의 권세는 그 권세 자체와 동일하면서 동시에 실제적으로나 본질적으로 달라야 하지 않는가? 따라서 이는 완전히 모순이다.

상기 소명제는 여러 측면을 통해서 분명히 밝혀질 수 있다.

1. 교회와 국가, 즉 두 사회는 실제적이고 공식적으로 구별된다. 교회의 권세와 정치적 권세는 서로 독특한 위치를 차지하고 있다.

2. 교회의 권세와 정치적 권세가 서로 협력한다.

3. 이 두 권세의 본질적인 원인들, 즉 효과, 구성요소, 형식, 목적이 실제적이고 본질적으로 서로 구별된다.

1. 두 사회(Society), 즉 교회와 국가 사이의 실제적이고 공식적인 구별.

(1) 교회라는 사회는 오직 그리스도에게 속하고 세속통치자에게 속하

지 않는다. 교회는 그리스도의 '집' 이요 '배우자' 요 '몸' 이며 자신 아래에 어떠한 교황(Vicar)을 두지 않는다.[63]

(2) 교회 직원들은 세속통치자에게 속하지 않은 그리스도의 직원들이다(고전 4:1). 그리스도께서 직원들을 주셨다(엡 4:8-11); 하나님은 교회에 직원들을 두셨다(고전 12:28).

(3) 교회 직원들은 세속통치자의 임명이 아니라 그리스도의 명령을 통해 그리스도의 이름으로 교회에 의해서 선출되고 임명된다. 이와 같이 사도들이 직원들을 임명했다. "우리가 임명하는 자"(행 6:3-4); 임명하고 임무를 맡기는 권한은 그리스도의 직원들에게 있다(행 13:1-4, 14:23; 딤전 4:14 참고). 그리고 의회는 "말씀전하는 장로들을 임명하는 일은 예수 그리스도의 명령"이라고 고백한다.

(4) 교회와 다양한 교회의 노회들은 세속법을 만들거나 세속적인 형벌을 내리는 등, 세속 정치행위를 하는 세속법정으로서가 아니라, 말씀을 전하고 세례를 베풀고 성찬식을 시행하며 기도와 무질서한 자를 훈계하는 일 등, 다스림과 권징이라는 영적 행위들을 위한 영적인 모임으로서 만난다.

(5) 이러한 두 사회, 즉 교회와 국가가 서로 실제적으로 그리고 본질적으로 구별된 것으로 인정하지 않으면 얼마나 심각한 모순들이 뒤를 잇겠는가?

A. 교회가 없는 곳에 국가(Common-wealth)가 있을 수 없다. 하지만

63) 세속의 통치자는 우리의 중보자 그리스도의 대리자가 아니다. 사무엘 러더포드(S. Rutherford)의 교회정치의 신적권위(Divine Right of Church-Government), 27장 23문 595-647페이지 참고.

이것은 모든 경험에 비추어 봤을 때 사실이 아니다. 이교도들은 국가는 있지만 교회는 없다.

B. 교회가 없는 곳에 통치자가 있는 것을 고려한다면 교회가 없는 곳에 교회 직원들이 선출될 수 있다.

C. 교회가 없는 곳의 통치자들은 통치자가 아니다. 하지만 이것은 성경에서 로마 황제들을 '하나님이 정하신 자' 로 여기는 것과 모순된다(롬 13:1-3). 게다가 교회가 없는 곳에 통치자들이 없다면 교회는 통치자들을 공식적으로 세우는 근거가 된다. D. 국가는 교회이고 교회는 국가이다. 이 말이 사실이라면 교회와 국가는 서로 대체될 수 있는 용어(동의어)가 된다.

E. 국가의 회원이 곧 교회의 회원이기 때문에 국가의 회원 모두가 명목적으로 교회의 회원이 된다(eo nomine).

F. 국가는 공식적으로 교회와 동일하여 '그리스도의 영적인 몸' 이다.

G. 교회 직원들은 국가의 직원들이고 '천국열쇠들' 의 권세는 그들에게 세속의 검을 지닐 수 있는 권리를 준다. 결과적으로 복음 사역자들은 평화의 여신, 재판장, 의원들이다. 이런 모든 내용들이 얼마나 터무니없는지는 세상 사람들의 판단에 맡기자.

2. 교회의 권세와 정치적 권세가 서로 협력한다(이 사실은 공인된 격언이다. 하위의 권세들도 동일한 부류에 속하고 동등한 권세들이 서로 구별된다). 교회의 권세가 세속권세와 대등하고 하위에 있지 않다는 사실은 다음과 같이 입증될 수 있다.

(1) 그리스도의 직원들(qua officers)은 세속권세에 종속되지 않는다.

사도들과 목회자들이 통치자들의 뜻에 반하여 설교할 수 있고 그 뜻을 무시할 수 있지만 통치자를 불쾌하게 해서는 안 된다. 따라서 그리스도의 직원들이 하나님께 직접 받은 임무를 수행할 때 '인간보다는 하나님께 순종해야 한다' (행 4:19-20).

(2) 통치자 자신이 행사할 수 없거나 자신에게 속하지도 않은 권세의 행위들은 통치자에게 종속되지 않는다. 따라서 이스라엘의 왕들은 분향할 수 없었다. "분향하는 일은 당신에게 속하지 않았다"(대하 26:18-19). 마찬가지로 그리스도의 다음과 같은 말을 들은 자들 외에는 아무도 '천국열쇠들' 의 권세가 없다. "너희는 온 세상으로 가서 복음을 전하라"(마 28:19). 하지만 그리스도께서는 통치자들에게 이 말을 하지 않았고 오직 '보냄 받은' 자들에게만 말했다(롬 10:14). 그래서 다스리는(kuberneseis) 자들은 그리스도가 교회 안에 두신 자들이다.

(3) "근친상간한 자를 내쫓으라"(고전 5:5); "교회에 말하고"(마 18:17); "이단에 속한 사람을 멀리하라"(딛 3:10) 등, 이와 같은 명령은 세속 통치자의 동의에 아무런 영향을 받지 않는다.

(4) 교회 직원들은 국가의 관료들을 책망할 수 있으나[64] 국가의 관료로서 책망하는 것은 아니다. 국가의 관료들 역시 교회 직원들을 세상의 방식으로 벌할 수 있으나 교회 직원의 신분으로서는 아니다. 교회 인도자들은 교회의 회원인 국가의 관료들을 징계하거나 출교할 수 있고 국가의 관료들

64) Salmos., de Primatus, p. 304.

은 국가의 일원인 교회 직원들을 처벌할 수 있다.

(5) 통치자의 대리자로서 보냄 받지 않은 자들은 자신들의 임무를 수행할 때 통치자의 권력에 종속되지 않는다. 목회자들은 통치자들의 대리인으로 보내진 것이 아니라 성령님이 양의 무리들 가운데 감독자로 두신 자들이다(행 20:28). 그들은 마찬가지로 그리스도의 사역자들이고(고전 4:1-2), 주 안에서 너희를 다스리는 자들이며(살전 5:12), 주의 이름으로 자신들의 재판권을 행사하는 자들이다(고전 5:4-5).

(6) 순전히 교회적인 문제에서 마지막 항소를 세속의 권위자에게 하지 않는다면 그 권위자에게 종속되지 않는다. 마지막 항소는 세속통치자에게 하지 않는 것이 적절하다. 다음의 사항들을 고려해보자.

A. 검의 권세 아래에 있는 것을 제외한 어떠한 것도 세속통치자에게 항소해서는 안 된다. 징계나 출교 등은 세속 검의 권세 아래에 있지 않다. 그러한 문제들은 지배의 문제도 강압의 문제도 아니다.

B. 만일 그런 문제들이 세속 검 아래에 있게 되면 세속 검을 지닌 자에게 천국열쇠의 권세를 주게 되는 것이다.

C. 그렇게 되면 천국의 직원들은 세속관료들에게 세속의 방식으로 재판을 받게 되고 시저의 소유와 하나님의 소유 사이에 아무런 차이가 없게 된다.

D. 안디옥 교회를 예루살렘에 보냈다(행 15:2). 세속 통치자 없이 그곳에서 종교회의를 소집해서(6절) 분쟁을 해결했다(26-29절). “예언하는 자들의 영은 예언하는 자들에게 제재를 받나니”(고전 14:32)라고 성경에 기

록된바와 같이 세속권세의 제재를 받지 않는다. 그래서 우리는 세속통치자에게서가 아니라 “제사장의 입술에서 지식을 구해야 한다”(말 2:7). 성경에는 사람들이 심한 분쟁이 있을 때 제사장을 찾았다고 나오지만 그 제사장은 세속권세를 의존하지 않았다(신 17:8-10).

E. 만약 세속권세를 의존하면 세속통치자를 그리스도의 대리자로 삼게 된다. 그리고 그리스도는 지상에 가시적인 지도자를 두기 때문에, 그 지도자는 교회적이면서 세속적인(Ecclesiastico-civil) 교황이 된다. 결과적으로 세속통치자들만큼 그리스도 교회의 가시적인 머리들도 많게 된다.

F. 세속권세와 교회의 권세는 모두 직접적인 것으로서, 세속권세는 창조주 하나님 아버지께 받은 권세이고 교회의 권세는 중보자 예수 그리스도에게서 받은 권세이다. 이 권세들은 대등한 관계에 있으며 서로 간에 어떠한 종속관계도 없으므로 실제적으로 구별되어야 한다.

3. 이 두 권세들은 본질적인 원인들, 즉 효과, 구성요소, 형식, 목적에 있어서 서로서로 실제적으로나 본질적으로 구별된다.

(1) 이 두 권세는 이들의 효과적 근원, 즉 저자가 다르다. 세속통치자의 권세는 세상의 창조자이시며 다스리는 자이신 하나님에게서 나왔으며(롬 13:1-4) 이방인이거나 그리스도인이거나 할 것 없이 모든 인간에게 속한다. 교회의 권세는 특히 우리의 중보자이자 교회의 주되시는 예수 그리스도에게서 나온다. 모든 권세가 예수 그리스도에게 주어졌고 그의 어깨에는 교회의 정사를 메었다(엡 1:22; 마 28:18; 사 9:6)(마 16:19, 18:18, 28:19-20; 요 20:21-23; 고후 10:8 참고). 결과적으로 교회의 권세는 당

연히 교회에 속하고 교회 안에 있는 자들에게 속한다(고전 5:12-13). 세속통치자의 권세와 직원들은 일반적으로 하나님이 정하신다(롬 13:1-4). 하지만 왕의 군주제이건 국가의 귀족제이건 국민이나 의원들의 민주제이건 세속통치자의 권세는 특히 인간에게 속하여 '인간의 피조물 또는 창조물'이라고 불린다(벧전 2:13). 하지만 일반적인 의미에서 뿐만 아니라 특별한 의미에서 교회의 권세와 직원들은 그리스도에게서 나온다(교회의 권세: 마 16:19, 28:18-20; 딛 3:10; 고전 5:13; 고후 2; 직원들: 엡 4:11-12; 고전 12:28).

(2) 그 두 권세는 그들을 구성하고 있는 요소이거나 그들이 자리하고 있는 요소이거나 혹은 그들이 행사되는 요소이건 간에(whether it is materia ex qua, in qua, or circa quam) 각 요소의 원인이 다르다.

A. 구성하고 있는 요소에 있어서 그들은 서로 다르다. 교회의 권세는 말씀을 전하고 성례전을 시행하며 책망, 훈계, 출교, 죄용서, 장로임명을 시행하는 '천국의 열쇠들' 로 구성된다. 하지만 세속통치자의 권세는 세속적인 검, 즉 세속적인 법령, 벌금, 강제징수, 투옥, 강제몰수, 추방, 고문, 사형을 시행하는데 있다. 통치자의 권세는 단지 세속적이지만 교회의 권세는 영적이다.

B. 이 두 권세가 위치하고 있는 구성요소나 주체와 관련하여 이 둘은 상이하다.[65] 통치자의 권세는 합법적으로 사람들이나 왕이라는 일인에게

65) Salmos, de Primatus, p. 303.

있을 수 있다. 실제로 이 권세는 그리스도인뿐만 아니라 어린아이, 여자, 불신자에게도 있을 수 있다. 하지만 교회의 권세가 모든 사람들에게 있는 것은 아니다. 통치자들과 성도들은 서로 구별되기 때문이다(히 13:22). 아울러 어떤 한 개인에게 존재하는 것도 아니다(그렇게 되면 교회 안에 교황을 세우는 것이 되기 때문이다). 더구나 어린아이도 이 권세를 지닐 수 없다. 어린아이는 하나님의 교회는 물론이거니와 자신의 집도 다스릴 능력이 없기 때문이다(딤전 3:5). 여자도 이 권세를 지닐 수 없다. 여자들은 교회를 다스리는 일은 말할 것도 없이 교회에서 잠잠해야 하기 때문이다(고전 14:34-35). 이교도에게도 이러한 권세가 없다. 이교도는 교회의 회원도 아니기 때문에 교회를 다스려서는 안 된다. 교회의 권세는 오직 말씀을 전하고 치리하는 장로들에게만 있다(고전 12:28; 고후 10:8; 히 13:7, 17; 딤전 5:17).

C. 이 두 권세를 행사하는 구성요소와 대상에 관하여 서로 다르다. 통치자의 권세는 교회 내에서뿐만 아니라 교회 밖의 사람들과 일에 대하여 정치적으로 행사된다. 하지만 교회의 권세는 교회 내에 있는 사람과 일에게만 행사된다(고전 5:13). 반역죄와 같은 경우에 통치자의 권세는 그 반역 죄인을 추방하거나 그렇지 않을 경우 그 반역자가 회개하더라도 형벌을 가하지만, 교회의 권세는 회개하는 자는 누구도 벌하지 않는다. 반면에 통치자의 권세는 모든 종류의 부정한 행위를 벌하지는 않지만 교회의 권세는 (올바르게 유지되고 있다면) 모든 종류의 부정한 행위를 벌한다.

4. 이 두 권세는 형식적인 원인, 즉 작용하는 방식이 다르다. 통치자의

권세는 인간이 만든 법령(Statutes)과 법(Laws)에 따라서 범죄를 인지하고 형을 선고한다. 교회의 권세는 하나님의 말씀, 즉 성경에 따라서 범죄를 인지하고 형을 선고한다. 통치자의 권세는 벌금, 강제징수와 같은 정치적인 형벌을 가하는 반면에 교회적 권세는 영적인 형벌을 가한다. 통치자의 권세는 모든 법령과 법을 만들어서 왕과 같은 최고 통치자의 이름으로 오직 그 권세 자체의 이름 안에 담긴 강제하거나 처벌하는 모든 권위를 행사한다. 하지만 교회의 권세는 교회의 이름으로나 직원들의 이름으로가 아니라 오직 그리스도의 이름으로 행사된다(마 28:19; 행 4:17; 고전 5:4). 통치자는 자신의 권세를 다른 이에게 위임할 수 있으나 교회 지도자들은 자신들의 권세를 다른 사람들에게 위임할 수 없고 스스로 행사해야 한다. 통치자는 이전에 밝혀진바 대로 교회문제에 대해서 명령하고 교회 직원들에게 의무의 이행을 강제할 권세를 갖지만 그러한 의무를 면제 시켜주는 것은 합법적이지 않다. 만일 이와 같이 행하지 않으면 고라(민 16), 사울왕(삼상 13:9-15), 웃시아왕(대하 26.16-22)처럼 스스로 하나님의 진노를 초래하게 된다. 하지만 교회 인도자들은 스스로 교리, 예배, 권징의 의무들에서 벗어나더라도 적법할 수 있고 교회적으로 다른 사람들에게 그들의 의무를 행하도록 명령하고 강제할 수 있다.

5. 마지막으로 이 두 권세는 최종적인 원인 또는 목적이 다르다. 통치자의 권세는 세속적이고 육적이며 외적이고 정치적인 평화와 평온, 질서, 인간사회와 자신의 관할권 안에 있는 모든 사람들의 안녕을 목적으로 행사된다. 교회의 권세는 교회와 교회의 모든 회원들의 영적인 안녕과 이들을

세우는 것을 목적으로 행사된다(마 18:15; 고전 5:5; 고후 10:8, 13:10).

그러므로 고유한 교회의 권세가 예수 그리스도로 말미암아 통치자에게 주어지지 않았다.

논증 4. 세속 통치자는 적절한 교회 직원이 아니어서 교회권세의 적절한 주체가 될 수 없다.

따라서 다음과 같이 주장할 수 있다.

대명제. 교회정치의 모든 공식적인 권세는 예수 그리스도에게서 당신의 적절한 교회 직원들에게만 주어졌다.

예수 그리스도는 교회 직원들에게 여러 기능을 하는 '천국의 열쇠들'을 주셨다(마 16:19, 18:18; 요 20:21-23). 예수 그리스도는 그들에게 교회를 세울 권위를 주셨다(고후 10:8, 13:10). 하지만 이는 11장에서 더욱 상세히 다룰 것이다.

소명제. 세속 통치자는 그리스도에 속한 적절한 교회 직원들이 아니다.

1. 세속 통치자는 성경에 있는 그리스도의 교회 직원들의 목록이나 명부에 실려 있지 않다(엡 4:10-12; 고전 12:28; 롬 12:6-8). 혹시 어딘가에 있다면 통치자나 에라스투스주의자들이 그 사실을 증명해 보이게 하라.

2. 통치자는 (교회지도자가 아님은 물론이거니와) 교회의 회원이 아니다. 만약 그가 교회의 회원이면, 그리스도인이나 이교도인 할 것 없이 모든 통치자들은 교회회원이 될 것이기 때문이다.

3. 만약 통치자가 교회의 회원이면, 그리스도인이나 이교도인 할 것 없

이 모든 통치자들은 교회 직원들일 것이다. For a quatenus ad omne valet Argumentum.

4. 만약 통치자가 교회의 회원이면, 어린아이, 실제로 여자도 교회 직원이 될 수 있다. 어린아이인 에드워드 6세와 잉글랜드의 엘리자베스 여왕처럼 이들이 최고통치자가 될 수 있기 때문이다.

결론. 교회정치의 어떠한 공식적인 권세는 예수 그리스도로 말미암아 통치자에게 부여되지 않았다.

논증 5. 세속 통치자는 그리스도가 중보하는 나라에 종속되어 있지 않다. 그러므로 그리스도에게서 나오는 교회권세의 그릇이 아니다.

대명제. 예수 그리스도께서 부여하는 교회정치의 공식적인 권세는 모두, 그리스도의 중보적인 나라에 적절하게 종속된 자들에게만 부여하셨다.

중보자직분에 근거하여 예수 그리스도는 중보자로서 당신 교회를 모으고 세우며 완전하게 하시기 위해서 사람에게 교회의 규례나 직분, 권세, 권위 등 이 모든 것들을 부여하셨다(엡 4:7, 10-12). 그러므로 그리스도의 이러한 직책과 이러한 목적에 종속되지 않는 자들은 그리스도에게서 공식적인 교회권세를 받을 수 없다.

소명제. 어떠한 세속의 통치자도 그리스도의 중보적 나라에 종속되어 있지 않다.[66] 1. 중보자 그리스도가 아니라 창조주 하나님께서 통치자들의

66) See Apollon, Jus. Majest. circa sacra, pp. 35-38.

직위에 권위를 부여하신다(롬 13:1, 2, 6).

2. 성경에 통치자의 직이 그리스도의 사역이라고 불리지 않고 그리스도의 이름으로도 주어지지 않는다.

3. 그리스도의 나라는 이 세상에 속해있지 않지만(요 18:36) 통치자의 나라는 이 세상에 속해 있다.

결론. 교회정치의 어떠한 공식적인 권세도 그리스도로 말미암아 통치자에게 부여되지 않는다.

논증 6. 그리스도가 세속 통치자에게 공식적인 교회권세를 맡기는 일은 신·구약 어디에서도 볼 수 없다. 그러므로 세속 통치자는 교회권세의 주체가 아니다.

대명제. 그리스도가 교회 직원들에게 그러한 적절한 권세를 맡기는 일은 신 · 구약성경에서 발견된다.

1. 성경은 모든 교회 일에 대한 완전한 규범이기 때문이다(딤후 3:16-17).

2. 그 권세를 그리스도 자신의 교회 직원들에게 맡기는 일이 성경에서 발견된다(마 16:19; 18:18; 고후 10:8, 13:10).

소명제. 그리스도께서 교회정치의 권세를 세속 통치자에게 맡기는 일은 신 · 구약성경 어디에도 찾아볼 수 없다.

성경에 그러한 일이 있다면, 세속 통치자의 판결과 관습들이 에라스투스주의자들의 주장처럼 되기를 간절히 바라는 당사자들이 명확하게 그 사실을 밝히도록 하자. 그리고 그들로 하여금 그 사실에 대한 성경의 구절들을 기록하게 하자.

결론. 교회정치의 어떠한 공식적인 권세도 그리스도로 말미암아 세속 통치자에게 부여되지 않는다.

논증 7. 마지막으로, 교회정치의 적절한 공식적인 권세를 세속 통치자에게 부여하면 불합리한 다양한 일들이 생기는 것은 불가피하다. 그러므로 세속 통치자는 그러한 권세의 적절한 주체가 될 수 없다.

대명제. 교회권세의 적절한 주체로서 정치적인 통치자에게 그 권세를 부여하는 일은 허용해서는 안 되는데, 허용할 경우 많은 모순들이 생긴다.

종교문제에는 신비롭고 숭고하며 인간의 이성을 초월하는 일이 많이 생기지만 모순되거나 비이성적인 것이 전혀 발견되지 않는다.

소명제. 정치적인 통치자에게 교회정치의 적절한 공식적인 권세를 부여하면 분명히 다음과 같은 많은 모순이 생긴다.

1. 통치와 목회 사이에 혼란이 생긴다.

2. 교회와 국가를 혼란스럽게 한다.

3. 이교도, 여자, 아이들이 교회의 지도자가 될 수 있다.

4. 한 사람이 교회정치를 독재할 수 있다. 그래서 고위성직자제도 뿐만 아니라 교황제도를 취하여 결과적으로 반기독교적이 될 수 있다.

종교도 이성도 이러한 모순들을 견뎌낼 수 없다.

결론. 교회정치의 적절한 공식적인 권세를 적절한 주체가 아닌 정치적인 통치자에게 부여해서는 안 된다.

제 10 장

신자들의 공동체, 즉 신자들의 몸은 교회정치의 권세를 직접적으로 받을만한 그릇이나 주체가 아니다.

지금까지 우리의 중보자 예수 그리스도께서 교회정치를 위한 적절한 공식적인 교회권세를 에라스투스주의자들처럼 정치적 통치자에게 맡기지 않았다는 사실을 살펴보았다. 다음으로 우리가 고려해 볼 사항은 분리주의자들이나 독립교회주의자들의 주장과는 달리, 우리의 중보자 예수 그리스도께서는 교회정치의 영적권세를 장로교회 신자이든 아니든 관계없이(저들의 용어를 빌리자면) 그 영적권세의 첫 번째 주체로서 신자들의 몸(coetus fidelium) 에 맡기지 않으셨다는 것이다.

우리의 중보자 예수 그리스도는 당신의 교회정치[67]를 위한 적절한 공식적인 권세나 영적인 권세를 그 권세를 직접 받기에 적절한 그릇이나 첫 번

---

67) See this Proposition for substance fully and clearly asserted by that acute and pious author, Master P. Baynes in his Diocesan's Trial, quest. 3, pp. 83-84, conclus. 3.

째 주체가 아닌 신도단체, 신자들의 공동체, 전 교회, 신자들의 몸에 맡기지 않으셨다.

1항

위 사실을 확증하기 전에 몇 가지 추가설명이 필요하다.

1. "신도단체(Fraternity), 신자들의 공동체, 전교회, 신자들의 몸"은 그리스도의 규례에 참예하기 위한 하나의 집회나 한 회중으로 함께 모인 사람들의 특정한 무리를 말한다. 이 단일 회중은 당회가 있는 장로교회이거나 장로들이나 직원들이 세워지지 않고 당회가 없는 비장로교회일 수도 있다. 엄격한 브라운주의자들이나 분리주의자들은 일부 독립교회주의자들이 동의하는 바와 같이 "당회가 없는 신도단체나 신자들의 공동체가 그리스도에게서 오는 적절한 교회권세의 첫 번째 그릇이다"라고 말한다. 독립교회주의자들은 다음과 같이 결의한다. 첫째, "그리스도의 사도들은 사도적 권세의 첫 번째 주체이다." 둘째, "모든 교회에 대해서 신앙고백을 하는 성도들로 이루어진 특정한 회중은 모든 교회 직원들 가운데 모든 영적인 은사와 권세를 갖는 첫 번째 주체이다." 셋째, "특정 회중의 교회가 진리와 평안 가운데 동행할 때 교회의 형제들이 교회의 자유권의 첫 번째 주체이고 교회권위를 가진 장로들과 형제들이 모두 교회권세[68]의 첫 번째 주체이다." 그러나 장로교회 신자들은 (첫 번째 주장을 제외한) 브라운주의자들과 독립교회

68) See Cotton's Key's &c, pp. 31–33; and Mr. Thomas Goodwin and Mr. Philip Nye in their Epistle prefixed thereunto do own this Book, as being for substance their own judgment.

주의자들의 주장이 자신들의 주장과 전혀 다르기에 받아들이지 않는다.[69]

2. "교회정치를 위한 적절한 공식적인 권세나 영적인 권위"와 관련하여 이 영적인 권세와 권위의 성격과 종류에 대해서 이미 기록된 것(파트 2, 3장, 6장 참고)은 생략하고 추가적으로 주목할 점들이 있다.

(1) 예수 그리스도에게서 당신의 교회 직원들에게 부여되는 청지기로서 그리고 목회자로서의 적절한 공식적인 권위를 갖는 권세가 있다(마 16:19; 18:18; 요 20:21-23; 28:18-20). 이러한 권세에 대해서 사도는 말한다. "하나님의 나라는 말에 있지 아니하고 오직 능력에 있음이라"(en duname). 다음 절에서 자신의 '매'(Rod)를 언급하면서 유래된 능력을 말하고 있다(고전 4:20-21). 사도는 또한 이렇게 말한다. "주께서 주신 권세는 너희를 무너뜨리려고 하신 것이 아니요 세우려고 하신 것이니 내가 이에 대하여 지나치게 자랑하여도 부끄럽지 아니하리라"(고후 10:8, 13:10).

(2) 어떤 경우에는 사람들에게 속한 부적절한 사적인 대중적 권세가 있다.

A. 구제불능의 죄인을 출교할 때 그들은 암묵적으로 그 판결에 동의하고 의무적으로 그 출교당한 자를 멀리하는 것과 같이 교회를 다스리는 자들의 권위적인 행위에 복종하는 수동적인 권세(마 18:17; 고전 5:9-11).

B. "영들이 하나님께 속하였는지 분별하는 일"(요일 4:1); "말씀으로 모든 교리들을 증명하는 일"(살전 5:20-21), 사도행전 6장 3-6절에서 기록된 바와 같이 자신들의 교회 직원들, 적어도 집사들을 임명하고 선택

69) See that judicious Treatise, Vindiciae Clavium, chapters 3-5, pp. 23-52 [Cawdrey].

하는 일과 같은 적극적인 권세. 그러나 이것은 적절한 권세가 아니다(non potestas clavium, sed circa claves, 즉 열쇠들의 권세가 아니라 열쇠들 주변의 몇몇 종류의 권세이다). 적절하고 공적이며 공식적인 권위 있는 권세가 장로교회이든 비장로교회이든 상관없이 신도단체나 사람들의 몸에게 부여되지 않는다.

3. "권세를 직접적으로 받기에 적절한 그릇이나 첫 번째 주체"는 예수 그리스도에게서 이 권세를 처음으로 직접 받은 주체이고 자리이며 그릇을 말한다. 결과적으로 예수 그리스도께서 교회정치를 위해 당신의 교회 안에서 그 권세를 내세워 행사하도록 일과 권위를 부여한 분이시다. 여기서 두 가지 사항을 기억해야 한다.

(1) 이 권세의 대상과 주체를 구분해야 한다. 이 권세로 인해 유익과 이익을 받는 대상은 주로 보편적인 가시적인 교회이다(엡 4:7-12; 고전 12:28; 롬 12:5-6). 개별적인 교회들은 보편교회에 속한 회원교회들이다. 하지만 그 주어지는 권세를 받는 주체는 보편교회나 개별교회가 아니라 교회 직원들이나 다스리는 자들이다.

(2) 이 권세를 부여하는 일과 이 권세가 부여되는 교회 직분으로 특정한 자들을 지정하는 일은 구분돼야 한다. 사람을 열쇠를 갖는 직위, 즉 다스리는 직위로 지정하는 일, 다시 말해서 개별적인 직원들을 지정하는 일은 교회가 먼저 직접적으로 할 수 있다(어떤 경우에는 이러한 일이 교회에 허용되지만 적절하고 권위 있는 권세의 행위는 아니다). 하지만 그 권세 자체를 지정하는 일은 그 근원이 교회에서 나온 것이 아니라 그리스도 자신에게

서 직접 나온 것이다(고후 11:8, 13:10). 그 권세는 교회에게 주어지지 않고 개별적인 교회 직원들에게 주어졌는데, 이는 직원들이 그리스도의 목회자와 청지기로서 그 권세를 제시하고 행사하기 위한 것이지(고전 4:1), 교회의 대리인이나 대표자로서 그 권세를 받은 것이 아니다(이는 완전히 거부된다).

2항

이와 같이 설명되고 진술된 명제의 확증을 위하여 다음 몇 가지 논증을 고려해 보자.

논증 1. 신자들의 공동체, 즉 신자들의 몸이 교회정치를 위한 적절한 영적 권세를 맡았거나 부여받았다는 것은 신뢰할 수 없다. 그러므로 그들은 그리스도에게서 나오는 교회정치의 권세의 첫 번째 주체이거나 적절하고 직접적인 그릇이 될 수 없다.

따라서 다음과 같이 주장한다.

대명제. 예수 그리스도께서 당신의 교회를 다스릴 적절하고 공식적인 권세를 받을 직접적인 그릇이나 첫 번째 주체로 삼은 사람은 누구나 정식적인 승인이나 위임을 통해 그 권세를 전달받는다.

소명제. 신자들의 공동체, 즉 신자들의 몸은 정식적인 승인이나 위임을 통해 이 권세를 부여받지 못했다.

결론. 우리의 중보자 예수 그리스도께서는 신자들의 공동체, 즉 신자들의 몸을 당신의 교회를 다스리기 위한 적절하고 공식적인 권세의 직접적인 그릇이나

첫 번째 주체로 삼지 않았다.

상기 대명제가 명확하다는 근거는 다음과 같다.

1. 교회정치의 권세는 타고나는 것이 아니라 적극적으로 인간에게 주어지는 것이다(non ex lege naturali sed positiva; 타고나는 것이 아니라 적극적인 법, 적극적인 승인으로 주어지며, 인간은 그 권세의 첫 번째 주체로서 태어나는 것이 아니라 만들어진다). 그러므로 주장하거나 행사되는 그러한 모든 권세는 적극적인 승인 없이는 정당한 권리가 없고(sine titulo), 가상적이며, 불법으로 사용되는 것이고, 보증될 수 없으며 아무런 효력을 발생시키지 못한다(ipso facto).

2. 교회정치의 모든 권세는 철저히, 근본적으로 그리스도 안에 있다(사 9:6; 마 28:18; 요 5:22). 그리고 그리스도와 인간 사이에 적절히 중재하는 매개체나 수단이 없다면 어떻게 그 권세가 그리스도에게서 인간에게로 전달되겠는가? 그러한 권세를 정식으로 승인하거나 위임하는 것이 아니라면 그리스도와 인간 사이에 어떤 전달매체나 전달수단이 충분하겠는가?

3. 이것이 분명 그리스도께서 세상 끝날까지 정식적인 위임을 통해 당신의 교회 직원, 사도, 사도의 계승자들에게 권세를 부여하는 방식이다(마 16:18-19, 18:19-20, 28:18-20; 요 20:21-23; 고후 10:8; 13:10).[70] 그래서 그러한 위임을 받은 자들이 그리스도의 권세의 첫 번째 주체이고 직

70) Parker, Polit. Eccl., 1. 3. c. 8. p. 31

접적인 그릇이라고 결론 내릴 수 있다. 이러한 사실은 이후에 좀 더 상세히 드러날 것이다.

4. 그러한 권세를 가진 자와 그렇지 못한 자를 구별하는데 그러한 위임이 필요 없다면, 어리건 나이가 많건, 지혜로운 자건 어리석은 자건, 남자건 여자건, 그리스도인이건 이교도이건, 왜 예외 없이 모두가 똑같이 교회정치의 권세를 주장할 수 없는 것인가? 만약 주장하지 못하면 무슨 방해요소가 있는가? 만약 이렇게 다들 교회정치의 권세를 주장한다면 얼마나 터무니없는 일이겠는가?

상기 소명제, 즉 신자들의 공동체, 즉 신자들의 몸이 정식적인 승인이나 위임을 통해 이 권세를 부여받지 못했다는 것은 확실하다. 어디서 그 권세를 받았겠는가? 그들에게 부여되는 그 권세는 무엇인가? 또는 어떤 의미에서 그 권세가 그들에게 주어지는가?

1. 어디서 그들이 그 권세를 받았는가? 하늘에서 아니면 인간에게서? 인간에게 받았다면 그것은 인간의 명령이고 고안물이다. "예수께서 대답하여 이르시되 심은 것마다 내 하늘 아버지께서 심으시지 않은 것은 뽑힐 것이니"(마 15:13). 만약 그 권세가 하늘에서 온 것이라면 그것은 그리스도에게서 온 것이다. "예수께서 나아와 말씀하여 이르시되 하늘과 땅의 모든 권세를 내게 주셨으니"(마 28:18; 사 9:6). 그 권세가 그리스도에게서 온 것이라면 그리스도의 승인이나 인가로서 그의 적극적인 법을 통해 온 것이다. 성경은 그러한 권세를 적극적으로 승인하는 일은 사람들, 즉 교회 직원들을

뽑기 위한 것이라고 언급하고 있으며, 이는 대명제에서 그 증거가 명백히 드러났다. 하지만 신자들의 공동체에 대한 그러한 승인이나 위임에 관하여 성경은 아무런 언급을 하지 않는다. 신자들이 그러한 권세를 지닌다고 지지하는 사람들이 (가능하다면) 그 권세의 위임을 명백하고도 무오적으로 제시하고 있는 성경 구절을 명확히 제시하도록 하자.

2. 그리스도에게서 유래한 그 권세가 언제 신자들의 공동체에 부여되었는가? 사도들이 교회를 처음 개척했을 때인가, 아니면 교회가 세워진 이후 성장하던 때인가(Ecclesia constituenda, or constituta). 전자의 경우가 아닌 이유는 만약 그랬다면 사도들이 신도단체나 신자들의 공동체에서 자신들의 권세를 받았어야 했기 때문이다. 이러한 사실은 사도들이 자신들의 사도직 자체와 은사와 은혜와 함께 자신들의 자질을 지니고 있는 것, 실제로 그러한 소명으로 모든 특정 개인들을 지정하는 일, 이 모든 것이 그리스도 자신에게서 직접 받은 것이라고 성경에서 우리에게 말해주고 있는 것과 명백히 모순된다(갈 1:1; 마 10:5-7, 28:18-20; 요 20:21, 23; 눅 6:13; 막 16:15-16; 행 1:24-26). 후자의 경우도 사실이 아니다. 사도들이 교회들을 세운 후에 그러한 권세가 신자들의 공동체에게 맡겨졌다면, 그렇게 생각하는 사람들에게 그리스도께서 이 권세를 처음 사도들에게 그리고 나서 신자들의 공동체에게, 그리고 그들을 통해서 또는 그들과 함께 일반 직원들에게도 맡기셔서 그 권세를 행사하게 하신 일을 증명하게 하라.[71] 하

71) Salmos. de Primatus, p. 305.

지만 성경 어디에도 그것을 지지하지 않는다. 일반 교회 인도자들이 교회에서 자신들의 직책을 지정받을 수 있지만 그들의 직책과 권위는 오직 그리스도에게서 나온다. 그들의 직무는 그리스도에게서 나온다(엡 4:8-11; 고전 12:28; 행 20:28-29). 그들의 권세 역시 그리스도에게서 나온다(마 16:18-19, 28:19-20; 요 20:21-23; 고후 8:10; 딤후 4:17). 그들은 그리스도의 사역자, 청지기, 사신들이다(고전 4:1; 고후 5:19-20). 그들은 그리스도의 이름으로 행하고 직무를 수행해야 하고(마 18:19; 고전 5:4-5), 그리스도께 보고해야 한다(히 13:17-18; 눅 12:41-42). 사도들의 사도의 직, 일반 직원들의 목회의 직, 교사의 직이 그리스도에게서 부여되고 그리스도 안에서 사도들의 뒤를 잇는 자들이 세상 끝날까지 계속된다면(마 28:18-20), 그들은 자신들의 직분의 권세와 권위를 이들의 첫 그릇으로서 교회에게서가 아니라 그리스도에게서 직접 받은 것이다. Successor habet jurisdictionem ab eo a quo praedecessor, alinquin non vere succedit.[72] 결과적으로 신자들의 교회, 즉 신자들의 공동체는 그리스도에게서 부여된 교회정치의 권세의 첫 번째 그릇이 될 수 없다.

3. 어떠한 권세가 교회의 몸, 즉 신자들의 무리에게 맡겨졌는가? 명령의 권세, 아니면 재판의 권세? 하지만 성경에서는 이들 중 어느 것도 신자들의 무리에게 허락하지 않는다(하지만 선택된 개인들에게 맡겨진다). 명령의 권세가 신자들의 무리에게 맡겨진 적이 없다. 온 성도와 개별 신자 모두

72) Whitaker, de Pontif., quest. 8, cap. 3.

가 그 권세를 간섭할 수도 없고 간섭해서도 안 되기 때문이다.

(1) 설교의 권세를 신자들의 무리에게 맡기지 않았다. 모든 신자들이 가르쳐서는(didactikoi) 안 되고(딤전 3:2), 거슬러 말하는 자들을 권면하고 설득할 수 없으며(딛 1:9), 모두가 은사와 적절한 자격을 부여받지는 못했다. 어떤 이들은 "교회에서 말하는 것"이 명백히 금지되어 있고(고전 14:34-35; 딤전 2:12; 계 2:20), "보내심을 받지 아니하였으면 아무도 전파할 수 없으며"(롬 10:15), "부르심을 받지 않으면 이 존귀는 아무도 스스로 취하지 못한다"(히 5:4-5). 신자들 모두가 가르치고 권면하며 깨닫게 할 수 있는가? 이들이 모두 말씀을 전하도록 보내심을 받았는가? 이들 모두가 하나님의 부르심을 받았는가? 그렇지 않다. 그리스도가 권위를 갖고 말씀을 전하는 일을 오직 당신 자신의 직원들에게만 주시지 않았는가(마 28:18-20)?

(2) 성례전 시행의 권세를 신자들의 무리에게 맡기지 않았다. 성례전 시행과 말씀 전하는 일은 오직 직원들만 가능하다(마 28:18-20; 고전 11:23).

(3) 장로와 다른 직원들을 임명하는 권세를 신자들의 무리에게 맡기지 않았다. 신자들은 단지 특별한 직원들을 선택할 수는 있지만 이들에게 안수하는 일은 장로의 회에서만 가능하다(행 6:3-6, 13:1-3, 14:23; 딤전 4:14, 5:22; 딛 3:5). 따라서 신자들이 직원들을 선택하고 승인하는 일이 성경을 따라 직원들을 안수하는 일에는 충분하지 않다. 말씀전하는 장로들이 여러 가지 언어와 학문, 거룩한 판단을 하는데 있어서 충분한 자격을 갖

추었는지를 모든 면에서 시험하고 판단할 수 있는 사람은 일만 명 중 한명도 없다. 공적인 훈계, 출교, 죄용서에 있어서 재판의 권세 역시 신자들에게 허용되지 않는다.

A. 신자들 모두가 그리스도에게서 지식의 열쇠뿐 아니라 교회 직원들에게만 주어지는 열쇠, 즉 상기한 권세를 부여받지는 못했다(마 16:19; 18:18-20). "교회에 전하라"에서 가리키는 교회는 (분별력 있는 다양한 학자들이 동의하는 바처럼)[73] 반드시 다스리는 교회만을 의미한다(고후 8:10; 요 20:21-23).

B. 신자들 모두가 그러한 권세를 행사하거나 시행한다는 기록은 성경에 없다. 주로 고린도 교회에 촉구하는 일, 즉 온 교회가 근친상간한 자를 내쫓는 일(고전 5:4-5)을 통해 여러 가지 사항들에 답할 수 있다.

a. 모든 신자들이 이러한 일을 할 수는 없었다. 어린이들은 이러한 일을 판단할 능력이 없었고 여자들은 교회에서 발언하는 것이 허용되지 않았기 때문이다.

b. "이러한 사람은 모든 사람이 아니라 많은 사람에게서 벌 받는 것이 마땅하도다"(고후 2:6)라고 성경에 기록되어 있다. 여기서 많은 사람이란 많은 직원들로 구성된 장로의 회를 가리킨다.

c. 이러한 책망을 한 고린도 교회는 회중교회(Congregational)가 아니

73) John Cameron, Praelect. on Mt. 18:15, pp. 149-151; Bayne's Diocesan's Trial, Quest, 3, pp. 79-80; D. Pareus on Mt. 18:15. This is fully discussed and proved by Master Rutherford in his Peaceable Plea, chap. 8, p. 85 &c.

라 교회 안에 다양한 특별한 회중들이 있는 장로교회(Presbyterial)였다(13장에서 명확히 밝히고 있다). 그러므로 이러한 책망을 위해서 고린도 교회의 모든 신자들이 한자리에 모일 수는 없었고 교회의 노회(Presbytery)만 모일 수 있었다. 다시 말하지만, 신자들 모두가 교회정치와 재판을 하는데 적합한 은사와 자격을 그리스도에게서 받지는 못했다. 신자들 모두가 사도들이 받은 것처럼 그리스도께서 그들과 함께하겠다는 약속을 받은 것은 아니다(마 28:18-20). 그리고 뒤에서도 언급되겠지만 이러한 회중의 정치를 용인해서는 안 된다.

4. 마지막으로, 어떤 의미에서 그러한 권세가 그리스도에게서 신자들의 공동체, 즉 교회의 몸 전체에 부여되어야한다고 생각할 수 있는가? 이 권세가 교회 인도자들과 동등하게 혹은 차등을 두고 부여된다고 생각할 수 있다. 먼저 그 권세가 동등하게 부여된다고 가정하자.

(1) 신자들의 공동체가 일차적이고 직접적으로 권세와 권위를 부여받는 것처럼 교회 인도자들 역시 자신들의 권세와 권위를 부여받는다, 따라서 자신들과 동등한 권세를 지니고 있는 신자들의 몸에서 권세를 받거나 빌릴 필요가 없다.

(2) 모든 신자들이 동일한 일을 수행할 수 있는 은사와 능력이 없는데, 직원들과 동등한 권세가 신자들에게 주어진들 그 권세가 얼마나 무의미하겠는가? 다음으로, 그 권세가 동등하지 않게 부여된다면, 이 권세는 교회 인도자들에게 신자들보다 더 많이 부여되거나 더 적게 부여되게 된다. 적게 부여된다고 가정할 경우, 통치와 다스림-성경 어디에서도 신자들에게 부

여한 적이 없는-이라는 모든 이름이 직원들, 즉 목회자(엡 4:8, 11), 장로(딤전 5:17), 감독자(Over-seers)(행 20:28), 인도자(Guides)(히 13:7, 17, 22)에게 주어진다고 하면 이 얼마나 비정상적인가? 이 마지막 구절에서 인도자들이 성도들과 대조적으로 구별된다. 교회 인도자들과 인도를 받는 성도들이 가시적인 유기적인 교회를 구성하고 있다. 주 안에서 다스리는 자들(살전 5:12; 롬 12:8)과 잘 다스리는 장로들(딤전 5:17), 다스리는 것(고전 12:28), 청지기들(고전 4:1-2) 등, 이러한 모든 이름들은 저들의 이마에 새겨진 권세요 통치다. 직원들이 자신들의 권세를 신자들에게서 받았다면, 그러한 이름들이 직원들 보다는 오히려 신자들에게 속해있다고 하는 것이 타당하다. 그러나 그러한 권세가 신자들보다 직원들에게 더 부여되었다면, 교회보다 더 많은 권세를 지니고 있는 교회 인도자들이 교회에서 권세를 받을 필요가 없다.

따라서, 어느 모로 보나 장로교회든 아니든 상관없이 다수의 신자들이 그리스도의 승인이나 명령, 위임을 통해서 권세의 첫 번째 주체이거나 권위 있는 공적 권세를 받았다는 사실을 증명할 수 없다.

결론적으로, **우리의 중보자 예수 그리스도는 신자들의 공동체, 즉 신자들의 몸을 당신의 교회를 다스리기 위한 적절한 공식적인 권세의 직접적인 그릇이나 첫 번째 주체로 삼지 않았다.**

논증 2. 신자들은 교회에서 천국열쇠들의 권세를 실제로 승인받았거나 위임

받은 적이 없기 때문에 교회 안에서 그 천국열쇠들의 권세를 실제적으로 이행할 만한 신적보증도 없다. 그러므로 그리스도에게서 나오는 천국열쇠들의 권세의 첫 번째 그릇이 될 수 없다.

대명제. 그리스도에게서 나오는 천국열쇠들의 권세의 첫 번째 주체이거나 직접적인 그릇이 되는 사람은 누구나 그 권세를 실제로 행사하고 이행할 신적보증을 지닌다.

소명제. 신자들의 무리나 공동체에는 천국열쇠들의 권세를 실제로 행사하고 이행할 신적보증이 없다.

결론. 신자들의 공동체는 예수 그리스도의 천국열쇠들의 권세의 첫 번째 주체이거나 직접적인 그릇이 아니다.

상기 대명제가 반드시 받아들여져야 하는 근거는 다음과 같다.

1. 천국열쇠들[74]의 권세는 교회의 유익을 위하여 행사될 수 있도록 하는 권위와 행사를 포함한다. 그 권세는 "세우기 위해서 우리에게 주어진 권세"(고후 8:10)로 불린다. 권세가 없는 곳에는 세우는 일도 있을 수 없다.

2. 권위와 그 모든 권위를 완전히 행사하는 일이 그리스도에게서 권세의 그릇에게 동시에 주어졌다(마 16:18-19, 18:19-20; 요 20:21-23). 권세와 그 권세의 행사가 동일한 위임으로 함께 연합되어 있다. 실제로 권세와 그 권세의 행사는 나뉘어 질수 없어서 권세와 권위는 행사의 능력과

---

74) Cf. Master Ball's REply to &c., p. 75.

함께 주어졌다(마 28:18-20).

3. 행사할 수도 없는 권세를 꿈꾼다면 이 얼마나 헛되고 엉뚱하며 터무니없는 일인가?

상기 소명제, 즉 신자들의 무리나 공동체에는 천국열쇠들의 권세를 실제로 행사하고 이행할 신적보증이 없는데, 이것은 명백한 사실이다.

1. 추론해 보건데 교회 직원들이 있건 없건 간에 이 권세를 실제로 이행하는 일은 신적보증을 지닌 자에게 속하기 때문이다.

(1) 직원들이 있을 때 신자들은 이 권세를 이행할 수 없다. 그렇게 하는 것은 그리스도의 직원들을 경시하는 것이고 직원이 아닌 자들이 직원들의 일을 빼앗는 것이기 때문이다. 부득이한 경우가 아닌데 그렇게 하는 것은 교회에서 교회 직원들의 더 큰 은사들과 분명히 공인된 직무를 빼앗아 교회에 피해를 주는 것이다.

(2) 적법한 절차를 따라 설립된 교회에 세 명의 장로들이 있는데 목회자가 세상을 떠나고 치리장로 두 명이 병을 앓고 있을 경우 등, 이와 같이 직원들이 제대로 기능을 할 수 없을 때에도 신자들은 이 권세를 행사할 수 없다. 신자들의 공동체가 이 직원들의 권세를 행사하거나 직무를 이행함으로써 그들의 결핍을 메우는 일에 있어서 신적보증이 없다. 신자들에게 이러한 권세를 허용해도 된다는 기록이 성경 어디에 존재하는가? 장로가 없는 가운데 신자들이 그러한 권세를 행사한 선례가 신·구약성경을 통틀어 어느 한 곳이라도 존재하는가? 교회의 회원인 신자들이 교회 직원들의 직무

를 떠맡아서 실제로 그 직무를 전적으로나 일부 수행할 수 있다면 교회 직원들은 필요 없게 된다.

2. 신자공동체가 신적보증을 통해 부여된 천국열쇠의 권세를 이행할 수 없음이 특정한 사례들을 통해서 명백히 드러난다.

(1) 신자들이 설교를 해서는 안 된다. "이들이 보내심을 받지 아니하였으면 어찌 전파하리요?"(롬 10:15). 신자들은 성(고전 14:34-35; 딤전 2:11-12)이나 나이(예: 어린이), 무엇보다도 은사와 성경에서 말하는 자격(딛 1; 딤전 3)이 결핍한 이유로 그 직분을 감당할 수 없기에 보냄 받았을 리 없다. 일천 명의 신자 중 한 명도 가르치는 일과 하나님 말씀을 거스르는 자들의 죄를 깨닫게 하는 일, 진리의 말씀을 올바르게 구별하는 일을 할 수 있도록 완전히 능력을 공급받지 못했다. 게다가 신자들이 비록 능력이 있다고 해도 스스로를 보낼 수는 없다. "아무도 스스로 이 영광을 취하지 못한다. 실로 예수 그리스도께서 스스로 대제사장이 될 영광을 취하지 않았다"(히 5:4). 따라서 직원들만이 말씀을 전하도록 보내심을 받은 것이다(마 16:19, 28:19-20; 막 16:15).

(2) 신약시대에 신자들이 봉인(the Seals), 성례전, 세례 등을 집행해서는 안 된다. 신자들에게 누가 그러한 권세를 주었단 말인가? 그리스도께서 말씀전하는 일과 성례전 집행, 즉 전자를 행하는 사람만이 후자를 행할 수 있도록 이 두 가지 일을 함께 위임하지 않았는가? (마 28:18-19).

(3) 신자들은 교회에서 직원들을 임명할 권한이 없으며 이들을 해외로 파송할 권한도 없다. 일반적으로 신자들은 누군가가 목회의 은사가 있는지

를 입증하고 심사할 자격과 능력이 충분하지 않기 때문이다. 신약성경 전체를 통틀어 어디에서도 신자들과 구별되는 직원들 외에는 어느 누구도 그러한 일을 하도록 명령받지 않았고 그 일이 허용되지도 않았다(딤전 5:22; 딤후 2:2; 딛 1:5). 따라서 신자들은 직원들을 임명하거나 파송하는 권세를 행사하지도 지니지도 않았다. 직원들만이 이러한 권세를 행하는데, 먼저 말씀을 전할 자들(딤전 4:14; 딤후 1:6)과 집사들(행 6:6)을 세우고, 그리고 전도자를 파송했다(행 13:1-3).

(4) 직원들이 아닌 신자들의 공동체는 권위 있고 적절하게 재판을 할 수 없고 훈계나 출교, 죄용서를 할 수 없다. 우리는 신자들에게 이러한 일들을 맡겨야 한다는 가르침을 받지 못했으며 선택된 직원들이 이 일들을 했으며 마땅히 해야 한다는 가르침과 선례들이 있다(마 16:19, 18:18; 요 20:21, 23; 딛 1:10; 고전 5:4; 딤전 1). 그리고 성경 기록에 따르면 신자들을 감독하는 교회 인도자나 다스리는 자로 세웠다는 내용이 없으며, 신자들과 구별되는 다스리는 자들과 직원들을 주 안에서 임명했다고 기록되어 있다(살전 5:12; 행 20:28-29; 히 13:7, 17, 22 참고).

그러므로 **신자들의 공동체는 예수 그리스도에게서 나오는 천국열쇠들의 권세의 첫 번째 주체이거나 직접적인 그릇이 아니다.**

논증 3. 예수 그리스도는 신자들의 공동체에게 목회의 영을 주시지도 약속하시지도 않았으며, 교회정치에 필요한 은사들도 주시지 않았다. 그러므로 신자들

의 공동체는 교회정치의 첫 번째 주체가 아니다.

대명제. 그리스도께서 교회정치의 권세의 첫 번째 주체로 삼은 자들에게 목회의 영을 약속하셔서 부여해 주시고 교회정치에 필요한 은사들을 주신다.

1. 교회에는 교회의 유익을 위하여 교회정치의 구별(직원들의 구별의 토대)과 기적적인 작용의 구별이 있는 것처럼, 그리스도의 영으로부터 그러한 교회정치와 작용의 실제적 이행을 가능하게 하고 이에 대한 자격을 부여하는 은사(charismata), 즉 값없이 주신 재능이 구별되어 전달된다(고전 12:4-7).

2. 신약 전체를 통틀어 그리스도께서 교회정치의 그릇으로 삼아서 교회정치를 가능하게 할 은사를 약속하시고 부여하신 인물이 있는가? 그리스도께서 사도들과 이들의 계승자들에게 그 은사를 약속하시고 부여하셨다(요 20:21-23; 마 28:19-20). 3. 그리스도는 "아버지의 지혜"이시며(골 2:3; 요 1:18), "그는 자기를 세우신 이에게 신실하시기를 모세가 하나님의 온 집에서 한 것과 같이 하셨으니"(히 3:2-6). 그리스도께서 교회정치를 이행할 적절한 은사와 충분한 자질을 자신에게서 부여받지 못한 자들에게 교회정치의 일을 맡기는 것은 그리스도의 지혜와 신실하심에 모순된다.

소명제. 그리스도는 신자들의 공동체에게 목회의 영과 교회정치에 필요한 은사를 약속하시지도 주시지도 않으신다.

1. 목회의 영과 교회정치를 위한 은사는 그리스도의 가시적인 몸 안에 있는 모두가 아니라 특정 사람들 일부에게만 약속되고 부여된다고 성경은

가르친다(고전 12:8-9; 딤전 3:5). [신자들 모두가 이러한 은사를 받았다]고 가정하면 그들 모두가 교회를 다스리기는커녕 자신들의 집을 바르게 다스릴 은사와 능력이 없다는 것을 암시하게 된다.

2. 우리는 경험을 통해서 일반적으로 많은 신자들이 교회정치를 올바르게 이행하는데 필요한 지식, 지혜, 신중함, 학식 등이 없다는 사실을 알고 있다.

결론. 그리스도께서는 신자들의 공동체를 교회정치의 권세의 첫 번째 주체로 삼지 않는다.

논증 4. 말씀 어디에도 신자들의 공동체가 교회를 다스리는 자로 불리지 않으며 그렇게 인정받지도 못한다. 그러므로 신자들은 교회정치의 첫 번째 주체가 아니다.

대명제. 교회정치를 위해서 그리스도에게서 받은 적절한 권세의 첫 번째 주체요 그릇인 사람들은 말씀 안에서 교회를 다스리는 자로 불리며 인정받는다.

1. 성경에 따르면 그리스도께서 감독자(episkopos)(행 20:28), 다스리는 것(kubernesis)(고전 12:28), 다스리는 자(prohisotes)(딤전 5:17; 롬. 11-12:8)로서 자신의 다스림을 맡기는 사람들에게 통치권, 권위, 정치와 같은 이름과 칭호들이 새겨지기를 원하신다.

2. 이성적으로 추론해 보건대 우리는 정치와 다스리는 자들이 관련된 용어이며 정치를 하는 자들이 '다스리는 자, 통치자' 의 명칭으로 불리지만,

그 역은 성립하지 않는다는 것을 알고 있다.

소명제. 신자들의 공동체는 성경 어디에도 교회를 다스리는 자로 불리지 않으며 인정받지도 못한다.

1. 성경은 그리스도의 가시적인 교회 안에서 통치와 다스림을 의미하는 칭호와 이름을 신자들에게 부여하고 있지 않다.

2. 신자들은 명백히 교회를 다스리는 자들과 반대편에 있으며 구별된다. 그들은 '양떼'라고 불리며 성령이 그들 가운데 감독자들을 세웠다(행 20:28). 양떼들은 '성도들'로 불리고 감독자들은 성도들을 다스리는 자들로 불린다(히 13:22). 이들이 "주 안에서 너희를 다스리며" 결과적으로 너희는 "주 안에서 이들 아래에" 있다(살전 5:12).

3. 신자들의 공동체는 그 스스로 교회정치의 주체가 결코 아니며 자신들 위에 있는 구별된 다스리는 자들을 알고 존경하며 순종하고 복종할 것을 그리스도의 말씀에서 명령하고 있다(살전 5:12; 딤전 5:17; 히 13:17).

결론. 신자들의 공동체는 교회정치를 위한 적절한 권세의 첫 번째 주체와 그릇이 아니다.

논증 5. 교회의 몸, 즉 신자들의 공동체를 교회정치를 위한 천국열쇠들의 첫 번째 주체와 직접적인 그릇으로 삼는다는 견해는 용인할 수 없는 모순과 불합리한 일들을 불가피하게 많이 초래한다. 그러므로 이러한 의견은 용인될 수 없다.

따라서 우리는 다음과 같은 주장을 할 수 있다.

대명제. 신자들의 공동체를 교회정치를 위한 천국열쇠들의 첫 번째 주체와 직접적인 그릇으로 삼음으로써 여러 가지 모순과 불합리한 일들을 불가피하게 초래하는 교리나 견해는 근거 없고 보증할 수 없는 것이다.

소명제. 신자들의 전 공동체, 즉 교회의 몸을 천국열쇠의 첫 번째 주체이자 직접적인 그릇으로 간주하는 이러한 교리나 의견은 용인할 수 없는 다양한 모순들을 불가피하게 초래한다.

결론. 신자들의 전 공동체, 즉 교회의 몸을 천국열쇠의 첫 번째 주체와 직접적인 그릇으로 하는 교리와 의견은 신뢰할 수 없으며 정당성을 인정받을 수 없다.

상기 대명제는 다음과 같은 근거로 명백하다.

1. 비록 종교문제가 이성을 초월하지만 그렇다고 해서 비이성적이거나 불합리적이거나 바른 이성을 거스르지는 않는다.

2. 성경은 저들이 불합리적이거나 비이성적이라고 낙인을 찍는다(살후 3:2). 그러므로 불합리한 사람들이 비난받아 마땅하다면, 그들을 그런 존재로 만든 부조리나 비합리성, 모순 그 자체는 더욱 더 비난받아 마땅하다.

상기 소명제, 즉 신자들의 공동체인 교회의 몸을 천국열쇠의 첫 번째 주체요 직접적인 그릇으로 하는 교리나 의견은 용인할 수 없는 다양한 모순과 비합리성을 불가피하게 초래한다. 이것은 특정한 사례들을 소개함으로써 분명하게 드러날 것이다.

1. 엄격한 브라운주의자들의 무질서한 회중주의와 혐오스러운 무정부

상태에 대한 근거가 명확히 제시되어 있다. 신자들의 몸 전체가 천국열쇠의 첫 번째 그릇이라면 모든 교회정치와 교회정치의 모든 행위가 신자들의 몸 전체 안에 있으며 그 몸을 이루고 있는 모든 신자 구성원들이 다스리는 자가 된다. 결과적으로 그 몸의 모든 회원은 직원이 된다. 하지만 이것은 터무니없는 말이다. 그 근거는 다음과 같다. 모든 신자들이 직원들이라면 그 몸이 유기적으로 작동하겠는가? 그리고 모두가 다스리는 자라면 다스림을 받는 자는 누구란 말인가? 모든 것이 눈이라면 발은 어디 있는가? 다스림을 받는 사람이 아무도 없으면 정치란 존재할 수 없다. 그렇게 되면 적어도 회중주의적인 무정부상태와 혼란에 빠지게 된다. "하지만 하나님은 무질서의 하나님이 아니시다"(고전 14:33). 자연스런 몸 안에 "모든 것이 눈이거나 손이라면 이 얼마나 터무니없는가? 그렇다면 듣는 곳과 냄새 맡는 곳은 어디인가? 혹은 만일 다 한 지체뿐이면 몸은 어디인가?"(고전 12:17, 19). 그래서 가족 안에 모두가 주인(Masters)이면 가정(household)은 어디 있단 말인가? 그 가족 안에선 다스림이 있을 수 없다. 한 도시에 모두가 시의원이면 시민들은 어디 있는가? 시정치는 어디 있는가? 한 왕국 안에 모두가 왕이면 백성들이나 정치는 어디 있단 말인가?

2. (브라운주의자들의 이론에 따르면) 말씀을 권위 있게 전하고 성례전을 시행하며 직원들을 임명하고 죄지은 자를 징계하며 잘못을 시정하지 않는 완고한 자를 출교시키고 회개하는 자의 죄를 용서해주는 일 등, 예외 없이 모든 명령과 재판권을 실제로 이행할 전권과 권위를 신자들의 공동체, 즉 몸 전체, 심지어 가장 낮은 지위의 신자들도 그리스도에게서 부여받는

다. 천국열쇠들에는 이러한 모든 행위들이 공동으로 포함되어있기 때문이다(마 16:19, 18:19-20; 요 20:21-23). 신약에서 그리스도께서 이러한 행위들 중 하나를 이행할 권세를 주신 자에게 모든 행위를 이행할 권세를 주신다. 그들은 말씀과 교리를 전하는 일과 이와 대조되는 치리하는 일에 국한된 치리장로의 경우(딤전. 5:17)처럼 그리스도 당신께서 권세를 제한하시는 경우를 제외하고 서로 연관되어 있다(마 18:19). 하지만 이렇게 될 경우 수반되는 모순들이 얼마나 끔찍한가?

(1) 강한 자뿐 아니라 약한 자, 지식인뿐 아니라 무지한 자, 부모뿐 아니라 자녀들, 실제로 남자들뿐 아니라 여자들도 설교하고, 봉인을 시행하며, 임명하고, 징계하며, 출교하고, 권위를 가지고 죄를 용서할 수 있게 된다(이들은 모두 교회의 동일한 지체들이기 때문이다. 그러므로 모두 천국열쇠의 동일한 몫을 갖고 이를 동일하게 행사한다). 다시 말해서, 이러한 직분들에 대한 은사를 받지 못한 자들이 이러한 직분들을 행할 것이다. (하나님께서는 모두를 보내지는 않았기 때문에) 직무를 수행하도록 하나님에게서 부르심이나 보내심을 받지 못한 자들이 (로마서 10장과 히브리서 5장 4절과 반대로) 소명이나 보내심을 받지 못한 그 상태로 그리스도의 이름으로 직무를 여전히 수행할 것이다. 아울러 이성과 분별력을 일반적으로 사용하지 못하는 자들(어린이들처럼)이 명령과 재판이라는 최고의 행위에 참여할 권한을 갖게 될 것이다. 실제로 교회에서 발언하는 것이 명백히 금지된 자들(여성들, 고전 14; 딤전 2)이 여전히 자신들의 띠에 천국열쇠들을 차게 될 것이다.

(2) 그러면 교회는 그리스도의 청지기가 되고[75] 하나님의 신비들을 권위 있고 적절히 나누어주는 자가 될 것이다. 하지만 전 교회가 하나님의 신비들을 나누어주는 자가 되면 이 신비들을 받을 대상은 누구란 말인가? 교회는 아니게 된다. 이 견해에 따르면 교회는 신비를 나누어주는 첫 번째 주체이다. 그러므로 교회가 신비를 나누어주는 대상은 교회와 구별되는 어떤 것이어야 한다. 그렇다면 그 대상은 무엇이겠는가? 또 하나의 부수적인 교회인가? 그렇다면 부수적인 특정교회들은 서로 목양을 하고 목양을 받는 관계에 있게 된다. 아니면 모든 교회 밖에 있는 자들인가? 그렇다면 복음의 규례들과 그 분배가 교회의 유익을 위해서 그리스도의 몸인 교회에 행하여지지 않고 [이는 성경과 완전히 모순된다(엡 4:8-13)], 교회 밖에 있는 자들에게 유익이 돌아간다. 회중주의자들이 어떻게 이러한 복잡한 모순에서 스스로 벗어나겠는가?

3. 신자들의 몸[토마스 베일리(Thomas Baillie, 1581-1663)가 자신의 Dissuasive 9장 187페이지에서 잘 지적하고 있듯이]이 주의 날과 평일에 영적인 문제와 세속적인 문제, 일반적인 소명과 특별한 소명을 이행하기 위해서 신자들의 양심에 놓여있는 몇 가지 의무를 태만히 하는 것은 매우 부적절하고 보증할 수 없는 일이다. 하지만 교회의 권세가 모든 신자들에게 있다면 신자들이 모두 재판장이고, 적어도 모든 교회문제에 있어서 부정적인 의견을 낼 수 있다. 신자들은 자신들 앞에 제기된 모든 사건들의 실질

75) Spanhem. Epist. Class. 2, Quest. 2, p. 51.

적인 일과 정황적인 일들에 대해서 완전한 지식과 정보를 얻기까지 그 사건의 원인을 신중하고 양심적으로 재판할 수 없다. 그들은 맹목적으로나 무조건적인 신앙으로가 아닌 그들 자신의 빛으로 재판을 해야 한다. 모든 신자들이 모든 원인에 대한 완전한 정보와 지식을 얻으려면 상당히 많은 시간이 걸릴 수밖에 없다(많은 신자들은 이러한 원인들에 대해 잘 모르고 이해하는데 어려움을 느끼며, 그들 모두가 공동으로 행하는 일에 있어서 서로 당황해 하거나 주의가 분산되기도 하며 혼란스러워 하는 경향이 강하다). 신자들이 안식일에 다른 공적인 규례들, 즉 말씀사역과 기도, 성례전 등을 마친 후 이러한 치리의 문제들을 처리한다면, 이러한 신자들이 가정에서 해야 할 일, 예를 들면 설교말씀을 되새기고 묵상하며 설교 중에 언급했던 말씀들을 성경에서 찾아보고 성경을 읽으며 자녀들과 종들에게 교리를 문답식으로 가르치는 일 등을 할 시간적 여유가 있겠는가? 가정에서의 경건훈련이 양심을 따라 지켜지지 않는다면 가정에서의 경건생활, 실제로 교회에서의 경건생활 역시 시들해질 것이다. 만약 그러한 일들이 평일에 신자들에 의해서 이루어진다면 신자들에게 가정을 돌보기 위해 해야 할 일들, 가령 먹을 것과 옷, 기타 필수품을 공급하는 일 등이 산적해 있는데 어떻게 많은 시간을 할애해서 일일이 그러한 일들을 처리할 수 있겠는가(딤전 5:8)? 안하임(Arnheim)의 교회재판이 이러한 회중정치의 폐해와 모순을 증거 하도록 하자.[76]

---

76) 찬양을 부르는 문제에 대해서 교회의 두 신자 사이에 분쟁이 일어났다. 한 신자가 상대 신자를 상대로 교회에 고소했다. 두 신자 사이에 오간 말과 전 경위를 듣고 나서 교회에서 피고인을 견책했다. 마스터 나이(P. Nye)는 그

4. 마지막으로 신자들의 공동체(천국열쇠들의 권세의 적합한 주체로 여기는)가 직원과 목회자, 교사를 선출뿐 아니라 임명할 권위와 권세를 지닌다. 독립교회주의자들은 다음과 같이 고백한다.77) "목회직이 일반적으로 그리스도에게서 직접 비롯되고 그 권위도 그리스도에게서 나오지만 이 직분과 권위를 선출된 자에게 적용하는 일은 교회가 한다. 그러므로 교회는 안수를 통해 장로를 선출해서 임명하는데 있어서 충분하고 정당한 보증을 지닌다. 왕을 선출할 권세가 있는 자들은 그 왕의 머리에 왕관을 씌우기 위해 자신들의 이름으로 몇몇 사람들을 위임할 권세도 있다. 하지만 온 교회나 신자 공동체가 안수를 통해 장로들을 임명하는 일은 매우 어이없는 것이다. 이렇게 할 경우 많은 용납할 수 없는 모순들이 뒤따른다:

(1) 여성들과 어린이들이 교회의 회원이기에 안수를 하여 장로를 임명하는 일에 참여할 수 있고, 교회의 나머지 적합한 회원들처럼 실제로 안수를 할 자들을 임명하는데 있어서 막강한 영향력을 행사한다.

(2) 그렇게 되면 목회직을 수행하기 위한 장로들의 적합성과 충분성,

피고인에게 죄에 대한 책임을 구체적으로 지웠고 모든 책임부과를 할 때마다 "이것은 당신의 죄입니다."라고 반복했다. 견책이 엄숙하게 이루어진 뒤, 견책 받은 자는 자신에게 제기된 몇몇 항목, 즉 교만, 정결치 못한 점 등에 대해서 지도자 나이를 상대로 항소를 했다. 그러면서 이 문제를 교회로 가져가서 그들은 일주일에 3~4일 정도를 반 년 가까이 토론을 지속했고, 때로는 모든 회중 앞에 이 문제를 제기했다. 몇몇 지체가 교회의 소환을 받으면 이들은 휴가를 내었다. 마스터 굿윈(T. Goodwin)은 이러한 문제들에 대해서 자주 공언했다. "만약 이 문제가 교회 전체적인 문제라면 그 피고인은 자신의 장로직을 내려놓아야 한다." 교회의 지체들 가운데 문제가 생길 경우 치리문제보다 더 공동으로 처리되는 문제도 없었다. 왜냐하면 사건을 종결할 방법이 없었기 때문이다. 마지막으로 반년 넘게 토론했는데 문제가 종결이 되지 못하고 잉글랜드로 오게 되었을 때, 그들은 마지막회의를 열어 이 문제를 국외로 알리지 않기로 동의했다. 마스터 에드워즈(Master Edwards) Antapolog, 36-37페이지 참고.

77) To which book N. H. and I. H. do assent, except when a (*) is put I the margin (Epistle, p. 2), which here is not done. Mr. J. Cotton, in his Way of the Churches of Christ in New England, chap. 2, sect. 7, p. 43.

가령 필수적인 학문의 은사 등을 판단할 수 없는 신자들의 공동체가 사전심사를 통해 분별없이 교회의 최고의 직원들을 임명하게 된다. 이러한 일들이 얼마나 무지하고 회의적이며 무질서하고 정당성을 인정하기 어려운지 독자들의 판단에 맡긴다.

(3) 그렇게 되면 신자들의 공동체는 그리스도나 사도들의 모든 가르침 없이도, 사도적 교회들의 모든 보증 없이도 직원들을 임명하는 이러한 일반적인 행위를 이행할 권세를 지닐 수 있다. 하지만 평범한 능력을 지닌 각 사람들도 이러한 일들이 얼마나 불합리한지 알 수 있다. 이후로 바인(Mr. Bain)[78]과 그의 뒤를 이어 볼(Mr. Ball)[79]이 여러 가지 모순을 추가적으로 선언한다.

---

78) 만약 그 권세가 교회에 있다면 교회는 미덕과 권한이 없는 자들을 교회 안으로 불러서 받아드려지게 할 것이다. 그러면 교회는 목회자에 대하여 군주와 같은 권세를 지니게 될 것이다. 게다가 그리스도인들의 공동체 안에는 여성과 어린이와 같이 이런 권세를 정기적으로 행사할 수 없는 자들이 많다. 바인의 Diocesan' s Trial (제 3문, 84페이지, 1621년 인쇄본).

79) "만약 영적이고 교회관련 권세가 교회, 즉 신자들의 공동체에 있다면 교회는 자신에게 주어진 힘과 권세로부터 직원들을 선언하고 임명한다. 그러면 교회는 목회자들에 대하여 진정한 군주와 같은 권세를 갖게 된다. 교회에 권세를 부여하는 자가 스스로를 교회의 지배자로 삼는 것처럼, 만약 교회가 그리스도의 목회자들에게 권위를 부여하면 교회는 스스로 그들의 주인이 되어 군주와 같은 권위를 행사한다. 모두가 알고 있는 바와 같이 권위를 부여하는 것은 주인이나 지배자의 속성이다. 교회가 목회자와 교사들에게 성례전 집행과 말씀 선포의 권세를 주었는가? 사실 교회는 그러한 권한이 없다. 왜냐하면 그 권세는 이러한 규례들에 효력을 발생시키시는 하나님에 의해 제정된 질서이기 때문이다. 그리고 하나님의 거룩한 것들을 다스리고 공급하며 분배하는 권세가 신자들에게 있으면 말씀과 성례전의 분배와 효과는 그 신자들의 질서와 제정에 의존하게 될 것이다. 천국열쇠들의 권세가 신자들의 공동체에서 온 것이라면 모든 직원들은 직접적이면서 공식적으로 교회의 종이 된다. 직원들은 모든 일, 즉 다스리는 일, 공급하는 일, 매는 일, 푸는 일, 죄를 용서하는 일, 죄를 유보하는 일, 말씀 선포, 성례전 집행 등을 교회의 이름으로 해야 한다. 또한 직원들은 교회의 지시를 따라 자신들의 직무를 수행해야 한다. 하지만 그들의 직무와 권세가 하나님에게서 직접 유래한 것이라면 직원들은 하나님의 계획에 따라 자신들의 직무를 수행해야 하고 하나님께 자신들이 행한 일에 대한 책임을 져야 한다. 하지만 그들의 권세와 직무가 교회에서 유래한 것이라면 하나님 앞에 책임을 져야할 자는 교회가 되고 직원들은 자신들을 조력자로 여기는 교회에 책임을 져야 한다," &c. Mr. John Ball, in his Trial of the grounds tending to separation, chap. 12, pp. 252-253, &c.

중도파 사람들[80](권위적인 장로주의 방식과 엄격한 브라운주의 방식의 중간이라고 자처하는)은 브라운주의자들의 여러 모순들을 보고서 자신들이 새로 고안한 천국열쇠들에 대한 구별[81]을 통해 모두를 위로해 주려고 한다.

1. 믿음이나 지식의 열쇠가 있다(눅 11:52). 이 열쇠의 첫 번째 주체는 특정교회에의 가입여부와는 상관없이 모든 신자들이다.

2. 질서의 열쇠(골 2:5), 즉 보다 중요한 성격의 이해관계나 권력, 자유의 열쇠(갈 5:13)나 보다 엄격한 성격의 통치와 권위의 열쇠(마 16:19; 요 20:23)가 있다. 따라서 이와 같은 구별을 전재로 해서 그들은 다음과 같이 추론한다.[82]

(1) 성도들로 구성된 특정 회중은 영적인 은사와 권세와 더불어 모든 교회 직분을 맡을 첫 번째 주체이다(고전 3:22).

(2) 그리스도의 사도들은 사도적 권세의 첫 번째 주체들이었다.

(3) 특정 회중의 형제들은 교회의 자유의 첫 번째 주체들이다.

(4) 특정 교회의 장로들은 교회 권위의 첫 번째 주체들이다.

(5) 진리와 화평 가운데 동행하고 연합하는 장로들과 형제들 모두 그들 자신의 몸 안에서 행사되는데 필요한 모든 교회의 권세의 첫 번째 주체들이다.

답변. 상기 중도파 사람들의 추론은 썩은 기초와도 같고 건축업자의 머리에 굴러 떨어지는 불안정한 상부구조에 비유될 수 있다.

---

80) Cotton's Keyes; Preface of Thomas Goodwin and Philip Nye, p. 5. An Apologetical Narration, p. 24(1643)

81) Cotton, Keyes, c. 2, pp. 5-11.

82) Cotton, Keyes, c. 7, p. 29 &c.

1. 천국열쇠들의 분배가 여러 면에서 견고하지 못하다.

(1) 지식의 열쇠(권세와 권위의 열쇠를 포함한 질서의 열쇠와 구별되듯이)에는 모든 권세가 완전히 결여되어 있다는 점에서 그렇다. 현재, 모든 권세가 결여된 천국열쇠는 없는데, 독립교회주의자들은 스스로를 재판관이라고 한다.[83]

(2) 지식의 열쇠에 권세가 결여되어 있는 것처럼 권세의 열쇠(권위의 열쇠와 대조를 이루고 있는)에 모든 권위가 완전히 결여되어 있다는 점에서 그렇다. 정치의 문제에서 권세와 권위는 하나이며,[84] exousia는 전자와 후자 모두를 의미한다.

(3) 자유나 권리의 열쇠는 분리주의파의 가게(Separation-shop)에 속한 새로운 일부의 열쇠쟁이들(Lock-smiths)이 최근에 만든 것으로, 교회 직원들의 권세의 열쇠를 열어 회중정치의 문을 열기 위한 것이다. 이 열쇠는 그리스도의 규례가 아니라 인간이 만든 것에 불과하다(이러한 사실은 이후에 그 열쇠의 근거인 성경을 자세히 살펴보면 드러난다.). 그러므로 천국열쇠의 분배에서 갈라져 나온 이 열쇠-자유나 권리의 열쇠-는 쓸모없고 불필요한 배설물이다.

(4) 천국열쇠의 분배의 근원인 성경본문을 남용하거나 적어도 심각하게 오해하고 있다. 눅 11:52절의 "지식의 열쇠"가 오직 "구원에 이르는 믿음의 열쇠"로 해석하고 있기 때문이다. 하지만 엄밀히 말해서 지식과 믿음

83) Cotton, Keyes, p. 6.

84) See to this purpose, Part 2, chapter 3.

은 별개의 것이다. 믿음이 없는 곳에 지식이 있을 수 있으며, 지식은 믿음의 통로로서 어느 정도 믿음으로 이르게 하는 열쇠가 될 수는 있다. 그리고 지식의 열쇠는 지식 그 자체, 즉 교리와 말씀설교와는 구별된다. 율법해석가들이 율법을 해석하지 않거나 잘못 해석함으로써 이 열쇠를 빼앗아 갔으나 신자들의 믿음이나 지식 그 자체를 빼앗아 갈수는 없었다(골 2:5-6). 이 열쇠가 베드로에게 전달된 열쇠만을 의미한다거나, 주로 그 열쇠를 의미한다고 입증하기는 어려울 것이다. 그 열쇠는 다른 곳에서 요구되는 바와 같이 정치에 대한 그리스도의 질서에 자신들을 복종시킬 때처럼 믿음과 생명의 규칙을 따라 신자들이 도덕적이고 질서 있는 삶[85]을 살 것을 언급하고 있지 않는가(히 13:17)? 그리고 "자유의 열쇠"("형제들아 너희가 자유를 위하여 부르심을 입었으나")를 입증하기 위해서 갈 5:13절을 인용할 때 자유를 남용하여 (그 맥락에서) 본문을 왜곡하고 있다. 여기서 사도가 자유를 말할 때 직원들을 선택하는 일과 책망에 참여하는 일 등의 교회의 권세로서가 아니라, 그리스도가 멍에를 제거하신 후에 거짓 교사들이 저들에게 강요했던 멍에, 즉 예식법으로부터 벗어난 복음의 특권으로서 자유를 말하고 있다(갈 5:1, 11-16).

2. 천국열쇠들의 분배에서 전재하고 있는 추론들이 너무 이상하고 비신학적이다. 왜냐하면 천국열쇠들의 다양한 분배에 따라 그 열쇠들의 첫

85) Ordinis nomine tam consensum, quam mores rite compositos & totam disciplinam signifcat, Calvin in loc. Ordinis nomine tria denotare mihi videtur, compositos singulorum mores, & bene ordinatam Ecclesiae illius disciplinam & consensum ac concordiam illorium, Davenant on Col. 2:5, wherein Dr. Davenant does plainly insist on Calvin' s steps.

번째 주체로 몇 명을 지정하는 일은 근거 없기에 일반적으로 제외될 수 있기 때문이다. 성경은 우리에게 그 모든 천국열쇠들이 동시에 베드로에게 약속되었다고 분명히 말하고 있기 때문에, 모든 신자들이 그 열쇠를 분배받았다는 추론은 쓸모없는 일이다(마 16:18-19, 18:19-20, 28:18-20; 요 20:21-23). 그래서 원래 사도들과 이들의 계승자들이 유일하게 그리스도의 모든 열쇠들의 첫 번째 주체요 직접적인 그릇이었다. 목회자를 도와주고 그의 편의를 위해서 그들이 치리장로라는 여러 조력자로 나뉘어져 있지만(롬 12:8; 고전 12:28; 딤전 5:17), 원래 그 열쇠의 주체는 오직 한 사람이었다. 게다가 많은 개별적인 예외들에 대한 정당한 근거가 여기에 제시되어 있다.

(1) 특정한 교회에 소속된 것과 상관없이 모든 신자는 지식의 열쇠의 첫 번째 주체가 된다. 그럴 경우 재능이 있거나 없거나, 힘이 세거나 약하거나 여성이든 어린아이든 관계없이 모든 개별 신자들은 말씀을 전할 권세를 가지게 된다. 이는 매우 터무니없어 보인다. 이에 대해 위대한 사도는 다음과 같이 말했다. "누가 이 일을 감당하리요?"(고후 2:16). 모든 신자들이 심판을 한다는 것이 얼마나 비성경적이며 비이성적인가? 만약 그렇다면 천국열쇠들의 일부를 (단 하나의 회중 외에는 다른 교회가 없다고 생각하기 때문에)교회 밖에 있는 이교도들과 이방인들, 불신자들에게 맡길 수 있게 된다. 그래서 그 열쇠들이 교회뿐 아니라 세상에게 부여된다. 그러면 결국 교회 안에 속해있지 않으면서도 신자가 될 수 있게 된다(독립교회주의자들은 자신들의 회중을 유일한 교회로 간주하기 때문에 그 외에 다른 교회는

없다고 주장한다). 하지만 인간은 비가시적인 교회의 회원이 아니면 참된 신자가 아니고, 특정한 회중에 연합되어 있지 않더라도 가시적인 보편교회의 회원이 아니면 참된 신자가 아니다.

(2) 성도들로 구성된 특정한 회중이 모든 영적인 은사와 권세를 지닌 모든 교회직분들의 첫 번째 주체가 된다(고전 3:22). 하지만 여기서 사용된 '주체'라는 단어가 모든 은사와 권세를 지닌 모든 교회직분들을 처음으로 받아들이는 자, 즉 성도들의 의미로 쓰였는가? 그렇다면 성도들 자신들이 공식적으로 직원들이 되고 모든 종류의 직원들의 일을 수행할 수 있고 그 목적을 달성할 수 있는 재능을 모두 지니게 된다(그렇다면 직원들을 선출할 필요가 뭐가 있겠는가?). 아니면 신자들이 실질적으로 직원들을 세워서 일을 수행할 수 있도록 그들에게 은사들과 권세를 공급해주게 된다. 하지만 누가 신자들에게 그러한 권위를 주었는가? 아니면 어떤 사도적 교회가 그러한 권위를 불법적으로 사용한 적이 있는가? 교회가 아니라 직원들이 그러한 은사와 권세의 첫 번째 주체이다. 여기서 '주체'라는 단어가 은사들과 권세를 지닌 모든 선한 직분들이 부여되는 대상으로 부적절하게 사용되었는가? 그렇다면 은사와 권세를 지닌 모든 직원들로 주로 세워지는 대상은 특정한 회중이 아니라 가시적인 보편교회 전체이다(고전 12:28; 엡 4:8-12). 고전 3:22절의 "다 너희의 것이요"라는 말씀은 어느 한 회중의 독특한 특권이 아니라[고린도 교회의 특권이 아니라, 장로교회 전체의 특권이다(13장 참고)] 모든 참된 신자들과 보이지 않는 신비적인 교회의 보편적인 특권이다. 사도인 바울과 게바가 특별히 고린도 교회에만 주어졌는가?

아니면 “세계나 생명이나 사망이나 지금 것이나 장래 것”이 교회나 고린도에 있는 악인들에게 주어졌는가?

(3) 사도들이 모든 사도적 권세의 첫 번째 주체가 된다. 그렇다면 어떻게 이 주장이 이전의 주장, 즉 특정한 회중이 은사와 권세를 지닌 모든 직원들의 첫 번째 주체라는 주장을 무효화 시키는가? 직원들의 첫 번째 주체가 둘인가? 아니면 사도는 직원이 아닌가? 사도적 은사나 권세는 은사나 권세가 아닌가? 혹은 사도들은 모두 교회에서 비롯되는가? 사도들이 모든 그리스도인의 교회보다 먼저 존재했으며 교회가 생기기 전에 천국열쇠들을 부여받았다는 것은 의심의 여지가 없는 사실이다.

(4) 특정 회중의 형제들이 교회의 자유의 첫 번째 주체가 된다. 하지만 이 자유가 권세와 권위를 의미한다면 이 주장은 특정 회중이 모든 직분들과 권세의 첫 번째 주체라는 이전의 주장과 명백히 모순된다. 여기서 형제들은 장로들과 구별되고 이 둘 모두 특정 회중을 구성하기 때문이다. 여기서 말하는 자유가 권세가 아니라면 그것은 그리스도의 열쇠들이 아니라 새롭게 위조된 열쇠이다.

(5) 특정 교회의 장로들은 교회 권위의 첫 번째 주체가 된다. 하지만 그럴 경우 특정 회중이 모든 권세의 첫 번째 주체라고 하는 이전의 입장과 모순된다. 사도와 장로가 권위의 첫 번째 주체이지만, 천국열쇠가 그들에게 처음 맡겨졌을 때 그들은 특정 교회와는 관련이 없으며 보편교회와 관련되어 있었다.

(6) 마지막으로 진리와 평안 가운데 동행하는 장로들과 성도들이 모든

교회 권세의 첫 번째 주체라는 주장 역시 반론에 직면하게 된다. 이 주장은 (실제로 권위적 권세가 전혀 없는)형제들과 장로들을 모든 권세의 공동 주체로 한데 묶기 때문이다. 그리고 이 권세는 진리와 평안 가운데 '동행하고 연합하는' 자들에게만 허용된다. 하지만 교회의 다수가 이단으로 입증되고 진리에 거하지 못하고 분파적이고 평안 가운데 거하지 못한다면 어떻게 되겠는가? 그 교회의 장로들과 문제를 일삼지 않는 성도들이 그들의 모든 권세를 잃게 되는가? 그렇다면 이 독립교회는 언제 치유될 수 있는가? 왜냐하면 그들은 노회(Presbyteries)와 대회(Synods)에 항소하는 행위를 출처가 불명확한(Apocryphal) 것으로 치부해버리기 때문이다.[86] 하지만 이러한 새로운 망상과 관념들이 허구임이 충분히 밝혀졌다["너무나 많은 영향력 안에 둘러싸여있는 것은 좋지 않다(male res agitur cum tot opus est remediis.)]."

86) See Vindiciae Clavium, judiciously unmasking these new notions.

제 11 장

교회정치의 권세의 적합한 그릇이나 직접적인 주체 : 긍정적인 의미에서의 그리스도 자신의 직원들

지금 까지는 교회적 권세의 적합한 그릇이나 주체를 부정적인 의미로 고려해 봤다. 다시 말해서, 정치적인 통치자도 교회적 권세의 적합한 그릇이나 주체가 아니며 장로교회든 아니든 상관없이 신자들의 공동체, 즉 신자들의 몸 역시 교회적 권세의 적합한 그릇이나 주체가 아니라는 식으로 생각해 봤다. 이제 이 권세의 그릇이 긍정적인 의미로(kata thesin), 즉 (파트 2, 1장의 정치에 대한 명확한 기술에 따라서) 그리스도 자신의 직원들임이 명백히 밝혀지게 된다. 이 장은 다음과 같은 세 가지 사실을 분명히 함으로써 신적권위를 가장 만족스럽게 명확히 할 수 있는 마지막 부분이다.

1. 우리의 중보자 예수 그리스도는 신적권위를 부여한 특정한 교회 인도자들과 직원들을 자신의 교회 안에 세우신다.

2. 우리의 중보자 예수 그리스도는 자신의 직원들에게 교회정치를 특별히 맡기셨다.

3. 이 다스리는 직원들이 어떻게 또는 어떤 의미에서 개별적으로나 공

동체적으로 이 정치를 부여받았는가?

1항

그리스도의 교회 직원들, 즉 목회자와 교사들, 치리 장로들, 집사들의 신적권위

먼저 다루어야 할 내용은 그리스도께서 신적권위를 지닌 특정한 교회 인도자들과 직원들을 교회 안에 세우셨다는 것이다.

우리의 중보자 예수 그리스도는 자신의 교회 안에 (사도들과 현재는 존재하지 않는 특별한 직원들을 제외한) 목회자들과 교사들, 다스리는 장로들, 집사들을 세우셔서 모든 일반적인 교회의 행정을 처리하게 하셨다.

이러한 일반 직원들의 신적권위는 다음과 같이 보일 수 있다.

I. **목회자들과 교사들은 예수 그리스도의 규례(ordinance)다.** 이 사실은 교파를 막론하고 모두 일반적으로 받아들이고 있어서 다음과 같은 몇 안 되는 사실만으로도 이를 증명하기에 충분하다.

1. 그들은 하나님이 세우신 교회 직원들의 명부에 열거되어 있다. "하나님이 교회 중에 몇을 세우셨으니(estheto, put, constituted), 첫째는 사도요 둘째는 선지자요 셋째는 교사요"(고전 12:28). 이들은 그리스도께서 승천하실 때 주신 승리의 선물과 트로피 중 일부이다. "그가 위로 올라가실 때에 사로잡혔던 자들을 사로잡으시고 사람들에게 선물을 주셨다 하였도다. 그가 어떤 사람은 사도로, 어떤 사람은 선지자로, 어떤 사람은 복음 전하는 자로, 어떤 사람은 목사와 교사로 삼으셨으니(edoke)"(엡 4:8, 11). 따

라서 일반 직원들의 명부에 다음과 같이 정확히 기록되어 있다. "우리에게 주신 은혜대로 받은 은사가 각각 다르니 혹 예언이면 믿음의 분수대로, 혹 섬기는 일이면 섬기는 일로"(여기서 예언과 섬김이라는 두 항목 아래에 일반 직원들 모두를 나누고 있다.). "혹 가르치는 자면 가르치는 일로, 혹 위로하는 자면 위로하는 일로,"(롬 12:6-8) (여기서 예언이라는 첫 항목 아래에 교사와 목회자가 있다). "여러분은 자기를 위하여 또는 온 양 떼를 위하여 삼가라 성령이 그들 가운데 여러분을 감독자로 삼고(ethezo, set)"(행 20:28). 하나님이 교회 안에 이들을 세우셨다는 사실을 주목하자. 성령 하나님은 이러한 목회자들과 교사들을 양 떼의 감독자로 삼으셨다. 그러면 목회자들과 교사들이 성부 성자 성령 하나님의 법을 부여받은(Jure Divino) 교회 직원들이 아닌가?

2. 그들은 모두 하나님의 명령을 따라 자격을 부여받았다. 이러한 목회자들과 교사들(장로와 감독자라고 불리는)의 자격은 다음과 같다. "감독(Overseer)은 책망할 것이 없으며"(딤전 3:2-8); "각 성에 장로들(Presbyters)을 세우게 하려 함이니 책망할 것이 없고"(딛 1:5-10). 하나님께서 목회자들과 교사들에게 자격을 주시면서 그러한 직원들이 자신의 명령을 받은 자들임을 인정하고 있다.

3. "그리스도의 일꾼이요 하나님의 비밀을 맡은 자"(고전 4:1-2)로서 그들은 그리스도에게서 여러 가지 직분을 맡았다. 증거로 내놓은 여러 본문을 통해 명백히 드러난 것처럼 파트 2, 7장에서 전술한 규례들 전부는 아니더라도 대부분의 직무를 지시받았다. 그들은 질서와 특별한 직무관련 문제

들은 나누어서(divisim) 맡았고, 재판관련 문제들은 치리장로들과 공동으로 (conjunction) 맡았다. 그리스도가 이와 같이 그들에게 교회규례들과 그것들의 분배를 지시하셨다면 그들은 틀림없이 그리스도에 속한 교회 직원들이다.

4. 성경에 나오는 그들에게 부여된 이름과 칭호는 그들이 그리스도 자신의 규례로 직분을 맡게 된 자들임을 보여준다. 다음과 같은 예들을 살펴보자. “그리스도의 일꾼이요”, “ 하나님의 비밀을 맡은 자”(고전 4:1); “그리스도의 대리인”(고전 5:20); “추수하는 주인에게 청하여 추수할 일꾼들을 보내 주소서 하라 하시니라”(마 9:38); “주 안에서 너희를 다스리며”(살전 5:12).[87]

5. 주 그리스도는 자신의 양 떼와 사람들에게 자신들의 목회자와 교사들을 상대로 행해야 할 많은 의무를 명하신다. 예를 들면 이들을 사랑하고 순종하며 복종하고 존경하며 지켜주는 것 등을 명하신다. 그들이 그리스도의 명령으로 된 직원들이 아니라면 그리스도는 이러한 명령을 하지 않을 것이다. “형제들아 우리가 너희에게 구하노니 너희 가운데서 수고하고 주 안에서 너희를 다스리며 권하는 자들을 너희가 알고 그들의 역사로 말미암아 사랑 안에서 가장 귀히 여기며 너희끼리 화목하라”(살전 5:12-13); “너희

87) Here understand by this phrase, “over you in the Lord,” not only in timore Domini, in the fear of the Lord, as Piscator in loc. notes; nor only in iis quae ad cultum Dei spectant, in those things that appertain to God' s worship, as Beza in loc. But also hen kurio; Scholia pro kata ton kurion, I.e., qui praesunt (viz. vobis regendis) secundum voluntatem Domini, Zanchius in loc.: According to the will, and by the Authority of the Lord Christ derived to them.

를 인도하는 자들에게 순종하고 복종하라 그들은 너희 영혼을 위하여 경성하기를 자신들이 청산할 자인 것 같이 하느니라”(히 13:17); “잘 다스리는 장로들은 배나 존경할 자로 알되 말씀과 가르침에 수고하는 이들에게는 더욱 그리할 것이니라, 성경에 일렀으되 곡식을 밟아 떠는 소의 입에 망을 씌우지 말라 하였고 또 일꾼이 그 삯을 받는 것은 마땅하다 하였느니라”(딤전 5:17-18; 고전 9:6-15); “가르침을 받는 자는 말씀을 가르치는 자와 모든 좋은 것을 함께 하라”(갈 6:6-8).

이와 같이 신약시대의 그리스도의 일반 항존 사역자들, 즉 목회자들과 교사들의 신적권위를 충분히 다루었다. 하지만 요즈음 일부 엄격한 에라스투스주의자들과 이들을 따르는 자들이 현재 복음주의 시대에 그러한 사역의 직분을 반대하고 부인하는 사실이 목격되고, 잉글랜드교회의 목회가 거짓되고 적그리스도적이라고 주장하는 무리들이 있기 때문에, (하나님의 도움으로) 우리는 다른 긴급한 직무로부터 여유가 생기는 대로 곧바로 일반적으로는 신약시대 목회자들의 신적권위와 구체적으로는 잉글랜드교회의 목회의 진실됨을 주장하고 옹호하고자 한다.

Ⅱ. **치리장로는 말씀전하는 장로들과 집사들과는 구별되며, 현재 신약시대에 하나님의 교회의 신적명령으로 인해 맡겨진 직분이다.**

이 교회 직원, 즉 치리장로의 신적권위에 대해서 일부 사람들이 많은 의구심을 제기하고 회의적이다. 말씀전하는 장로(Preaching Elder)와 집사만큼 치리장로(Ruling Elder)에 대해서는 성경에 충분하고 명확한 언급이 없기 때문이다. 에라스투스주의와 감독제(Prelatical) 원리를 고수하는 자들만큼, 교회정치 문제에서 치리장로의 조력을 분별 있는 일로 여기는 것을 단호히 부인하고 반박하는 자들이 있다. 하지만 이 분별을 구별된 교회직원의 충분한 근거로 여긴다면, 우리는 사무관(Commissioners)이나 위원(Committe-men) 등을 교회직분으로 자유롭게 만들 수 있게 된다. 그렇게 되면 우리는 다시 과거의 부패로 돌아가 고위성직자(Prelates), 수석사제(Deans), 부주교(Arch-deacons), 주교에게 딸리는 법무관(Chancellors), 종교재판소 판사(Officials) 등과 같은 교회직분들을 만드는 오류를 범하게 된다. 그러면 이렇게 직분을 만드는 일은 끝도 없게 된다. 예수 그리스도 외에 어느 누가 교회에 새로운 직원을 세울 수 있는가? 그것은 그리스도의 승천의 산물이 아닌가?(엡 4:7-12). 틀림없이 성경이 치리장로를 세우는 근거로서 신중한 분별(prudential), 그 이상의 것을 우리 앞에 제시하지 못한다면 교회에 치리장로를 두지 않는 것이 더 좋다. 하지만 장로교회주의자들과 독립교회주의자들[88] 모두 치리장로의 신적권위를 인정한다. 성경의 유명한 증언들 세 가지에서 주로 도출한 이하의 세 가지 논증들을 통해 치리장로의 신적권위를 명백히 밝혀, 편견 없이 회의적인 생각을 품고 있는 자들의 의심을 떨쳐버릴 수 있다.

88) See the Apologetical narration by the five independents, p. 8, and Mr. Jo. Cotton, at large asserts the divine institution of the ruling elder. Way of the Churches of Christ, chap. 2, sect. 2, pp. 13-15.

논증 1. 그리스도의 교회에서 치리장로의 신적권위에 대한 첫 번제 논증은 로마서 12장 6-8절에서 이끌어 낼 수 있다. “우리에게 주신 은혜대로 받은 은사가 각각 다르니 혹 예언이면 믿음의 분수대로, 혹 섬기는 일이면 섬기는 일로, 혹 가르치는 자면 가르치는 일로, 혹 위로하는 자면 위로하는 일로, 구제하는 자는 성실함으로, 다스리는 자는 부지런함으로, 긍휼을 베푸는 자는 즐거움으로 할 것이니라.”

이 장의 범위와 구성을 좀 살펴보면 논증이 더 명확해질 것이다. 간략히 말하면 다음과 같다.[89] 의문이 제기된 서신서 주요부분을 끝낸 사도는 칭의(9장-11장), 성화(6장-8장), 예정(9장-11장)에 대해서 논하고, 다음으로 선한 행위(12장-16장)에 대한 좀 더 실제적인 부분을 다룬다. 12장은 온통 권고의 내용으로 다양한 의무들이 제시되어 있다.

1. 일반적으로 우리는 전적으로 하나님을 섬기는 일을 하도록 거룩하고 구별된 삶을 살아야 하는데(1절), 이는 세상을 본받지 않기 위함이다(2절).

2. 구체적으로, 예수님은 두 가지 종류의 특별한 직무를 수행하기 위해 이 땅에 내려오신다.

(1) 직원으로서의 의무(3절-9절).

(2) 모두 형제로서 서로를 향한 그리고 원수를 향한 그리스도인들의 의무(9절 이하).

교회 직원들에 대해서 사도는 그들이 자신들의 영적은사를 자랑하지(

---

89) Vid. D. Pareum in loc. and John Piscator in loc. and doctissimum Calvin in loc. and Beza Annot. in loc.

그 당시에 흔했던) 말고 바르게 생각하며 스스로를 부인하고 모든 은사를 지혜롭게 사용할 것을 분명히 촉구한다. 사도는 다음 사항을 그들에게 요구한다.

A. 교회는 본질적으로 유기적인 몸으로서, 몸 전체의 유익을 위하여 다양한 기능을 하는 지체들이 많다. 그리스도의 몸을 이루는 많은 지체들은 몸 전체의 유익을 위해 다양한 은사와 직무를 지니는데, 이는 상급자가 하급자를 무시하지 못하고 하급자가 상급자를 질투하지 않게 하고자함이다(3절-5절).

B. 유기적인 몸인 교회에는 다양한 종류의 일반 항존직(ordinary standing officers)이 배열 및 열거되어 있는데, 각 직무를 맡은 자들은 자신들에게 요구되는 의무들을 정당하게 이행하도록 권고를 받는다(6절-8절). 이 직분들은 일반적으로 두 가지, 즉 예언(미래의 일을 예측하기 위한 특별한 은사로서가 아니라 성경을 올바르게 이해하고 해석하는 일반적인 은사로서 이해된다)과 목회사역(Ministry)으로 나눌 수 있으며, 이 직분들에는 일반적인 직무들이 추가되어 있다(6절-7절). 그러고 나서 이 일반적인 구분 아래에 모든 직원들에게 다양하게 요구되는 특별한 직무로 세분화된다. 예언에는 다음과 같은 직원들이 포함된다; 가르치는 자, 즉 교사; 권고하는 자, 즉 목회자(7절-8절). 사역에는 다음과 같은 직원들이 포함된다: 베푸는 자, 즉 집사; 다스리는 자, 즉 치리장로; 자비를 베푸는 자, 즉 이방인들을 맞이하고 병든 자들을 위로하는 자(8절). 오늘날의 탁월한 해석가들은 이러한 식으로 이 문맥을 해석한다. 여기에는 그리스도의 교회 안에서

구별하여 정한 모든 일반 항존직들이 탁월하고 완벽하게 열거되어 있다. 이를 전제로 치리장로의 신적권위에 대한 주장이 다음과 같이 제기된다.

대명제. 하나님에게서 일반적인 다스리는 직분을 부여받은 그리스도의 유기적인 몸의 회원들은 누구나 할 것 없이 우리가 추구하는 신적권한을 부여받은 치리장로로서 하나님에게서 다스리는 법을 인도받았고 교회 안의 다른 일반 항존 직원들과 구별된다.

소명제. 롬 12:8절에서 언급된 다스리는 자는 그리스도의 유기적인 몸의 회원으로서, 하나님에게서 주어진 다스리는 일반적인 직무를 지니고 교회 안의 다른 일반 항존 직원들과 구별되며 어떻게 다스려야 할지에 대해서 하나님의 인도를 받는다.

결론. 롬 12:8절에 언급된 다스리는 자는 우리가 추구하는 치리장로이며 신적권위를 부여받은 자이다.

따라서 상기 대명제는 명백하다. 왜냐하면 이 명제에 대한 세부적인 내용들을 살펴보면 치리장로의 직분에 대한 분명한 구분이나 설명과 그 직분의 신적권위에 대한 확고한 토대를 발견할 수 있기 때문이다. 치리장로의 직분은 다음과 같은 다양한 문장들을 통해 설명되고 명확히 구분되어 있으며, 여기에는 치리장로가 되려면 충족시켜야하는 요구조건들이 많이 제시되어 있다.

1. 치리장로는 그리스도의 유기적인 몸의 회원이어야 한다. 이 유기적인 몸 외부의 사람들, 즉 이방인, 이교도, 불신자들은 교회정치에 적합하지

않은 대상자이며 교회에서 이들이 교회정치를 행사하게 내버려두어서는 안 된다. 교회가 오직 "교회 안에 있는 사람을 판단한다"(고전 5:12-13). 교회에 속하지 않은 자들은 교회 내에서 직접 교회정치를 행사할 적합한 주체가 될 수 없는 것은 당연하다. 이들이 어떻게 교회의 회원이 아닌데 교회 직원이 되겠는가? 게다가 그리스도의 보이지 않는 몸의 회원에 불과한 자들, 즉 하늘에 있는 영광스러운 성도들 역시 교회 직원이 될 수 없다. 비가시적인 교회가 아니라 그리스도의 오직 보이는 몸인 교회가 유기적이기 때문이다. 그래서 모든 교회 직원은 우선 교회의 회원, 다시 말해서 보이는 유기적 몸의 회원이어야 한다. 결과적으로 치리장로 역시 그러한 회원이어야 한다.

2. 치리장로는 그리스도의 몸에서 다스리는 직무를 지녀야 한다. 만일 그들에게 치리의 권세가 부여되지 않는다면 회원인 것만으로는 충분하지 않다. 치리장로의 직무 전체는 치리의 문제와 관련되어 있기 때문이다. 치리의 권세가 제거되면 그 직책 또한 사라진다. 회원 모두가 치리의 권세를 소유하지는 못한다["너희를 인도하는 자들과 및 모든 성도들에게 문안하라(히 13:24)" 여기서 다스리는 자와 성도가 서로 구별된다]. 몸의 모든 지체들이 몸을 다스리는 눈이나 손이 아니며, 또한 모든 지체들이 다스림을 받는 자도 있다. 그리스도의 몸도 마찬가지다(고전 12).

3. 이 다스리는 직분은 일반적인 성격(ordinary office)이어야 한다. 사도들은 자신들의 사도직이 특별했기 때문에 특별한 권세를 어느 정도 지녔다. 하지만 우리가 구하는 치리장로는 교회 내에서 다스리는 일반적인 항존 직원을 말한다.

4. 교회의 회원이고 교회 내에서 치리의 직책이 있으며 그 직책이 일반적인 성격을 갖는 등, 이 모든 조건 만으로는 충분하지 않다. 이 모든 조건 외에도 치리장로는 교회의 다른 모든 항존 직원, 즉 목사, 교사, 집사들과 구별되어야 한다. 그렇지 않으면 상기의 세 가지 조건을 모든 충족시킨다고 해도 이 조건만으로는 특별한 직원이 되기에는 부족하다. 하지만 그리스도의 유기적인 몸의 회원이고 그 안에서 치리의 직책을 지니며 그 직책이 일반적인 것이며 그 일반적인 직책이 교회의 다른 모든 일반 항존직들과 구별되는 등, 이 네 가지 요구조건을 모두 충족하는 직원이 있으면 이 사람은 우리가 찾는 치리장로임에 틀림없다. 이를 통해 상기의 명제가 치리장로의 직책을 분명하고 명확하게 구분하고 있다는 것을 알 수 있다. 다음으로 치리장로의 신적권위를 다룰 것인데, 그 신적권위를 전제로 하고 있는 상기의 명제 속에 이 신적권위의 근거가 명백히 표현되어 있다.

(1) 하나님께서 이 직분을 부여하신다.

(2) 하나님께서 이 직분의 인도자이시다. 하나님께서 당신의 교회에 부여해주신 어떤 직분이 바르게 이행될 수 있도록 그 직분을 맡은 자를 인도하시고 감독하신다. 따라서 이 직분은 신적권위를 부여받았음에 틀림없으며 전혀 모순되지 않는다. 그러므로 이 명제는 확고하고 설득력이 있다. 이제 다음과 같이 요약할 수 있다.

상기 소명제, 즉 롬 12:8절에서 언급된 "다스리는 자"는 그리스도의 유기적인 몸의 회원으로서, 하나님에게서 주어진 다스리는 일반적인 직무를 지니고 교회 안의 다른 일반 항존 직원들과 구별되며 어떻게 다스려야 할지에 대해서 하나님의 인도를 받는다는 것은 아래 문맥을 통해서 명백해질 수 있다.

1. "다스리는 자"는 그리스도의 유기적인 몸의 회원이다. 이유는 다음과 같다.

(1) 여기서 그리스도의 교회는 하나의 몸에 비유되고 있다. "이와 같이 우리 많은 사람이 그리스도 안에서 한 몸이 되어 서로 지체가 되었느니라"(5절).

(2) 이 몸은 가르치는 일, 권고하는 일, 다스리는 일 등과 같은 다양한 직무를 가진 다양한 지체들로 구성된 유기적인 몸이라고 선언하고 있다. "우리가 한 몸에 많은 지체를 가졌으나 모든 지체가 같은 기능을 가진 것이 아니니 이와 같이 우리 많은 사람이 그리스도 안에서 한 몸이 되어 서로 지체가 되었느니라…"(4-6절).

(3) "다스리는 자"는 이 몸의 나머지 지체들 가운데 한 지체로 여겨진다(5-8절에서 명백히 드러난다).

2. "다스리는 자"는 그리스도의 몸 안에서 다스리는 직무를 갖는다. 이유는 다음과 같다.

(1) ho prohistamenos라는 단어는, 적절한 주해[90]와 용례를 성경과 다른 그리스 저작물에서 살펴보면 권위를 가지고 다른 사람을 다스리는 자를

---

90) See Mr. Gillespie's Aaron's Rod &c, Book 2, chap. 9, pp. 27-271.

의미하고 있다(이후에 세 번째 논증 2항에서 밝혀진다).

(2) 최고 해석자들과 주석가들은 그 단어 ho prohistamenos를 다음과 같은 의미로 일반적으로 풀이한다: 탁월함 있는 자(Qui praest)-칼빈, 베자, 파레우스(Pareus), 파그닌(Pagnin); 지휘관(Praefectus)-아리아스 몬탄(Arias Montan); 앞이나 선두에 있는 자(육군의 지휘관이나 사령관)(Qui stat in capite)-시리아의 트레멜리우스(Tremellius out of the Syriack); "다스리는 자"-구 제네바 번역과 신약.

(3) 이 용어 ho prohistamenos 또는 prohismus는 신약의 고유한 의미로 사용되는 곳에서는 어디서나 통치나 다스림을 나타낸다. 이 용어는 오직 두 곳에서 비유적으로 선한 일에 힘쓰는 일(어떤 직무를 감독하는 자로서)을 가리킨다(딛 3:8, 14). 또한 개인적인 가정(딤전 3:4-5)에서나 하나님의 공적인 가족인 교회에서 위에 있는 자가 아래에 있는 자에 대하여 지니는 정치의 의미로 쓰인다. 이 용어는 살전 5:12절, 딤전 5:17절, 롬 12:8절에서 이러한 의미로 쓰이며 신약 여러 곳에서 이 용어 ho prohistamenos가 사용되는 것을 볼 수 있다.

3. 여기서 "다스리는 자(ho prohistamenos)"는 교회 내에서 다스리는 특별한 직책이 아니라 일반적인 직책이다. 이 다스리는 자는 그리스도의 일반 항존직원의 목록에 실려 있어서 교회 안에서 지속된다. 예를 들면, 목사, 교사, 집사가 있다. 통상적으로 이곳에서는 이 다스리는 자를 다름 아닌 일반적인 교회 직원으로 언급하고 있는 것으로 해석된다. 결과적으로 "다스리는 자"는 그러한 직원에 해당한다.

4. 여기서 "다스리는 자(ho prohistamenos)"는 그리스도의 교회에 있는 다른 모든 직원과 구별된다. 이곳에서 그리스도의 모든 일반적인 직원들을 충분히 열거하고 있지만 "다스리는 자"는 그들 가운데에서 구별된다.

(1) 명칭에 있어서 구별되는데 다스리는 자(ho prohistamenos)로 불린다. 나머지 모든 직원들에게 각자 다양한 구별된 명칭들이 있다(7-8절).

(2) 직무에 있어서 구별되는데 교사는 가르치고 목사는 권면하며 집사는 자비를 베풀고 장로는 그 명칭 ho prohistamenos가 의미하는 것처럼 다스리는 일을 한다(8절; 딤전 5:17; 고전 12:28). 장로는 다스리는 일을 담당하기 때문에 교회에서 치리권이 없는 집사와 구별된다. 그는 오직 다스리는 일만 하기 때문에(solum non solus praest) 가르치고 권면하며 다스리는 일을 하는 목사 그리고 교사와 구별된다. 이들은 명령과 재판권 모두 가지고 있지만 치리장로는 재판권만 가지고 있다. (3) 마지막으로 치리장로에게 부여된 직무의 바른 이행을 위한 구체적인 지시 역시 다른 직원들이 받은 지시와 구별된다. 교사는 가르치는 일을 하고(en te didaskalia) 목사는 권면하며(en te parakleti) 집사는 성실하게 대접하고(en haploteti) 기쁜 마음으로 자비를 베풀며(en ilaroteti) 장로는 부지런함과 열심을 다하여 다스려야 한다(en spoude). 이와 같이 "다스리는 자"가 구별된 이름과 직무, 그리고 이 직무를 어떻게 이행할지에 대한 구별된 지시를 받은 자 이어야하는 이유는 성령님이 다스리는 자를 여기서 열거된 다른 항존직원들과 구별하여 교회의 일반 직원으로서 세우셨기 때문이다. 그 외에 다른 어떠한 확실한 이유를 생각해 낼 수 있겠는가?

5. 하나님 자신은 여기서 언급된 다른 모든 직분들뿐만 아니라 "다스리는 자"라는 이 직분의 저자요 부여하시는 자이시다. 이유는 다음과 같다.

(1) 일반적으로 교회 내에서, 특히 모든 지체들의 모든 은사와 재능은 하나님에게서 온 것이다. 그것들을 당신의 뜻대로 베풀고 나누어주시는 분은 바로 하나님이시다["하나님께서 각 사람에게 나누어 주신 믿음의 분량대로…."(롬 12:3)].

(2) 모든 특별한 직책, 특히 이 직책을 이행하기 위한 은사들 역시 동일하신 하나님에게서 온 것이다["우리에게 주신 은혜대로 받은 은사가 각각 다르니 혹 예언이면 믿음의 분수대로……"(롬 12:6-7)]. 여기서 하나님께서 은혜(karin)와 은사(karismata, free-gifts)를 분명히 구분하고 있다. 여기서 '은혜'란 하나님의 호의를 통해 인간에게 부여된 교회 안에서의 거룩한 직책이나 책무[91]로 이해해야 한다. 이러한 의미에서 사도는 롬 12:3절에서 은혜(karin)이라는 용어를 사용한다. "내게 주신 은혜(dia tes karito)로 말미암아 너희 각 사람에게 말하노니, 즉 내가 받은 은혜로 말미암아 나의 사도직의 권위를 통해서(per Metonymiam efficientus)…." Karismata라는 용어는 하나님께서 교회 안에 있는 직원들이 다양한 직책을 수행할 수 있도록 값없이 공급하신 재능으로 이해해야한다. 이러한 은사와 은혜, 재능과 직분은 원래 하나님에게서 온 것이며, 하나님의 은혜가 그것들의 근원이다. 각 직책이라는 은혜와 각 직책을 수행하기 위한 은사는 여기서 열거

91) Promunere seu officio Ecclesiastico, quod cuiq; nostrum commissum est a Deo ex gratia. Metonymia efficientis, ut sup. 3, Piscator in loc.

된 이 모든 일반 직책들과 관련이 있으며, 이는 전체 문맥의 흐름과 관계 속에서 드러난다(6-8절). 결과적으로 은혜, 즉 하나님의 은혜로 말미암는 다스리는 직책과 이 직책을 수행하기 위한 은사는 동일한 근원되시는 하나님 자신에게서 나온다.

6. 마지막으로 하나님 자신은 "다스리는 자"의 인도자요 감독자이시며, 그에게 어떻게 다스려야 할지를, 즉 부지런함과 열심히 다스릴 것을 규정해 주신다(8절). 이제 우리는 다음 문장을 금언으로 받을 수 있다-하나님께서는 어떤 일이 신적권위를 갖도록 그 일의 이행방식에 대한 규칙을 제공하신다. 따라서 그 직책은 분명 신적권위를 지녔다고 할 수 있는데, 하나님 자신이 당신의 말씀으로 그 직책의 이행방식을 지시하셨음을 인정하시기 때문이다.

'다스리는 자'(ho prohistamenos)를 요약하자면 다음과 같다.

1. 그리스도의 유기적인 몸의 지체다.

2. 이 몸 안에서 다스리는 직책을 갖는다.

3. 이 직책이 특별한 것이 아닌 일반적인 항존직이며 영원히 지속된다.

4. 그는 교회 내의 다른 모든 일반 직원과 구별된다. 5. 하나님 자신이 이 직책의 공급자이시요 저자이시다. 6. 하나님 자신이 이 직책의 인도자요 감독자이시다.

그러므로 ho prohistamenos, 즉 롬 12:8절에서 언급된 "다스리는 자"

는 우리가 추구하는 치리장로이며 신적권위를 지닌다. 치리장로들에 반대하는 자들은 이들의 신적권위의 증거로 제시되는 롬 12:8절의 주장을 반박하는 다양한 반론들을 제시한다. 하지만 다음 논증으로 진행하기 전에 이 반론들의 결점을 밝히고자 한다.

반론 1. 위 주장은 일반적인 진술을 구체적인 진술로 주장하는 방식(a genere ad speciem affirmative)이다. 여기서 사도가 일반적으로 언급하고 있는"다스리는 자"가 구체적으로 치리장로를 의미하는 것은 아니다[필드 박사(D. Field)].[92]

답변. 이 반론은 이후에 제시된 두 번째 논증에 대한 첫 번째 반론과 동일하다. 왜냐하면 이 두 반론은 동일한 답변으로 적합하고 만족스럽게 해결되기 때문이다.

반론 2. 사도가 다스리는 자들을 언급할 때 교회 안에서 다스리는 모든 사람들을 언급하고 있다. 그리고 장로들이 교회에 대한 치리권을 가진다는 말은 어디에도 없다. 그러므로 누가 이 직책을 장로들에게만 적용시키겠는가? 그 용어 prohistamenoi를 장로들에게만 적용할 수 없고 더 많은 직원들에게 공통적으로 적용된다(Nam non reite quis illud verbum prohistamenoi unis attribuat presbyteries, quod pluribus est

92) Field, Of the Church, Book 5, chap. 26. {숫리브(Sutlive)는 거만한 고위성직자들을 대표하여 베자의 의견에 대하여 반박문을 쓰고 분노의 말을 쏟아냈던 것을 이후에 후회했다.}

commune). 그 용어가 장로들만을 의미하는 것이라면 목사도 교사도 다스려서는 안 된다. 왜냐하면 이 용어가 다스리는 자 외에는 적합하게 쓰일 수 없는 것처럼 권면한다는 용어가 권면하는 자 외에는 적합하게 쓰일 수 없는 것과 같기 때문이다[숫리브(Sutlive)].[93]

답변 1. 그러한 장로들이 교회에서 다스린다는 사실은 롬 12:8절을 보면 명백하다. 여기에서 prohistamenor는 다스린다(지금까지 밝혀져 왔듯이)를 의미하고, 여기서 "다스리는 자"는 지금까지 말한 것처럼 일반 교회 직원들에 속한다. 그러므로 그는 교회 안에서 다스린다. 사도는 또한 이들을 잘 다스리는 장로들(딤전 5:17), 즉 세 번째 논증에서 드러나게 되는 바와 같이, 말씀과 교리에 열심을 내는 자들과 구별되는 교회 직원들이라고 부른다. 실제로 그들은 교회 안에 하나님이 세우신 정치하는 자(kuberneseis)로서 다른 직원들과 구별되는데(고전 12:28), 이러한 사실은 두 번째 논증에서 잘 드러날 것이다. 그러므로 이 장로들은 치리권을 갖는다.

2. 사도는 비록 이 용어 ho prohistamenos를 "다스리는 자"로 사용하고 있지만, 다스리는 모든 자를 말하고 있지는 않다.

(1) 사도는 "다스리는 자"를 한 부류의 다스리는 직원으로서 단수형으로 말하고 있다. 무한하거나 보편적으로 모든 직원을 의미하는 것처럼 복수형인 "다스리는 자들"이라고 말하지 않는다.

(2) 사도는 여기서 목사와 교사, 장로, 집사를 구별된 일반 직원들로 여

---

93) Mat. Sutlive, de Presbyterio, &c, cap. 12, pp. 72, & 87 (1591).

기며, 목사와 교사는 말씀에 힘쓰는 일 외에도 다스리는 권세가 있다(살전 5:12; 히 13:7, 17). "다스리는 자(ho prohistamenos)"는 이들 두 직분과 구별된다. 그러므로 이 용어는 교회의 모든 다스리는 자들이 아니라 오직 한 부류, 치리장로를 의미한다.

3. 다스리는 자(ho prohistamenos)라는 이 명칭이 치리장로 이외의 교회의 더 많은 다스리는 자들에게 일반적으로 쓰이지만, 여기서 단독으로 기록되어있지 않고 그들과 구별된 다른 직원들과 함께 열거되어 있다고 해서 단지 "다스리는 자"만을 구체적으로 가리킬 수 없다는 것은 아니다.

4. 여기서 치리장로가 "다스리는 자(ho prohistamenos)"로 불린다고 해서 이 목사를 다스리는 일에서 배제시키지는 못한다. 이와 동일한 원리로 일반 사역자들이 목사와 교사로 불린다고 해서 사도들과 복음전하는 자들이 목양과 가르치는 일에서 배제되지는 않는다(엡 4:11-12; 고전 12:28). 이 장로는 자신 이외에 다른 다스리는 자가 없어서가 아니라, 장로 자신이 다스리는 일 외에는 다른 사역을 하지 않기 때문에 다스리는 자로 불린다(non quia solus sed quia solum regit). 다른 사역자들 가운데 다스리는 일과 말씀 전하는 일을 하는 자들도 있다.

반론 3. 만약 이 용어가 치리장로를 의미하는 것이라면, 이 장로들은 동일한 이유로 교회에 주어진 목사만큼이나 필요한 존재다. 결과적으로 이러한 장로들이 없다면 목회자도 없게 되고, 따라서 말씀과 성례가 없는 교회

는 없기 때문에 교회도 존재하지 않게 된다(숫리브).[94]

답변 1. 상기 반론에 따르면 집사가 목사나 교사나 장로와 동일한 정도로 필요해서 집사가 없으면 교회 역시 없다고 한다. 왜냐하면 이들 모두가 동일한 지위로 열거되어 있기 때문이라고 한다(롬 12:7–8; 고전 12:28). 하지만 이 말은 터무니없고 경험에 비추어 볼 때 모순된다.

2. 목사와 치리장로가 신적권위로 교회에 속해있지만, 치리장로가 목사와 동일한 정도로 교회에 필요하다고 할 수는 없다. 치리장로는 다스리는 일만 하고 목사는 다스리는 일과 가르치는 일 모두를 수행한다. 그러므로 목사가 교회에 더 필요하다고 할 수 있다. 필요의 정도에는 차이가 있지만, 교회의 존재에 절대적으로 필요한 구성요소(Matter)와 형식(Form)이 있다. 즉 가시적인 성도들, 합당한 믿음의 고백, 복음에 따라 그리스도에 대한 순종이 있다. 따라서 교회는 존재하지만 이 교회 안에 집사, 장로, 목사는 결여될 수 있다. 실제로 한시적이지만 말씀과 성례 또한 결여될 수 있다. 교회가 건강하게 존재(ad bene esse)하는데 있어서 각 요소들의 필요 정도는 저마다 차이가 있다. 따라서 직원들이 필요하지만 직원들의 필요의 정도에는 차이가 있으며, 반드시 필요한 직분이 없을 경우에 교회는 절뚝거리게 되고 결함이 생기며 몹시 불완전한 상태가 된다.

반론 4. 다스리는 자가 치리장로를 의미한다면 순종하는 집사를 다스리는 장로보다 우선시해야한다(숫리브).[95]

94) Mat. Sutlive, de Presbyterio, cap. 12, p. 87 (1591 edition).

95) Mat. Sutlive, de Presbyterio, cap. 12, p. 72 (1591 edition).

답변. 논증 2에 대한 세 번째 반론에 대한 답변에서 드러나겠지만 순서에 대한 우선순위가 가치와 지위의 우선순위를 반드시 반영하는 것은 아니다. 여자인 브리스길라가 남자이면서 남편인 아굴라보다 먼저 거론되는 구절이 있다(행 18:18; 롬 16:3; 딤전 4:19). 그렇다고 해서 여자가 남자보다 우선시되는가? 아내가 남편보다 우선하는가? 그리고 다른 곳에서는 아굴라가 브리스길라보다 먼저 기록되어 있다(행 18:2, 26; 고전 16:19). 따라서 성령님은 우월한 자와 열등한 자를 차별 없이 언급하신다.

반론 5. 여기서 사도는 다른 은사와 은혜들을 언급하고 있다. 이 다양한 은사들(karismata diaphora)이 다양한 직책들을 의미하지는 않는다. 만약 다양한 직책들을 의미하는 것이라면 아마도 한 사람이 동시에 다양한 은사들을 받지 못하게 될 것이다. 결과적으로 선지자는 가르치는 일도 권면하는 일도 하지 못하게 될지도 모르고, 집사는 분배하는 일도 자비를 베푸는 일도 하지 못하게 될지도 모른다. 하지만 한 사람이 많은 은사들을 부여받는 것은 일반적일 수 있지만, 많은 직책은 그럴 수 없다. 사도들의 시대에 이러한 은사들 중 어떤 은사가 목회자와 신자들, 그리고 남자들과 여자들에게 일반적이지 않았는가?[빌손(Bilson)][96]

답변. 다양한 사항들을 고려해서 이러한 반론이 무의미하다는 것을 밝힐 수 있다. 다음 세 가지를 고려해 보자.

---

96) Bilson's Perpet. Government of Christ's Church, chap. 10, pp. 136-138 (1610).

1. 상기 반론에는 사도가 다양한 은사와 은혜들만을 언급하고 다양한 직분들은 언급하지 않았음을 증명할 이유가 충분하지 않다.

(1) 다양한 은사들(karismata diaphora)(6절)이라는 표현으로 상기 반론의 정당성을 입증해내지는 못한다. 사도가 다양한 은사들에 대해 말할 때 그 은사들의 주체에 대한 언급도 없이 추상적이거나 절대적으로 하지 않고, 그 은사들의 주체와의 관계 속에서 언급하였다. 그 은사들은 다양한 직원에게 부여되어 있다고 7-8절에 기록되어 있다, 그러므로 사도가 6절 말씀에서 다양한 은사들(karismata diaphora)을 언급할 때 우리에게 부여된 은혜를 따라, 즉 하나님의 은혜로 말미암아 우리에게 부여된 직책을 따라 우리는 다양한 은사들을 갖는다고 말하고 있는 것이다(명백하게 드러난 바와 같이 은사를 받은 후 즉시 여러 직책들이 열거된다.).

(2) 여기서 다양한 직책들을 의미하고 있다는 사실을 인정하는 순간, "만약 다양한 직책들을 의미하는 것이라면 한 사람이 다양한 은사들을 가질 수 없게 되어서, 선지자는 가르치는 일도 권고하는 일도 수행하지 못하게 되는 등의 문제가 발생하게 될 것이다. 하지만 한 사람이 많은 은사들을 부여받는 것은 일반적일 수 있지만 많은 직책은 그럴 수 없다."라는 추론을 통한 상기 반론의 정당성을 입증할 수 없다. 사도, 목회자, 장로, 집사가 서로 구별된 직원들이라는 사실 외에 누가 어떤 언급을 하고 있는가? 하지만 사실상 모든 하위의 직책은 상위의 직책에 포함되며 상위 직원이 하위의 직책을 수행할 수 있다. 장로들은 집사들처럼 나누어주는 일을 잘 할 수 있으며 그 외에 다스리는 일을 한다. 목사들은 집사와 장로처럼 나누어주는 일

과 다스리는 일을 잘 할 수 있으며 그 외에 말씀을 전하고 성례를 시행하며 사역자들을 임명할 수 있다. 사도들은 이 모든 일을 수행할 수 있으며 그 외에도 많은 특별한 일을 할 수 있다. 게다가 선지자는 가르치는 일과 권면을 할 수 있고 집사는 나누어주는 일과 자비를 베푸는 일을 할 수 있다. 이 모든 일은 그들의 직책에 적합한 일들이기 때문이다.

(3) 마지막으로 사도들의 시대에 모든 은사들이 남자와 여자를 구분하지 않고 모든 부류의 신자들에게 일반적이었다는 주장을 통해서도 상기 반론의 정당성은 힘을 잃는다. 이후에 이 반론의 정당성을 증명하려고 부단한 시도가 있었지만 별 성과가 없었다. 사도들의 시대뿐 아니라 우리의 시대에도 모든 그리스도인들이 개인적으로 가끔씩 서로 가르치고 권면하며 자비의 의무(bond of charity)와 형제애의 법(law of fraternity)을 따라 자비를 베풀고 형제애를 마땅히 실천할 수 있지만(vincule charitatis & jure fraternitatis), 자신들의 직무상의 권위를 가지고(virtute officii & authoritative) 가르치거나 권면하거나 다스리거나 배분하는 일 등을 할 수는 없다. 하지만 빌손(Bilson)의 치리장로들에 대한 반박이 얼마나 지나쳤는지는 살펴볼만한 가치가 있다. 빌손은 장로들의 직책에 순종하기보다 남녀 구분 없이 모든 부류의 신자들이 이 모든 은사들을 일반적으로 지니고 있다고 주장한다. 이것은 새로운 신학으로서, 남녀 구분 없이 모든 부류의 신자들이 누구나 말씀을 전하고 다스릴 수 있다는 주장이다. 빌손은 분리주의자들보다 지나치지는 않다 하더라도 분리주의자들의 모습을 여실히 보여주고 있다.

2. 사도가 구별된 은사들뿐 아니라 구별된 교회 직원들을 언급했다고 생각해 볼 수 있는 근거가 문맥 속에 충분하다.

(1) 자연스런 몸(교회가 비유적으로 표현되는)에 비유하는 전제에서, 사도는 구별된 직책들을 갖는 구별된 지체들을 언급하고 있다: "우리가 한 몸에 많은 지체를 가졌으나 모든 지체가 같은 기능(직무, 직책-역자)을 가진 것이 아니니"(4절)[97].

(2) 사도는 이 비유에서 자신이 karismata라고 하는 은사들뿐만 아니라 은사들이 부여되는 karin이라고 하는(6절에서는 "은혜"로 기록되어 있다) 직책들도 언급하고 있다. 은혜로 말미암아 주어진 직책은 먼저 두 개의 일반 항목들, 즉 예언(Prophecy)과 섬김(Ministry)으로 나뉜다(6-7절). 다음으로 이 일반 항목들은 이들의 하위에 속한 특별한 직책들로 세분화된다. 다시 말해서, 예언의 항목 아래에 교사(가르치는 자)와 목사(권면하는 자), 그리고 섬김의 항목 아래에 집사(나누어주고 자비를 베푸는 자)와 치리장로(다스리는 자)로 세분화된다. 본문에는 예언과 섬김을 일반적인 직책으로 하고 그 외의 나머지를 특별한 직책으로 하는 정당한 근거가 있다. 예언(선지자들)이건 섬김(집사들, 섬기는 자들)이건 간에 예언과 섬김이 추상적으로 표현되어 있으며(eite propheteian-eite diakonian) 이 둘은 대격이다. 이 둘은 관련을 맺으며 다른 직책들이 예언(목사와 교사)과 섬김(집사와 치리장로)에 참여함을 암시하는 복수형 분사 ekonntes에 결합된다. 하지만

97) Pagnius-the same act. Beza, Tremellius, Piscator-the same action.

다른 모든 직책들은 구체적이고 주격이며 단수로 표현되며 이 모든 직책에 단수형 관사 ho가 접두어로 붙는다. 예를 들면, 가르치는 자(ho didaskon), 권면하는 자(ho orakalon), 베푸는 자(ho metadidas), 다스리는 자(ho prohistamenoi), 자비를 베푸는 자(ho dleon) 등이 있다. 그러므로 예언과 섬김을 일반적인 직책으로, 나머지 모두를 일반적인 기능 아래의 특별한 기능으로 여길만한 타당한 근거가 있는 것이다.

3. 분별 있고 박식한 해석자들은 이 본문에 대해서 만장일치로 이와 같이 결정하고 있으므로 이들의 결정을 가볍게 여겨서는 안 된다. 각주에 있는 이들의 말을 참조하기 바란다.[98]

논증 2. 치리장로의 신적권위에 대한 두 번째 주장은 고전 12:28절을 근거로 한다. "하나님이 교회 중에 몇을 세우셨으니 첫째는 사도요 둘째는 선지자요 셋째는 교사요 그 다음은 능력을 행하는 자요 그 다음은 병 고치는 은사와 서로 돕는 것과 다스리는 것과 각종 방언을 말하는 것이라"(고전 12:28). 하나님께서 기독교와 초대교회를 처음 세우실 때 여러 그리스도인들에게 많은 뛰어난 은사를 주셨다. 고린도 교회는 그러한 은사에 있어서 탁월했다. 그래서 은사를 받은 지체들이 영적으로 교만해지고 형제들을 멸시했다. 이 장에서 주로 살피고자 하는 점은 이러한 은사들이 남용되는 것을 바로잡고 올바로 사용될 수 있도록 인도하여 모든 지체들의 공동의 유익

---

98) Beza in loc. in Annot. Minor Marginal. Piscator on Rom. 12. D. Pareus on Rom. 12. {성경에 과부들이 사도시대에 교회의 직책을 맡았다는 내용이 없으며 그들은 교회의 자비를 받을 대상이었다(딤전 5:3-7).}

을 피하고자 하는 것이다. "각 사람에게 성령을 나타내심은 유익하게 하려 하심이라"(고전 12:7).

1. 모든 은사들은 한분 동일하신 근원에서 나온다. 그러므로 하나님의 영이 한 개인으로 하여금 모든 은사를 갖는 것이 아니라 다양한 사람들이 다양한 은사를 갖도록 함은 모두가 서로를 돌보도록 하여 결국 모두의 유익을 위함이다(8-11절).

2. 온 세상에 있는 그리스도의 전 교회는 단지 하나의 몸이며 이 몸은 내부에 다양한 용도로 쓰이는 다양한 지체, 예를 들면 눈, 손 등이 있는 유기체로서 이 안에서 가장 천하게 여기는 지체들이라도 가장 귀하게 여기는 지체들에게 쓸모 있고 필요한 것이다. 그러므로 모든 지체들은 다툼이나 분쟁 없이 몸 전체의 유익을 위하여 자신들의 은사들을 조화롭게 사용해야 한다(12-28절). 특별하건 일반적이건 모든 다양한 직원들이 다양한 은사와 행정을 맡았지만 한분 동일하신 하나님으로 말미암아 하나의 동일한 보편교회 안에 있다. 그러므로 모두가 교만이나 적대감이나 분쟁 없이 교회 전체의 유익을 목표로 삼아야 한다(28절 이하). 이러한 내용들을 전제로 28절 말씀에 근거한 이번 장의 구성과 범위를 다음과 같이 주장을 할 수 있다.

대명제. 하나님 자신은 신약시대에 특별한 직원이건 일반적인 직원이건 상관없이 교회의 다른 모든 다스리는 자들과 구별된 직원들을 교회 내에 두셨는데, 이들이 바로 우리가 찾고 있는 신적권위를 부여받은 치리장로들이다.

이 명제는 너무나 자명해서 이를 추가적으로 증명하기 위한 많은 말이 필요 없다. 그리스도의 교회 내에 치리장로와 같은 구별된 직원들이 있고 이들이 신적권위를 부여받았음은 이하의 내용들이 보여준다.

1. 교회 안에 다스리는 자로서 하나님께서 정하신 특정한 직원들이 있다.

2. 교회 안에 하나님께서 정하신 그러한 직원들이 구약시대가 아닌 우리와 직접적으로 관련된 신약시대의 교회 안에 있다.

3. 신약시대의 교회 안에 하나님께서 다스리는 자로 정하신 이러한 직원들이 특별한 직원이건 일반적인 직원이건 상관없이 교회의 모든 다른 다스리는 자들과 구별되는가? 위의 내용들 중 세 번째에서 구별된 교회 직원에 대해서 상세히 설명하고 있고, 두 번째는 이 구별된 교회 직원을 우리가 살고 있는 오직 신약시대의 교회로 제한하고 있으며, 첫 번째는 이 신약시대의 구별된 직원은 교회 안에서 다스리는 능력이 있으며, 이 구별된 직원의 신적권위는 하나님께서 다스리는 능력을 갖춘 이 직원을 다스리는 자리에 두신 행위를 통해 명백히 증명된다. 파트 1의 6장을 참고하고 위 모든 내용을 종합해보면 상기 대명제의 결론이 확실하고 명백하다는 것을 알 수 있다.

소명제. 고전 12:28절의 다스리는 자는 하나님 자신이 신약시대의 교회 안에 다스리는 자로서 세우신 직원이며, 특별한 직원이건 일반적인 직원이건 다른 모든 교회의 다스리는 자들과 구별된다.

이 가정은 전적으로 이 본문에 근거하고 있고 명백하게 포함되어 있으며 다양한 사실들을 통해서 다음과 같이 입증될 수 있다.

1. 여기서 말하는 교회(en te ekklesia, in the Church)는 현재 신약시대의 그리스도의 교회이다.

(1) 여기서 언급된 교회는(28절) 12장의 전 문맥과 일관성을 고려할 때, 분명히 12-13절에서 언급된 한 몸과 동일하다. 하지만 이 한 몸은 구약시대의 하나님의 교회가 아니라 신약시대의 그리스도의 교회만을 의미하고 있다. 어느 정도 이 몸을 그리스도의 교회로 여기므로 실제로 (머리와 지체들과의 연합은 매우 친밀하다.) 그리스도라고 부른다. 즉 개인적 차원의 그리스도가 아니라 신비적 차원의 그리스도(12절)로서 머리와 몸을 포함한다. 교회의 이 명칭, 즉 그리스도나 그리스도의 교회 등은 신약시대 교회의 독특한 특성이다. 성경 어디에서 구약시대의 하나님의 교회를 그리스도의 교회라고 부르는가? 그리고 어느 정도 유대인과 이방인들 모두 공동으로 이 한 몸 안에 포함되어 하나의 교회로 연합된다. "우리가 유대인이나 헬라인이나 종이나 자유인이나 다 한 성령으로 세례를 받아 한 몸이 되었고…" (고전 12:13). 이 연합, 즉 유대인과 이방인들이 연합하여 한 몸, 한 교회를 이루는 일은 신약시대에만 이루어진다(엡 2:11 이하 참고).

(2) 여기서 언급한 이 교회에 세워진 직원들은 오직 신약시대의 직원들이다(28절). (3) 이 장 전체에서 다루고자 하는 것은 신약시대의 교회였던 고린도 교회의 영적인 은사들의 남용을 바로잡는 것이다. 그러므로 신약시대의 사도가 구약시대의 교회 직원들이나 지체들의 독특한 은사들의 다양한 분배를 논하는 것은 너무나 관계없는 얘기였을 것이다.

2. 여기서 언급된 다스리는 것은 교회 안에서 다스리는 자로 세워진 직

원을 가리킨다. “교회 안에 몇을 세우셨으니 첫째는 사도요……다스리는 것들(Kuberneseis).” 이 사실을 명확히 하고자 여기서 열거한 내용들, 즉 직원들의 명칭, 다스리는 것들, 그리고 교회 내의 이 다스리는 것들의 구성이나 배치를 고려해 보자.

(1) 여기서 열거한 내용은 명백히 다양한 종류의 교회 직원들로서 어떤 이들은 단지 일시적으로만 지속되는 특별한 직원이고, 또 다른 이들은 교회 내에서 지속적으로 유지되는 일반적인 직원이다. 현재 해석자들은 이러한 사실을 확실히 지지한다. 그리고 이 본문은 부분적으로 구성요소(the Matter), 즉 열거된 다양한 직원들을 살펴보면, 기독교 교회를 처음 세웠을 때 일시적으로만 지속되었던 다섯 종류의 특별한 직원들, 예를 들면, 사도, 선지자, 능력 행하는 자, 기적을 행하는 자, 치유하는 자, 방언하는 자들이나 세 종류의 일반적인 직원들, 예를 들면, 교사(Teachers, 말씀을 전하는 장로), 다스리는 자(Governments, 치리장로), 조력자(Helps, 집사)를 분명히 언급하고 있다. 이들이 열거되어있는 직원들이다. 일부 다른 직원들이 다른 곳에서 언급되지만, 일부 사람들은 이 열거된 사실이 절대적으로 완벽하지는 않다고 생각한다. 하지만 교회 직원들이 열거된 것임은 의심의 여지가 없다. 이 사실은 열거하는 형식을 갖춘 사도가 말하는 방식, 즉 첫째, 둘째, 셋째, 그리고 나서(proton, deuteron, triton, hepeitha, & eita)와 같은 열거방식을 보면 어느 정도 분명해진다. 그리고 그의 다음의 말을 통해 그리스도의 신비적인 몸에 속한 다른 지체들과 구별된 직원들을 포함시키려고 했던 것은 어느 정도는 분명하다. “다 사도이겠느냐 다 선지자이겠느

냐 다 교사이겠느냐 다 능력을 행하는 자이겠느냐"(29-30). 즉, 하나님께서 그리스도의 몸의 모든 지체가 아니라 일부 지체들만이 교회에서 이러한 직분을 감당하도록 세우셨다. 밝혀진 바와 같이 교회 안에 구별된 직원들이 분명히 나열되어 있다면, 결과적으로 다스리는 것(kubernesis)은 반드시 나머지 직원들 가운데 구별된 교회 직원들 중 하나이어야 한다.

(2) 이러한 직원들의 명칭[다스리는 것(kubernesis)]은 그들이 교회 내에서 치리권을 부여받은 다스리는 직원들이라는 것을 보여준다. 이 단어(2장에서 언급되었듯이)는 나침반과 키 등으로 배를 다스리는 조타수나 항해사에 비유한 것이다[배를 다스리는 자(kubernesis)라고 불린다(약 3:4; 행 27:11; 계 18:17)]. 이 단어는 그리스도의 뜻과 마음을 따라 교회를 영적으로 다스리고 인도하기 위해서 교회라는 배의 선미에 앉아있는 직원들을 의미한다. 다스리는 것이라는 추상적인 단어는 구체적으로 다스리는 자를 가리킨다. 다스리는 것이라는 이 명칭의 앞부분에 다스리기 위한 권세라는 글자가 분명히 새겨져있다. 이 사실은 누구나 쉽게 인정할 것이다. 한 가지 의문시되는 것은 사도가 이 다스리는 자들로 누구를 가리켰느냐는 것이다. 따라서 다스리는 자를 가리키지 않는 대상을 생각해보자.

A. 일반적인 의미의 다스리는 자를 가리키지 않는다. 왜냐하면 다스리는 자는 일반적으로 존재하지 않고 구체적이고 개별적으로 존재하기 때문이다. 즉 한 몸의 지체가 일반적으로 존재하지 않고 눈, 손, 발 등과 같은 특정한 지체로 존재한다. 이 외에도 그리스도께서 자신의 교회에 다스리는 자들을 단지 일반적으로 임명하거나 교회나 통치자들에게 결정하도록 맡기지

않으시고, 그리스도께서 스스로를 낮추시어 자신의 교회에 세울 다양한 직원들이 교회의 다스리는 자들을 구체적으로 결정하도록 했다(엡 4:7-12; 고전 12:28; 롬 12:7-8 비교). 비록 통치자를 정하는 일에 있어서도 하나님께서는 단지 일반적인 사람들을 세우시지 않고 일반적인 사람들 가운데 구체적인 부류의 사람을 세우시는데, 다양한 국가들이 자신들에게 가장 적합한 특정한 사람을 결정하도록 그들의 판단에 맡기신다(파트 2, 9장 참고).

B. 가정의 지도자가 교회를 다스리는 자가 될 수 없다. 모든 가정이 교회 안에 속해있지는 않기 때문이다. 이방인 가족들은 교회 밖에 있다. 가정이 교회이거나 교회에 속할 수 없다(여기서 언급된 교회의 의미에서). 비록 가정의 지도자가 자신의 집에서는 다스리는 자이지만 그의 권세는 교회와는 관련이 없고 그리스도인뿐만 아니라 이교도들에게도 공통된 것으로서 경륜적이거나 가정적인 성격을 띤다.

C. 파트 1의 1장에서 암시된 근거들에 비추어 볼 때 세속 통치자[99]는 교회를 다스리는 자가 될 수 없다(다른 주장들이 제기될 경우 파트 2, 9장 참고). 명백히 지지를 받은 고대의 판결에 따르면 감독과 장로를 교회에서 동일한 하나의 직책으로 여긴다. 이는 특히 암브로스(Ambrose), 데오도르(Theodorit), 제롬(Jerome) 등도 그렇게 생각한다.[100]

---

99) That the Magistrate cannot be meant here, see fully evidenced in Mr. Gillespie's Aarons' Rod &c., book 2, chap. 6, pp. 218-224, and also ch. 9, p. 284.

100) Ambrose speaks of the parity and equality of Bishops and Presbyters. Ambros. Com. in 4. cap. ad Ephes. Ambros. in 1 ad Tim. cap. 3. Theodoret. in 4. lib. de fabul. Haerectic. Aerian. Jerome is most

D. 직위상 말씀전하는 장로 위에 있다고 행세하고 모든 교회정치의 지배권이 자신에게만 있다고 하는 감독(Prelatical Bishops)은 교회를 다스리는 자가 될 수 없다. 성경에서 감독과 장로라는 용어는 모두 하나의 직위를 나타낸다(이 단어들은 동일한 직원을 나타내는 동의어에 불과하다). 이 사실은 디도서 1장 5절, 7절을 비교해보면 분명해진다. 결과적으로 그들이 감독과 같은 지위에 있지 않다면 교회에서 다스리는 자 일리 없다.

E. 조력자(집사—역자주) 역시 교회를 다스리는 자가 될 수 없다. 이전의 성경의 변질된 흔적에서 암시하고 있듯이 조력자를 다스리는 자에 포함시켰으며, 일부 근대 학자들은 집사를 다스리는 자에 포함시키는 것을 지지하는 것 같다. 하지만 이것은 헬라어 원어로 조력자들(antilepseis), 다스리는 자들(kubernesis)로 구별하고 있는 것과 대조를 이루고, 고대 아람어(the ancient Syriack version)로 [트레멜리우스(Tremellius)가 번역한] 조력자들(opitulatores), 다스리는 자들(gubernationes)고 구별하고 있는 것과도 대조적이다. 그러므로 이렇게 심각하게 변질된 내용이 최근에 인쇄된 성경에서는 재대로 수정되었다. 여기서 해석자들은 일반적으로 조력자, 다스리는 자를 두 개의 구별된 직원으로 보고 있다.

F. 마지막으로 가르치는 장로 역시 교회를 다스리는 자가 될 수 없다. 교사에 대해서는 이전에 동일한 성경구절에서 언급했으므로 불필요하게 다

---

clear and pregnant in many passages, showing the equality and identity of Bishops and Presbyters in the Primitive Churches. Hieronym. in Epist. ad Oceanum. Hieron. ad Euagrium. Vid. & eundem in Epist. ad Titum.

시 반복하지 않겠다. 결과적으로 이전에 언급한 모든 다스리는 자들과 구별되며 교회 안에서 치리권과 다스리는 권세를 지닌 교회 내의 직원이 아니면 도대체 누가 "다스리는 자"일 수 있겠는가? 이것은 명백히 치리장로라는 결론에 도달하지 않는가?

3. 하나님께서 친히 교회 내에 다스리는 자를 세우셨다: "하나님께서 교회 중에 몇을 세우셨으니(etheto ho theos), 첫째는 사도요…… 다스리는 자……." (그 단어가 내포하듯이) 하나님께서는 세우시고 두시며 만드시고 임명하시는 등의 일을 하셨다. 하나님께서 교회 내에 무엇을 세우셨는가? 사도와 다스리는 자를 세우셨다. 이 동사(etheto)는 열거된 모든 종류의 직원들과 동일하게 관련되어 있다. 그리고 하나님께서 친히 당신의 행위와 권위로 교회 안에 세우신 그 직원이 신적권위를 부여받지 않았겠는가? 따라서 이 다스리는 자들은 의심의 여지없이 신적권위를 지닌다고 할 수 있다.

4. 마지막으로, 하나님께서 직접 신약시대에 교회 내에 다스리는 자를 세우시고, 이들을 교회 안 · 밖의 모든 다스리는 자들과 구별하셨다. 여기서 사도는 다양한 종류의 직원, 즉 특별한 직원들과 일반적인 직원들, 모두 여덟 직원들을 눈에 띄게 열거하고 있다. 이들 중 다섯은 특별한 직원들로서 한시적으로만 존재하는데 사도, 선지자, 능력 행하는 자, 병고치는 은사를 가진 자, 방언하는 자가 있다. 이 특별한 직원들을 둔 것은 우선적으로 그리스도의 복음을 효과적으로 전파하고 그리스도인의 교회를 세우기 위함이다. 나머지 셋은 일반적인 직원들이며 교회 안에서 지속적으로 쓰임을 받고 필요로 하는 자들로서, 교사, 다스리는 자(치리장로), 조력자(가난하

고 고통 받는 자를 돕고 위로하는 집사)이다. 일부 직원들이 생략되고 제외된 듯 보인다고해서 이렇게 명시된 내용의 절대성과 완전성에 반기를 들 수 없다. 성경의 다른 곳에서도 이러한 내용들이 포함되어 있기 때문이다(엡 4:11; 롬 12:7-8). 복음전하는 자가 특별한 직원들의 목록에 빠져있고 목사가 일반 직원들의 목록에서 제외되어있다. 하지만 일부 사람들은 목사와 교사가 두 개의 구별된 직원이 아니라 동일한 직원이지만 일이 두 가지로 구별되어 있음을 나타낸다고 생각한다. 이것이 유효하다면 목사는 '교사' 라는 명칭 아래에 충분히 포함된다. 실제로 어떤 사람들[101]은 복음주의자와 목사가 '교사' 라는 명칭 아래에 포함된다고 생각한다. 하지만 다음과 같은 두 가지 사실은 분명해 보인다: (1) (비록 복음주의자와 목사가 제외되어 있지만) 이러한 열거는 신약 전체 어딘가에서 발견될 수 있는 교회의 직원들을 충분하고 완벽히 반영하고 있다; (2) 이 열거에서 이러한 결함이 있음을 인정하지만, 그렇다고 해서 여기서 언급된 다스리는 것(Governments)이 교회 내의 다스리는 직원을 가리키고 치리권이 있는 교회의 모든 다른 직원들과 구별된다는 현재의 주장에 전혀 해를 끼치지 않는다. 이 다스리는 자들은 여기서 언급된 모든 자들, 즉 사도, 선지자, 교사와 구별된 직원들로서 명백하고 뚜렷이 기록되어 있기 때문이다. 이와 같이[102] 해석자들은 일반적

---

101) Doctores. Ad Ephes. 4:11: tertio loco ponit Evangelistas, quarto Pastores & Doctores. Hic Igitur una Doctorum voce comprehendit omnes quis in verbo laborant; quique docendie numus in Ecclesia ordinatium sustinebant, Evangelistae, Episcopi, Pastores, Doctores Presbyteri apellati. Pareus on 1 Cor. 12:28.

102) Pet. Martyr on 1 Cor. 12:28; D. Pareus on 1 Cor. 12:28; Beza in loc.; Calv. on 1 Cor. 12:18, whom Pareus (cited above) evidently follows.

으로 다스리는 자를 여기서 열거된 나머지 직원들과 구별된 교회 직원으로 여기고 있다. 내용을 요약해 보면 다음과 같은 사실은 명백하다.

(1) 여기서 언급된 교회는 신약시대의 그리스도의 교회이다.

(2) 여기서 언급된 다스리는 자는 교회 내에서 다스리는 자로서 그리스도의 교회 안(교회 밖이 아니라)에 세워진 직원이다.

(3) 이 교회 내에 세워진 다스리는 자를 가리키는 '다스리는 것(Governments)' 은 사람에 의해서가 아니라 하나님에 의해서 직접 세워졌다. 다시 말하면 하나님께서 교회 내에 다스리는 것(Governments)을 세우셨다.

(4) 마지막으로 교회 내에 이렇게 세워진 다스리는 자들은 교회 안 · 밖의 모든 다스리는 자들과 구별된다. 이 모든 내용들이 치리장로의 신적권위를 명확히 보여주지 못한다면 그 무엇으로 가능하겠는가? 따라서 다음과 같이 확실히 결론내릴 수 있다.

결론. 고전 12:28절의 다스리는 것은 (우리가 추구하는) 신적권위를 갖는 치리장로를 나타낸다.

현재 치리장로의 신적권위의 근거로서 고전 12:28절을 제시하는 것에 반박하는 여러 반론이 제기되고 있다. 따라서 세 번째와 마지막 논증으로 넘어가기 전에 이러한 반론에 답변을 제시하고자 한다.

반론 1. 고전 12:28절의 주장은 논의되고 있는 문제를 입증하기엔 너무 빈약하다. 이성적인 사고가 무엇인지 아는 사람 어느 누가 일반적인 것을 구체적이고 특별한 것으로 간주하겠는가(a Genere ad speciem affirmative)? 아니면 상식을 지닌 자라면 이 문제를 협의하는 것이 타당하다는데 어느 누가 동의하겠는가? 사도들이 언급한 초대교회에는 다스리는 자들이 있었는데, 이들이 일반 성도로서 다스리는 자들이었는가? 분명히 나는 그렇게 생각하지 않는다.(Field)[103]

답변. 이 반론은 자신에 찬 말들로 넘치지만 고작 말장난에 지나지 않았다. 다음과 같이 반박할 수 있다.

1. 양보의 방식을 이용한 반박. 일반적인 것을 특별한 것이라고 주장하는 다음의 방식은 건전한 추론이 아니다. 예를 들면, 이것은 왕국이다. 그러므로 그것은 영국이다; 이것은 도시이다. 그러므로 그것은 런던이다; 사도는 초대교회의 다스리는 자를 언급하고 있다. 그러므로 그들은 치리장로들이다. 이와 같은 추론은 불합리하다. 2. 부정의 방식을 이용한 반박. 이 본문으로부터 치리장로에 대한 추론은 일반적인 것을 특별한 것이라고 하는 방식(a Genere ad speciem affirmative)을 사용하지 않는다. 즉 교회에 다스리는 자들이 있으므로 이들은 치리장로들이다고 하는 방식으로 추론하지 않는다. 오히려 우리의 주장은 다음과 같다. 고전 12:28절에서 언급된 다스리는 자들은 하나님께서 신약시대의 그리스도의 교회 안에 세우신 특별한 부류의 다스리는 자들로서, 특별하건 일반적이건 관계없이 교회를 다스

103) D. Field, Of the Church, Book 5, Ch. 26.

리는 모든 다른 자들과 구별된다. 그러므로 이들은 (우리가 추구하는) 신적 권위를 갖는 치리장로들이다. 따라서 우리는 다양한 종류의 교회 직원들로부터 긍정적으로(ab Enumeratione specierum affirmative) 주장하고 있다. 여기에 신적권위를 부여받은 다양한 종류의 교회 직원들의 명단이 있다. 다스리는 자들은 이 명단에 속한 한 종류이며 나머지 다른 직원들과는 구별된다. 그러므로 다스리는 자들은 신적권위로 세워진 자들이며, 결과적으로 신적권위를 지닌 치리장로들이다. 위 추정에서 입증된 바와 같이 그들 외에는 아무도 다스리는 자들이 될 수 없다. 사도가 여기서 다스리는 자들만 언급하고 다른 종류의 교회 직원들을 함께 말하지 않았다면 이 반론이 어느 정도 부각되었을 것이고, 사도가 구체적으로가 아닌 일반적으로 다스리는 자를 말하고 있었을 가능성이 생겼을 것이다. 하지만 사도가 애써서 그렇게 많은 구체적인 직원들, 즉 사도, 선지자, 교사 등을 나열하고 있는데, 이 모든 구체적인 직원들 가운데 다스리는 자만 구체적이지 않다고 생각한다면 얼마나 비이성적인가? 3. 필드 박사(Dr. Field)는 다스리는 장로(Ruling Elders)를 다스리는 성도(Lay-Governor)나 장로직을 맡은 성도(Lay-Elders)라고 부르는 것을 비난했는데, 이것은 목사(Ministry)와 성도(people)를 '성직자와 성도[Clergy and Laity(klergon & laon)]' 로 근거 없이 구별해 놓은데 기초한 탓이라고 했다. 건전한 정통파 학자들[104]은 이 두 용어는 성경이 보증하지도 않고 성경을 거스른다고 하면서 인정하지 않는

104) Calvin on 1 Pet. 5:2-3. See also Jacob Laurent. Commentar. on 1 Pet. 5:2-3: ubi susius de bac distinct. differit. pp. 322-325.

다-klergon이라는 단어는 목사에게만 적용되는 것이 아니라 교회 전체에 공통적으로 적용된다(벧전 5:2-3). 이러한 직원들에게 주어진 성경적 용어는 다스리는 장로(oresotes presbuteroi)(딤전 5:17)이고, (비록 이들이 성도들 가운데에서 선출되지만) 성경에서 이 명칭을 부여하고 있기에 다스리는 장로는 교회 직원이다.

반론 2. 사도, 선지자, 교사는 구별된 직원으로서 구체적으로 언급되어 있지만, 다스리는 자(Governors)라는 구체적 언급이 없고 사람이 아니라 특징을 나타내는 추상적인 용어인 다스리는 것[Governments(kubernesis)]으로 언급되어 있다. 이 본문은 다음과 같이 설명할 수 있다. 사도는 먼저 세 개의 구별된 직분, 즉 사도, 선지자, 교사를 기록하고, 그 다음으로 이 세 개의 직분에 공통된 성령의 은사들을 열거하고 있다(여기에 다스리는 은사가 포함되어 있다.). 이것은 교회에서 구별된 직분들을 만들 필요가 없고 구별된 은사들만을 만들도록 하기 위함이다(Sutlive와 Bilson[105]은 이 반론에 동의한다).

답변 1. 사도, 선지자, 교사가 여기서 추상적으로가 아닌 구체적으로 기록되어있고 세 개의 구별된 직분으로 나열되어 있다고 인정되는 것처럼, 추상적으로 기록되어있는 나머지 다섯 개의 직분 역시 모두 (주체를 돕기 위해 환유법을 사용한 것으로 보아) 구체적인 것으로 이해되어야 한다. 예를

105) Mat. Sutlive, de Presbyterio, cap. 12, p. 72 and p. 87 (1591 edition). Bilson's Perpet. Government of Christ's Church, chap. 10, p. 141 (1610).

들면 조력자를 조력, 다스리는 자를 다스림 등으로 기록하고 있다. 그렇지 않으면 사도는 이 장에서 불필요하게 부적절한 유의어를 반복했다고 비난 받을 것이다. 왜냐하면 그가 이전에도 이 은사들을 추상적으로 말한 적이 있기 때문이다["각 사람에게 성령을 나타내심은 유익하게 하려 하심이라"(고전 12:7절)]. 하지만 28-30절에서 사도는 이 은사들이 유기적인 몸인 교회의 유익을 위하여 다양한 구별된 주체들 안에 들어있다고 말한다. 여기서 사도가 이전에 말한 것과 다른 어떤 언급을 했는가?

2. 여기서 나열된 여덟 가지는 동일한 직원의 구별된 여러 직책이나 행위들이 아니라 구별된 직책들을 맡은 구별된 직원들과 그러한 직책들을 수행하기 위한 구별된 은사들을 나타내고 있다. 이것은 사도의 열거방식, 즉 "첫째, 둘째, 셋째, 그 뒤에, 그 다음에 또는 게다가(Proton, deuteron, triton, hepeitha & eita)"를 통해 명백히 드러난다. 만약 사도가 세 부류의 직원들만을 의도했다면 "셋째"에서 멈추었을 것이다. 하지만 계속해서 열거하는 방식으로 셋째 이후에 나오는 자들 역시 그 이전에 나온 자들만큼 구별된 직원들임을 보여주고 있다. 또한 사도가 29-30절에서 개요의 반복을 통해서 세 직원들 이외에 다른 직원들-은사들이 아닌 사람들-을 명백히 가리키고 있다: "다 사도이겠느냐 다 선지자이겠느냐 다 교사이겠느냐." 여기서 멈추지 않고 계속 나열하고 있다: "다 능력을 행하는 자이겠느냐 다 병 고치는 은사를 가진 자이겠느냐……." 하지만 이 진술에 대한 반대 의견이 있다. 사도는 "다 조력자이겠느냐 다 다스리는 자이겠느냐"라고 추가적으로 언급하지 않는다. 그러므로 이들은 나머지 직원

들과 구별된 직원들에 포함시켜서는 안 된다. 사도 바울 당시 그러한 구별된 직원들이 있었다면 왜 사도가 이와 같이 그들을 생략했겠는가?[106] 이에 대해서 다음과 같이 맞대응할 수 있다. "조력자들"(Helps)과 "다스리는 자들"(Government)과 같은 이 두 직원들이 그 당시 교회에 없어서 사도가 개요를 반복(29-30절)한 곳에서 누락된 게 아니다. 그렇다면 왜 이 직원들이 교회 직원들의 열거(28절)에서 명확히 언급되었겠는가? 하지만 다음과 같은 이유가 있을 수 있다.

(1) 조력자들과 다스리는 자들이 다른 직원들보다 하위의 일반적인 직원들이어서 다른 직원들에게 있던 특별하거나 적어도 탁월한 은사들을 제공받지 못했다(그 이유는 사도가 치유하고자 부단히 애썼던 악들, 즉 서로 자랑하고 다투며 나뉘고 멸시하는 일을 저들이 일삼았기 때문이다.). 그래서 조력자들과 다스리는 자들은 다른 자들이 빠졌던 혼란에 처할 위험이 없었다.

(2) 사도가 조력자들과 다스리는 자들이 비록 다른 이 들의 선망의 대상이었던 사도나 선지자나 교사나 다른 직원은 아니지만 자신들의 지위와 직분에 만족하도록(다툼과 경쟁이 없이) 가르치기 위함이다. 이 마지막 구절이 이러한 생각을 지지하는 것 같다. 하지만 과시하기 위해서가 아니라 교회를 세우기위한 자들은 최고의 은사를 진심으로 열망한다"(Calvin in Loc).

106) Mr. Coleman's Brotherly Examination, Re-Examined, p. 20.

반론 3. 여기서 조력자들은 다스리는 것 앞에 나온다. 그러므로 아마도 다스리는 것이 치리장로들을 가리키지는 않을 것이다. 조력자들, 즉 치리장로보다 하위의 직책인 집사들이 여기서 치리장로들보다 상위의 직책처럼 보이기 때문이다(숫리브 참고).[107]

답변. 서열의 우선순위가 항상 가치나 존엄성, 권위의 우선순위를 말하는 것은 아니다. 성경에서는 가장 탁월한 것을 제일 먼저 두는 서열의 정확성을 반드시 준수하지는 않는다. '목사'가 '교사'앞에 나오기도 하고(엡 4:11), 때로는 '교사'가 '목사' 앞에 나오기도 한다(롬 12:7-8). 베드로가 모든 사도들 가운데 처음으로 거명되었지만(마 10:2; 행 1:13), 로마 가톨릭 신자들의 주장, 즉 베드로가 먼저 거명되었으므로 그가 '모든 사도들 가운데 우두머리(Princeps and caput Apostolorum)'라고 하는 주장을 신뢰할 만한 것으로 받아들이지는 않는다. 우리는 다음과 같은 주장을 논리적으로 타당하다고 보지 않는다: 조력자들이 다스리는 것들 앞에 나오므로 다스리는 것들은 조력자들보다 하위의 직원들이다. 결과적으로 다스리는 것들이 치리장로일리 없다. 이 같은 주장은 논리가 엉성하다.

반론 4. 다스리는 것들이라는 용어는 일반적인 성격이어서 그리스도인 통치자이거나 대주교나 주교와 같은 교회 직원이거나 교회 안에서 합법적인 권위로 임명된 다른 어떤 직원을 의미할 수 있다[휫기프트

107) Praetera non suo loco, sed post antilepsis quas illi Diaconos interpretantur, collocantur kubernesis, I. illis impterpretantibus, Presbyteri. Mat Sutlive, de Presbyterio, cap. 12, p. 72 (1591).

(Whitgift)[108]]. 그리고 우리 시대의 반에라스투스주의자들 중 일부는 다스리는 것들을 교회의 통치라고 여기는 그리스도인 통치로 이해한다[콜만(Mr. Coleman)][109].

답변 1. 다스리는 것들, 즉 다스리는 자들(원래 개별적으로 언급되어 있지만 이 용어는 일반적이다.)이 다수의 구체적인 직원들 가운데 열거되어 있기에, 이들은 구체적이며 이미 입증된바와 같이 특별한 종류의 다스리는 장로들을 나타낸다.

2. 대주교와 교구 주교들은 하나님이 세우신 게 아니라 단지 사람이 날조해서 교회에 세운 직원들로 악명이 높다. 그러므로 이들은 교회 일에서 아무런 역할도 할 수 없고 아무런 의미가 없는 존재다. 만약 다른 누군가가 교회 내에서 합법적인 권위로 임명이 되면, 그는 하나님이 임명하신 직원임을 의미한다. 하나님 없이 사람이 교회에서 세운 자들, 예를 들면 주교의 종교법 고문관(Chancellors)이나 교회 운영위원들(Commissioners)은 대주교(Archbishops)나 주교(Bishops)처럼 교회 내에서 막강한 다스리는 권세를 갖고 있으나 이들은 모두 신적보증을 부여받지 못한 자들이다.

3. 그리스도인인 세속의 통치자 역시 교회 내에서 다스리는 자가 아니다. 이유는 다음과 같다.

(1) 세속의 통치자는 세속의 문제가 아닌 단지 영적인 교회의 문제만을

---

108) Whitgift, Answer to Admonition, pp. 114-115.

109) Mr. Coleman in his Brotherly Examination, Re-examined, p. 20.

다루는 이 장의 전체 의도와 범위를 벗어나 있기 때문이다. 영적인 교회의 문제에는 교회의 유익을 위한 영적인 선물(1-12절), 하나의 유기적인 몸으로서의 교회(12-28절), 하나님께서 이 유기적인 몸 안에 세우신 직원들(28절 이하) 등이 있다.

(2) (9장에서 증명되었듯이) 세속의 통치자는 하나님께서 교회 안의 직원나 지체로서 세운 자가 아니다. 비록 그 통치자가 그리스도인이 된다고 해도, 교회에서의 어떤 직책과는 아무 상관없는 다만 개인의 특권인 그 통치의 권위에 아무것도 추가되는 것이 없다.

(3) 이 서신을 고린도인들에게 썼을 때 바울 사도는 당시 교회 안에 실존했던 다스리는 자들 앞으로 쓴 것이다. 그리고 9장에서 입증된바와 같이 그 당시에도 수백 년이 지난 후에도 그리스도인인 통치자가 없었다.

이 "다스리는 것들"이 세속의 통치자를 의미한다는 허술하고 무의미한 주장에 대해 좀 더 자세히 살펴보고자 하는 자들은 길레스피(Gillespie)의 정교한 논문 싹이 나는 아론의 지팡이 2권 6장(Aaron's Rod Blossoming)을 참고하면 된다.

반론 5. 여기에 교사들은 언급되지만 목사들은 생략되어 있다. 그러므로 목사라는 명칭 대신에 다스리는 자라는 명칭이 언급되는 것도 당연하다[이것은 빌손 (Bilson)의 말이다.[110]].

---

110) Bilson's Perpetual Government of Christ's Church, chap. 10, pp. 140-141 (1610).

답변 1. 그의 판단에 따르면 목사는 교사와 구별되는 직원이었다. 그렇지 않았다면 교사라는 명칭은 다스리는 자라는 명칭을 추가하지 않고도 목사를 의미하고도 남았을 것이다(per synecdoche, 전 직책을 위해서 둔 그 직책의 한 기능). 하지만 고위 성직자들은 그러한 구별이 탐탁지 않았다. 그러나 그들에 준하는 학식과 경건함을 겸비한 많은 학자들의 판단에 따르면, 다양한 사역자가 있는 한 교회 안에서 성경해석과 온전한 교리를 가르치는 일과 이 교리를 부정하는 사람들을 설득하는 일에 탁월한 자는 교사(Teacher or Doctor)라는 명칭으로 이 교회에 임명될 수 있다. 그리고 적용에 탁월해서 이 교회에 임명된 자는 목사(Paster)라고 불릴 수 있다. 하지만 한 개 교회 안에 사역자가 한명만 있으면 감당할 수 있는 범위 내에서 이 사역자가 사역 전체를 수행할 수 있다.

2. 목사가 본문에서 이전에 열거된 "교사"와는 대조적인 의미의 '다스리는 자'로 이해된다면, 교사는 다스리는 일과는 전혀 상관없게 되어 이 다스리는 일이 전적으로 목사에게 있는 것처럼 보이지 않는가? 이는 목사와 교사를 모두 잘못 이해하는 것이다. 목사뿐만 아니라 교사에게도 있는 다스리는 권세를 교사에게 인정해주지 않으면, 교사에 대한 이해가 잘못된 것이다. 교사(말씀 사역자)는 목사처럼 성례와 권징을 이행할 권세가 있다. 하지만 교사에게 이러한 권세를 인정하지 않는다면 목사는 다스리는 일에 있어서 필요한 교사의 도움을 받지 못하게 된다. 그러므로 여기서 다스리는 자를 말할 때 목사를 가리키고 한 말이 아니다.

3. 빌손 자신은 자신의 해설에 대해서 별로 자신이 없어서 즉시 다음

과 같이 첨언한다. “이 말이 만족스럽지 않다면 다스리는 자들이 그곳에 명시된 교회의 모든 직분이라는 것을 부인한다.” 그렇다면 빌슨은 그들을 어떻게 이해하고 있는가? 그는 다른 직책들 가운데 그 다스리는 것들(Governments)을 다양화시켜서 한 명의 동일한 직원이 수행할 수 있는 다양한 은사로 여긴다.[111] 그리고 잠시 후 그는 이 다스리는 자들이 무엇을 가리키는지 알 수 없다고 솔직히 고백한다. “쉽게 추정은 가능하지만 그들이 어떤 존재인지 증명하기는 쉽지 않다. 수 백 년이 지난 후 하나님의 영이 주신 놀라운 은사들의 방식과 직위를 추정은 할 수 있지만 증명해 보일 수는 없다. 다스리는 자들, 즉 다스리는 것들(사도가 언급한)은 전 교회와 그 당시 수많은 위험과 고통 속에 처한 그 교회의 모든 특정한 지체들을 인도하고 다스리기 위한 지혜와 분별과 판단의 은사들을 의미한다. 그들을 다스리는 자들이라고 할 수도 있다. 왜냐하면 성도들 사이에 사적인 분쟁과 다툼이 발생했을 때 불신자인 세속의 재판관에게 이 문제를 가져가서 자신들을 치욕스럽게 하고 복음을 욕보이지 않도록 모든 성도들 가운데에서 임명된 그들이 개입해서 이 문제들을 심문해서 진정시킬 수 있기 때문이다. 사도바울이 이들을 언급하고 있다(고전 6:1-7). 나는 사도의 문헌에서 성도들 간에 생긴 다툼과 분쟁을 다스리는 자와 중재자 이외에 양 무리를 감독하고 먹이는 자를 발견한다.” 이와 같이 빌슨의 주장은 일관성이 없다. 다스리는 자를 목사라고 할 때도 있고 중재자라고 할 때도 있으며, 직원이 아니라 은

---

111) Bilson, ibid., pp. 141-142.

사라고 할 때도 있고 또 다른 경우에는 그것들이 무엇인지 쉽게 입증할 수 없다고 말한다. 하지만 그들은 치리장로라고 입증되어왔으며 빌손이나 다른 모든 자들의 반론에도 불구하고 그 입증은 아직까지도 유효하다.

논증 3. 치리장로의 신적권위에 대한 세 번째이자 마지막 논증이 딤전 5:17절에서 도출된다. "잘 다스리는 장로들은 배나 존경할 자로 알되 말씀과 가르침에 수고하는 이들에게는 더욱 그리할 것이니라." 이 구절을 근거로 다음과 같이 치리장로의 신적권위를 주장할 수 있다.

대명제. 하나님이 승인하시는 교회의 치리권을 부여받았고 그리스도의 말씀을 따라서 장로라고 불리는 교회 직원들은 모두-말씀과 가르침에 수고하는 자들과 구별된-교회의 치리장로들(우리가 추구하는)이며 신적권위를 부여받은 자들이다.

이 명제는 명확하고 의심의 여지가 없다. 이유는 다음과 같다. 만약 그리스도께서 1. 친히 "장로"라고 부르고 2. 자신의 교회 안에서 치리권을 가진다고 선언하시며 3. 이 치리권을 인정해주고 4. "말씀과 가르침에 수고하는 자들"과 구별하시는 어떤 종류의 교회 직원이 있다면, 이 직원은 분명히 치리장로이며 신적권위를 부여받은 것이 명백하다. 성경에서 증언하는 바, 치리장로라는 직책을 신적으로 승인하는 것은 그 직책을 신적으로 제정하는 것을 의미한다.

소명제. 딤전 5:17절에서 언급된 그 직원들은 그리스도의 말씀을 따라서 장로라고 불리는데, 이들은 하나님이 승인하시는 교회의 치리권을 부여받는다-그럼에도 불구하고 말씀과 가르침에 수고하는 자들과는 구별된다.

이러한 추정은 다음과 같이 다양하게 입증될 수 있다.

1. 그리스도의 말씀에서 언급된 이 직원은 장로(presbuteroi)라고 칭한다. 이 헬라어 presbuteroi(장로)는 구약에 자주 등장하는 히브리어 zaken 만큼 많이 사용된다. 장로라는 명칭은 신약에서 주로 세 가지 다양한 의미로 쓰인다.

(1) 고대의 사람들, 즉 현재 살아있지 않는 사람들을 의미하여 현대의 사람들과는 반대의 개념이다["장로들의 전통"(마 15:2); "옛 사람"(마 5:21) 비교].

(2) 젊은이와 상반되는 현재 살아있는 늙은이를 의미로 쓰인다(딤전 5:1; 벧전 5:5).

(3) 직분을 맡지 않은 개인으로서가 아니라 직분을 맡은 장로를 의미한다(행 14:23). 여기서 말하는 장로는 마지막 의미를 뜻한다: 이 장로들에 속하는 다스리는 직분. 성도들 중에 가장 나이가 많은 자들에서 선택되었기에 이들을 장로라고 부른다고 하는 사람들이 있는 반면, 이들에게 있는 지식, 지혜, 은사, 위엄, 경건 등의 성숙도를 근거로 장로라고 부르는 이들도 있다. '장로' 라는 이 명칭 presbuteroi은 교회 직원에게 적용될 때 통치와 권위가 그 명칭 위에 새겨진다. 칠십인경은 정치적 통치자에게 장로라는 명칭을 부여하고 있다["성문에 있는 장로들"(삿 8:14; 룻 4:2-3; 삼하 5:3;

대상 11:3)]. 이곳에서(어떤 사람들[112]이 잘 기록하고 있는 바와 같이) 쓰인 "장로"라는 단어는 잘 다스리는 자들과 말씀과 가르침에 수고하는 자들에게 어울리는 일반적인 속성을 지닌다. 전자의 부류는 다스리기만 하고 후자의 부류는 다스리고 말씀을 전한다. 하지만 둘 다 장로에 속한다.

2. 여기에서 언급된 직원은 '장로'라고 칭할 뿐 아니라 교회에서 치리권을 부여받는다. 이 사실은 정당하게 고려된 본문 및 문맥과 이 장로들이 교회 직원들이라는 것을 보여주는 사도바울의 서신서(딤전 3:15)에서도 명백히 드러나 있다. 장로들이 교회의 치리권을 부여받은 사실은 이미 말한 바처럼 직원들에게 적용될 때 치리권과 권위 등을 내포하는 장로(presbuteroi)라는 명칭을 통해서뿐만 아니라 장로에 부가된 부가적 분사 prosotes('다스리는, that rule or ruling'), 예를 들면 "잘 다스리는 장로들로 하여금"에서도 드러난다. 따라서 장로라는 직책뿐만 아니라 치리장로라는 명칭도 존재하는 것이다. 이 단어가 군대용어로 쓰이면 지휘관이나 사령관으로서 이들의 지휘아래 있는 모든 부하들을 인도하고 이들에게 명령하는 최고의 지도자(이 단어에 함축된 것처럼)를 나타내는 듯하다. 따라서 비유적으로 이 단어는 가장 앞에 서있는 사람, 통치자, 교회의 다스리는 자 등에 쓰인다. 이 단어는 교리나 선한 모범에 있어서 다른 사람들을 앞서는 자들을 나타내기도 하고 권위로 다른 사람들을 다스리고 통치하는 자들을 나타내기도 한다. 근거는 다음과 같다.

---

112) Mr. Rutherford in his Due Right of Presbyteries, p. 145.

(1) 이 단어가 성경에 다음과 같이 사용된다. "자기 집을 잘 다스려 자녀들로 모든 공손함으로 복종하게 하는 자라야 할지며"(딤전 3:4). 여기서 이 명칭은 명백히 권위적으로 다스림을 가리키고 있다. 또 다른 구절을 보면 "사람이 자기 집을 다스릴 줄 알지 못하면 어찌 하나님의 교회를 돌보리요"(딤전 3:5), "자녀와 자기 집을 잘 다스리는 자"(딤전 3:12) 등이 있다. 집안에 가장이 적절하고 권위적인 치리권이 없는데 단지 교리와 모범을 통해서 자녀들과 가족을 다스릴 수 있다고 어처구니없이 생각할 사람이 누가 있겠는가?

(2) 따라서 칼뱅(Calvin), 베자(Beza), 불링거(Bullinger), Gualter, Arias Montanus 등과 같이 학문적으로 탁월한 신학자들은 이 단어를 권위로 다스린다고 해석한다. 그리고 헬라어에 능통한 살마시우스(Salmasius)[113]는 '다스리는' 과 '앞에 서있는' 이 두 단어를 구분한다. 첫 번째 용어는 권위, 통치, 재판권 등의 권세를 의미하고, 두 번째 용어는 중요도나 위치의 우선순위를 내포하고 있다. (3) 엄격한 고대 그리스인들(Grecians)은 길레스피(George Gillespie, 1613-1648)가 디오니시우스 아레오파기타 (Dionysius Areopagita)와 플라톤(Plato)에게서 영향을 받아 자신이 최근에 쓴 저서[114]에서 말한 대로 그 단어를 권위를 나타내는데 사용한다. 그래서 성령님이 그들을 치리장로라고 부르는 사실은 그들이 치리권을 부여받았다는 것을 의미한다. 그리고 장로에 두 부류가 있다는 사실을 인정

113) Salmas. de Primat. Papae, pp. 18-19.

114) Aaron's Rod Blossoming, book 2, cap. 9, p. 271.

하지 않는 자들도 직책에는 여전히 두 부류, 즉 다스리는 일과 말씀전하는 일이 있다는 사실을 인정한다.

3. 이 치리장로들은 자신들의 치리권을 두 가지방식으로 하나님께 인정받았다.

(1) 하나님의 영이 이들의 다스림이 적절하게 이루어지는 것, 즉 잘 다스리는 것을 칭찬하신다. 교회에서 장로들에게 어떤 문제에 대한 치리권이 없다면, 하나님은 그 문제를 처리하는 방식에 대해서 이들을 칭찬하거나 인정하시지도 않으실 것이다. 또한 장로들이 그 일을 할 권리도 없는데 하나님께서 이들이 그 일을 잘 처리할 것이라고 생각할 수는 없는 법이다.

(2) 하나님의 영은 명예롭게 보상을 받도록 잘 다스릴 것을 명하신다. "저들을 배나 존경할 자로 알라, 또는 저들을 배나 존경을 받아 위엄 있게 하라." 여기에 단순한 보상이 아니라 탁월한 보상이 저들에게 정해져 있는데, 이는 성경에서 권고하는 것이다(18절). 이와 같이 하나님께서 보상을 주시는 자는 하나님에게서 인정을 받았다는 것이고 그 인정받은 자는 신적 권한을 부여받은 자이다. (파트 1의 5장 참조)

4. 마지막으로, 교회에서 치리권을 부여받고 이 치리권을 하나님이 인정해주신 장로들은 말씀과 가르침에 수고하는 모든 자들과 구별된다. 몇몇 사람들이 잘 지적한 바와 같이, 이 사실은 본문에서 입증될 수 있다.[115]

(1) 여기서 언급된 다양한 직원들 가운데 하나의 부류가 포함되어 있는

---

115) Mr. Rutherford in his Due Rights of Presbyteries, ch. 7, sect. 7, pp. 145-147.

데, 이는 바로 장로(presbuteroi)라는 것이다.

(2) 장로는 두 부류로 나뉜다. 즉 잘 다스리는 자와 말씀(목사)과 가르침(박사나 교사)에 수고하는 자로 구별된다.

(3) 이 두 부류의 장로를 표현하는 두 개의 분사–다스리는(Ruling)과 수고하는 (laboring)–가 있다. 오직 다스리는 일만 하는 자들은 치리장로라고 부른다(non quia soli, sed quia solum prasunt). 하지만 말씀과 가르침에 수고하는 자들은 다스리기도 하고 그 외의 일도 한다.

(4) 두 개의 구별된 관사(Articles) hoi, hoi가 두 개의 분사(Participles)에 명확하게 부가된다–"they that rule(다스리는 자)" and "they that labor(수고하는 자)."

(5) 마지막으로, 이 두 부류의 장로 사이에 구별의 기능을 하는 불변화사가 놓여 있고, 두 개의 분사, 두 개의 관사들이 서로서로를 분명하게 구별시켜 준다. 다시 말해서, "특히(malista), 말씀에 수고하는 자들" 등과 같은 구절은 말씀과 가르침에 수고한 일부 치리장로가 있었던 것처럼, 말씀에 수고하지 않고 다스리는 일만 했던 다른 장로가 있었다는 것을 암시했다. 이들 모두 배나 존경받을만했지만, 특히 다스리는 일과 말씀 전하는 일 모두에 힘썼던 자들은 더더욱 그랬다. 신약에서 특히(malista)라는 단어가 사용되는 곳마다 사물과 사물, 사람과 사람을 구별하기 위해 사용된다. "그러므로 우리는 기회 있는 대로 모든 이에게 착한 일을 하되 더욱(특히, malista) 믿음의 가정들에게 할지니라"(갈 6:10). 그러므로 믿음의 가정이 있는 반면에 그렇지 못한 가정이 있었다. 따라서 그들에게 선을 행할 때 차별을 두어

야 한다. "모든 성도들이 너희에게 문안하되 특히 (malista) 가이사의 집 사람들 중 몇이니라"(빌 4:22). 그러므로 가이사의 집에는 성도와 성도가 아닌 자들이 있었다. 모두가 가이사의 가족들에게 문안하였으나, 특히 가이사의 집의 성도들에게 문안했다. "누구든지 자기 친족 특히 malista 자기 가족을 돌보지 아니하면 믿음을 배반한 자요"(딤전 5:8). 신자는 친구와 친족을 돌봐야 하지만. 특히 자기 가족인 처자식을 돌봐야 한다(딤전 4:10; 딛 1:11; 딤후 4:13; 벧후 2:10; 행 20:38, 26:3 참고해 보면, 특히(malista)라는 단어가 서로를 구별하기 위한 불변화사로서 사용되고 있다. 이러한 구분이 없으면 이러한 성경구절을 해석하는데 있어서 이해가되지 않을 것이다.). 그리고 일반적으로 최고의 해석자들[116]은 이 본문으로부터 두 부류의 장로, 즉 다스리기만 하는 치리장로와 다스리는 일에 더하여 말씀전하는 일도 하는 가르치는 장로가 있다.

그러므로 그리스도의 말씀을 따라서 장로라 칭함을 받은 이 장로는 하나님이 승인하시는 치리권을 부여받은 자이지만, 구체적으로 입증된 바와 같이 말씀과 가르침에 수고하는 모든 자들과 구별된다. 이를 고려하여 다음과 같은 결론을 내릴 수 있다.

결론. 여기서 언급된 직원들은 교회의 치리장로들(우리가 추구하는)이며 신적 권위를 부여받았다.

하지만 딤전 5:17과 거기에 근거한 논증에 반박하는 다양한 반론들이

116) Beza on 1 Tim. 5:17; Piscat. Analys. in loc.; Vid. Daneum & alios I loc.

제기된다. 이 반론들 각각에 대해 간략히 답변을 하고자 한다.

반론 1. 장로에는 두 부류가 있다. 말씀과 가르침에 수고하는 자와 가난한 자를 돌보는 자, 즉 집사가 있다. 이들 모두 배나 존경받기에 합당하며, 특히 말씀에 수고하는 자는 더더욱 그러하다–빌손(Bilson).[117]

답변 1. 이것은 장로에 대한 새로운 구분으로서 성경에서 보증하지 않는다. 신약 어디에도 집사를 장로(presbuteroi)[118] 라고 칭하지 않는다. 집사는 가르치고 다스리는 장로와는 대비된다. 다스리는 자는 부지런함으로, 긍휼을 베푸는 자는 즐거움으로(롬 12:8); 서로 돕는 것과 다스리는 것으로(고전 12:28; 딛 1:5–6; 딤전 3:2, 8 비교).

2. 집사는 장로가 아니기 때문에 교회 안에서 치리권이 없다. 하지만 집사가 자녀와 자기 집을 잘 다스려야 한다는 것은 사실이다(딤전 3:12); 이것은 오직 가족에 대한 다스림을 말한다. 그러나 교회 안에서 집사의 직책은 돕고(고전 12:28), 나누어주고, 긍휼을 베풀고(롬 12:8), 접대하는 일(diakonian trapesais)(행. 6:2–3)이지, 집사에게는 어떠한 치리권도 없다.

반론 2. 그러나 잘 다스린다는 것은 거룩한 모범적인 삶을 살면서 잘 사는 것(living well)을 의미한다. 사도는 목회자들로 하여금 스스로 잘사는 것뿐만 아니라 말씀과 가르침으로 다른 성도들을 양육하라고 했다: "잘 사는 자들은 배나 존경받을 것이다. 특히, 말씀과 가르침에 수고하는 자는 더

117) Bilson's Perpetual Government of Christ's Church, chap. 10, pp. 130–131 (1610).

118) Altar. Damas. cap. 12, p. 918 & 920.

욱더 그러할 것이다"[살전 5:12-13. B. King.[119] 빌손(Bilson).[120]].

답변 1. 사도는 여기서 직책에 해당하는 일보다는 직원에 대해 말하고 있다. 다시 말해서, 직무 보다는 사람에 대해서 말하고 있다.

2. 사도는 잘사는 것을 잘 다스리는 것으로 보고 있지 않다. 잘 다스리는 것은 장로가 다른 성도들을 다스리는 것을 뜻한다. 잘사는 자는 다른 성도들이 아니라 자신을 잘 다스리는 자다. 그렇지 않으면 잘사는 다른 모든 사람들이 교회를 다스리는 자가 된다. "그들은 행함으로 모범을 보이지 권위로 지배하지 않는다(ducunt exemplo, non regunt authoritate)"(Altar. Damasc, c. 12).

3. 잘 다스리는 것이 잘사는 것이라면 잘사는 것에 대해서 교회에서 두 배의 존경과 관리가 있어 마땅하다(딤전 5:17-18). 그렇게 되면 잘사는 모든 성도들은 두 배의 존경을 받아 마땅하다.

4. 이 말은 목회자가 말씀을 전하지 않더라도 잘 살기만하면 두 배의 존경을 받을만하다는 것을 암시하는 것처럼 보인다. 이 얼마나 어처구니없는 말인가! 5. D. Downham은 예전에는 이러한 해석에 만족했으나 이후에는 이 해석이 안전하지 않다고 고백했다.[121]

반론 3. 잘 다스리는 자들이 말씀과 가르침에 힘쓸 수 없는 병약하고 매

119) B. King in his Sermon on Cant. 8.

120) Bilson in his Perpetual Government of Christ' s Church, chap. 10, p. 132.

121) Downham. Defens., book 1, cap. 4, 93.

우 노쇠한 주교를 의미할 수 있다.(B. King.[122])

답변 1. 이 본문에는 다스림과 말씀전하는 장로 외에 고위감독(Prelatical Bishops)이라는 언급은 전혀 없다.

2. 노쇠한 감독이 말씀과 가르침에 힘쓸 수 없는데 어떻게 잘 다스릴 수 있겠는가?

3. 이러한 해석을 기준으로 하면, 말씀과 가르침에 수고하는 가르치는 장로들은 가장 나이가 많은 감독보다 더 존경을 받아야 한다. 이러한 가르침은 만년의 고위성직자들에게는 끔찍했을 것이고 도저히 받아들일 수 없었을 것이다.

4. 목회사역에 성실하고 꾸준히 힘을 쏟아서 기력이 빠져서 더 이상 다스리거나 가르칠 수 없게 됐지만, 그럼에도 불구하고 목사들은 자신들이 전에 그리스도와 그리스도의 교회를 섬긴 일에 대해서 두 배의 존경을 받을 만하다.

반론 4. 목사들 중에는 말씀을 전하는 자와 성례만 집행하는 자가 있다. 그래서 바울은 자신이 다른 사도 그 누구보다 더 열심히 말씀을 전하고 수고하였으나(고전 15:10), 세례를 주는 일은 다른 자들에게 맡기고 자신은 세례를 베푼 일이 거의 없었다(고전 1:14). 바울과 바나바가 대등한 지위로 동행했지만 주로 말하는 자는 바울이었다고 알려져 있다(행 14:12). 모두

122) B. King in his Sermon on Cant. 8.

가 두 배의 존경을 받을 만하지만 특히 말씀과 가르침에 수고한 자가 더욱 그러하다[카트라이트의 첫 대답에 대한 변증–B. Whitgift. 필드 박사(D. Field)의 세 개의 해석중 하나–필드의 교회에 관하여(Of the Church, 5권 26장)].

답변 1. 이 해석은 고위성직자들이 자신들의 시대에 사도시대의 목회직, 즉 짖지도 못하고 말씀을 전할 수도 없었던, 하지만 옛 예배의 방식을 따라 성례를 집행할 수 있었던 말 못하는 많은 개들[123]을 세웠다고 상상하는 것이다. 그러나 카트라이트가 말한 바대로,[124] 사도들은 그러한 목회자를 허용하지 않았으며, 가르치는 일과 권면하는 일을 잘하는 모든 감독이나 말씀전하는 장로를 세웠다(딤전 3:2; 딛 1:9). 그래서 말씀을 전혀 전하지 않거나 드물게 전하는 목사에 대해서 두 배의 존경은커녕 조금이라도 존경을 표함으로써 이러한 목회를 승인하는 것은 바울사도의 가르침과 거리가 멀다. 말씀전하는 일은 목회직의 한 부분으로, 실제로 가장 중요한 직무다(파트 2, 8장에서 입증된 바와 같이). 그런데 자신의 주요한 직무를 소홀히 한 자에게 두 배의 존경을 표하는 것이 합당키나 한 일인가? 절대로 그렇지 않다. 이런 자는 교회 안에서 그러한 직분의 명칭을 받을 자격이 없다. 성도들을 목양하지 않는데 왜 목사라고 부르는가? 아니면 성도들을 가르치지 않는데 왜 교사라고 하는가?(딤전 1장에 관한 Homil. 15. 에서 크리소스톰

---

123) Bishops that have no tolerable gift of teaching, are like idols in their cases , or rather coffins set up in the Church's choice. Cartwr. Testam. Annot. on 1 Tim. 5:17.

124) See Cartwright's Reply, Part 2, p. 31.

(Chrysostom)이 말했다).

2. 바울의 수고가 왜 여기서 말씀전하는 일에만 제한되어야 하는가? 바울이 다른 곳에서 자신의 수고에 대해 말할 때, 다른 의미로 말하고 있다(고후 11:27). 신중한 칼뱅은 수고의 의미를 다소 다르게 해석하고,[125] 파래우스(Pareus)는 수고의 의미를 바울이 겪은 다양한 일들로 확장한다.[126]

3. 여기서 주장하고 있는 두 부류의 목사, 즉 말씀전하는 목사와 성례를 집행하는 목사에 대해 이 반론은 어떤 보증을 제시하는가? 이 반론의 결론에 따르면 바울이 말씀전하는 일을 많이 했지만 세례 베푸는 일은 별로 하지 않았으므로, 성례를 집행하는 목사가 따로 있다는 것이다. 하지만 바울은 몇 사람에게 세례를 베풀었고(고전 1:14, 16), 일부 사람들에게 떡을 떼어 주었다(행 20:7, 11). 따라서 바울은 말씀사역과 성례집행을 모두 한 것이다. 말씀전하는 자가 아니면서 성례를 집행하는 자가 있으면 입증해보이라고 하라. 다시 말씀드리지만, 바울과 바나바가 대등한 지위로 동행했지만 바울이 주로 말하는 자였다. 그러므로 말씀전하는 자가 있고 성례만 집행하는 자가 따로 있다고 하는 것은 정말 한심한 논리다.

4. 그리스도께서 성례를 집행할 권한을 부여한 자에게 말씀전하는 권세도 주셨다. 말씀전하는 일과 성례를 집행하는 일은 동일한 위임 안에서 연합되어 있다(마 28:18-20). 그리스도께서 연합시킨 것은 아무도 분리시키지 못한다.

---

125) See Calvin on 1 Cor. 15:10.

126) Pareus on 1 Cor. 15:10.

5. 이 반론에서는 가르치는 장로를 장로의 직책에 독특한 하나의 직무, 즉 말씀과 가르침에 수고하는 일로만 언급하고 있다. 하지만 가르치는 장로가 성례 또한 집행하고 그 외 다른 일도 수행했다는 사실을 이해하라. Altar. Damasc. c. 12. p. 919.

반론 5. 잘 다스리는 장로는 사람들 간에 분쟁이나 다툼을 진정시키기 위해 선출된 통치자(Governors)이나 하급 판사(Minor Magistrates)를 의미할 수 있다 (Bridges in his Defense, p. 868). 이 견해와 잘 맞는 에라스투스의 주장이 있는데, 잘 다스리는 장로는 왕, 의원, 모든 세속의 통치자를 의미한다고 한다(Mr. Hussey, p. 8).

답변 1. 교회 내에 그리스도인 재판관이 없었을 초대교회 시대에 교회 내의 성도들 간의 분쟁을 불신앙인 재판관에게 중재하도록 맡긴 일을 사도 바울이 철저하게 비난했다는 것은 주지의 사실이다(고전 6:1).

2. 여기서 전술한 문장에서 암시하고 있듯이 사도바울은 세속 직원이 아닌 교회 직원을 언급하고 있다. 이 서신서에서 주로 다루고자 하는 것은 디모데에게 세상국가에서가 아니라 하나님의 교회에서 어떻게 행하여야 할지를 가르치는 것이다(딤전 3:15). 그리고 바울은 그 당시 교회 안에 있던 직원을 언급하고 있다.

3. 왕이나 의원, 모든 세속의 통치자가 치리장로를 가리킨다면, 이 장로들은 다스림에 있어서 이들과 대등한 역할을 하게 될 뿐만 아니라(에라스투스주의자들은 탐탁지 않겠지만), 이들보다 더 높은 존경과 대우를 받게

된다. 분명 세속의 통치자들은 이러한 해석을 못마땅해 할 것이다.

4. [숫리브(Sutlive)127)는 이러한 의견에 반대하면서(비록 치리장로들의 편에 서지는 않지만) 다음과 같이 말한다. "베자(Beza)는 고린도전서 6장에서 재판관은 장로에 들지 않는다는 것을 입증하기 위해서 많은 말을 했는데, 정말 나는 베자의 생각에 동의한다. 장로이면서 재판을 맡은 자는 여태껏 세워진 적이 없기 때문이다." 5. 이것은 몇몇 학자들이 말한 바대로 새로운 해석이며 고대 저술자들 사이에서는 모르는 내용이다: ET est ista interpretatio nulli veterum cognita.128)

반론 6. "특히 말씀과 가르침에 수고하는 자들"이라는 구절이 이전의 구절에 추가되어있는데, 이것은 잘 다스리는 자가 누구인지, 즉 말씀과 가르침에 크게 수고하는 자임을 주석적으로 가르치기 위함이지, 마치 바울이 "잘 다스리는 장로들이 배나 존경받을 자로 여김을 받고, 말씀과 가르침에 크게(maxime laborantes) 수고하는 자…"라고 말한 것처럼, 말씀에 수고하는 자와 잘 다스리는 장로를 구별하기 위한 것이 아니다. 비록 malista가 'especially(특히)' 를 의미하지만, 역접의 de가 없이 malista 단독으로는(이 문장에서처럼) much, greatly than(매우, ~보다 상당히)을 의미하기 때문

127) Multa verba facit Beza ut probet judices, 1 Cor. 6. Non suisse ex Presbyterorum Ecclesiasticorum numero: quod quidem ego ipse facile concesserim. Nulli enim unquam huiusmo야 constituti sunt. Sutlive, in disput. de Presbyterio, p. 82.

128) Altar. Damas., c. 12, p. 919.

이다[숫리브(Sutlive)].[129]

답변 1. 이 문장(특히 말씀과 가르침에 수고하는 자…)이 잘 다스리는 장로가 누구인지, 즉 말씀과 가르침에 크게 수고하는 자를 단지 주석적으로 설명하기 위하여 추가되었다면, 감독들 중 잘 다스리는 장로로 여김을 받을 자가 별로 없었을 것이다. 왜냐하면 혹시 있다하더라도 말씀과 가르침에 크게 수고하는 일에 대해 죄책감을 느끼는 자가 별로 없었기 때문이다.

2. 만약 그랬다면 사도는 "hoi malista kopiontes(who especially labor, 특히 수고하는)," 혹은 단순히 관사(Article)없이 "malista kopiontes(especially laboring, 특히 수고하는)"이라고 말했을 것이다. 따라서 여기에서 언급하는 바대로 malista kopiontes(especially they who labor, 특히 수고하는 자들)은 직무나 행위를 구별한다기보다 사람과 직원을 구별하고 있다.

3. 이 단어 malista(especially)는 소명제에서 해석보다는 구별을 하고 있는 것으로 이미 입증되었다. 다시 말해서, 누가 잘 다스리는 장로들로 평판이 나있는지를 설명한다기보다 다스리는 장로들에게서 다양한 부류의 장로들을 구별하기 위한 용어이다.

4. malista라는 단어는 역접의 de가 함께 쓰이지 않을 때에도 구별을 위한 용어로서 쓰인다. 예를 들면, 디도서 1장 10절 "불순종하고 헛된 말을 하며 속이는 자가 많은 중 할례파 가운데 특히(malista) 그러하니"-여기

129) Mat. Sutlive, de Presbyterio, cap. 12, pp. 72-73 (1610).

서 malista는 할례파와 불순종하고 헛된 말을 하며 속이는 자를 구별하고 있다. 그리고 딤전 4:10절 "… 살아 계신 하나님께 둡이니 곧 모든 사람 특히(malista) 믿는 자들의 구주시라." 여기서 de없는 malista는 하나님으로부터 특별히 구원을 받을 수 있는 자들로서 믿는 자들을 모든 사람들과 구별하고 있다. 만약 그것이 구별의 표시가 아니라면 이 반론의 해석에 따라서 "믿음이 강한 모든 사람들의 구원자"로 읽힐 것이다. 하지만 이것은 믿음이 적은 연약한 그리스도인들에게는 별로 위로가 되지 않는다. 그래서 이 구절에 비록 de는 없지만 malista는 말씀과 가르침에 수고하는 자들과 이러한 일에는 관여하지 않지만 잘 다스리는 자들을 구별하고 있다.[130)]

반론 7. 말씀전하는 일과 말씀과 가르침에 수고하는 일은 별개다. 여기서 혹시라도 장로에 대한 구별이 있다면, 더 크게 수고하는 자들 간의 구별과 크게 수고하지 않는 자들 간의 구별이다. 이 반론은 매우 다양하게 전개된다(숫리브).[131)] (그래서 길레스피가 이 반론에 의혹을 제기한다:[132)] Saravia de divers. Grad. Minist. Evang. c. 13; Tilen. Paranes. cap. 2, p. 38; 홀(B. Hall)의 신적권위를 부여받은 감독직의 주장, p. 219). 빌손(B. Bilson)은 'kopiontes (laboring)수고하는' 이라는 단어와 어떠한 일이

---

130) Distinguit operantes, non explicat conditionem operis. Si conditionem operis explicate voluisset Apostolos, usus suisset voce polla ut Rom. 16:12. 1 Cor. 15:10, Altar. Damasc., cap. 12, pp. 919–920.

131) Mat. Sutlive, de Presbyterio, c. 12, pp. 72–73.

132) Mr. G. Gillespie in his Assertion of the Government of the Church of Scotland, part 1, chap. 7, pp. 50–51.

라도 고군분투하며 씨름하는 것을 의미하는 'kopian' 라는 단어를 강조해서 다음과 같은 의미로 이 반론을 거세게 밀어붙인다. "잘 다스리는 장로들을 배나 존경받을 자로 여기고, 특히 말씀에 수고하고 땀을 흘리는……고통과 시련을 당하기까지 수고하는 자들." 그리고 바로 이것이 'kopian' 이라는 단어의 진정한 의미라고 빌손은 말한다. 이 용어는 정신의 투쟁과 분투를 나타내기 위해서 육체의 노동에서 빌려서 사용된다(빌손).[133]

답변 1. 이 해석은 이 본문이 오직 말씀사역, 다시 말해서 더 많거나 더 적은 수고가 들어간 말씀사역만을 언급하고 있다고 여긴다. 따라서 이 해석은(추가적으로 생기는 의문은 차치하고) 말씀사역을 여기서 구별하여 언급된 두 부류의 장로들의 공통된 직무로 보고 있지만, 오히려 이 본문의 문맥으로 보면 명백히 다스리는 일이 이 두 부류의 장로들의 공통된 직무이다. 그리고 말씀전하는 장로는 다스리는 일 외에도 말씀사역에도 힘쓴다.

2. 이 해석대로라면 말씀전하는 일에 있어서 다른 목사들만큼 수고하지 않는 목사들을 배나 존경하게 되지 않는가? 열심히 수고하는 바울이 태만하고 게으른 목사를 높이거나 지지하거나 격려할 것이라고 생각할 수 있겠는가? 목사는 자신들의 사역에 인내와 열심히 수고해야 한다(딤후 4:1-2).

3. 만약 이것이 단지 사역에 있어서 적은 수고보다 많은 수고를 선호하는 것을 의미한다면, 사도바울은 이와 같은 순서로 단어들을 배열했을 것이다. "잘 다스리는 장로들을 배나 존경할 자로 여기고, 특히…… 수고하

133) Bilson's Perpetual Government of Christ's Church, chap. 10, pp. 133-134.

는 자들이 스스로 더 중대한 일들을 맡게 하라." [말씀과 가르침에 있어서] 라는 말이 지금 표기된 대로 아예 생략해버리거나, 아니면 "잘 다스리는 자들"이라는 문구 바로 뒤, "특히"라는 단어 앞에 삽입했어야 했다. 이러한 취지로 문구를 재작성해보면 다음과 같다[134]: "잘 다스리고 말씀과 가르침을 전하는 장로들을 배나 존경할 자로 여기라. 하지만 특히 잘 다스리고 말씀을 잘 전하는 일에 많이 수고를 하는 자들을 더욱 그리할지라." 4. 사역에 있어서 더 열심인 사람이 그렇지 않은 사람보다 더 많은 존경과 보호를 받아야한다는 말이 유효하다면, 얼마나 많은 저항과 논란이 생기겠는가? 어느 누가 모든 목회자들이 수고한 양에 비례해서 존경과 보상을 하겠는가?

5. 숫리브(Sutlive)가 강조하는 단어 kopiontes에 대한 비판에 대해서 다음과 같은 내용들이 명백하다.

(1) 'kopiontes(수고하는)' 은 모든 신실한 목회자에게 요구되는 자질인 수고, 보살핌, 부지런함, 배려심 등을 제외한 다른 어떤 것을 의미하지 않는다(살전 5:12-13에 내포되어있는 바와 같다. "형제들아 우리가 너희에게 구하노니 너희 가운데서 수고하고 주 안에서 너희를 다스리며 권하는 자들을 너희가 알고."). 그리고 사도는 모든 목회자는 자기가 일한 대로 상을 받을 것이라고 말했다(고전 3:8). 수고와 부지런함으로 다스리는 일을 맡은 자는 이들 안에 수고와 부지런함이라는 자질이 요구된다(롬 12:8). 실제로

134) Haec vox non distinguit labores aut onera eorundem Presbyterorum comparate inter se, ita ut unus magis minusve altero dicatur laborare in uno eodemque Presbyteratus munere. Sic enim debuisset dicere; Sopingius ad bonam fidem librandi p. 268, as Altare Damascenum alleges him, cap. 12, p. 924.

그리스도인들 사이에 일반적인 자비를 베푸는 일에는 수고가 따르며, 이 단어 'kopio(수고)'는 그 자비의 속성으로서 사랑의 수고를 말한다(살전 1:3; 히 6:10).

(2) 만약 사도가 모든 목사에게 일반적으로 요구되는 수고가 아니라 일부 목사들의 특별한 수고를 의미했다면, 사도가 몇몇 다른 경우에 사용한 것으로 알려진 바대로, 그 수고를 나타내기 위해서 더욱 강력한 어조의 단어를 사용했을 것이다. 따라서 사도는 kopiontes보다 moxthentes를 말하고 싶었을 것이라고 카트라이트(Cartwright)[135]는 말했다. moxtho는 더 많은 수고를 의미하고 kopio는 덜한 수고를 의미한다. Kopio는 큰 보살핌과 배려와 함께 하는 수고를 의미하지만 moxtho는 사람이 짓누르는 무게와 어려움으로 인해 지치고 힘이 소진될 정도의 수고를 의미한다(이 단어들이 이와 같이 사용되는 구절들을 참고하라: 고후 11:27, 살전 2:9).

6. 마지막으로, 여기서 언급된 오직 한 종류의 교회 직원만 있다면 (학문적으로 탁월한 카트라이트가 말한 바대로[136]) '수고하는 자들'이라는 말로 인해서 사도의 말이 힘을 얻는 것이 아니라 힘이 빠지게 되고, 전진하는 것이 아니라 후퇴하게 된다. 왜냐하면 가치 있고 특이하게 가르치는 것이 힘들여서 가르치는 것보다 더 중요하게 여겨지게 될 것이기 때문이다. 전자는 훌륭한 교사에게 요구될 수 있는 모든 것을 의미하지만, 후자는 단지 수고라는 한 가지 가치만을 의미하게 되기 때문이다. (이것은 딤전 5:17에 대

---

135) Cartwr. in Rhem. Testm. Annot. on 1 Tim. 5:17.

136) Ibid.

한 유일한 반론으로서, 카트라이트가 자신의 Annot. upon Rhem. Test. in loc. ubi vide plura.에서 대답하고 있다.).

반론 8. 비록 사도가 여기서 말씀 전하는 목사 외에 몇몇 다른 장로들에 대해 말하고 있는 사실이 밝혀질 수 있겠지만, 이것이 치리장로를 증명하는데 무슨 이익이 있겠는가? 사도바울이 말씀 전하는 목사는 존경받아야하고, 다시 말해서 보살펴주어야 한다고 증명하는데, 왜 다음과 같은 일반 명제는 사용하지 않겠는가?: "공적이건 가정적이건, 세속적이건 교회적이건 모든 다스리는 자들은 존경받아야 한다." 그리고 사도바울이 집사의 자격을 언급할 때 자신의 집을 잘 다스려왔던 자이어야 한다고 했다(숫리브).[137)]

답변 1. 만약 이 장과 사도의 서신서에 담겨있는 사도바울의 주요한 목적이 교회 직원들과 교회의 문제들에 관한 지침을 주는 것(이 서신서의 문맥과 딤전 3:14-15에서 분명히 밝히고 있다)이 아니었다면, 그리고 다스리는 자 (proesotes)라는 단어만 본문에 표현되고 장로(presbuteroi)라는 단어가 제외되었더라면, 이 빈약한 해석이 좀 더 용인해줄만하고 그럴듯해 보였을 것이다. 하지만 사도바울이 잘 다스리는 자들이라는 식으로 일반적으로 말하지 않고 교회 안에서 잘 다스리는 장로들이라는 식으로 구체적으로 말하고 있다는 점을 고려할 때, 이러한 형편없는 해석이 끼어들 자리가 없다.

2. 만일 사도가 모든 부류의 장로들에 대한 모호하고 일반적인 명제를

137) Mat. Sutlive, de Presbyterio, cap. 12, pp. 72-73.

의도했다면, 공적인 다스리는 자와 가정의 다스리는 자, 교회의 다스리는 자와 세속의 다스리는 자, 이들 모두가 교회의 존경과 보살핌을 받아야한다고 의도했을 것이다. 그렇게 되면 교회가 충분한 감독권을 갖게 될 것이다. 실제로 이렇게 될 경우 말씀 전하는 목사(이 해석에 따르면)가 가정이든 공적이든 세속이든 교회든, 어디에 속해 있는 다스리는 자들 그 누구보다 더 많은 존경과 지지를 받게 될 것이다. 당연히 세속의 통치자는 이러한 해석을 반기지 않을 것이다.

3. 어느 정도의 판별력이나 다스리는 능력이 집사들에게 요구되지만, 그것은 교회 내에서의 공적인 다스림이 아니라 자신들의 가정에서만 행사하는 사적인 다스림을 말한다. 이점에 대해서 사도바울이 딤전 3:12절에서 언급하고 있다.

반론 9. 이 잘 다스리는 장로들(kalos proesotes)이 모든 교회에 거주하는 목사와 교사들을 가리킬 수 있고,[138] 따라서 신실한 자들을 보살피고 감독하는 자들이라고 말할 수 있다. 하지만 '수고하는(kopiontes)', 즉 '수고하는 자들'이라는 표현은 교회들을 일일이 방문하여 확인하며 다니는 자들을 가리킬 수 있다–Bilson.[139] 이것은 필드 박사의 여러 해석중 하나이다[140]: "복음의 설교를 통해 이미 믿음을 갖게 된 자들을 인도하고 다스리기

138) Altar. Camas., cap. 12, p. 910 & p. 921.

139) Bilson's Perpetual Government of Christ's Church, chap. 10, pp. 134–136.

140) D. Field, Of the Church, Book 5, chap. 26.

위해서 사람들 중 일부가 몇몇 특정 장소에 남아있는 반면에, 하나님에 대한 지식을 여러 곳에 전파하고 그리스도에 대해 들어보지 못한 자들에게 십자가에 못 박히신 그리스도를 전하기 위해서 고통과 수고를 감내하고 돌아다니는 자들이 있었다. 이 두 부류 모두 배나 존경을 받기에 합당하지만, 다른 사람이 세워놓은 터 위에서 말씀을 전하지 않는 후자가 다른 사람들이 다 닦아놓은 터 위에서 관리하고 다스리는 전자보다 더욱더 존경받는 것이 마땅하다."

답변 1. 만일 이 해석이 그런 의미(특정 장소와 교회에 거하는 목사와 무제한의 위임을 갖고 특정 장소에 거하지 않는 목사들이 있는데, 후자의 경우가 특별히 존경받아야 한다)라면, 이 말은 특정 장소에 거하지 않고 무제한의 위임을 맡아서 교회의 토대를 닦는 사도들과 복음전하는 자들이 특정장소에 거하면서 다른 목사들이 닦아놓은 토대 위에서 사역하는 목사와 교사들보다 특별히 더 존경을 받아야 한다는 의미가 된다. 하지만 이것이 어떻게 그러한 의미를 갖겠는가? 이것은 쓸모없는 권고처럼 보이기 때문이다. 어떤 교회가 목사와 교사들보다 사도와 복음전하는 자들에게 기꺼이 특별한 존경을 표하지 않겠는가? 하지만 이렇게 되면 지나치게 사도위주가 되고 사도를 높이게 될 것이다. 따라서 이것은 본문 속에 사도들과 복음전하는 자들에 대헌 언급이 있음을 암시만 하고 있을 뿐, 본문에서 명백히 언급하고 있는 것은 오직 일반적인 치리장로와 가르치는 장로뿐이다.

2. 만약 이것이 필드 박사와 빌손(Bilson)의 해석대로 기독교의 토대를 닦기 위해 힘겹게 돌아다니는 일반장로들이 있는 반면에 그 토대위에서 특

정장소에 거하면서 사역하는 장로들이 있다는 의미라면, 이는 그릇된 해석인 것 같다. 성경에는 단지 일반적인 장로들이 자신들의 특별히 다스릴 몇몇 성과 지방에 임명되었다고 기록되어 있다. 일반적인 장로들이 위임의 제한 없이 교회 내에서 임명되어 고용되어 있지 않다면, 이들이 교회에 남아서 누구를 양육할 수 있겠는가?(행 14:23; 딛 1:5; 행 20:28; 벧전 5:2; 살전 5:12). 성경 어디에서 이들의 해석을 입증할 수 있겠는가? 돌아다니는 장로들(Presbyteri vagi)을 권하는 곳은 어디에도 없고 유리하는 별들은 정죄를 받는다(유 1:13).

3. 교회를 샅샅이 살피고 확인하기 위해서 이곳저곳을 돌아다니는 자들에게 kopiontes라는 단어를 부여하는 것은 매우 허술하고 정당화될 수 없다. 이는 필드 박사의 이전 해석(반론 4: kopiontes를 가르치는 일에 한정시킨다)과 상충된다. 이 단어는 종종 사도에게 부여된다(고전 15:10; 고후 11:27). 하지만 기독교의 토대를 닦기 위해서 단지 이곳저곳을 다니는 것과 관련하여 사도와 복음전하는 자를 수고하는 자(kopiontes)라고 부르고, 이로 인해 이들을 일반적인 목사와 교사들과 구분 짓는 곳이 성경 어디에 있는가? 그런 곳은 없다. 사도바울 자신은 '다스리는 자들'과 '수고하는 자들'을 동일시한다(살전 5:12-13). 딤전 5:17절에서도 다스리는 자들과 수고하는 자들은 동일한 의미로 쓰인다. 즉, 이들 둘 다 일반적인 장로이고 다스리는 장로이며, 이들 중 한 장로에게만 말씀과 가르침에 수고하는 직분이 부가되었다. 실제로, 경건한 여인들이 주 안에서 수고한(kopian) 것으로 기록되어 있는데(롬 16:6, 12), 이는 그들이 복음을 전하기 위해 여러

나라로 다녀서 이렇게 기록된 게 아니다. 마리아와 버시가 돌아다녔다는 기록이 어디에 있는가? 그럼에도 불구하고 명백히 이러한 선한 여인들은 다른 사람들, 특히 자신들과 동성인 여인들을 초대하여 사도들이 전하는 복음을 듣고 그 복음을 기쁨으로 받아들였다. 만약 이 여인들이 자신들의 개인적인 노력으로 인하여 주 안에서 많이 수고한 자들이라고 불릴 수 있으면, 장로들이 개인적으로나 공적으로 행한 일들로 인하여 이들에게 얼마나 더 많은 수고의 공을 인정해야 하는가? 성경에서 일반적인 장로들뿐만 아니라 여인들에게도 적용되는 이 단어 kopiontes는 이 반론이 의도하는 바대로 사도와 복음전하는 자에게 특정할 수 없다.

반론 10. 말씀을 전하는 목사라면 누구에나 요구되는 세 가지 자질-흠없는 삶, 잘 다스림, 온전한 가르침-중에 처음 두 가지 자질을 여기서 권하고 있지만, 사실 가르침의 수고가 나머지 두 자질보다 더 중요하다. 그러므로 장로에 대한 이중적 도리가 기록되어있는 것이 아니라 오직 목사직의 두 기능, 즉 가르치는 일과 다스리는 일을 기록하고 있으며, 사도는 이 두 기능을 목사의 직무로 한데 묶는다(살전 5:12-13)-빌손.[141] 다음의 해석은 필드[142]가 언급한 것이다: 교회의 인도자는 다스리고 가르치는 일과 관련해서 배나 존경받을만하지만, 특히 가르치는 일에 수고가 더욱 존경받을만하다. 그래서 장로를 두 부류로 나누는 것이 아니라 장로직의 직무를 두 가지로

---

141) Bilson's Perpetual Government of Christ's Church, chap. 10, pp. 131-133.

142) D. Field, Of the Church, Book 5, chap. 26.

기록하고 있는 것이다.

답변 1. 목사들이 자신들의 직무에 속하는 다스림과 가르침의 권세가 있다(살전 5:12–13과 히 13:7 등에서 암시하고 있는 바와 같이). 그러므로 가르치는 권세를 가진 자 외에는 아무도 다스릴 권세가 없다고 할 수 있는가? 혹은 딤전 5:17 본문이 오직 가르치는 치리자들만을 뜻한다고 할 수 있는가?

2. 이번 반론에서 빌손은 kopiontes가 일반적인 목사에 속해서 자신의 이전의 반론과 모순된다고 고백한다. 이전의 반론에서라면 kopiontes를 돌아다니는 사도와 복음전하는 자들의 속성으로 돌렸을 것이다. 사실상 이러한 해석은 가르치는 장로들이 가르치지 않는 치리장로들보다 더 존경을 받아야 한다는 것을 인정하는 꼴이다. 이렇게 주장을 바꾸고 회피하는 일은 참으로 한심스러운 일이다. 그 결과 그들은 자신들의 동료들에게 상처를 주고 자신들의 원리들을 거스를 수밖에 없게 된다.

3. 이 해석에 따르면, 다음과 같은 의미가 된다: "선한 삶과 노련한 정치로 잘 다스리는 목사들이 배나 존경받게 하고, 특히 말씀과 가르침에 수고하는 자들은 더욱 그렇게 하자." 이 해석은 일부 목사들이 말씀과 가르침에 수고하지 않아도 잘 다스리기만 하면 배나 존경받을만한 것으로 은근히 암시하지 않는가? 이 얼마나 터무니없는 해석인가? 하지만 이 본문을 해석할 때 동일한 직책의 몇 가지 기능이 아니라 몇몇 부류의 직원들로 본다면, 이러한 불합리성이 방지된다: "다스리는 장로들이 배나 존경받게 하고, 특히 다스리고 가르치는 장로들은 더욱 그리하자."

4. 본문은 명백히 직무가 아니라 사람을, 일이 아니라 일을 행하는 자를, 직책이 아니라 직원을 언급하고 있다. 본문에는 “장로들이 잘 다스림으로 인해서, 특히 말씀과 가르침에 수고함으로 인해서 배나 존경받기에 합당히 여기고”라고 기록되어 있지 않고, “잘 다스리는 장로들–특히 말씀과 가르침에 수고하는 자들”이라고 기록되어 있다. 그렇다면 반론의 해석은 헛된 것이고 본문에 기록된 명백한 글과 상충된다.

반론 11. Kopiontes(“수고하는 자들”)라는 단어에 대한 강조를 소홀히 다뤄서는 안 되겠지만, 장로들 간의 차이는 이 단어(kopiontes)에 있지 않고 “말씀과 가르침에서”라는 말에 있다. 이 말은 두 부류의 장로를 나타내는 것이 아니라 사역자와 목사라는 두 가지 직책을 나타낸다. 전자는 일반적으로 잘 다스리는 것을, 후자는 구체적으로 말씀과 가르침에 수고하는 것을 나타낸다. 제롬의 해석에 따르면 잘 다스린다는 것은 자신의 직무를 완수하는 것이거나, 시리아 해석자의 설명대로 “자신의 위치에서 잘 처신하는 것”이거나, 성경의 기록대로 “저들의 지위에 어울리는 방식으로 하나님의 백성들 앞에 나아가는 것, 즉 개인적인 대화와 공적인 일을 집행할 때에도 선한행위로 그들 앞에 나아가는 것”이라고 말했다. 사도는 여기서 목사의 직무들을 다음과 같이 비교한다: 일반적으로 자신의 직무를 잘 이행하는 장로들은 모두 배나 존경받을 만하고, 특히 그들의 직무 가운데 주요한

부분인 말씀에 수고하는 자들은 더욱 존경받을 만하다.[143)]

답변 1. 실질적으로 이 반론은 이미 답변되었던 반론 10과 동일하다. 그러므로 더 이상 설명을 추가할 필요가 없다.

2. 사도바울이 다음과 같이 말하지 않았음을 주목해야한다: "잘 다스리는 장로들이 배나 존경받을 만한 자로 여기자, 특히 그들이 말씀에 수고하기 때문에… ." 만약 이런 식으로 말했다면 사도는 목사들의 구별된 직책을 지적했을 것이다. 하지만 그는 "특히 수고하는 자들(oi kopiontes)"이라고 말한다. 이는 명백히 구별된 직무를 갖는 장로들 자신들 간의 구별을 의미한다. 3. 만약 여기서 가르치는 장로들만을 의미하고 "잘 다스리는 것"이라는 어구 아래에 장로들의 일반적인 직무 전체와 이 직무를 잘 관리하는 일이 포함되고 "말씀과 가르침에 수고하는"(이 반론에서 내포하고 있듯이)이라는 말이 단지 잘 다스리는 것의 한 부분에 불과하다면, 목사는 자신의 직무 전체를 잘 관리하는 것보다 직무 중 한부분만 잘 관리하는 것에 대해서 더 많은 존경을 받을 만하다는 불가피한 결론에 도달할 것이다. 말도 안 되는 주장이다! 그러므로 사도는 목사의 직무의 주요한 한 부분을 그의 전 직무와 그 직무의 모든 기능들을 비교하지 않고 장로들을 서로 비교하여 단순히 치리만 하는 장로와 치리와 가르치기를 모두 하는 장로를 구별하고 있다(엄격하고 학문적으로 탁월한 휘테이커(Whitaker)가 잘 말한바와 같이

---

143) Downham in his Sermon preached at Lambeth, Apr. 17, 1608, pp. 9-11. See Altar Damasc., c. 12, p. 924.

[144]).

반론 12. 본문 자체 속에 이러한 모든 장로들이 수고하는 자이건 다스리는 자이건 관계없이 "배나 존경받을만하다"는 사실이 명백히 드러나 있다. 바로 뒤이어 나오는 사도바울의 증언과 모든 신 · 구약성경 저자들이 동의하는 바, "배나 존경받을 만하다"는 말은 장로들이 교회에서 직무를 잘 관리한다는 것을 의미한다(크리소스톰의 딤전 5에 관한 Homil. 15; 제롬의 딤전 5; 암브로스의 딤전 5; 칼뱅의 딤전 5; 불링거의 딤전 5; 베자의 딤전 5). 교회가 박해를 받던 사도시대에 일반신자인 판사와 교회관습의 감독관이 있었거나 하나님의 율법을 따라서 성도들이 교회를 관리해야했기 때문에, 위 답변의 내용이 정당하게 입증될 때까지 나는 그 내용을 믿을 수 없다(이 내용을 받아들이기 전에 먼저 입증해야 한다—빌손(Bilson),[145] 숫리브(Sutlive),[146] 다운햄(Downham)[147]).

답변 1. 이 단어 "공경하라(honor)"(출 20:12)는 일부 학자들이 언급한

144) Altar Damasc., cap. 12, pp. 925–926. And else where against Duraeus he notably hints his judgment for the mere Ruling Elder, saying: Tum ita es ignarus ut esse in Christi Ecclesia Presbyteros nescias, qui gubernationi tantum, non verbi aut Sacramentorum administrationi operam darent? 1 Tim. 5:17; Ambrose on 1 Tim. 5; Whitaker contra Duraeum, book 9, par. 47, p. 22.

145) Bilson's Perpetual Government of Christ's Church, chap. 10, pp. 129–130.

146) At apud vos (says Sutlive against Beza) nullam datis vestris Presbyteris mercedem, aut ut ipse loqueris subsidium; ergo aut non videtur locutus de vestris Presbyterie, aut male vos Apostoli praecepta servatis. Mat. Sutlive, de Presbyterio, cap. 12, p. 73 & p. 87.

147) Downham's Sermon preached at Lambeth, pp. 11–12.

바와 같이[148] (히브리인들의 관습을 따라서) '모든 경건한 직무와 위로'를 가리킨다. 여러 해석자들은 이 표현[배나 존경하는 것]을 절대적 의미나 상대적 의미로 설명한다. 절대적 의미에서 "배나 존경하는 것"은 크게 존경하는 것을 의미하는데, 현 생애에서의 보살핌과 다음 생애에서의 행복을 뜻한다고 보는 사람이 있는 반면에, 자신의 신자들을 존중해주고 그들의 수고에 대해 그들을 보살펴 주는 것을 뜻한다고 보는 사람들도 있다(칼뱅은 크리소스톰에 대해서 다음과 같이 말한다. "크리소스톰은 배나 존경하는 것을 보살펴주고 존경하는 것이라고 해석하는데, 나는 이 말에 이의를 제기하지 않는다."[149]). 그리고 상대적 의미에서 "배나 존경하는 것"은 이전에 언급한 것과 관련이 있어 보인다. "참 과부인 과부를 존대하라"(3절). 여기서 그는 비록 과부가 존경을 받아야 하지만 이 과부들은 훨씬 더 존경을 받아야한다는 사실을 암시하고 있다. 이들은 현재 혼자의 상태이어야 한다.[150] 마지막이지만 가장 참인 것으로 보이는 의미에서 부분적으로는 과부에 대한 존경(3절)은 오직 보살핌이기 때문에, 또 부분적으로는 존경에 대한 의무의 근거는 오직 보살핌(18절)만을 나타내기 때문에, 사도는 주로 보살핌을 제공하는 존경을 의도했던 것 같다. 지금 까지 우리는 본문이 보살핌을 언급하고 있음을 인정한다.

2. 더욱이, 여기서 언급된 모든 장로들이 배나 존경을 받기에, 즉 존경

148) Beza & Daneus on 1 Tim. 5:17.

149) Calvin in loc.

150) Calvin & Daneus in loc.

심에서 우러난 후한 보살핌을 받기에 합당한 자들로 여김을 받아야 한다고 할 수 있다. 잘 다스리는 자들도 (필요하다면) 이와 같이 존경을 받아야 하지만 주로 보살펴야 할 대상은 "말씀과 가르침에 수고하는 자들"이다. 사도가 malista를 언급하고 있기 때문이다('특히' 말씀과 가르침에 수고하는 자들; 갈 6:6 비교). 따라서 다나이우스(Danaeus)가 잘 말하고 있듯이[151] 이 본문의 많은 부분에서 이와 같이 명백히 보여주고 있다.

3. 그렇다면 치리장로직에 대해 부정하는 자들은 무슨 추론을 할 수 있는가? 그러므로 교회의 보호를 받지 못하는 치리장로들(개혁교회에 있는)은 여기서 언급된 잘 다스리는 장로가 아닌가? 이 논리는 이하의 내용과 맞지 않는다. 사도바울은 고린도 교회에서 삯을 받지 않았다(고후 11:7-9, 12:12-13). 따라서 바울을 보호해 주었던 교회에 대하여 바울이 사도의 지위를 유지했던 것과 같이 바울에게 삯을 제공하지 않았던 교회에 대하여는 바울이 사도의 지위를 상실했는가? 요즘 우리들 가운데 여러 목사들이 말씀과 가르침에 수고하면서도 교회에서 충분한 지원을 받지 못하고 자비(自費)로 다른 사람들을 섬기도록 내몰리는 상황이다. 그렇다면 이들이 목사들이 아닌가? 저들의 이러한 죄를 용서하소서. 대부분의 교회는 복음이 요구하는 대로 그 교회의 가르치는 장로와 그 가족들을 충분히 보살필 수가 없다(아니면 적어도 보살피기를 원치 않는다). 그러므로 교회가 불필요한 짐을 지지 않도록 보살펴줄 필요가 없는 치리장로들이 선출된다면, 이들이 교

151) Danaeus on 1 Tim. 5:17

회의 보살핌을 받지 않는다는 이유로 그들의 직책이 가치가 없고 무효가 되는가? 혹은 교회가 그들을 보살피지 못한다면(장로들이 보살핌을 필요로 하지 않고 원하지도 않고 교회도 그럴 수 있는 역량이 없을 때), 교회는 자신의 의무에 결함이 있는 것인가? 아니면 사도적 가르침을 따르지 않는 것인가? 물론, 치리장로나 가르치는 장로를 보살피는 일이 이들의 소명에 본질적이고 불가분의 관계로 필요한 것은 아니다. 가르치는 장로(Preaching Elder)뿐만 아니라 치리장로(Ruling Elder)가 보살핌을 받아야 하는 경우가 있을 수 있다. 그리고 치리장로(Ruling Presbyter)뿐만 아니라 가르치는 장로(Preaching Presbyter)(바울의 경우처럼)가 교회의 보살핌을 기대해서는 안 되는 경우가 있을 수 있다.

4. 사도가 여기서 "저들이 배나 존경받기에 합당한 자로 여기고(haxiothosan)"라고 말하는 것을 주목할 수 있다. 비록 개혁교회가 실제로 '잘 다스리는 장로들'에게 두 배로 신경을 써서 보살피지 못한다고 해도 이 교회는 이 장로들을 두 배의 보살핌을 받을만한 자로 여겨야 한다–장로들이 이 보살핌을 받지 못한다 해도, 그리고 교회가 보살필 여력이 없다 해도. 마지막으로, 고대와 근대 저자들(하나님의 교회에서는 상당히 유명한)의 많은 증언은 성경의 이러한 증언과 주장에 부가되어 유용하게 쓰일 수 있으며, 때때로 그리스도의 교회의 치리장로들을 지지한다. 그리고 어떤 이들은 치리장로의 표현 속에 잘 내포되어 있듯이, 다스리는 장로(elders), 가르치는 장로(presbyters), 또는 교회를 다스리는 자들(church-governors)이라는 명칭을 사용한다. 또 어떤 이들은 그리스도의 교회에는 사실 교회정치를

위해 그러한 직원들이 있었다고 명백히 선언한다. 신약시대에 그러한 직원들이 교회를 잘 인도하기 위해 그리스도의 교회 안에 있어야 한다고 증언하는 사람도 있다. 이것으로 미루어 보아 분명해 보이는 사실은, 교회 내에 치리장로의 직분을 주장하는 것이 우리가 스스로 고안한 어떤 기이한 역설을 주장하는 것도 아니고 과거의 독단적인 시대에 새로운 빛을 제시하는 것도 아니라는 것이다. 치리장로는 제네바에서 처음 만들어진 교회 직원도 아니고 1500년 동안 그리스도의 교회에 낯설지도 않았으며, 이후의 시대에 뿐만 아니라 이전 시대에도 그리스도의 교회에 존재해오던 직분이다.

I. 고대의 저술가들의 말을 들어보자.

1. 주후 71년에 살았던 이그나티우스(Ignatius)[152]가 당시의 장로들에 대해서 "하나님의 법정이자 그리스도의 사도들의 연합"이며 "거룩한 회, 감독들의 조언자요 보좌역"이라고 한다. 이러한 표현들은 어구의 범위와 종합성이 고려된다면 가르치는 장로뿐만 아니라 치리장로와 차별 없이 일치할 수 있다.

2. 주후 13년에 바로니우스 연대기(Baronius Annals)에서 일부 사람들이 말한 바와 같이,[153] 그러한 놀라운 기록들에는 Episcopi, Presbyteri, Diacones, Seniores, 즉 감독(Bishops), 장로(Presbyters), 집사(Deacons),

---

152) Ignat. Epist. ad Trallianos; ad initium. p. 66. Edit. Oxford, 1644.

153) Assertion of the government of the Church of Scotland, p. 70. See also, Christopheri Justelli Observat. & Not. in Cod. Can. Eccles. Africanaes, pp. 110-111.

원로(Elders)와 같은 단어들이 실려 있다. 여기에는 원로(Elders)가 감독과 장로, 집사와 구별되게 나열되어 있다. 이들이 치리장로가 아니면 무엇이겠는가? 그리고 얼마 뒤 푸르푸리우스(Purpurius)가 실바누스(Silvanus)에게 보내는 편지에서 다음과 같이 표현하고 있다. "너희는 동료 성직자들과 원로들(elders)과 교회 직원들을 더 늘려서 이들로 하여금 교회 안의 분쟁들의 원인이 무엇인지 부지런히 살피도록 하라." 여러 편지들이 작성되었고 회의 때 낭독되었다. 편지의 수신인은 '성직자와 장로들에게', '남자 성직자들과 장로들에게' 라는 식으로 되어있다. 또 다른 기록에 막시무스가 한 말을 보면 다음과 같다. "나는 그리스도인들의 장로들의 이름으로 가톨릭 법(Catholic Law)에 대해서 말한다." 자세히 살펴보면 이러한 모든 글들은 치리장로와 그 당시 교회정치에서 그의 동역자를 분명히 밝히고 있어 보이고, '장로' 는 '성직자' 와 구별되어 언급된다.

3. 주후 203년 경 활발히 활동했던 터툴리안(Tertullian)[154]은 교회의 회에 대해서 그리고 그 회에서 당시 행사하던 교회정치에 대해서 자신의 변증론(Apologetic)에 다음과 같은 글을 실었다. "공인된 모든 장로들이 우리의 모임들에서 의장직을 맡는다." "장로들이 값을 치르고 이 영광을 얻은 것이 아니라 증언을 통해서 얻었다. 하나님의 것은 어떠한 것도 값으로 그 가치를 평가할 수 없다." 이처럼 장로들에 대한 많은 표현들이 있는데, 왜 치리장로가 가르치는 장로와 함께 교회 직원에 포함될 수 없겠는가?

154) Tertull. Apologet. advers. Gent, cap. 39

4. 주후 226년 경 살았던 오리겐(Origen)[155]은 교회의 회원으로 받아들일 자들을 시험할 것을 선언하면서 이러한 글을 남겼다. "교회의 회원으로 들어오는 자들의 말과 행실에 대해서 시험할 다스리는 자들 몇몇을 임명하여 이들로 하여금 불결한 짓을 저지른 사람들을 교회에 들어오지 못하게 한다(Nomulli praepositi sunt)." 그리고 학문적으로 탁월한 리벳(Rivet)은 오리겐의 글을 인용하면서 오리겐이 치리장로를 말하고 있는 것으로 이해하고 있다.[156]

5. 주후 240년 경 가장 잔혹한 시대에 그리스도를 향한 열정과 용기로 불타올랐던 카르타고의 감독인 키프리아누스(Cyprian)[157]가 자신의 서신에 기록한 바에 따르면, 아우렐리우스(Aurelius)와 켈레리누스(Celerinus)를 자신의 교회에 장로(Presbyters)로 임명했다(그들은 가장 열정적이고 신실한 자격을 갖춘 자들이다.). 하지만 그들은 말씀을 가르치는 일이 아니라 성도들 앞에서 공적으로 말씀낭독만 할 수 있었다. 그럼에도 불구하고 이 장로들은 원숙한 나이가 되었을 때 계속 남아서 감독과 함께 교회를 공동으로 다스렸다. "하지만 여러분들이 알아야 둘 점은 이들이 그 기간 동안 말씀을 낭독하는 자들(Readers)이었다는 것이다. 왜냐하면 초는 촛대위에 놓여있는 것이 적절하기 때문이다." "하지만 여러분들이 알아둬야 할 점은 우리가 이들을 위하여 영광스러운 노회(Presbytery)를 만들었는데, 이는 이들이 치

155) Origen. contra Celsum. lib. 3.

156) Andr. Rivet. Catholic. Orthodox. Tract. 2. Quest. 22. Sect. 4.

157) Cyprian. Epist. 39. second. ed. Goulart. at secund. aliorum edit. Epist. 5.

리장로들(Elders)과 동일한 보살핌을 받을 수 있도록 하고 동일한 양의 배당을 받을 수 있도록 하고자 함이다." 여기서 가르치는 장로와 구별되는 치리장로에 대한 명백한 증거가 키프리아누스 시대의 노회에 추가되었다. 그리고 또 다른 서신[158]에서 키프리아누스는 가르치는 장로, 집사, 교회 성도들에게 누미디쿠스(Numidicus)(진리를 수호하기 위하여 자기 옆에서 아내가 불태워지고 자신도 반쯤 타서 돌로 뒤 덮혀 죽은 줄만 알고 유기된 상태로 있다가 이후에 살아있는 것이 발견되어 원래의 자리로 회복시킨)를 카르타고의 가르치는 장로들(Presbyters)과 함께 치리장로(Elder)로 인정해 주어야 하고, 그들의 노회의 구성원으로서 "성직자와 함께 나란히 착석"해야 한다는 내용을 작성한다. 그리고 그는 가르치는 장로가 아닌 치리장로로서 키프리아누스 노회에 추가된 것으로 보인다. 다음과 같은 글이 이를 시사한다. "진정으로 하나님이 허락하실 때 그는 자신의 종교에서 더 중요한 직분으로 진급될 것이다. 그때 우리는 주의 보호를 통해서 위엄 있게 나아갈 것이다." 만약 키프리아누스는 이미 누미디쿠스를 가르치는 장로(Preaching Presbyter)(자신의 교회에서 가장 높은 직분인)로 받아들였다면, 키프리아누스가 누미디쿠스에게 어떠한 더 중요한 직책을 생각할 수 있겠는가? 이것은 그가 처음에 단지 치리장로로 받아들여졌다는 것을 의미한다. 하지만 키프리아누스는 이후에 그를 더 높은 지위로 승급시킬 생각이었다.

6. 주후 365년에 살았던 오파투스(Opatus)[159]는 다음과 같이 말한다.

158) Ibid, 1.4. Epist. 10.

159) Optat. lib. 1. p. 41. Edit. Paris. An. 1613.

"교회에는 땅속에 숨길 수도 없고 도적질 할 수도 없는 금과 은으로 된 예배용품들이 많이 있는데 교회는 이 용품들을 신실한 자들인 장로들에게 맡겼다."

7. 주후 374년 경 활동이 왕성했던 암브로스(Ambrose)[160]는 교회의 장로들에게 유명한 말을 남긴다. "장로가 좀 더 쉽게 충고를 받아들일 수 있도록 그에게 선행을 행하도록 촉구할 때 존경하는 마음으로 온화하게 해야 한다. 왜냐하면 충고를 받은 장로가 이후에 교정이 되지 않을까봐 두려울 수 있기 때문이다. 이는 장로에게 수치스러운 일이다. 심지어 모든 나라를 통틀어 노령은 영광스러운 것이기 때문이다. 회당과 이후로 교회에 장로들(Elders)이 있었는데, 이들의 조언이 없이는 교회에서 아무 일도 이루어지지 않았다. 교사들(Teachers)의 게으름이나 교만함 말고는 장로들의 어떠한 부주의로 인해 그들의 조언이 쓸모없게 된 경우를 내가 아는 바로는 없다." 암브로스의 이 증언은 너무나 명확하고 함의하는 바가 커서 치리장로를 인정하지 않는 무리들은 이 증언을 무력화시키기 위한 방법과 술책을 도모했다. 이에 대해서 장로교회 신자들[161]과 독립교회주의자들[162] 양쪽에서 충분히 변론을 했고, 이것은 독자들이 참고할 수 있는 세 종류의 반론에 맞선 암브로스의 글의 정당성을 입증해주었다.

8. 주후 420년에 살았던 아우구스티누스는 당시 치리장로에 대해

160) Ambrose, Comment. in 1Tim. 5:1.

161) Assertion of the Government and Discipline of the Church of Scotland. cap. 8. p. 57. &c.

162) Mr. Cotton, Way of the Churches, &c. cap. 2. Sect. 2. p. 30. &c.

서 자주 암시했다.[163] "Peregrine the Presbyter, and the Elders of the Mustican Region." 그리고 히포에 소재한 자신의 교회에 보내는 서신의 수신자는 이렇게 되어 있다. "히포에 있는 사랑하는 형제들, 성직자, 장로들, 그리고 모든 성도들에게."[164] 여기에서 장로가 성직자와 성도들 사이에 삽입되어 이 둘과 구별된다. 또한 이런 글이 실려 있다. "그들이 어떤 죄-술 취함, 도적질, 등-를 저질러서 장로들에게 책망 받을 때 그 죄는 그들에게 전가된다."[165] Videatur etiam Epistola Synodalis Concilii Cabarsussitani apud eundem Augustinum Enarrat. in Psal. 36.

9. 주후 596년에 살던 이시도레스 히스팔렌시스(Isidores Hispalensis)[166]는 목사가 말씀을 전할 때 얼마나 신중해야 하는지를 명시하면서 무엇보다 이러한 지침을 내린다. "성도들 가운데 장로들이 먼저 배워야 하는데, 이는 이들의 다스림을 받는 자들이 더 용이하게 가르침을 받을 수 있도록 하고자 함이다."

지금까지 옛 문헌들에서 치리장로를 인정한 사실을 살펴보았다.

II. 국내외 경건한 학자들(당시 하나님의 교회에서 매우 중요한 위치에 있던)이 치리장로를 성경에서 제시한 교회 직원으로서 인정해 온 많은 사례

---

163) Augustine, Contra Cresconium. 1. 3. c. 56.

164) Augustine, Epistle 136.

165) Augustine, De verb. Dom. Serm. 19.

166) Isidor. Sent. 1. 3. cap. 43.

들이 근대문헌들에 실려 있다. 수많은 사례들[167]을 있지만 두세 가지만 예를 들어 보겠다.

두레우스(Dureus)에 반박하는 글에서 그 유명한 휘테이커 박사[168]는 이런 글을 남겼다. "당신은 얼마나 무지하길래 그리스도의 교회 안에 다스리는 일에만 열심을 내고 말씀 전하는 일과 성례의 집행에는 관여하지 않는 장로가 있다는 사실을 모른단 말인가?"(딤전 5:17; 암브로스의 딤전 5장). 이전의 논증 3에 대한 반론 11에 대한 답변의 난외의 주를 참고하기 바란다.

고전 12:28절과 엡 4:12절에 언급된 박사들(Doctors)에 대해서 손다이크(Thorndike)[169]는 다음과 같이 말한다. "사도가 여기서 가르치는 자들을 가리켜 예배에서 성도들에게 말씀을 전하고 가르치는 능력을 갖춘 장로들(Presbyters)이라고 하고, 말씀을 전하지 않는 장로들을 다스리는 자들(Governments)이라고 부르고 있는 것은 의심의 여지가 없다. 그리고 집사, 즉 장로들(Presbyters)의 다스리는 일을 도와주는 자이다. 따라서 '다스리는 자에 속한 조력자(Helps in Governments)' 가 아니라 '조력자, 다스리는 자(Helps, Governments)' 로 따로 분리시켜 번역해야 한다." 그리고 나서 잠시 뒤,[170] "장로의 직책은 두 가지, 즉 가르치는 일과 다스리는 일로 나

167) See The Assertion of the Government of the Church of Scotland, cap. 10, giving plentiful instances.

168) Whitaker, contra Duraeum 1. 9. Sect. 47. p. 222. b. in fol.

169) Thorndike's Discourse of Religious Assemblies, &c. c. 4. p. 117. &c.

170) Ibid. p. 118.

뉘었는데, 사도의 시대에도 가르치는 장로가 없는 교회가 일부 있었다."

견고한 학문의 보고인 Dr. Andr. Rivet[171]는 다음과 같은 표현을 했다. "우리는 교회 내에 어떠한 군주제도 전제정치도 세우지 않는다. 하지만 우리는 사도바울과 함께 장로직을 공언한다. 즉 잘 다스리는 장로들(Elders)은 배나 존경할 자로 알되 말씀과 가르침에 수고하는 이들에게는 더욱 그리할 것이니라(딤전 5:17). 우리는 가르치는 장로들과 말씀과 가르침의 수고는 하지 않지만 치리에 있어서 그들을 돕는 다스리는 장로들을 구별한다."

{집사들의 신적권위에 관한 부록}

III. 집사는 예수 그리스도께서 정하신 규례이다. 근거를 제시하면 다음과 같다.

1. 집사가 특별하거나 일반적인 다른 모든 직원들과 구별된 교회 직원임을 그리스도께서 열거하고 있다: 조력자(고전 12:28). 원래 헬라어로는 '어떤 짐이나 무게를 들어 올릴 때 누군가를 돕다' 를 의미한다. 여기서 이 헬라어는 집사의 직무는 가난하고 병든 자를 돕고 구제하는 것, 다시 말해서 이들을 도와서 일으켜 세우는 것이라고 비유적으로 표현하고 있다. 그리고 이 직책은 성경본문 속에 있는 다른 일반적이거나 특별한 모든 직책들과 구별하여 기록되어 있다. 그래서 로마서 12장 7-8절에 집사는 모든 일반적

171) Andr. Rivet. Cathol. Orthodox. Tractat. 2. Quest. 22. Sect. 4.

인 직분들과 구별되어 있다. 예언의 은사 아래에 교사와 목사의 은사가 있고, 목회의 은사 아래에 치리장로와 집사의 은사가 있다(8절). 집사는 이 직책의 주요한 두 개의 임무를 규정하는 두 단어, 즉 가난한 자와 어려운 자의 구제['베푸는 자(ho metadidos)']와 병든 자와 고통 받는 자의 구조['긍휼을 베푸는 자(ho eleon)']로 묘사되는 것 같다. 이 직원은 초대교회에서 너무나 잘 알려져 있었고 보편적이어서 사도바울이 빌립보 교회에 편지를 쓸 때 이 편지의 수령인은 성도들뿐만 아니라 직원들, 즉 감독자들과 집사들이었다(빌 1:1). 이 직책이 처음으로 제정되었고(행 6:1-3) 교회에는 가난하고 고통 받는 자들이 끊이지 않을 것이기 때문에, 이 집사라는 직책은 계속 필요할 것이다. 신약시대에 목사와 집사는 구약시대의 제사장과 레위인들의 역할을 하는 것 같다.

2. 집사의 자격은 그리스도에 의해서 신약에, 대체로 딤전 3:8-14절에 정해져 있다: "이와 같이 집사들도 정중하고 일구이언을 하지 아니하고 ……"(행 6:3-5).

3. 집사의 소명의 방식은 다음과 같이 상세히 기술되어 있다.

(1) 교회에서 선택되어야 한다(행 6:3-5).

(2) 집사는 그 직무를 수행하기 전에 교회 직원들에게 먼저 자격을 갖추었는지 입증되고 시험받아야 한다: "이에 이 사람들을 먼저 시험하여 보고 그 후에 책망할 것이 없으면 집사의 직분을 맡게 할 것이요"(딤전 3:10).

(3) 교회 직원들에 의해 임명되고 기도로 구별되어야 한다(행 6;3,6).

4. 성경에는 집사들의 일과 이 일을 수행하는 방식이 기록되어 있다.

그들의 일은 '접대하는 것(diakonein trapezais)' 이다(여기에서 집사라는 이름이 유래했다); 구호품을 나누어 주는 것–구제하는 자(metadidas)(롬 12:8); 가난한 자, 병든 자, 고통 받는 자에게 긍휼을 베푸는 것–"긍휼을 베푸는 자"; 교회에서 방해자가 아닌 조력자가 되는 것–돕는 것(고전 12:28). 또한 집사들이 어떻게 직무를 수행해야 하는지에 대한 지침이 계시되어 있다.

(1) 섬겨야 한다(롬 12:7).

(2) 성실함으로 구제해야 한다(롬 12:8).

(3) 고통당하는 자가 기운을 차리고 위로받을 수 있도록 즐거움으로 긍휼을 베풀어야 한다(롬 12:8).

5. 집사가 자신의 직책을 잘 이행하면 하나님의 인정과 칭찬을 받는다고 성경에 기록되어 있다. "집사의 직분을 잘한(kalos) 자들은 아름다운 지위와 그리스도 예수 안에 있는 믿음에 큰 담력을 얻느니라"(딤전 3:13). 집사의 직분을 잘 이행하면 칭찬과 함께 좋은 결과가 따른다.

(1) 아름다운 지위, 즉 자신과 자신의 직분에 영광과 위엄, 명성이 생긴다. 교회에서 자신의 직분을 아름답고 우아하며 명예롭게 한다(분별력 있는 칼뱅과 그의 뒤를 잇는 베자(Beza)와 다네우스(Danaeus)가 해석한 바와 같이[172]). 그리고 교회에서 집사가 자신의 직분을 버리고 스스로 더 높은 직분을 값을 치르고 얻는 것이 아니라, 몇몇 학자들이 이 본문을 해석한 바와 같

172) Calvin on 1 Tim. 3:13.

이 장로로 진급될 것이다.

(2) 많은 자유, 즉 담대함은 그리스도 예수 안에 있는 믿음에 있다. 우리의 소명 안에 있는 직무를 바르고 신실하게 이행하는데 있어서 선한 양심보다 더 담대하게 하는 것은 없다. 순결하고 정직하면 영혼이 담대해진다. 큰 확신과 담대함으로 그리스도와 교회를 섬기는 자는 가장 신뢰를 받는다. 이와 같이 하나님께서는 직분을 잘 이행하는 것을 인정하고 칭찬하신다.

러더포드(Mr. S. Rutherford)는 자신의 저작, 장로회의 정당한 권리(Due Right of Presbyteries) 7장에서 집사의 직분과 이 직분의 신적권위에 대한 14개의 반론에 답변한다. 집사의 직분에 대해서 확신이 서지 않는 독자들은 이 반박문을 참조하기 바란다.

2항

그리스도에게서 받은 교회정치의 권세의 첫 번째 그릇 또는 주체

두 번째 명제, 즉 우리의 중보자 예수 그리스도가 자신의 직원들에게 교회정치의 권세를 특별히 맡기셨다는 내용에 대하여 다음과 같이 생각해 보자.

우리의 중보자 예수 그리스도께서는 자신의 교회를 다스리는데 적합하고 공적인 목회적이거나 청지기적인 권위와 권세를 이를 받기에 적합한 직접적인 그릇이나 첫 번째 주체인 그리스도 자신의 교회 인도자들에게 맡기셨다.

이 명제를 설명하기 위해서 네 가지 사실을 밝히고자 한다.

1. 적합하고, 공식적이며, 목회적인 또는 청지기적인 교회정치의 권위와 권세는 무엇을 의미하는가? 여기서는 추가 설명을 생략하겠다. 파트 2의 3장, 5장, 9장에서 이미 밝힌 내용을 참고하시기 바란다.

2. 교회 인도자(Church-guides)란 무엇을 의미하는가? 여기서 교회 인도자란 부정적으로 다음과 같이 이해할 수 있다. 1. 정치적 통치자가 아니다. 비록 이 통치자가 아사, 여호사밧, 히스기야, 요시아 등과 같이 교회의 양부["두 돌판을 지키고 보복하는 자(custos & vindex utriusa Tabula)"(사 49:23)]이고 종교를 외적으로 보살피고(externam curam Religionis), 거룩한 것들 주변에서 정치적 권력을 발휘하지만, 그에겐 거룩한 것 안에서(in Sacris) 행사하기에 적합한 내적이고 공식적인 권세가 없다. 이 통치자가 이와 동일한 권세를 행사하는 것은 합법적이지도 않다. 고라(민 16), 사울 왕(삼상 13:9-15), 웃사(삼하 6:6-8; 대상 13:9-10)그리고 웃시야 왕(대하 26:16-22)이 하나님을 분노케 해서 자신들의 죽음을 초래했다. 하지만 종교문제에 있어서 세속 통치자에게 어떤 권세가 인정되고 어떤 권세가 인정되지 못하는가? 그리고 그 이유는 무엇인가?(파트 2의 9장 1절을 참고). 2. 인간이 교회 안에 만들고 세운 모든 직원들, 예를 들면, 교황(Popes), 추기경(Cardinals), 대성당의 주임사제(Deans), 부주교(Archdeacons), 주교 법무관(Chancellors), 재판관(Officials)과 같은 고위성직자들과 위원(Committees)과 장관(Commissioners)과 같은 정치적인 직원 등은 교회 인도자가 아니다. 중보자로서의 주권적인 권세를 홀로 지닌 예수 그리스도 외에 누가 교회 안에서 새로운 종류의 직원들을 만들고 세울

수 있겠는가?(엡 4:8–11; 롬 12:5–8; 고전 12:28)? 그러므로 그리스도의 대권을 뻔뻔하게 침해한 죄를 어떻게 충분히 면제받을 수 있겠는가? 3. 집사 역시 교회 인도자가 아니다(이전에 입증된 바대로, 집사가 그리스도께서 정하신 직원이지만). 집사의 직무는 통치하고 다스리는 것이 아니라 긍휼을 베풀고 나누어주고 식사를 접대하는 일 등이다(롬 12:8; 행 6:2–3). 이들 중 어느 누구도 그리스도께서 이러한 적합한 권세를 맡기신 교회 인도자가 아니다. 하지만 그리스도께서 교회 안에 권세와 권위를 부여해 주시고 세우신 교회 인도자들(특별하거나 일반적인)은 다음과 같다. "사도, 선지자, 복음전하는 자, 목사, 교사, 다스리는 것(Governments), 즉 다스리는 장로" (엡 4:8–11, 고전 12:28; 딤전 5:17; 롬 12:6–8). 이들은 그리스도 자신의 교회 직원들이다. 그리스도는 자신에게서 나오는 천국열쇠들, 즉 교회권세의 직접적인 그릇이자 첫 번째 주체로 이들을 삼았다.

3. 그리스도께서 이 청지기의 권세를 교회 인도자들에게 처음으로 직접 맡기신다는 것은 무슨 의미인가?

(1) 천국열쇠들을 나누어주는 일에 있어서 우선순위와 직접성이 있다는 의미다. 따라서 그리스도는 처음으로 직접 그 천국열쇠들을 자신의 직원들에게 나누어 주셨다[그러므로 성경에서는 이들을 교회의 일꾼이 아니라 "그리스도의 일꾼(huperetas Christi)"(고전 4:1)이라고 부른다]. 그리스도께서 천국열쇠들을 처음에 직접 교회(Coetus fidelium)에게 주고 나서 두 번째 간접적으로 교회의 대리자요 대표자인 직원들에게 주시는 것과 같은 방식을 취하지 않으셨다. 그리고 그 권세는 직원들 자신에게서 나오는 것이

아니라 그리스도에게서 비롯된다.

(2) 특별하고 개별적인 사람들에게 천국열쇠를 지니는 직분을 지정해 주는데 있어서 우선순위와 직접성이 있다는 의미다. 이 일은 교회 직원들을 임명하거나 선출하는데 있어서 교회의 간접적인 개입으로 이루어진다(가끔 이런 일이 교회에서 허용되지만 천국열쇠의 권세를 적합하고 권위 있게 행사하는 일은 아니다). 이렇게 적절한 절차에 따라 선출되고 인정받은 직원들은 자신들의 모든 권세를 직원들을 선출하는 교회로부터 받지 않고 그 직책을 제정하시는 그리스도에게서 받는다. 이는 시의원들과 하원들에 의해 런던 시장이 선출되고 승인될 때 유권자에게서가 아닌 위원회나 시 발행 허가증의 수여를 통해 권한을 부여받는 것과 같다.

4. 그리스도께서는 천국열쇠의 권세를 받기에 가장 적합한 그릇인 교회 인도자들에게 어떻게 그 권세를 맡기셨는가? 답변: 모든 절대적인 주권적 권세는 본래 하나님 안에 있다. 그리고 모든 주권적인 중보적 권세는 섭리적으로 그리스도 안에 있다. 그리고 모든 목회적이고 공식적인 청지기의 권세는 그리스도의 위임을 통해서 유일하게 그 권세를 받기에 적합한 자로서 주관적으로 오직 교회 인도자 안에 있다. 이 인도자는 그리스도의 이름으로 적법하게 그 권세를 행사한다. 하지만 모든 권세-그리스도의 주권적 권세와 그리스도의 직원들의 목회적 권세-는 그리스도의 교회를 객관적이고 최종적으로 세우기 위한 것이다.

이와 같이 설명되고 진술된 사실을 기반으로 상기한 명제를 확증하기 위해서 다음과 같은 논증들을 고려해 보자.

논증 1. 예수 그리스도는 교회의 권세와 이 권세에 대한 행사를 자신의 교회 인도자들에게 직접 맡기셨다.

따라서 이렇게 주장할 수 있다.

대명제. 예수 그리스도가 직접 맡기신 교회의 권세와 이 권세의 행사를 지닌 모든 자들은 이 권세의 직접적인 주체, 즉 그릇이다.

모든 권세의 근원이신 예수 그리스도께서 권세를 직접 부여하고 맡기시지 않는다면, 어떤 사람을 권세의 직접적인 주체로 만드는 것이 무엇이란 말인가?

소명제. 교회 인도자들은 예수 그리스도께서 맡기신 교회의 권세와 이 권세의 행사를 지닌다. 이 사실은 성경에서 여러 가지 방식으로 밝혀질 수 있다.

1. 성경에는 다음과 같이 명백히 기록되어 있다. "주께서 우리에게(역자주-개역개정에는 생략되어 있음.) 주신 권세는 너희를 무너뜨리려고 하신 것이 아니요 세우려고 하신 것이니"(고후 10:8). 여기서 "우리"는 교회 인도자로 이해해야 한다. 여기서 그들은 교회의 지체들과 대비되어 있기 때문이다("너희를 무너뜨리려고 하신 것이 아니요 세우려고 하신 것이니"). 여기에는 세우는 자(edifiers), 세워진다(edified)는 표현이 나온다. 이 교회 인도자는 부여받은 권위(exousias), 그것도 다름 아닌 주 그리스도에게서 부여받은 권위가 있다. 그들의 위임이나 권한은 교회나 어떠한 피조물에서

온 것이 아니라 그리스도에게서 비롯된 것이다. 따라서 사도는 교회 인도자를 "주 안에서 너희를 다스리며 권하는 자들"이라고 부른다(살전 5:12). 여기서 주안에서[173]는 곧 주의 권위와 위임으로(secundum voluntatem Domini)를 말한다. 그래서 교회의 인도자는 주안에서 다스리는 자들이고 교회는 이들에게 다스림을 받는다. 실제로 치리장로들은 교회 인도자에 속한다. 이들은 교회에서 다스릴 수 있는 신적으로 위임된 확실한 권세가 있다. 이들에 대해서 성경은 다음과 같이 기록하고 있다. "하나님이 교회 중에 다스리는 것을 두셨다"(kubernesis-고전 12:28). 다시 말해서 추상적 의미의 다스리는 것을 구체적으로 표현하면 다스리는 자를 의미한다. 만일 "하나님이 교회 중에 다스리는 자들을 두셨다면," 하나님이 그 다스리는 자들에게 다스리는 권세를 부여하신 것이다. 따라서 치리장로들에겐 다스리는 것(Governments)이라는 명칭이 있다.

2. 모든 기능을 지닌 천국열쇠들이 세상 끝날 까지 교회 인도자, 즉 사도들과 이들의 후계자들에게 직접 위임되었다. 다음 증언들을 비교해 보자: 마 16:19, 18:18-20; 요 20:21-23. 그러므로 교회의 권세는 이 권세의 주체인 그들에게 직접 위임되었다. 여기서 천국을 광의적으로 보면 이 세상에선 은혜의 나라를, 미래의 세상에선 영광의 나라를 의미한다. 천국열쇠의 올바른 사용을 바탕으로 한 땅과 하늘에서 매는 일과 푸는 일은 교회 인도자들에게 약속된 특권이다. 그리고 이 땅에서 천국이란 지상에 있는 소

173) Zanch. in loc.

수의 개 교회가 아닌 그리스도의 가시적인 교회 전체를 가리킨다. 그리스도가 약속하시어 주시는 천국열쇠는 세속의 권세인 천국의 검이나 천국의 홀이나 교회에 대한 주권적인 통치권이 아니라, 바로 청지기로서의 목회적 권세를 말한다. 천국열쇠들의 고유한 기능에는 매는 일과 푸는 일, 즉 이 땅에서 죄를 유보하는 것과 사하는 것(요한복음에 설명되어 있다), 천국문을 여는 일과 닫는 일(opening and shutting)이 있다.

매는 일과 푸는 일은 단지 비유적인 표현으로서, 사람의 몸이 족쇄나 사슬로 감옥에 갇혀있거나 포로 된 상태, 또는 족쇄나 사슬에서 몸이 풀리는 것에서 빌린 표현이다. 우리는 모두 태어나면서부터 죄 아래에 있어서(롬 5:12) 결국엔 사망한다(롬 6:23). 이제 죄는 영혼의 족쇄요 매는 줄[174] (잠 5:22; 행 8:23)이며, 고통을 수반한 사망은 구속과도 같다(벧후 2:4; 유 6; 벧전 3:19). 이러한 죄들을 사하거나 유보하는 것은 이러한 매는 줄과 사슬 아래에 있는 영혼을 풀거나 매는 것이다. 따라서 천국열쇠들 자체가 어떤 물질이 아니라 위인들의 집이나 왕의 집에 있는 청지기에게 집안일을 전적으로 맡기는데서 따온 비유적 표현이다. 종을 들이거나 내쫓는 일, 문을 열거나 닫는 일 등을 하는 자들은 가족의 주인을 제외한 그 가족 중 누구의 통제도 받지 않고 모든 일을 한다. 히브리어로 여기에 해당하는 표현을 'al habeth' 즉, '집을 맡은' 이라고 한다(창 43:18; 사 22:15; 왕하 18:18). 그들에게 권세의 표시로 집의 열쇠를 맡긴다. 하나님이 왕궁 맡

174) Reyn. & Hart., chap. 2, Divis. 3, pp. 65-66.

은 셉나를 내쫓겠다고 위협하고 힐기야의 아들 엘리아김을 그의 자리에 앉히겠다고 하셨을 때 다음과 같이 말씀하셨다. "네 정권을 그의 손에 맡기리니… 다윗의 집의 열쇠를 그의 어깨에 두리니"(사 22:21-22), "그의 어깨에는 정사를 메었고"(사 9:6). 따라서 열쇠가 구약에서 청지기로서의 권세와 정치를 표현하기 위해 환유법적으로 쓰이는 것처럼(사 22:21-22; 삿 3:25; 대상 9:27), 신약에서도 "열쇠(kleis)"가 권세, 그것도 다름 아닌 교회나 영적인 문제들에 대한 권세를 표현하기 위해 환유법적으로나 비유적으로 항상 쓰인다(마 16:19; 눅 11:52; 계 1:18, 3:7, 9:1, 20:1). '열쇠들'은 그리스도가 자신의 교회에 시행하도록 제정하신 규례-말씀전하는 일, 봉인과 책망의 집행-의 비유적인 표현이다. 단수형인 열쇠가 아니라 복수형인 열쇠들이라고 표현되는 이유는 그 모든 규례들을 포함하기 때문이다. 그 열쇠들을 올바로 사용해서 이 세상의 교회의 문과 이후 천국의 문이 신자들에겐 열리고 불신자들에겐 닫힌다. 그리고 그리스도는 "세상 끝날까지"(마 28:20) 베드로와 사도들과 그들의 계승자들에게 이 열쇠들을 약속하시고, 이 약속을 이루시기 위해 그들에게 이러한 규례들을 시행할 권세와 권위를 부여하시며, "하나님의 비밀"을 맡은 자로 여기신다(고전 4:1). 그래서 다음과 같이 결론을 내릴 수 있다.

결론. 교회 인도자는 그러한 교회의 권세와 이 권세의 행사의 직접적인 주체요 그릇이다.

논증 2. 우리의 중보자 예수 그리스도는 신약시대에 그리스도의 교회가 모이

거나 구성되기 전에 교회정치를 위해서 교회의 직분들을 제정하셨다. 그러므로 그러한 직분을 맡은 자들이 천국열쇠들의 첫 번째이고 직접적인 그릇이거나 주체이어야 한다.

따라서 다음과 같이 주장할 수 있다.

대명제. 형식적이고 가시적인 교회가 모이거나 구성되기 전 신약시대의 교회정치를 위해서 그리스도께서 제정하신 교회의 직분을 맡은 자들은 예수 그리스도의 천국열쇠의 권세를 처음으로 직접 받은 그릇이거나 주체이다.

소명제. 현재 신약시대의 교회를 다스리기 위한 그리스도 자신의 직원들의 교회직분은 형식적이고 가시적인 기독교 교회가 모이거나 구성되기 전에 그리스도에 의해서 제정되었다.

결론. 현재 신약시대의 교회정치를 위한 그리스도 자신의 직원들은 예수 그리스도의 천국열쇠들을 처음 직접적으로 받은 그릇이거나 주체이다.

상기 대명제는 부인할 수 없는 것이며 이하의 사항들로 더욱 명확해 진다.

1. 신약시대에 교회정치를 위한 교회의 직책은 본질적으로 권세 있는 직책이다. 사도는 그 권세는 주님께서 교회 직원들에게 주신 권세, 즉 권위라고 말한다(고후 10:8, 13:10). 천국열쇠들이 그들에게 맡겨졌으며(마 16:19) 그 열쇠들은 청지기로서의 권세를 내포하고 있다(마 16:19, 18:18; 요 20:21-23; 사 22:21-22). 실질적으로, 이러한 직원들의 행위들은 권세 있는 행위들이다. 예를 들면, 매는 일과 푸는 일(마 18:18)과 설

교하는 일과 출교하는 일(고전 5:4) 등이 있다. 회개하는 자를 용서하고 그를 교회의 사랑으로 다시 확증하는 일은 권위 있는 행위이다: 그에게 사랑을 권위 있게 나타내는 일(고후 2:8). 형식에 있어서, 이 행위들은 권위 있는 행위들로서 그리스도의 이름으로 그리스도의 권위로 이루어져야 한다(마 28:19; 고전 5:4). 따라서 교회의 직책은 본질적으로 권위 있는 직책이며, 결과적으로 기독교 교회가 생기기전에 그리스도께서 수여한 그 직책을 맡은 자들은 그리스도께서 주신 천국열쇠들의 권세를 처음 직접적으로 받은 주체들임에 틀림없다.

2. 기독교 교회가 생기기전에 제정된 직책을 맡은 교회 직원들은 천국열쇠들의 권세의 첫 주체임에 틀림없다. 만약 이 사실을 인정하지 않으면 다음 두 가지 오류에 빠지게 된다.

(1) 교회에 속해 있지 않은 이교도들이나 이교도 통치자들이 그 권세의 주체가 된다. 하지만 이들을 그 권세의 주체로 인정하는 것은 터무니없는 일이다. 왜냐하면 그렇게 될 경우 교회의 회원이 아닌 자가 교회를 다스리는 자가 되고 교회관련 문제들이 교회 밖에 있는 자들에 의해서 판단되어질 것이기 때문이다.

(2) 교회가 생기기전 이 권세의 첫 주체가 곧 그리스도인의 교회 자체가 된다. 하지만 이것은 매우 어이없는 말이다. 교회 직원들 외에 누구도 그 권세의 주체가 될 수 없다. 그러므로 그들이 천국열쇠들의 권세의 첫 주체이어야 한다.

상기 소명제(즉, 현재 신약시대의 교회를 다스리기 위한 그리스도 자신의 직원들의 교회직분은 형식적이고 가시적인 기독교 교회가 모이거나 구성되기 전에 그리스도에 의해서 제정되었다)는 신약시대의 맥락에서 너무나 명백하여서 어떠한 확증도 필요하지 않다.

이유는 다음과 같다.

1. 사도직과 목사 등과 같은 신약시대 교회의 직분들은 그리스도께서 돌아가시기 전(막 3:13-14 이하; 눅 9:1 이하; 요 20:21-23; 마 28:18-20)이나 승천하실 때 즉시(엡 4:8, 11, 12 이하; 행 2; 고전 13:28) 그리스도에 의해서 제정되었다. 그런데 공식적인 기독교 교회가 오순절과 그 이후 어느 정도까지는 구성되거나 모이지 못했다. 사도행전의 기록(2장 이하)에서 많이 보여주듯이 사도들이 성령의 선물을 받은 후에 많은 무리의 유대인과 이방인들이 회심하고 교회로 연합하게 되었다.

2. 신약시대의 교회 직원들은 사람들을 그리스도와 그의 신비로운 몸으로 불러 모으고 그리스도를 믿는 자들을 그 한 몸으로 받아들이기 위하여 세워진 자들이다(마 28:18-19; 고전 12:28). 이와 같이 부르는 자가 있어야 부름을 받는 자가 있으며 교회를 모으는 자가 있어야 모이는 교회가 있지 않겠는가? 그러므로 다음과 같이 결론을 내릴 수 있다.

논증 3. 성경에 나오는 교회 인도자들에게 분명한 목적을 가지고 부여된 이름과 명칭, 기타 호칭 등은 일반적으로 그들의 이마 위에 새겨진 권세와 권위를 지닌다. 그러므로 그들은 교회의 권세를 받기에 적합한 자들이다.

대명제. 그리스도의 영에 의해서 성경 안에서 주어진 그러한 이름과 명칭, 호칭을 가진 교회 직원들은 일반적으로 교회와 관련한 권위와 권세가 새겨져 있는 자들로서 교회의 권세를 받기에 적합한 자들이다.

소명제. 교회의 그리스도의 직원들은 그리스도의 영에 의해서 특히 성경 안에서 주어진 이름과 명칭, 호칭을 가지고 있는 자들로서, 일반적으로 교회와 관련된 권위와 권세가 그들에게 새겨져있다.

결론. 그리스도 자신의 교회 직원들은 교회의 권세를 받기에 적합하고 직접적이며 유일한 주체 또는 그릇이다.

상기 대명제는 마땅히 받아들여져야 한다. 이유는 다음과 같다.

1. 성령께서 명칭을 부여할 때 적합하고 적절하며 의미 있고 정체성을 나타내는 명칭을 사용하는 것이 성령님의 일반적인 방식이 아닌가? 가정에서 남편은 다스리고 아내는 남편의 권한 아래에 있기 때문에 남편이 "아내의 머리"(고전 11)라고 하고, 아내는 모든 면에서 남편의 행복과 안위를 방해하지 말고 도와야하기 때문에 적합한 "돕는 자"(창 2)라고 하는 것처럼, 나라의 통치자들은 무질서와 수치스러운 일, 악행을 억제해야 하므로 "사람들의 수치스러운 짓을 억제할 수 있는 권한을 상속받은 자"(삿 18:7)라고 불린다. 그들은 권세들이라고도 불리는데 각 사람들은 그들에게 복종해야 한다(롬 13:1). 통치는 일반적으로 하나님이 명령하신 제도이지만, 전제정치나 귀족정치 등에 상관없이 어떤 특정한 종류의 통치는 인간에게 속해 있기 때문에 "인간의 제도"라고도 부른다(벧전 2:13). 따라서 교회는 그리스도의 머리되심, 그리스도에 대한 복종, 서로 간의 친밀한 연합을 드러내

보이기 위한 그리스도의 몸이라고 불린다(엡 4:12). 그리스도인들은 "지체들"(롬 12; 고전 12)이라고 불리는데, 이는 저들이 서로 사랑하고 보살피고 섬김을 가르치기 위함이다. 목사들은 "그리스도의 사신"(고후 5), "교회들의 천사"(계 2)라고 부르는데, 이는 목사들에게 자신들의 직무를 성실히 수행할 것을 가르치기 위함이다(그리고 성도들로 하여금 목사들의 직무수행을 존중할 것을 가르치기 위함이다). 또한 목사들은 세상 사람들에게 영적으로 영향을 끼쳐야하기 때문에 "세상의 소금"(마 5:13)이라고 불리고, 세상 사람들을 깨닫게 하고 인도하기 위하여 빛을 내야하기 때문에 "별"(계 1)이라고 불린다.

2. 이 명제를 부인하면[175], 하나님의 영에 의해서 일반적으로 주어지는 권위를 내포하는 그러한 이름과 명칭들이 어떠한 목적으로 특정 부류의 사람들에게만 주어지는가? 아니면 아무런 목적이 없는가? 그것은 그리스도의 영에 대한 심각한 모독일 것이다. 그렇다면 어떤 목적이 있는가? 교회 직원들을 나타내고 제시하여 그들과 다른 사람들에게 그 직원들의 직무를 알리는 것과 교회 안에서 권위를 부여받은 자들과 그렇지 못한 자들을 구별

175) Thus Spanheim argues: A nominibus, quibus designat Deus Ministros verbi & seniores illis adjunctos, quibus illorum officium expressum voluit contradistincte ad corpus Ecclesiae, cui prae positi sunt; vocantur vero episkopoi-Acts 20:28, 1 Tim. 3:2, Tit. 1:7; oikonomoi mysterium Dei-1 Cor. 4:1; presbus & Ministri Reconciliationis, 2 Cor. 5:18, 20; Pastores & Doctores-Eph. 4:11-12; kubernesis-1 Cor. 12:28; prohisamenoi & proesotes-Rom. 12:28; 1 Thess. 5:12; 1 Tim. 5:17; hegemthoi-Heb. 13:7, 17. At haec nomina seorsum Rectoribus Ecclesiae tributa, inania sorent, utpote communia singulis Ecclesiae membrism, vel saltem toti Ecclesiae coetui: Quod absurdum, quum Deus sic voluerit distinctos inspectores, rectores, oeconomos, ab iis in quos munus istud exercere debent, qui ideo etiam vocantur domus, grex filii. H. Spanheim, Epistol. Class. 2, Quest. 2, pp. 44-45.

하는 것 말고는 다른 어떠한 목적이 있겠는가?

상기 소명제(교회의 그리스도의 직원들은 그리스도의 영에 의해서 특히 성경 안에서 주어진 이름과 명칭, 호칭을 가지고 있는 자들로서, 일반적으로 교회와 관련된 권위와 권세가 그들에게 새겨져있다.)는 다음을 통해 입증될 수 있다: 1. 그리스도의 직원들에게 부여된 특정한 이름들을 통해서. 2. 교회의 다른 회원들에게는 그러한 명칭들을 부여하지 않음으로서.

1. 일반적으로 권세와 권위가 명백하게 새겨진 그리스도의 직원들에게 부여된 특정한 명칭이나 칭호들을 소개함으로써 위의 명제를 입증할 수 있다. 실제로 이교도 저자들이 쓴 저서들뿐 아니라 구약의 헬라어 판인 칠십인경에서도 교회 직원들이 이와 같은 이름들을 쓰고 있다. 신약의 원전을 보면 정치관료들의 정치적 권위와 권한, 정치를 표현하기 위해서 이들에게 이러한 명칭들이 부여되는 경향을 알 수 있다.

(1) 장로[Presbyter or Elder(presbuteros)]라는 명칭은 그리스도의 교회 직원들에게 자주 사용된다(행 14:23, 15:2-4, 20:17; 딤전 5:17; 딛 1:5; 벧전 5:1). 이와 동일한 명칭이 정치적 통치자, 성문 옆의 장로에게도 쓰인다(칠십인경에 따르면 삿 8:14; 룻 4:2-3; 삼하 5:3; 대상 11:1).

(2) 감독자[Overseers or Bishops(episkopoi)]라는 명칭은 양을 책임지고 감독하는 일에서 권위와 권세를 지닌 자로서 교회 직원들에게 부여된다(행 20:28; 빌 1:1; 딤전 3:2; 딛 1:7). 이와 동일한 용어가 칠십인경에서

백성을 보호하고 감독하는 일을 맡은 세속 통치자의 권력을 나타내는데 쓰인다(민 31:14; 삿 9:28; 왕하 11:15).

(3) 인도자, 지도자, 안내자, 장(Captain), 다스리는 자(Hegemone)는 교회 직원들에게 주어지는 명칭으로서 교회와 성도들과는 구별된다(히 13:17, 24). 이 명칭은 세속의 통치자가 자신의 권력을 행사하도록 이들에게도 부여된다(요 13:2; 신 1:13; 미 3:9, 11; 대하 5:1; 겔 44:3, 45:7; 단 3:2; 행 7:10). "다스리는 자"라는 이 용어는 그리스도 자신을 나타낸다: "네게서 한 다스리는 자가 나와서 내 백성 이스라엘의 목자가 되리라 …"(마 2:6). 마찬가지로 실질적으로 동일어인 hegemon이 세속 통치자에게도 적용된다(행 23:24, 26, 31; 벧전 2:14).

(4) 청지기, 나누어주는 자(oikonomos)는 목사에게 부여된 명칭이다: "하나님의 신비를 맡은 자"(고전 4:1-2); "하나님의 청지기"(딛 1:7); "주께서 이르시되 지혜 있고 진실한 청지기가 되어 주인에게 그 집 종들을 맡아…"(눅 12:42). 이 명칭은 또한 가솔을 다스리는 자들["그 아버지가 정한 때까지 후견인과 청지기 아래에 있나니"(갈 4:2)]과 성을 다스리는 자들(롬 16:23에서 에라스도는 청지기라는 표현을 썼는데 이를 번역해보면 성의 '시종'이 여러분들에게 경의를 표한다가 된다.)에게 부여된 권위를 지닌 명칭이다.

(5) 목사(poimeo)라는 명칭은 그리스도의 직원들에게 부여된다: "어떤 사람은 목사와 교사로 삼으셨으니"(엡 4:11). 그들은 양의 목자로서 음식을 먹이는 것과 더불어 지팡이로(as well pedo as pabulo) 양을 다스리는 것처

럼 그리스도의 교회를 다스린다. 이 용어는 종종 세속 통치자(사 44:28; 미 5:5)를, 때로는 양의 목자장 되시는 그리스도(벧전 5:4)를–자신의 권위(마 26:31; 요 10:2, 11, 14, 16; 히 13:20; 벧전 2:25))를 나타냄, 가끔은 교회와 세상의 최고의 통치자 되시는 하나님 자신(시 80:1)을 지칭하는 말로 사용된다.

(6) 다스리는 장로들에게 주어진 명칭인 다스리는 것(kubernesis)은 배를 조종하고 다스리는 항해사나 조타수에서 따온 은유적 표현이다. 이것은 그리스도의 교회라는 배나 방주를 조정하는 영적인 조타수, 즉 교회를 다스리는 자의 권세와 권위를 나타내기 위한 용어이다. 이 용어는 정치적인 다스리는 자를 나타내기 위해서 이교도 저자들에 의해서도 사용된다.[176]

(7) 다스리는 자(proesis): "잘 다스리는 장로들은……"(딤전 5:17); "…다스리는 자는 부지런함으로…"(롬 12:8); "…주 안에서 너희를 다스리며…"(살전 5:12)–그들에게 주어진 주 그리스도의 권세와 권위.[177]

이교도 저자들이 도시, 군대, 국가를 다스리는 자들에게 이러한 명칭들을 쓰고 있다. 성경에 나오는 그리스도의 직원들에게 주어진 다른 명칭들 가운데 다스리는 자라는 명칭은 교회와 관련된 직원들에게 새겨진 권위와 권세를 지닌다. 결과적으로 다스리는 자라고 명명된 자들이 그 권위와 권세를 남용하지 않는다면 그들 위에 권위와 권세가 새겨져 있다.

2. 교회 직원들 이외의 다른 회원들에게는 그러한 명칭들을 부여하지

---

176) Vide Hen. Steph. Thes. L. Graec. in verb.

177) Ibid.

않음으로서 위의 명제를 입증할 수 있다. 성경 어디에서 교회 직원들 이외의 다른 회원들에게 "장로, 감독, 다스리는 자, 하나님의 청지기, 하나님의 신비를 맡은 자, 목사, 다스리는 것, 치리자"라는 명칭을 부여하고 있는가? 결론적으로 다음과 같은 결론을 내릴 수 있다: 그러므로 그리스도 자신의 교회 직원들은 교회의 권세를 받기에 적합한 주체요 그릇이다.

논증 4. 그리스도의 직원들이 교회와 맺고 있는 관계를 보면 그 직원들이 교회와 관련한 권위와 권세를 지니고 있음이 넌지시 비친다. 그러므로 그들은 교회의 권세를 받기에 적합한 자들이다.

대명제. 그리스도의 교회와 관계를 맺고 있는 가운데, 교회를 다스리기 위한 권위와 권세를 지니고 있음이 넌지시 비치는 자들은, 누구나 교회정치를 위한 교회의 권세를 받기에 적합한 자들이다.

이 명제는 분명하다. 만약 그렇지 않으면 그들이 교회정치의 권세를 지니고 있음을 넌지시 비추는 교회와의 그러한 관계를 맺는 목적이 무엇이란 말인가? 그러한 관계가 단순히 이름과 그림자에 불과한 것인가? 아니면 그 교회 안에 다른 자들, 즉 그러한 권세를 암시하는 교회와의 관계를 맺지 않는 자들을 교회정치를 위한 권위와 권세를 받기에 적합한 자로 여겨야 하는가?

소명제. 그리스도의 직원들은 그리스도의 교회와의 관계 속에서 교회정치를 위한 권위와 권세를 지니고 있음을 넌지시 비춘다.

이 주장은 그러한 권세가 새겨져 있는 교회 직원들의 교회와의 특별한 관계를 일부 소개함으로써 명확해 질 것이다. 예를 들면, 그리스도의 직원들은 하나님의 교회와 백성들과의 권세의 관계를 맺고 있다.

1. 목사(poimes)와 교회와의 관계(엡 4:11): 교회는 양떼들이다(요 10:16; 고전 9:7; 행 20:28-29; 벧전 5:2-3). 목사가 그의 양떼들을 다스릴 권세가 없겠는가?

2. 청지기(oikonomoi)와 교회와의 관계: "지혜 있고 진실한 청지기"(눅 12:42); " 하나님의 비밀을 맡은 자"(고전 4:1-2); "하나님의 청지기"(딛 1:7). 하나님의 교회와 백성들은 이러한 청지기가 있는 주님의 가정(눅 12:42)이요 "하나님의 집"이다(딤전 3:15; 히 4:6). 청지기가 자신에게 맡겨진 주의 가정을 다스리고 명령할 권세가 없겠는가?(갈 4:1).

3. 감독[Bishops or Overseers(episkopoi)(빌 1:1; 딤전 3:2; 딛 1:7)]과 교회와의 관계: 주님께서 감독들에게 하나님의 교회와 백성들을 감독하도록 맡겨놓았다: "성령이 그들 가운데 여러분을 감독자로 삼고"(행 20:28). 감독들이 자기들에게 맡겨놓은 하나님의 교회와 백성들을 감독할 권세가 없겠는가?

4. 교리문답자와 교사와 교회와의 관계(롬 12:7-8; 엡 4:11): 교회와 신자들은 문답식으로(katekamthamoi)(갈 6:6) 가르침을 받는다. 문답식 교육을 시키는 자에게 문답식 교육을 받는 자들을 다스릴 권세가 없겠는가? 가르치는 자가 가르침을 받는 자들을 다스릴 권세가 없겠는가?

5. 하나님의 동역자(sozergoi)(고전 3:9; 고후 6:1), 건축가, 건설자

(고전 3:10) 등과 교회와의 관계: "지혜로운 건축자와 같이 터를 닦아 두매 다른 이가 그 위에 세우나" 하나님의 교회와 백성들은 "하나님의 집"(고전 3:9)이다. 건축자들이 그 집에 관한 문제들을 처리하고 지시할 권세가 없겠는가?

6. 하나님의 농부들(georgoi)과 교회와의 관계: "포도원은 제 때에 열매를 바칠 만한 다른 농부들에게 세로 줄지니이다"(마 21:41; 딤후 2:6 참고). 하나님의 교회와 백성들은 "하나님의 집"(고전 3:9)이다; "실재로, 하나님은 추수의 주인이시고 그들은 하나님의 일꾼들"이며 그 백성들은 하나님의 수확물이다(마 9:38). 그렇다면 추수하는 일꾼들이 추수를 지시할 권세가 없겠는가? 그리고 하나님의 농부들이 하나님의 집을 정성껏 돌보는데, 집 그 자체를 위해서인가? 아니면 하나님의 영광을 위해서인가?

7. 마지막으로, 그리스도의 교회 직원은 유모(살전 2:7; 갈 4:19)일뿐만 아니라 아버지(살전 2:11; 고전 4:15), 즉 그리스도 안에 있는 영적 아버지이다. 하나님의 교회와 백성들은 아들이고 딸이며, 그들에게서 태어나서 그들에게 양육 받은 영적인 아기이고 자녀이다(살전 2:7; 갈 4:19). 그렇다면 그 영적 아버지가 자기 자녀를 다스릴 권위와 권세가 없겠는가?(엡 6:1-3; 딤전 3:4).

이와 같이 그리스도의 직원들은 교회와의 관계 속에서 다스리는 권세를 지니고 있다. 하지만 직원들 이외의 교회의 다른 회원들이 하나님의 교회와 그리스도의 지체들과의 관계에 있어서 "목사, 청지기, 감독자, 교리문답자, 건축자, 농부, 유모, 어머니, 그리고 아버지"의 관계에 있다는 것을 성경에서 입증할 수 있는 곳이 어디 있는가? 따라서 우리는 다음과 같이 명확히 결론을 내릴 수 있다.

결론. 그리스도의 직원들은 교회 정치를 위한 교회의 권세를 받기에 적합한 자들이다.

논증 5. 그리스도의 직원들과 그들의 직무와 관련하여, 하나님의 교회와 백성들에게 주어진 많은 신적 명령들과 그들에 대한 순종과 복종의 의무는, 그리스도의 직원들이 그리스도의 교회의 정치를 위해서 그리스도의 권위와 권세를 받기에 적합한 자요 그릇임을 분명히 선언하는 것이다.

대명제. 그리스도의 명령을 따라 하나님의 교회와 백성들이 반드시 순종과 복종의 의무를 다해야 하는 자들은-그들의 교회에서의 직무와 관련하여-그리스도의 교회 정치를 위해서 그리스도의 권위를 받기에 적합한 자들이다.

이 명제는 더 이상 입증할 필요가 없다. 만약 하나님의 교회와 백성들이 그리스도의 명령을 따라 자신들을 다스릴 권위도 권세도 없는 자들에게 순종하고 복종해야한다고 말할 정도로 비이성적이지 않다면 말이다.

소명제. 그리스도의 직원들은 하나님의 교회와 백성들이 그리스도의 명령을 따라 그 직원들의 교회에서의 직무와 관련하여, 순종과 복종의 의무를 다해야하는 자들을 말한다.

이 주장은 그리스도의 영이 하나님의 교회와 백성들에게 부과한 명령들의 개별적인 사례들을 몇 가지 살펴봄으로써 입증될 수 있다.

1. 다스리는 자를 아는 것: "형제들아 우리가 너희에게 구하노니 너희 가운데서 수고하고 주 안에서 너희를 다스리며 권하는 자들을 너희가 알고"(살전 5:12). "아는 것," 즉 단순히 아는 것에 그치지 않고 그들을 주 안에서 너희를 다스릴 자로 시인하고 받아들이며 인정하는 것이다(non simpliciter cognoscere, sed agnoscere).[178] 이것은 하나님의 백성들이 그리스도의 직원들의 다스리는 직무에 복종할 것을 가르치고 있다.

2. 그들이 하는 일로 말미암아 그들을 매우 사랑하는 것: "그들의 역사로 말미암아사랑 안에서 가장 귀히 여기며"(살전 5:13). 무슨 일로 인해서 귀히 여기라는 말인가? 수고하고 다스리는 일을 말하고 있다(12절). 하나님의 백성들이 직원들의 다스리는 일로 말미암아 그들을 매우 사랑해야 한다면, 이 다스림에 대한 순종은 말할 필요도 없지 않는가?

3. 그들이 잘 다스리는 일과 관련하여 그들을 배나 존경할 자로 아는 것: "잘 다스리는 장로들은 배나 존경할 자로 알되…"(딤전 5:17). "배나 존경"을 "경의"로 이해하든 "부양"으로 이해하든 간에, 우리가 "잘 다스리는 장로들을 배나 존경할 자로" 여기는데 어떻게 그들의 다스림에 복종하지 않을 수 있겠는가?

4. 너희를 다스리는 자들(인도하는 자-옮긴이)에게 순종하는 것: "너

178) Zanch. in loc.

희를 인도하는 자들에게 순종하고 복종하라"(히 13:17). 여기서 "순종하라"는 것이 (혹자가 생각하는 것처럼) 납득되는 것이 아니라 순종하는 것을 의미한다. 그리고 이 용어가 이러한 의미로 세속의 저자들에 의해서뿐만 아니라 [길레스피(Gillespie)가 잘 지적한 바와 같이] 성경에서도 일반적으로 사용된다(약 3:3; 갈 3:1).

5. 마지막으로, 다스리는 자들에게 순종하고 복종하는 것. 하나님의 교회와 백성들은 그들에게 복종해야 한다: "너희를 인도하는 자들에게 순종하고 복종하라…"(히 13:17). 복종하다는 용어는 heiko(cedo, non repugno, non resisto)에서 유래했다. 이 용어는 "반감이나 저항 없는 순종적인 양보"을 의미한다. 진실로 (길레스피가 테오도레투스(Theodoret)의 말을 언급한 바와 같이) 그것은 열정적인 순종(intense obedience)을 뜻한다. 단순한 양보가 아니라 권위와 관련 있는 '복종과 순종을 동반한 양보'를 의미한다. 하나님의 백성들은 권위 있는 자들에게 복종해야 한다: "젊은 자들아 이와 같이 장로들에게 순종하고"(벧전 5:5). '복종하다'는 군대용어로서 군인들이 지휘관들에게 명령받고 정렬되어지고 다스려지고 훈련받는 것을 말한다. 어떤 이들은 여기에서 쓰인 '장로'가 직책이 아니라 단지 '나이든 사람'을 가리킨다고 본다.[179] 하지만 '직책상 장로'라고 보는 이들이 있는데, 이것이 보다 좋은 해석으로 보이며 문맥과도 잘 일치한다.[180] 왜

179) Calvin in loc. & Laurent. in loc.

180) Presbuteris est posch antithesis seniorum & juniorum, ut hic habeatrue aetatis ratio: tamen particula homios manifeste ostendit eosdem his significari Presbyteros, nenpe quod non facile juvenes ad Ecclesiasticas illas Pastorum, Doctorum, & Gubernatorum, sic pecuiliariter appellatorum, functiones

냐하면 바로 전에 사도는 치리하고 말씀전하는 장로들에게 양 무리를 향한 그들의 의무를 명령한 후, 다스림을 받는 양 무리(일반적으로 나이가 어리고 은사가 미성숙 단계에 있는)들에게 장로들에게 순종하라고 명령한다(베자와 다른 이들이 해석한 바와 같이)(1-4절).

지금까지 하나님의 교회와 백성들이 그리스도의 많은 명령들을 따라 그리스도의 직원들에게 복종과 순종의 의무를 다해야한다는 사실을 살펴보았으므로 다음과 같은 결론을 내릴 수 있다.

결론. 그리스도의 직원들은 교회정치를 위해서 그리스도의 권위를 받기에 적합한 자들이다.

논증 6. 마지막으로, 칭찬, 약속, 보상을 통해서 잘 다스림을 격려하고 책망과 위협으로 잘못 다스림을 막는 일과 같은 교회정치를 위한 규범들이 그리스도의 말씀을 따라서 그리스도의 직원들에게 구체적으로 적용되고 정하여져 있다. 이 사실은 그리스도의 직원들이 그리스도의 교회정치를 위하여 그리스도의 권세를 받기에 적합한 자들이라는 것을 분명히 보여주고 있다.

따라서 다음과 같이 주장할 수 있다.

대명제. 잘 다스림을 격려하는 일과 잘못 다스림을 막는 일과 같은 교회정치를 위한 규범들을 소유하고, 그리스도의 말씀을 따라서 이 규범들이 특

---

deligerentur. Sicut ergo antea Petrus de Presbyterorum erga suas overs, sic nunc de ovium erga suoa proesotas officio differit. Quamobrem etiam recte Syrus interpres addidit affixum, vestris. Beza Annot. in loc. Herminius understands here the same Elders that were mentioned in v. 1. Comment. in loc.

별히 그리고 구체적으로 적용되는 교회 직원들은, 그리스도의 교회의 정치를 위해서 그리스도의 권위를 받기에 적합한 자들이다.

그 근거는 다음과 같다.

1. 교회정치를 위한 권세를 그리스도에게서 받기에 적합하지 않은 자들에게 교회정치에 대한 규범들을 적용하는 것이 하나님의 무한하신 지혜와 어떻게 조화를 이루겠는가?

2. 교회정치의 권세를 받기에 적합하지 않은 자들이 잘 다스리는 자를 칭찬과 약속과 보상으로 격려해주고 잘못 다스리는 자들을 책망과 위협으로 낙심시키는 하나님의 공의와 어떻게 조화를 이룰 수 있겠는가?

3. 그리스도에게서 교회정치의 권세를 받지 못한 자들에게 교회정치를 위한 규범들이 주어진다면 그리스도의 직원들과 다른 신자들의 마음에 얼마나 많은 우려와 혼란이 생기겠는가?

소명제. 교회의 그리스도의 직원들은 하나님의 말씀을 따라서 자신들에게 특별히 그리고 구체적으로 적용되는 것, 즉 잘 다스림을 격려하고 잘못 다스림을 막는 교회정치를 위한 규범들이 있다.

이 주장은 여러 성경을 통해서 명확해질 수 있다.

1. 교회정치의 규범들은 그리스도의 말씀을 따라서 그리스도 자신의 직원들에게 구체적으로 적용된다. 예를 들면, 그들은 매고 푸는 일과 죄를 용서하고 유보하는 일을 지시받는다(마 16:19, 18:18; 요 20:21-23); 교회 밖에 있는 사람들이 아니라 교회 안에 있는 사람들을 판단할 것(고

전 5:12); 그리스도의 양들을 압제하지 말 것(벧전 5); 잘 다스릴 것(딤전 5:17); 부지런함으로 다스리는 것(롬 12:8); 아무에게나 경솔히 안수하지 말고 다른 사람의 죄에 간섭하지 말며 네 자신을 지켜 정결하게 할 것(딤전 5:22); 편견이 없이 이것들을 지켜 아무 일도 불공평하게 하지 말 것(딤전 5:21); 범죄한 자들을 모든 사람 앞에서 꾸짖어 나머지 사람들로 두려워하게 할 것(딤전 5:20); 이단에 속한 사람을 한두 번 훈계한 후에 멀리할 것(딛 3:10); 주께서 그리스도의 직원들에게 주신 권위를 교회를 무너뜨리기 위해서가 아니라 세우기위해서 사용할 것(고후 10:8, 13:10). 이 외에도 그리스도의 직원들에게 구체적으로 지시된 다른 유사한 규범들이 있다.

2. 잘 다스림을 격려 하는 것은 그리스도의 직원들에게 구체적으로 지시되어 있다. (1) 그들은 잘 다스린 일에 대해서 구체적으로 칭찬받는다(딤전 5:17; 눅 12:42). 교회의 천사들은 선하게 다스린 일에 대해서 칭찬 받는다(계 2:2, 3:6, 18–19).

(2) 그들은 선한 정치와 관련하여 약속을 받은 자들이다(마 16:19, 18:18–20; 요 20:21–23; 마 28:19–20; 눅 12:42–44; 벧전 5:4).

(3) 그들은 주께서 현재는 "두 배의 존경으로"(딤전 5:17), 이후에는 무한한 영광으로(벧전 5:4) 구체적으로 보상해주신 자들이다.

3. 책망이나 위협으로 잘못 다스림을 막는 일 또한 그리스도의 직원들에게 구체적으로 적용된다(계 2:12–20).

잘 다스림을 격려하고 잘못 다스림을 막는 일과 같은 교회정치의 규범들이 그리스도의 말씀을 따라 그리스도 자신의 직원들에게 구체적으로 지시된다면 다음과 같은 결론을 내릴 수 있다.

결론. 교회의 그리스도의 직원들은 그리스도의 교회의 정치를 위해서 그리스도의 권세를 받기에 적합한 자들이다.

반론. 그리스도의 직원들이 충분히 있고 올바르게 재판하고 화평 가운데 있는 특정 회중의 교회[181]는 교회의 모든 권위를 처음으로 받은 자이다. 이것은 근친상간한 고린도인을 출교시킨 고린도 교회의 사례에서 볼 수 있다(고전 5:1-5). 당회만 이 권세를 행사한 것이 아니라 형제들 또한 이 재판에 동의함으로써 권세를 어느 정도 행사했다. 그 근거를 살펴보면 다음과 같다.

1. 곧장 재판을 진행시키지 않은 것에 대한 책망을 받는 대상이 당회뿐만 아니라 전 교회이다. 그들 모두 통한히 여기지 않은 것에 대해서 책망 받는다(고전 5:2).

2. 그 악한 사람을 내쫓으라고 한 명령은 그들이 함께 모였을 때 모두에게 한 명령이다(고전 5:4, 13).

3. 사도는 그들이 그 악한 자를 내좇는 행위를 재판의 행위라고 선언한다(12절).

4. 그 악인이 회개하면 사도는 장로들뿐만 아니라 형제들에게도 그 자를 용서하라고 말한다(고후 2:4-10). 결과적으로, 그리스도의 직원들은 천

181) Mr. Jo. Cotten's Keys of the Kingdom of Heaven, chap. 7, in propos. 3, pp. 44-46.

국열쇠들의 권세를 특별히 직접적으로 받은 자들이거나 유일하게 받은 자들이 아니다.

답변 I. 이 반론에서 제기된 주된 주장의 오류를 드러내는 근거들이 이전에 제시된 바 있다(10장 마지막 부분을 참고). 다른 근거들이 추가 될 수 있다.

1. 특정 회중이 교회의 모든 권위를 받은 자들이라면 그 회중에게 직원들이 충분히 공급될 필요가 뭐가 있는가? 또한 집사는 한 종류의 직원인데, 교회를 다스리지 않고 오직 대접하는 직책을 맡은(행 6) 집사를 추가한다고 해서 교회에 무슨 권위가 추가라도 되는 것인가? 혹은 만약 이전에 그랬던 것처럼 교회에 집사가 없다면(행 1:2), 그리스도 이후 집사의 직책이 생기기 전의 교회는 그 권위에 있어서 결함이 있는 것인가?

2. 직원들이 충분이 있는 교회가 이성적인 판단을 하지 못하고 평안 가운데 거하지 못한다면, 어떤 특정 회중이 교회의 모든 권위를 처음으로 받은 자들이 아니라는 것은 당연해 진다. 이성적 판단에 반하는 오류나 이단, 정욕이나 세속적인 일에 빠져있고 평안에 반하는 분열과 분쟁을 일삼는 회중은 자신의 권위를 상실하게 된다. 이 원리를 고수하면 회중들의 교회 권위는 사라지게 된다. 하지만 그들이 이성적인 판단을 하고 평안 가운데 있는지, 아니면 그렇지 못한지를 누가 결정할 것인가? 회중 스스로는 할 수 없다. 그렇게 되면 그들 스스로가 재판관이 되어 편파적인 판정을 내릴 것이기 때문이다. 자매 교회 역시 결정할 수 없다. 왜냐하면 모든 개 교회들이 동등한 권위를 갖고 있고 어느 교회도 타 교회의 권위를 빼앗을 수 없기 때

문이다. 장로교회 역시 그러한 결정을 할 수 없다. 장로교회는 회중의 교회 권위를 인정하지 않기 때문이다. 그렇다면 이 문제는 미결정 상태로 남아있게 된다. 결과적으로 그들이 어떠한 권위를 언제 갖게 되는지 누가 알겠는가?

3. 회중이 모든 직원들이 갖추어져 있고 이성적인 판단을 하고 평안 가운데 거하고 있다 하더라도 그 회중이 모든 권위를 처음 받는 자는 아니다. 왜냐하면 코튼(John Cotton, 1584-1652)이 고백한 바처럼[182] 회중의 권위 위에 대회의 권위(Synodal authority)가 있기 때문이다.

II. 이 반론에서 주장하고 있는 명제의 증거들은 근거 없고 만족스럽지 못하다. 왜냐하면 근친상간한 자를 출교한 고린도 교회의 사례는 회중이 교회의 모든 권위를 처음으로 받는 자라는 것을 입증하지 못한다.

1. 고린도 교회가 그 안에 여러 회중들이 있는 장로교회였기 때문이다(이후 13장에서 입증되어지는 바와 같이). 이제 장로교회에서 회중교회의 권위를 주장하는 것은 설득력이 없다.

2. 이 사례에서 권세의 행사, 다시 말해서 근친상간한 자를 내쫓는 것과 다시 받아들이는 것, 단지 두 가지만 언급되었기 때문이다. 가령 회중이 이 권세의 두 번의 행사에 있어서 당회와 함께 했다고 하자(아직 입증된 바는 없다.). 그렇다고 해서 그 회중이 교회의 모든 권위를 처음으로 받은 자가 되는가? 장로임명이나 항소사건의 결정, 분파와 이단 문제들의 판결 등, 이 모든 권위 있는 행위들이 단일 회중의 영역 밖에 있지 않은가? 이러한

182) See Mr. Cotton's words in chapter 16, at the end in the margin.

권위 있는 행위들을 단일 회중이 집행했다는 사례가 신약성경 어디에 나오는가?

지금까지 제기된 추론들로는 형제들이 어느 정도 권위를 가지고 당회에서 판결할 때 참여했다는 것을 입증하지 못한다. 이 사실은 좀 더 세부적으로 고려해 보면 명확해 질 것이다.

1. 고전 5:2절 말씀의 책망한 사건으로는 회중에게 권위가 있었다는 것을 입증하지 못한다. 여기서 회중이 비난을 받고 있는 이유는, 매우 비도덕적인 음행을 알고도 온 회중이 통한이 여기기는커녕 오히려 교만하여져서 그들의 수치를 즐거워하고 그 음행한 자를 그들 중에서 내쫓는 일을 방치해 두었기 때문이다. 물론 이 모든 비난을 마땅히 받아야 할 대상은 당회뿐만 아니라 온 교회이다. 한 지체의 문제는 온 교회가 탄식해야할 문제이다. 여기까지다. 온 교회가 통회할 문제라고해서 당회뿐만 아니라 온 회중이 그 음행한 자를 내쫓을 권세를 갖는가? 그렇지 않다. 물론 그 사건은 실로 비참한 결과를 가져왔다. 회중은 그 죄에 대해서 통한이 여겨야 했을 뿐만 아니라 당회로 하여금 재판을 진행하도록 촉구했어야 했다. 그리고 재판이 끝나고 그 자가 재판에 순응하면 회중은 그에게서 손을 떼야 했다. 이 회중에서 어느 누구도 교회의 권위를 적절히 행사할 수 있는 사람은 없다.

2. 사도의 명령 역시 당회가 권세를 행할 때 회중이 이 일에 참여할 수 있다는 것을 입증하지 못한다(고전 5:4-5, 7, 13). 온 교회가 재판을 진행하려고 함께 모였을 때 사도가 당회뿐만 아니라 회중 모두에게 재판을 하도록 명령을 지시한다는 기록이 성경 어디에 있는가?

하지만 이러한 추론과는 반대로 다음을 고려해 보자.

(1) 사도가 어떤 회원에 대한 예외나 제한 없이 절대적으로 그리고 보편적으로 고린도의 온 교회에게 이 명령을 지시하지 않았다는 것은 의심의 여지가 없다. 왜냐하면 그는 "여자는 교회에서 잠잠하라……여자가 교회에서 말하는 것은 부끄러운 것이라"(고전 14:34-35)는 말씀을 기준으로 삼았기에 아이들이나 어리석은 자들은 재판할 수 없었다. 따라서 교회가 절대적이고 보편적으로 권위를 가지고 다스릴 수 없다.

(2) 어느 정도의 성경지식이 있는 자라면 누구나 아는바와 같이, 하나님께서 보통 명령과 책망과 그 외 다른 말씀을 하실 때, 차별 없이, 즉 전체적이고 보편적으로 온 백성들을 상대로 말씀하신다. 하지만 그것들을 구체적으로 적용해서 전용할 자로 하나님께서 뜻하시는 자는 모든 백성들이 아니라 그 백성들 중에서 각자의 소명과 관심, 관계 등에 따라서 구분된 특정한 자이다. 구약의 예를 보면 하나님께서 우상숭배를 부추긴 자들, 곧 거짓 선지자들을 죽이라고 명하실 때 무차별적으로 전체적으로 이스라엘 백성들을 상대로 하셨다(신 13:9). 하지만 하나님께서는 그들에게 판결을 내리고 증인들을 통해서 그들이 유죄임을 밝히는 자는 재판관이어야 한다고 뜻하셨다. 또한 주님께서 "모든 나병 환자와 유출증이 있는 자와 주검으로 부정하게 된 자"(민 5:2)를 다 진영 밖으로 내보내라고 명령하신 것은 모든 백성들을 상대로 하셨지만 이 명령을 받아서 직접 적용하는 자는 이 사건의 판결을 맡을 제사장 이어야함을 뜻하셨다(레 13 참고). 마찬가지로 신약에서 사도는 고린도인들을 차별 없이 전체적으로 칭찬하였다: "너희가

모든 일에 나를 기억하고 또 내가 너희에게 전하여 준 대로 그 전통을 너희가 지키므로 "(고전 11:2). 하지만 여기서 사도가 칭찬을 한 것은 그 전통을 지킨 자에 한하는 것이다. 그리고 이후에 사도는 그들을 차별 없이 비난한다: "너희의 모임이 유익이 못되고 도리어 해로움이라"(고전 11:17). 여기서 그의 비난은 그들 가운데 분쟁을 일삼는 자를 염두에 두고 한 것이다. 또 다시 사도는 차별 없이 전체적으로 말한다: "너희는 다 모든 사람으로 배우게 하고 모든 사람으로 권면을 받게 하기 위하여 하나씩 하나씩 예언할 수 있느니라"(고전 14:31). 하지만 이것은 모든 지체들이 아니라 오직 선지자들을 염두에 두고 한 말이다. 왜냐하면 그는 다른 곳에서 "다 선지자이겠느냐 "(고전 12:29)라고 말하고 있기 때문이다. 그리고 갈라디아 교회에게 보내는 편지에서(갈 1:2), 그는 거짓 교사들을 대적하여 말할 때 모든 교인들을 상대로 전체적으로 말한다: "적은누룩이 온 덩이에 퍼지느니라"(갈 5:9); "너희를 어지럽게 하는 자들은 스스로 베어 버리기를 원하노라"(12절). 하지만 독립교회주의자들은 자신들 스스로가 재판관이라고 생각하기 때문에 이 교회들에 속한 모든 지체가 각자 이것을 자신들에게 적용해야 한다고 주장한다. 그러나 고린도 교회의 이 사건의 경우, 사도가 근친상간한 자를 내쫓으라고 명령을 내릴 때 그들 전체를 대상으로 말하고 있지만 그 명령을 구체적으로 집행하는 자는 그 교회에서 교회의 권위를 지니고 있는 장로들이어야 했다.[183] 따라서 이러한 명령을 지시할 때(고전 5:4, 7, 13)

183) See John Calvin in 1 Cor. 5:4.

무차별적으로 전체적으로 온 교회를 대상으로 하지만 그 명령의 집행은 교회의 장로들이 하도록 했다. 그들은 교회 직원인 장로들이 교회의 권세를 행사할 때 온 교회의 협력을 구하지 않는다. 카메론(Cameron)이 이 문제에 대해서 다음과 같이 잘 지적하고 있다.[184] "이 서신서에 기록된 내용들은 장로들을 비롯한 온 교회가 받아서 그 명령을 해석하는 것은 자신의 직책에 따라서 해야 한다."

(3) 사도의 두 번째 서신에서 교회의 근친상간한 자의 사건처리를 언급하면서 다음과 같이 말한다. "이러한 사람은 많은 사람(many, 주요한 사람-역자주)에게서 벌 받는 것이 마땅하도다"(고후 2:6). 여기서 주목할 점은 사도는 모든 사람(all)이나 많은 사람(many)을 가리키지 않고 특정한 주요한 자들(the chief ones)을 가리키고 있다(정관사 the 에 강조점이 있다.). 즉 교회의 치리권을 맡은 교회 직원들을 가리키고 있다. 수를 의미하는 many 라고 번역된 이 단어는 chief 라고 번역하는 편이 더 적절하다. 이런 의미에서 성령님께서는 신약에서 자주 이 단어를 사용하신다(마 6:25, 12:41, 42; 막 12:33, 43). 따라서 이 단어는 질, 가치, 위대함, 위엄, 탁월함 등을 나타내는데 흔히 사용되며, 고린도인들에게 이런 식으로 쉽게 해석될 수 있다.

(4) 권위 있는 모든 적절한 행위들은 오직 교회 직원들에게만 속하지만, 그들과 함께 성도들이 형제로서 협력하는 것은 반대하지 않는다. 성도

184) Cameron, in Mt. 18:15.

들은 장로들이 직무를 수행하도록 촉구할 수 있고 장로들이 견책을 할 때 참석할 수 있다. 이것은 옛 구브로인이 성도들이 참석한 가운데 모든 공적인 행위들을 집행하던 식이다. 또한 장로들이 권위 있는 재판을 할 때 성도들은 신중하게 판단하여 구두로 지지와 승인 등을 표현할 수 있다. 판결이 끝나면 성도들은 형을 선고받은 자에게서 물러나는데, 이는 재판이 소기의 목적을 이루도록하기 위함이다. 하지만 성도들의 이러한 행위들이 권위 있는 행위들은 아니다.

3. "너희는 밖에 있는 자들을 판단하지 않느냐?" 라는 사도의 표현(12절) 역시 성도들이 장로들의 판결에서 그들의 권위 있는 행위들에 협력할 수 있다는 것을 입증하지는 못한다. 그 근거를 들면 다음과 같다.

(1) 이 명령이 불특정 다수에게 내려졌지만 그 명령의 적용은 교회의 권위를 소유한 자들, 즉 장로들에 의해서만 이루어질 수 있다.

(2) 오직 판사와 배심원단이 판결을 내릴 수 있는 권위 있는 재판이 아닌 순회재판에서 성도들이 재판할 때 배석판사로서 지지 및 찬성 등의 방법으로 세상과 천사들을 재판하는 것처럼(고전 6:1-3), 교회의 징계에 있어서도 성도들에게 그러한 재판이 허용된다.

4. 마지막으로, 근친상간한 자가 회개를 하면 그를 용서하라는 사도의 명령(고후 2:4-10)이 모든 성도들에게 내려진 것처럼 보이지만, 그 명령이 이 성도들이 장로들과 동등한 권리를 가지고 권세의 행위를 행사할 수 있다는 것을 입증하지는 못한다. 권위를 가지고 근친상간한 자를 용서하고 다시 받아들이는 일은 오직 장로들에게 속했기 때문이다. 하지만 그를 너그럽

게 용서하고 받아들이며 위로하는 일은 성도들에게도 속했다. 판사와 배심원단은 권위 있는 재판을 통해 무죄선고를 내리지만, 성도들은 오직 지지하거나 반대하는 등의 신중한 의사표현을 통해 재판에 참여할 뿐이다. 따라서 독립교회주의자들이 회중정치와 성도들의 권위 있는 참여를 지지해 줄 가장 강력한 근거라고 내세우고 있지만, 고린도 교회의 이 사례는 이를 지지하기엔 아무런 힘이 없어 보인다.

3항

교회정치를 위한 권위와 권세를 받기에 합당한 자를 다음과 같이 고려해 보았다.

1. 부정적인 관점에서 볼 때 정치적인 통치자도 성도들도 성도들로 이루어진 온 몸(교회)도 그 권위를 받기에 적합한 자가 아니다(9, 10장).

2. 긍정적인 관점에서 볼 때 그리스도의 교회에 속한 그리스도 자신의 직원이 그 권위를 받기에 적합한 자이며, 이는 이 장의 2항에서 설명과 입증이 되었다.

3. 세 번째이자 마지막으로 이 권세의 대상에 대해서 추가 설명하고, 이제 그리스도의 직원이 이 권세의 대상임이 밝혀진 이상, 공동체적으로나 개별적으로, 즉 교회 안으로 서로 연합되거나 서로에게서 분리된 개인으로든(whether conjunctim vel divisim, solitarii aut sociati), 혹은 양 측면에서든, 어떤 의미나 개념에서 이 직원이 그리스도의 권위와 권세의 대상이요 그릇인지를 자세히 살펴보고자 한다.

이 문제의 해법을 찾기 위해선 천국열쇠들, 즉 적합한 교회권세의 분배를 기억해야 한다(파트 2, 3장에서 간단히 언급되었다).

(1) 교회를 다스리는 자들 소수가 직무상 집행하고 이행할 수 있는 그들의 직분에 특정되고 독특한 권세. 말씀을 전하는 일(마 28:18-19; 요 20:21-23; 롬 10:15; 딤전 5:17; 딤후 4:1-2; 히 13:7)과 성례전을 시행하는 일(마 28:18-20; 고전 11:24-25)이 이 권세에 해당하며, 이는 목사의 고유 직무이다. 말씀 설교와 성례전 시행은 동일한 직원, 즉 말씀 전하는 장로에게 맡겨진 직무로서 그 둘은 서로 연합되어 있다.

(2) 교회를 다스리는 모든 자들의 직무에 좀 더 보편적인 공동의 권세. 책망, 즉 징계와 출교, 여기에 필연적으로 수반되는 다른 행위들까지 이 권세에 포함된다. 말씀 전하는 장로뿐 아니라 다스리는 장로는 공동으로 최선을 다해서 이러한 일들을 시행하는데, 이는 성경 곳곳에서 증거하고 있다(마 18:17-18; 고전 5:2, 4, 5, 7, 11-13, 12:28; 고후 6:12; 롬 12:8; 딤전 5:17).

그리스도의 이러한 직원들, 즉 '말씀과 가르침에 수고하는 자들'과 '치리장로들'이 교회[ekklesia(마 18:18)]라는 한 몸, 즉 다스리는 교회(다른 의미는 없음)와 노회,[185] 즉 장로들의 회(모임)(딤전 4:14)안에서 연합되

185) Thus Mr. Bayne remarkably expounds this text, Mt. 18, saying: "Where first, mark, That Christ does presuppose the Authority of every particular Church taken indistinctly. For it is such a Church as any brother offended may presently complain to. Therefore no universal, or Provincial, or Diocesan Church gathered in a council. 2. It is not any particular Church that he does send all Christians to; for then all Christians in the world should come to one particular Church, were it possible. He does therefore presuppose indistinctly the very particular Church where the brother offending and offended

어 있을 때, 이들은 재판의 권세를 받는 대상이 된다. 직원들이 연합되어 관련 맺고 있는 모임에는 두 종류가 있다.

A. 각 개 교회의 목사와 치리장로로 구성된 하회로서 구분상의 목적으로 당회(Parochial Presbytery or Congregational Eldership)이라고 불린다.

B. 여러 개 교회에서 파송된 자들이 한 몸으로 연합되어서 구성된 상회로서 그들의 교구 내에 있는 모든 교회를 다스린다. 이 상위의 외 에는 노회(Presbyterial Assembly)나 대회(Synodical Assembly)가 있다.

a. 노회(Presbytery)는 가까이 있는 몇몇 개 교회들이나 그러한 개 교회들을 공동으로 다스리는 교구별 교회들(Parish-Churches)의 목사와 장

---

are members. And if they are not both of one Church, the plaintiff must make his denunciation to the Church where the defendant is, quia forum sequitur reum. 3. As Christ does speak it of any ordinary particular Church indistinctly, so he does by the name fo Church not understand essentially all the Congregation. For then Christ should not give some, but all the members of the Church to be Governors of it. 4. Christ speaksit of such a Church to whom we may ordinarily and orderly complain; now this we cannot [apply] to the whole multitude. 5. This Church he speaks of, he does presuppose it, as the ordinary executioner of all Discipline and Censure. But the multitude do not have this execution ordinarily, as all but Morelius and such Democratical Spirits affirm. And the reason ratifying the sentence of the Church does show that often the number of it is but small: 'For where two or three are gathered together in my Name.' Whereas the Church or Congregations essentially taken for teachers and people are incomparably great. Neither does Christ mean by Church the chief Pastor, who is virtually as the whole Church." See, M. Bayne's Diocesan's Trial, (1621) 3 Quest, pp. 79-80. Timothy received grace by the cheirothesia of the Presbytery. For that, Persons must be understood here, is apparent by the like place, when it is said by the laying on of my hands, he notes a person, and so here a Presbytery. 2. To take Presbuterion to signify the order of Priesthood is against all Lexicons and the nature of the Greek termination. 3. Timothy never received that order of a Presbyter, as before we have proved. 4. It cannot signify, as Greek Expositors take it, a Company of Bishops. For neither was that Canon of three Bishops and the Metropolitan, or all the Bishops in a Province, in the Apostles' time; neither were these who are now called Bishops, then called Presbyters, as they say, but Apostles-men that had received Apostolic grace, Angels, &c. Finally, it is very absurd to think of Companies of other Presbyters in Churches than Paul planted; but he placed Presbyteries of such Presbyters, as are now distinguished from Bishops, which is the grant of our Adversaries. Bayne's Diocesan's Trial, 3 Quest., p. 82.

로로 구성된다. 이러한 종류의 회는 일반적으로 (구분상의 목적으로) 정통파 노회(Classical Presbytery)라고도 불린다.

b. 대회(Synod)는 노회들에서 보낸 목사와 장로들로 구성되며 그들의 교구 내에 있는 교회들의 공통된 주요 문제들을 협의하고 결정짓는다. 이러한 회는 사도행전 15장에서 언급되었다. 이러한 대회는 몇 가지로 분류된다.

(a) 한 지역 내에 있는 몇몇 노회들의 목사들과 장로들로 구성되는 지방대회(Provincial Synod).

(b) 한 나라 안에 있는 여러 지방의 목사와 장로들로 구성된 전국대회(National Synod).

(c) 전 기독교계 안에 있는 여러 나라에서 온 목사들과 장로들로 구성된 세계대회(Ecumenical Synod)가 있다. 이 모든 회(모임)-당회, 노회, 대회-에서 하회(하회)가 상회(상회)에 종속된다. 그리고 이에 관한 타당한 근거와 신적보증은 하나님의 말씀 안에 있다. (하나님이 원하신다면) 이러한 사실이 이후 12장-15장에서 밝혀질 것이다.

제12장

교회정치를 위한 당회의 신적권위

하회(lesser Assemblies)나 작은 규모의 노회(smaller Presbyteries)라고 불리며 다양한 개 교회들의 목사와 치리장로들로 구성된 당회(Parochial Presbyteries or Congregational Elderships)[186]는 각 교회에게 좀 더 직접적이고 구제적인 교회문제들을 자체적으로 관리하고 지시할 수 있다. 당회(Congregational Presbyteries)에 관한 다음 사항들은 현재 고려하지 않겠다.

1. 이러한 당회(Elderships)를 구성하는 회원들은 누구이며, 신적보증을 통해서 치리장로가 목사와 교사에 추가되어서 교회정치에 관여할 수 있는가. 왜냐하면 말씀전하는 장로와 구별된 교회정치를 위한 치리장로의 신적권위는 대체로 입증되었기 때문이다(11장 1항 상단). 그리고 교회정치의 행위들이 치리장로에 속한다면 틀림없이 이러한 최하위의 회에서 처리해야 할 일반적인 재판의 행위들이 치리장로에게서 제외될 수 없다.

---

186) 편집자주: '당회' 에 해당하는 용어가 영어원문 상에 다양하게 표현되므로, 괄호 안에 다양한 영문 표현들을 첨부했다.

2. 당회(Congregational Elderships)의 권세가 무엇인지, 다시 말해서 그 권세가 예외나 제한 없이 교회정치의 모든 행위들까지 보편적으로 확대될 수 있는가, 상회에 종속되지 않고 독립적으로 그 권한을 행사 할 수 있는가, 가장 주요한 공동의 문제이지만 상회에 항소하지 않고 자체적으로 그 권한을 행사할 수 있는가 등, 이 모든 사항들은 다른 곳에서 상세히 언급되어 있고[187] 잘 다루고 있으며, 이후 15장에서 이 사항들에 대해서 어느 정도 다룰 것이므로 이 장에서는 논의하지 않겠다.

하지만 여기서 에라스투스주의와 감독제(고위성직자주의, Prelatical party)에 반박하여 강력히 주장하는 바는, 교회정치를 위한 권위와 권세의 신적권위가 각 회중과 관련된 각 당회(Congregational Presbyteries or Elderships)에 있다는 것이다.

다음을 고려해 보자.

각각의 회중 안에서 그리고 그 회중 위에서 교회정치의 행위들을 행사하기 위해서, 교회의 권위와 권세를 부여받은 각각의 회중들로 구성된 당회(Elderships)는 신적 권위(divine right)로 보증된다.

자연의 빛, 그리스도의 제정, 사도의 관행, 필연의 법칙 등이 이를 충분

187) Assertion of the Government of the Church of Scotland, part 2, chap. 2.

히 말해준다.

1. 보편적인 자연의 빛은 정치적이건 교회적이건 모든 종류의 작은 사회가 자신들의 개별적이고 개인적인 분쟁과 범죄들을 스스로 해결하도록 인도하고, 이러한 목적으로 지정된 소법원과 법정을 통해 사소하고 보편적인 수월한 문제들을 판결하도록 안내해준다[하회에서 더 잘 해결할 수 있는 문제들을 가지고 여러 상회들을 괴롭히는 것은 헛된 일이다(Frustra sit per plura, quod aque bene fieri potest per pauciora)]. 모세의 장인 이드로가 모세에게 백성들을 재판할 자들을 세워서 사소한 모든 일들은 그들 스스로 재판하게 하고 크고 중대한 일들은 모세에게 가져오라고 한 것은 현명하고 중대한 조언이었다(출 18:22, 26). 그리고 우리 구주 예수 그리스도께서는 유대인들이 작은 일은 소재판소에서 처리하고 중대한 일은 대재판소에서 처리할 것을 점층적으로 암시하시는 것 같다(마 5:22). 마찬가지로 교회에는 상 · 하위의 교회 입법기관들이 있다(이후에 다룰 것이다). 세속적이건 교회적이건 상 · 하위의 재판소로 나누는 것이, 작고 가벼운 문제는 하위의 재판소에서 크고 중대한 문제는 상위의 재판소에서 재판을 하도록 하고자함이 아니라면 무슨 다른 이유가 있겠는가?

2. 그리스도의 제정(마 18:15-21에 기록된)은 특히 개 교회의 당회(single congregational Elderships)와 그 당회의 권세를 제시한다. 우리 구주께서 말씀하시는 유대교적인 형식과 말씀의 내용을 고려해 보면 그러하다.

(1) 유대교적인 형식의 교회정치(우리 구주께서 암시하는 듯 보이는)가

세 가지 유형의 교회법원, 즉 산헤드린, 노회, 유대교의 회당(그리스도 이후의 대회, 노회, 당회)은 아니더라도 두 가지 유형의 교회법원에 의해서 관리되었다는 것을 목격할 수 있다.

A. 그들에게는 세속의 산헤드린뿐만 아니라 교회의 중요하고 어려운 문제들을 재판하기 위한 교회의 산헤드린도 있었다. 산헤드린이 처음으로 세워졌고(출 24:1), 이스라엘이 부패한 상태에서 여호사밧 왕에 의해서 회복된 후(대하 19:8)[188], 이 산헤드린을 통해서 전국적인 규모의 교회개혁이 진행되었다(느 6:13).

B. 유대인들의 산헤드린과 회당 사이에 노회(Presbuterion)라고 하는 교회법원(a middle Ecclesiastical Court)이 있었을 개연성이 있다(눅 22:66; 행 22:5). 이러한 사실은 유대 풍속과 정치에 정통한 전문가들이 판단하도록 하자.

C. 마지막으로, 그들은 회당, 즉 회중의 회 안에 하위의 법정이 있었다. 회당은 기도와 성경을 낭독하고 해석하는 말씀사역뿐만 아니라, 다음 구절이 내포하는 바와 같이["또 모든 회당에서 여러 번 형벌하여" (행 26:11)] 범죄를 벌하는 공적인 징계도 행했기 때문이다. 사울의 범행과 소송절차들이 잔인하고 불공정했으며 무례했던 것은 사실이다. 하지만 당시 유대인들에게는 교회적으로 범죄를 저지른 사람들을 공개적으로 벌하는 법정이 있었는데, 왜 사울이 대제사장의 공문을 들고(행 9:1-2) 다른 장소가 아

188) Mr. Gillespie's Aaron's Rod Blossoming, book 1, chap. 3.

닌 회당에 가서 박해를 했는가? 게다가 신약성경에는 회당장이라는 말(막 5:35-38; 눅 8:41, 13:14)과 회당장 리스보와 소스데네가 자주 등장한다(행 18:8, 17). 이 사실은 이 여러 회당에는 치리권과 정치가 있었고, 이 치리권을 한 개인이 아니라 여러 명이 공동으로 소유하고 있었다는 것을 암시해준다. 왜냐하면 회당장이 여럿 있었다면 또한 그 아래의 지위를 가진 사람들도 있었을 것이기 때문이다. 하지만 이 사실에 대한 의구심이 사도행전 13장 15절("율법과 선지자의 글을 읽은 후에 회당장들(the rulers of the Synagogue)이 사람을 보내어……")에서 불식된다. 여기에서 회당은 단수로, 회당장들은 복수로 기록되어 있기 때문이다. 따라서 유추해볼 때, 교회를 잘 인도하기 위해서 모든 개 교회에는 교회의 치리자들이 있었을 것이다. 하지만 이 설명이 만족스럽지 못하면 우리 구주께서 말씀하신 구체적인 구절들을 살펴보자.

(2) 우리 구주의 말씀은 이러한 사실을 명확히 해준다. 우리 구주는 점층적으로 말씀하시는데, 개인적인 책망에서 시작하여 두 세 증인들 앞에서의 책망으로, 그리고 한 교회의 대표기구 앞에서의 책망으로(여기서 "교회에게 전하라"는 어구가 반드시 해석되어져야 하는 것처럼[189]) 나아간다. 분쟁이 해결될 수 있으면 범죄 사실을 불필요하게 드러내어 형제의 수치심을 들추기보다 그 범죄에서 벗어나게 해준다. 개 교회의 당회-제기된 사건들을 심문하고 결정할 권한을 부여받은-를 어느 정도 의도하고 있음이 다

189) John Cameron, Praelect. on Mt. 18:15, p. 150 &c.; Mr. Bayne in his Diocesan's Trial., 3 Quest., pp. 79-80.

음의 말씀(17절에서 선행한 내용을 확증하기 위해서 추가된[190])에서 명백해 보인다. "진실로 너희에게 이르노니 무엇이든지 너희가 땅에서 매면 하늘에서도 매일 것이요 무엇이든지 땅에서 풀면 하늘에서도 풀리리라 진실로 다시 너희에게 이르노니 너희 중의 두 사람이 땅에서 합심하여 무엇이든지 구하면 하늘에 계신 내 아버지께서 그들을 위하여 이루게 하시리라 두세 사람이 내 이름으로 모인 곳에는 나도 그들 중에 있느니라"(마 18:18-20). 이 성경구절에서 다음 사항들을 주목할 수 있다.

A. 고소가 제기된 이 교회는 권위를 가지고 매고 푸는 권세를 부여받았다. 이는 그리스도의 약속을 따라 교회가 땅에서 매거나 푸는 것이 하늘에서도 매이거나 풀리도록 하고자함이다.

B. 이러한 매고 푸는 행위들(binding or loosing)은 단지 두 세 사람의 행위일 것이다. 결과적으로 개별 교회의 당회의 행위일 것이다. 하지만 노회(Classical Presbytery)에서 이러한 사법적 행위를 집행할 때에는 '많은 사람들'이 관여한다고 한다(고후 2:6). 이러한 상위의 노회에는 언제나 두 세 명 보다 훨씬 많은 사람들이 참여하기 때문이다. 그리고 일부 사람들은 우리 구주께서 여기서 언급한 잘못은 스캔들이 아니라 손상에 불과하고 교회는 교회의 법정이 아니라 세속의 법정을 말한다고 주장한다(하지만 가장 비합리적이게도 여기서 언급된 매고 푸는 일을 사법적이고 권위적으로가 아니라 교리적이고 선언적인 것으로 해석한다는 것이다. 이는 마치 교리

190) Piscator in loc.

적 성격의 매고 푸는 일이 세속법정의 권세 안에 있는 것처럼 해석하는 것이다.)[191] 하지만 이 모든 해석들은 그저 헛되고 근거 없는 가식이요 속임수이며 실체도 견실함도 없다. 학문적이고 성실한 독자라면 잠시 각주[192]에서 언급한 저자들의 저서를 참고해보면 이러한 해석들의 오류가 증명되었음을 쉽게 발견할 수 있고, 이 오류들에 대해서 좀 더 확실한 해소를 원한다면 이 내용들 외에도 기타 유사한 세부적인 내용들을 참고해보면 된다.

(3) 그 당시 사도의 관습과 하나님의 교회의 상태에 대해 고려해보면 이러한 문제가 좀 더 명확해진다.

A. 우리는 때때로 개별 회중들이라는 말을 접한다. 그리고 성령님께서는 실제로 그리스도의 온 몸을 교회라고 부르시고(마 16:18; 고전 12:28) 그리스도의 몸에 속한 개별 신자들의 큰 무리(물 한 방울이 바닷물과 마찬가지로 참된 물인 것처럼 전체의 본성에 참여하는)를 '교회들' (예루살렘 교회 행 8:1; 안디옥 교회 행 13:1; 에베소교회 계 2:1; 고린도 교회 고후 1:1-이 모든 교회들은 이후 13장에서 등장하게 될 큰 규모의 장로교회들이다)이라고 부르신 것처럼 그리스도의 성령님께서 개별 회중들을 교회들이라고 부르시는 것을 기뻐하셨다["여자들은 교회들에서 잠잠하라(en tais ekklesias)," (고전 14:34). 여기서 '교회들에서' 는 '하나의 고린도 교회에 있는 개별 회중들 안에서' 를 말한다]. 그리고 집에 있는 교회가 자주 언급

---

191) Vid. Joannis Seldeni de Anno Civili, and Calendario, etc. Dissertationem in Praefat., page 8. See also Mr. John Lightfoot's Commentary upon the Acts, c. x. 28, pp. 235-239.

192) John Cameron. Praelect. on Mt. 18:15, pp. 143-162; Mr. G. Gillespie's Aaron's Rod Blossoming, Book 1, chap. 3; Book 2, chap. 9; and Book 3, chaps. 2-6 handling this elaborately.

된다(롬 16:5; 고전 16:19; 골 4:15; 몬 1:2). 이 교회를 가족의 구성원들만으로 구성된 교회로 해석하건 여러 집에서 보통 만났던 교회로 해석하건 상관없이 개별적인 회중을 내포하고 있다. 이와 같이 개별 회중들이 교회의 이름과 본질을 가지는데, 이 회중들 안에 일반적인 교회의 항존직원들–목사와 교사, 다스리는 자(잘 다스리는 장로), 조력자(집사)–이 없다고 상상이나 할 수 있겠는가? 아니면 이 회중들이 이러한 직원들을 갖추었는데 이 직원들이 이 개별회중들을 다스리기 위한 권세를 부여받지 못한다는 것이 가능이나 한가?

B. 많은 교회를 이루기에 충분할 정도로 많은 사람들을 믿음으로 인도하는 도구로서 자신들의 사역에서 대단히 성공을 거둔 사도들이 모든 교회에 장로들을 임명하는 일에 힘썼다(kat' ekklesian)(행 14:23; 딛 1:5). 특히 초대교회에 말씀전하는 장로와 치리장로가 있었다는 사실이 다른 여러 곳에서 드러나는데 이 직원들이 없었다는 것을 명백히 입증할 수 있겠는가(롬 12:8; 고전 12:28; 딤전 5:17)? 혹은 사도들이 장로들을 임명하는 것만큼 몇몇 회중들 가운데 장로회를 세우는 일에 신중을 기하지 않았다고 생각할 수 있겠는가? 아니면, 사도들이 교회정치를 필히 공급받지 못했더라면 어떻게 주 그리스도께 응답할 수 있었겠는가? 적어도 몇 번의 사례에서 이미 입증된바와 같이, 그리스도께서 친히 교회정치를 그들에게 허락하셨다.

(4) 마지막으로 필연성(강력하고 강제력 있는 법)은 그리스도에게서 교회의 정치를 위한 권위와 권세를 부여받은 당회를 개별 회중들 안에 세울 것을 분명하고 강하게 요구한다.

A. 교회에서 재판이 있을 때마다 신자들이 자체적으로 해결하지 못하고 그들 모두가 노회(greater Presbyteries)와 대회(Synods)(교회에서 상당히 먼 곳에 위치한)에 참여해야 한다면, 이 얼마나 힘든 일이겠는가?

B. 개 교회에서 제기되는 크고 작은 일 모두를 노회에서 처리하는 것, 이 또한 얼마나 불가능한 일인가?

C. 회중이 스캔들을 방지하고 치유하며 무질서가 가져올 파멸로부터 스스로를 보호하기 위한 권위 있는 당회가 없어서 이들이 자발적으로든 우연히든 그리스도인이나 교회가 전무한 먼 곳에 떨어져 있는 이교도나 이방인들의 나라로 가면 이들은 어떻게 되겠는가?

제13장

교회정치를 위한 노회 (구분상 정통파 노회라고도 불린다)의 신적권위

지금까지 하위의 장로회, 즉 당회(Congregational Elderships)를 살펴보았고, 이제 상위의 치리하는 회, 즉 노회(greater Ruling Assemblies)나 대회(Presbyterial or Synodal)에 대해서 살펴보고자 한다. 먼저 노회(Presbyterial Assemblies), 즉 정통파 노회(Classical Presbytery)는 교회의 공통된 문제와 큰 어려운 일에 있어서 공동으로 모든 각각의 교회들을 다스리기 위하여 여러 이웃하는 개 교회들의 장로들로 구성된 모임이다. 교회정치를 위한 노회와 노회의 권세의 신적보증과 권위는 주로 다음을 통해 입증될 수 있다. 1. 자연의 빛을 통해서. 2. 성경의 빛을 통해서. 사도시대 이후 오랜 세월에 걸쳐서 교회에서는 성경의 빛을 따랐다.

자연과 올바른 이성의 빛은 우리에게 (희미하게나마) 교회정치를 위한 노회 및 노회의 권세의 신적보증을 밝혀줄 수 있다.

1. 많은 개 교회들이 갖는 공통된 교회문제들이 많다. 예를 들면 교회 직원들에 대한 시험(딤전 3:10), 목사의 임명과 파면, 징계의 집행, 분쟁의 사법적 판결, 까다로운 양심과 관련된 문제의 판결, 사소한 문제들의 처리 등이 있다. 여기서 다음과 같은 규칙이 적용된다. 여러 교회와 관련된 문제들은 개별적으로가 아니라 관련된 많은 사람들이 고려해서 결정하는 것이다(Quod tangit omnes, tractari debet ab omnibus).

2. 개 교회 당회들(Single congregational Elderships)은 주안에서 서로 도와야 한다.

(1) 내적으로는 그들이 본질적으로 약하여 어그러지기 쉽고(히 12:13; 갈 5:15) 너무 연약해서 목사를 심사하고 임명하는 일과 같은 다양한 중요한 일들을 할 수 없다. 하지만 이러한 연약함은 그들을 돕는 다른 당회들과의 연합을 통해 보완된다.

(2) 외적으로는 "사나운 이리"와 같은 위험하고 교묘한 적들을 직면한다(행 20:28-30; 벧후 2:1; 빌 3:2; 딤전 4:1-7; 엡 4:14; 벧전 5:8). 이러한 경우에 둘이 하나보다 낫다: "혼자 있는 자에게 화가 임할 것이다. 누가 그들을 일으켜 세우겠는가?"

3. 당회(Eldership of Single congregation)에서 결정할 수 없는 매우 난해한 사건이 발생할 수 있다. 예를 들면, 교회의 어떤 성도가 당회에서 너무 부당한 처분을 받았다고 생각해서 당회의 판결에 따를 수 없다고 할 수 있다. 그러할 경우, 그 성도는 항소권이 없는가? 만약 없다면 그는 구제받을 길이 없게 된다(이는 독립교회 정치에서 볼 수 있는 재앙이다). 하지만

만약 그가 항소할 수 있다면 노회(associated Presbytery)이외에 보통 어디에 항소할 수 있겠는가? 그러므로 항소할 수 있는 노회가 있어야 한다. 또한 한 노회에 속한 전 교회와 그들의 노회 사이에 분쟁이 생길 수도 있다. 그리고 노회 스스로도 마찬가지로 분열될 수 있다. 실제로 하나의 개 교회와 다른 개 교회(모든 개 교회들은 권한과 권위에 있어서 서로에 대하여 더 높지도 더 낮지도 않고 동일하다.)사이에 크고 중대한 분쟁이 생길 수 있다. 이와 같은 사건에서 양 당사자가 서로 자기의 주장을 고수하고 어떤 우월한 권위도 없이 제시되는 도덕적 설득이나 권고에 뜻을 굽히지 않는다고 가정해 보자. 이런 경우 권위 있는 노회의 도움이 없다면 어떻게 이런 문제를 수습하겠는가? 노회에는 모든 문제들을 규제할 권세가 있다.

4. 인근 지역의 연합된 개 교회들(Single Congregations)은 서로 분열(세속 사회뿐 아니라 교회도 파괴하는)을 피해야 하고 서로 평안과 일치(모든 사회를 보존하는)를 유지해야한다. 이것은 연합된 노회들이 없으면 견고히 영구적으로 지속될 수 없다.

(1) 교회 안에서의 평안과 일치는 본질적으로 사랑스러운 것이며 촉진되어야 한다(시 133:1 이하; 엡 4:3, 13; 고전 1:10).

(2) 분파와 분열은 그야말로 악한 것이며 그러한 모양이나 원인, 사건이 있는지 신중히 살피고 이들을 피해야 한다(고전 12:25; 롬 16:17; 살전 4:2).

(3) 모든 교회들은 그리스도를 머리이자 주님시오 왕으로 모시는 하나의 교회, 한 몸, 한 가족, 한 사회, 한 국가에 속한 가지들이요 지체들이다.

그러므로 그들은 모두 공동의 선과 평안, 일치, 세워줌을 위해서 함께 교통하고 조화롭게 서로 연합해야 한다(고전 12:12-20; 엡 2:12-16, 4:12-14, 5:23-25을 참고). 성경의 빛은 자연의 빛보다 훨씬 더 명확하게 교회정치를 위한 노회(greater Presbyteries)와 그 노회의 권세에 대한 신적보증을 밝혀줄 것이다. 성경에 따르면 이러한 노회와 개 교회들을 공동으로 다스리는 노회정치(Presbyterial government)의 유형이 사도의 초대교회들에서 발견되기 때문이다. 더 강력한 증거와 이 증거를 명확히 하고자 다음 명제를 살펴보자.

우리의 중보자 예수 그리스도는 이후 모든 세대의 그리스도의 교회를 다스리기 위하여 노회의 모범과 한 교회에 속한 여러 개 교회들에게 공통적으로 적용되는 노회정치의 모범을 자신의 말씀 안에 제시해 놓았다. 이것을 확증하는 네 가지 명제가 있다. 1. 노회의 모범이 말씀 안에 있다. 2. 한 교회에 속한 여러 개 교회들의 모범이 말씀 안에 있다. 3. 한 교회에 속한 여러 개 교회들에게 공통적으로 적용되는 노회정치의 모범이 말씀 안에 있다. 4. 마지막으로 상기 노회와 노회정치의 유형은 이후 모든 세대의 그리스도의 교회를 다스리기 위한 것이다.

명제 1. 노회의 모범이 그리스도의 말씀 안에 있음이 입증될 수 있다.

1. 예루살렘의 장로교회처럼 여러 장로교회에 다수의 장로들이 많이 모여 있다는 기록으로부터 노회의 존재를 알 수 있다. 안디옥의 그리스도인

들은 유대에 사는 형제들-예루살렘 교회를 다스렸던 장로들[193]-에게 부조를 보냈다(행 11:30). 사도들 자신이 바로 그 장로들이었다. 안디옥 교회는 예루살렘 교회에 보낸 부조가 신실하게 사용되도록 그것을 그 교회의 장로들에게 맡겼다. 예루살렘 교회의 장로들에게 보낸 근거는 다음과 같다.

(1) 이 부조를 보내게 된 계기가 된 선지자들은 예루살렘에서 안디옥에 온 자들이다(27-28절).

(2) 이 부조를 건네받은 장로들이 강조하여 언급된 듯 보인다["장로들에게 보내니라" (30절)]. 그리고 예루살렘의 노회보다 더 탁월한 노회는 없었으며 사도들이 그 노회의 회원들이었다.

(3) 유대의 형제들(예루살렘에 있는 형제들 상당수가 사도들이었다.)을 배려하는데 사도들을 무시했다는 것은 상상할 수 없는 일이다. 아직 이 부분이 명확해지지 않으면 행 21:18절을 참조하기 바란다. "그 이튿날 바울이 우리와 함께 야고보에게로 들어가니 장로들도 다 있더라."(이곳은 예루살렘이었다-17절). 여기에 예루살렘의 노회 전체의 구성원인 많은 장로들이 모여 있었다. 이와 같이 에베소의 장로교회에는 많은 장로들이 모여 있었다["바울이 밀레도에서 사람을 에베소로 보내어 교회 장로들을 청하니 오매 그들에게 말하되……"(행 20:17-18)].

2. 성경에서 표현된 '노회'라는 명칭으로부터 노회의 존재를 알 수 있다. 장로교회에 모여 있는 많은 장로들뿐만 아니라 노회(Presbytery)라는

---

193) Calvin in loc.; Beza Annot. in loc.

명칭이 딤전 4:14절에 언급되어 있다. "네 속에 있는 은사 곧 장로의 회(노회)에서 안수 받을 때에 예언을 통하여 받은 것을 가볍게 여기지 말며." "장로들에게 안수"가 아닌 "장로의 회에서 안수"라고 기록되어 있다-분명히 장로들이 모인 전체모임을 언급하고 있다. 노회(Presbuterion)라는 단어가 신약에서 세 번만 사용된다. 즉 유대교 노회(눅 22:66; 행 22:5)가 두 번 그리고 기독교 노회(딤전 4:14)가 한 번 사용되는데, 이것들은 모두 하나의 회(society), 즉 연합된 장로들의 몸을 의미한다. 이것을 반박하는 허술한 주석과 반론들은 길레스피의 스코틀랜드교회의 정치에 대한 주장(Assertion of the Government of the Church of Scotland)에서 충분히 밀려난다.[194]

명제 2. 한 교회에 속한 여러 개 교회들의 모범이 말씀 안에 있다는 것은 네 교회-예루살렘 교회, 안디옥 교회, 에베소 교회, 고린도 교회-들을 통해 충분히 입증될 수 있다. 이 네 교회에 대한 다음 두 가지 사실이 성경에 분명히 나와 있다. 1. 이 모든 교회들은 하나의 교회였다. 2. 이 모든 교회 안에는 둘 이상의 개 교회들이 있었다-이 두 가지 사실은 말씀 안에 제시된 하나의 교회에 속한 여러 개 교회들의 모범을 충분히 밝혀줄 것이다.

1. 이들 네 교회가 모두 하나의 교회에 속한다는 것은 다음의 구체적인 내용을 소개함으로써 증명될 수 있다.

---

194) Part 2, chap. 3, pp. 131 ff.

(1) 예루살렘의 모든 신자들은 하나의 교회였다. 그러므로 그들은 자주 단수형인 하나의 교회에 포함되었다: "예루살렘에 있는 교회에 큰 박해가 있어"(행 8:1); 이후에 이러한 소문들이 예루살렘 교회에게 들렸다(행 11:22); "예루살렘에 이르러 교회와 사도와 장로들에게 영접을 받고"(행 15:4).

(2) 안디옥의 모든 신자들은 하나의 교회였다: "안디옥 교회에 선지자들과 교사들이 있었으니"(행 13:1, 11:26).

(3) 에베소의 모든 신자들은 하나의 교회였다: "바울이 밀레도에서 사람을 에베소로 보내어 교회 장로들을 청하니"(행 20:17). 이후에 그들에게 다음과 같은 책무를 맡긴다. "여러분은 자기를 위하여 또는 온 양 떼를 위하여 삼가라 성령이 그들 가운데 여러분을 감독자로 삼고 하나님이 자기 피로 사신 교회를 보살피게 하셨느니라"(28절). 모두 단지 한 양떼이며 한 교회였다: "에베소 교회의 사자에게 편지하라"(계 2:1).

(4) 고린도의 모든 신자들은 하나의 교회였다. 그러므로 그들은 단수형인 하나의 교회에 포함되었다: "고린도에 있는 하나님의 교회에게"(고전 1:2); "하나님의 뜻으로 말미암아 그리스도 예수의 사도된 바울과 형제 디모데는 고린도에 있는 하나님의 교회에게"(고후 1:1). 이와 같이 모든 네 교회의 사례를 통해서 그들이 각각 하나의 교회였다는 것은 반박할 수 없는 분명한 사실이다.

2. 이러한 사도의 초대교회들–예루살렘 교회, 안디옥 교회, 에베소 교

회, 고린도 교회–들이 모두 각각 하나의 교회일 뿐만 아니라 둘 이상의 개 교회들로 구성되어 있었다. 이러한 사실이 이하 네 교회들에서 밝혀진다.

I. 유대의 예루살렘 교회에는 여러 개 교회들이 포함되어 있었다. 이것은 다양한 방식으로 설득력 있게 입증될 수 있다. 1. 많은 신자들. 2. 많은 직원들. 3. 다양한 언어. 4. 초대교회 당시 예루살렘 교회와 다른 교회들에서 갖는 그리스도인들의 공적 모임의 방식.

1. 예루살렘 교회의 많은 신자들. 하나의 개 교회에 보통 모여서 그리스도의 모든 규례에 참여할 수 없을 정도의 많은 신자들이 예루살렘 교회에 있었다는 사실은 편견 없이 성경을 읽는 독자–성경의 명확한 빛에 거슬러 의도적으로 눈을 감거나 사람들의 근거 없는 명령에 이성이 사로잡히지 않는–라면 누구나 명백히 알 수 있다. 이 사실은 그리스도의 승천 전 · 후의 많은 신자들을 통해 입증될 수 있다.

그리스도의 승천 전. 성경은 예루살렘과 인근 지역 전체가 요한의 사역을 받아들였고 그에게서 세례를 받았다고 명백하게 증거하고 있다. "이 때에 예루살렘과 온 유대와 요단 강 사방에서 다 그에게 나아와 자기들의 죄를 자복하고 요단강에서 그에게 세례를 받더니"(마 3:5–6). 실제로 많은 바리세인과 사두개인이 요한에게 세례를 받으러 왔다(그의 사역이 널리 펴져갔다)(마 3:7). 요세푸스(Josephus)는 예루살렘 성에 인구가 얼마나 많았는지 이와 같이 말한다. "티투스 베스파시안(Titus Vespasian)이 예루살렘 성을 포위했을 때, [세스티우스(Cestius)–예루살렘 성의 인구수를 조사한–

의 증언에 따르면] 성 안에는 백 십만이 넘는 사람이 있었다."[195] 그러나 만약 열 번째 혹은 스무 번째 무리들이 요한의 사역을 받아들였더라면, 신자들의 수가 엄청나게 많았을 것이다. 그러나 성경본문은 그곳에서 일어난 말씀의 놀라운 효과에 대해서 분명히 기록하고 있다. "세례 요한의 때부터 지금까지 천국은 침노를 당하나니 침노하는 자는 빼앗느니라"(마 11:12). [또는 누가가 말한다. "사람마다 그리로 침입하느니라"(눅 16:16)]. 그러나 우리 주 예수 그리스도의 사역은 너무나 효과적이어서 다음과 같이 기록되어 있다. "예수께서 제자를 삼고 세례를 베푸시는 것이 요한보다 많다 하는 말을 바리새인들이 들은 줄을 주께서 아신지라(예수께서 친히 세례를 베푸신 것이 아니요 제자들이 베푼 것이라)"(요 4:1-2). 많은 사람들이 예수의 기적 때문에, 무엇보다도 나사로를 죽은 자들 가운데에서 살리셨기 때문에 예수를 믿었다(요 12:11). 실제로 사람들이 그리스도를 좇아 너무 많이 몰려와서 바리세인들은 자기들끼리 이렇게 말했다. "볼지어다 너희 하는 일이 쓸 데 없다. 보라 온 세상이 그를 따르는도다 하니라"(요 12:19). 여기에 더하여 그리스도의 죽음과 부활이 이 장면을 지켜본 자들에게 영향을 미쳤고 그의 제자들 칠십 명과 사도들 열두 명의 사역이 그들의 말을 들은 자들에게 영향을 끼쳤다. 이 모든 사실들을 종합해볼 때, 그리스도의 승천 이전에 예루살렘에서 회심한 모든 자들이 하나의 개 교회에 모여 그리스도의 모든 성례전에 참예할 수 있었을 것이라고 생각할 정도로 어리석은 자는 아무도

---

195) Josephus, de Bellum Judaic., book 7, cap. 17.

없을 것이다.

그리스도의 승천 이후 예루살렘에는 하나의 개 교회에서 모일 수 없을 정도로 신자들이 더 많이 생겼다. 다음과 같은 많은 사례들을 통해 충분히 입증될 수 있다.

1. 부활 이후 그리고 승천 이전 그리스도는 오백여 형제(즉, 세례요한과 그리스도, 그의 사도들과 제자들의 사역을 통하여 전에 회심한 형제들)에게 일시에 보이셨다(고전 15:6).

2. 그 후에 야고보에게 그리고 나서 모든 사도에게 보이셨다(7절).

3. 맛디아를 선택하고 그리스도의 승천 이전에 제자들이 함께 모여 있었는데, 모인 무리의 수가 약 백이십 명이나 되더라(행 1:15).

4. 베드로의 설교에서 그의 말을 기쁨으로 받아들인 사람들은 세례를 받았다. 이 날에 신도의 수가 삼천이나 더하더라(행 2:41).

5. 주께서 구원 받는 사람을 교회에 날마다 더하게 하시니라(47절).

6. 이후에 베드로의 또 다른 설교에서 말씀을 들은 사람 중에 믿는 자가 많으니 남자(andron)의 수가 약 오천이나 되었더라(행 4:4).

7. 그 후 믿고 주께로 나아오는 자가 더 많으니 남녀의 큰 무리더라(행 5:14).

8. 더욱이 제자들이 더 많아지고 그들의 사역이 증가했을 때, 사도들은 자신들이 오로지 말씀과 기도 사역에 전념하도록 접대하는 일을 할 일곱 집

사들을 임명해야 했다(행 6:1-7). 이 말씀으로부터 혹자는 추측하기를 예루살렘에 일곱 개의 개 교회가 있었고 각 교회에 한 명의 집사를 두었다고 한다. 스코틀랜드교회정치의 주장의 저자는 교회의 수가 얼마인지 확실히는 모르지만 분명 다수의 교회가 있었다고 말했다.[196] 하지만 성령님은 분명히 증언하신다. "하나님의 말씀이 전파되면서 예루살렘의 제자들의 수가 크게 늘었다."

9. 그리고 많은 무리의 제사장들이 이 믿음에 순종하게 되었고(행 6:7), 아마도 제사장들의 사례를 보고 많은 사람들이 복음을 믿게 되었다. 앞에서 언급한 이 모든 사람들은 짧은 기간에 걸쳐 회심했고 예루살렘 교회의 회원이 되었는데, 이 일은 교회의 박해로 인해 흩어지기 전에 일어난 일이다(행 8:1). 이 모든 사람들, 즉 구체적으로 표현된 신자들의 수(8,620명)와 대략적으로 표현된 많은 무리들(아마도 이전보다는 많은 수일 것이다.)을 종합해보면 예루살렘에 신자들이 매우 많았음을 알 수 있다. 그렇다면 그들이 모두 한 교회에 모여서 예수 그리스도의 모든 규례에 참여한다는 것이 가능이나 했겠는가?

10. 마찬가지로 전에 언급된 흩어진 사건 이후 말씀이 매우 확산되었고 그 말씀으로 인해 믿음의 제자들이 매우 많아져서 예루살렘 교회의 모든 신자들이 한 교회에 모여서 그리스도의 모든 규례에 참여하는 것은 예전보다 훨씬 불가능했다. 성경은 다음과 같이 전한다. "온 유대(예루살렘 교회는

---

196) Part 2, chap. 3, p. 139.

유대의 여러 교회들 중 하나였다.)와 갈릴리와 사마리아 전 지역에 교회들이 세워졌고, 주님을 경외하고 성령님의 위로 안에서 교회의 수가 증가하였다." ('Multiplied' 단어가 내포하듯이 크기가 아니라 수가 증가하여서 온 지역이 가득 찼다)

11. 또한 말씀에 이렇게 기록되어 있다. "하나님의 말씀은 흥왕하여 더하더라"(행 12:24).

12. 게다가 바울이 다른 제자들, 즉 그와 같이 다니던 자들과 함께 예루살렘에 왔을 때, 이방인들 가운데에서 행한 그의 사역을 통해서 하나님께서 이루셨던 일들을 야고보와 장로들에게 전했다. "그들이 듣고 하나님께 영광을 돌리고 바울더러 이르되 형제여 그대도 보는 바에 유대인 중에 믿는 자 수천 명(개역개정에는 수만 명이라고 기록되어 있음–역자주)이 있으니 다 율법에 열성을 가진 자라"(행 21:20). 여기서 우리의 번역(영역본–역자주)은 큰 결함, 즉 수천 명(how many thousands)이라고 잘못 번역이 되어 있지만, 헬라어 성경에 따르면 수만 명(how many ten thousands)이라고 번역되었어야 한다. 그리고 그들이 성경에 언급된 것을 볼 때(22절) 수많은 사람들이 예루살렘 교회에 있었던 것 같다: "그러면 어찌할꼬 그들이 필연 그대가 온 것을 들으리니." 이 강조의 표현, 즉 단지 수천 명이 아닌 수만 명이라는 표현을 고려할 때, 적어도 삼만 명의 신자들이 있었음을 짐작할 수 있다. 그렇다면 어떻게 그들 모두가 한 교회에 모여 모든 규례에 참여할 수 있었겠는가? 독자들의 판단에 맡긴다.

반론. 칼뱅과 베자는 행 4:4절에서 언급된 오천 명이 삼천 명에 새로 추가된 수가 아니고, 삼천 명이 오천 명에 포함된 수라고 생각했다.

답변 1. 수많은 회심한 자들 외에도 오천 백 이십 명의 신자들이 예루살렘 교회에 있었음은 공식적으로 인정되는 바이다. 그렇다면 그토록 많은 신자들이 한 장소에서 집행되는 모든 규례에 참가할 수 있었겠는가? 독자들이 판단하시기 바란다.

2. 칼뱅과 베자가 이전에 회심한 삼천 명이 오천 명에 포함된 수라고 생각하지만(행 4:4), 몇몇 고대 및 현대 해석학자들은 아우구스티누스의 요한복음에 관한 글(tract. 31 on John)에 근거해서 다른 의견을 제시한다. 주님의 몸 안으로 삼천 명이 들어와 신자가 되었고 그곳에서 일어난 또 다른 기적으로 말미암아 오천 명이 또 다시 교회 안으로 들어왔다(Accesserunt corpori Domini, (i.e.) numero fidelium tria millia hominum, item alio facto quodam miraculo accesserunt alia quing millia.). 바실리우스(Basilius)(시편 115편), 오에쿠메니우스(Oecumenius)(시편 115편), 제롬과 크리소스톰(Hom. 33 on Matt.), 이레니우스(Irenaus), 살메론(Salmeron), 최근의 코넬리우스 라피데(Cornelius a Lapide) 등 많은 이들이 다음과 같은 동일한 입장을 취한다: 이 오천 명은 첫 설교에서 회심한 삼천 명과는 완전히 다른 사람들이다(Diversa prorsus sunt bac quing millia a tribus millibus prima Concione conversis)(행 4:4). 리누스(Lorinus), 아레티우스(Aretius), 그리고 몇몇 다른 사람들도 동일한 입장을 취한다.

3. 수많은 증거 외에도 삼천 명이 오천 명에 포함되어 있지 않았다고 생각하게 할 근거들이 있다.

(1) 행 2:41절에서 언급된 삼천 명이 행 1:15절에 언급된 백 이십 명을 포함하지 않은 것처럼, 그곳에서 언급된 삼천 명이 행 4:4절에 언급된 오천 명에 포함되지 않는다.

(2) 게다가 이 설교에서는 교회, 즉 이미 회심한 사람들을 뜻하지 않고(not ex intentione), 베드로와 요한이 어머니의 태에서부터 절름발이였던 사람에게 행한 기적을 보러 몰려든 수많은 사람들을 의미했다(행 3:10-12). 따라서 행 4:4절에서 언급된 오천 명은 이미 회심한 삼천 명에 추가된 수임이 확실하다.

반론. 삼천 명이라는 수와 이후에 오천 명이 예루살렘에서 회심했다고 가정해보자. 하지만 이들이 그 교회의 회원으로 계속 남아있지 않았다-그 삼천 명은 예루살렘 주민이 아니라 성령강림절을 지키기 위해서 다른 지역에서 온 이방인들이었다. 실제로 사도행전 2장 9절에 그들은 분명히 메소포타미아와 갑바도기아 등의 주민이라고 기록되어 있으며 아마도 그들의 본토에서 세워진 교회일 것이다.

답변 1. 행 2:14절에 다음과 같이 기록되어 있다. "베드로가 서서(삼천 명이 회심한 곳에서 설교하기 시작했을 때) 말했다. '너희 유대인들과 예루살렘에 사는 모든 사람들아 내 말을 들어라.'" 이 말은 그의 설교를 들은 사람들이 예루살렘에 살았음을 시사하고 있다.

2. 베드로의 설교를 들었던 자들 중 일부가 이전에는 메소포타미아와 갑바도기아의 주민이었다는 것을 인정한다고 해도, 그들이 현재는 예루살렘의 주민이라는 사실을 반박할 근거가 있는가?

3. 그들이 그때 예루살렘으로 온 이유는 성령강림절(단지 하루만 지속되는)을 지키기 위해서뿐만 아니라 하나님 나라의 메시야가 나타날 것이라고 그 당시 유대민족들이 가지고 있었던 큰 기대 때문이기도 했다. 눅 19:11절에 다음과 같이 기록되어 있다. "그들은 하나님의 나라가 당장에 나타날 줄로 생각했다." 여기서 추정할 수 있는 것은, 그들이 보통 절기를 마치고 본국으로 돌아가는 것과는 달리 예루살렘에 계속 거주하려고 했을 수 있다는 것이다.

4. 성령 하나님은 여러 나라, 특히 구체적인 지방들을 언급하시면서 (9-10절) 이곳에서 온 사람들 일부가 예루살렘에 머물러 있었다고 말씀하신다["그 때에 경건한 유대인들이 천하 각국으로부터 와서 예루살렘에 머물러 있더니"(행 2:5)].

5. 박해 때문에 유대와 사마리아와 다른 지역으로 흩어졌던 자들이 새로운 교회를 세우지는 못했지만 여전히 예루살렘에 있는 한 교회의 회원이었다. 성경에는 다음과 같이 분명히 기록되어 있다. "그 날에 예루살렘에 있는 교회에 큰 박해가 있어 사도 외에는 다 유대와 사마리아 모든 땅으로 흩어지니라"(행 8:1).

반론. 예루살렘 교회가 흩어지기 전(행 8:1-2) 신자들의 수가 너무 많아서 한 장소에 모일 수 없었다는 사실을 인정한다 하더라도 박해로 인해 그들 모두가 흩어져서 하나의 개 교회에서 모일 수 있을 정도로 얼마 남지 않았지 않았는가?

답변. 흩어진 이후에 한 장소에 모여 모든 예배행위들을 할 수 없을 정도로 예루살렘에는 신자들의 수가 더 늘어났다: "온 유대와 …… 수가 더 많아지니라"(행 9: 31). "하나님의 말씀은 흥왕하여 더하더라"(행 12:24). 야고보는 이 교회의 신자들에 대해서 말했다. "유대인 중에 믿는 자 수천 명이 있으니 다 율법에 열성을 가진 자라(how many thousands of the Jews there are which believe, and are zealous of the Law)"(행 21:20) [헬라어 버전에는 다음과 같이 기록되어 있다. "유대인 중에 믿는 자 수만 명이 있으니(thou seest how many ten thousands there are of the Jews which believe.)"]. 이 구절은 주목한 바와 같이 흩어진 후에 예루살렘 교회에 수천 명이 있었다는 사실을 분명히 밝히고 있다. 그 흩어진 사건 후 신자들이 함께 모여 모든 규례에 참여할 수 있었을지는 독자의 판단에 맡긴다.

반론. 성경구절은 분명히 다음과 같이 기록하고 있다. "사도들을 제외한 모두가 흩어졌다."

답변. 여기서 말하는 모든 사람들은 모든 신자들로, 또는 신자들을 제외한 예루살렘 교회의 모든 교사들과 교회 직원들로 이해될 수 있다. 그러나 흩어진 자들을 모든 신자들로 이해해서는 안 되고 사도들을 제외한 모든 교사들과 교회 직원들로 이해해야 하는데, 그 근거를 보면 다음과 같다.

1. 성경의 기록된 바, 바울이 여러 집에 침입하여 남녀를 끌어내어 이들을 투옥시켰다(3절). 그리고 이런 일을 예루살렘에서 행하였다(행 26:10). 그러므로 모두가 흩어졌다는 말은 성립되지 않는다.

2. 흩어진 자들은 남녀 구분 없이 모든 일반신자들이 할 수 없었던 말씀 전하는 일을 했다(4절). 그러므로 "흩어진 모든 자들"은 교회의 신자들 전체를 가리키는 것이 아니라 오직 교회 직원들을 가리킨다.

3. 만일 모든 신자들이 흩어졌다면 사도들이 무슨 목적으로 예루살렘에 머물렀겠는가? 벽에다 대고 설교하려고? 이것은 상상할 수도 없는 일이다.

반론. 교사들보다 일반신자들이 용기가 더 많다고 가정하지 않는다면, 교사들은 흩어졌는데 일반 신자들은 머물러 있었다고 생각할 수 있겠는가?

답변 1. 박해 속에서 흩어진 자들이 남아서 고통당하던 자들보다 용기가 덜하다고 말하기는 어렵다. 주교들의 압제시기에 많은 독립교회 목사들은 실제로 이 왕국(잉글랜드 왕국-역자주)을 떠났지만 다른 형제들은 머물면서 그 시대의 잔인한 억압과 조롱, 구속과 투옥을 견뎌냈다. 그렇다고 해서 우리 곁을 떠났던 독립교회 목사들이 떠나지 않고 남아서 심한 박해를 견뎌낸 자들보다 용기가 덜하다고 말한다면 그들은 부당한 평가라고 할 것이다.

2. 예루살렘의 많은 교회 직원들을 고려할 때, 예루살렘 교회에는 여러 교회들이 있었던 것으로 보인다. 예루살렘 교회에는 사도들과 선지자들, 장로들이 많았는데, 이것은 사도행전의 다음의 성경구절들을 살펴보면 명백

해진다. 그리스도의 승천 이후, 열한 사도들은 예루살렘으로 돌아와서 계속해서 기도와 간구에 힘썼다(행 1:12-14). 제비 뽑아 맛디아를 얻으니 그가 열한 사도의 수에 들어갔다(행 1:26). 오순절 날이 이미 이르매 그들이 다같이 한 곳에 모였다(행 2:1). 베드로가 열한 사도와 함께 서서 소리를 높여 이르되……(행 2:14). 그들이 이 말을 듣고 마음에 찔려 베드로와 다른 사도들에게 물어 이르되 형제들아 우리가 어찌할꼬 하거늘(행 2:37). 이 날에 신도의 수가 삼천이나 더하였고 그들이 사도의 가르침을 받아 서로 교제하고 떡을 떼며 오로지 기도하기를 힘썼다(행 2:42). 사도들이 큰 권능으로 주 예수의 부활을 증언했다(행 4:33). 밭과 집 있는 자는 팔아 그 판 것의 값을 가져다가 사도들의 발 앞에 두었다(행 4:34-37). 열두 사도가 모든 제자를 불렀다(행 6:2). 예루살렘에 있는 사도들이…(행 8:14). 형제들이 이 문제에 대하여 바울과 바나바와 및 그 중의 몇 사람을 예루살렘에 있는 사도와 장로들에게 보내기로 작정하니라……예루살렘에 이르러 교회와 사도와 장로들에게 영접을 받고……사도와 장로들이 이 일을 의논하러 모여(행 15:2, 4, 6, 22, 23; 11:30). 그 때에 선지자들이 예루살렘에서 안디옥에 이르니(행 11:27). 이와 같이 예루살렘 교회에 사도들과 장로들과 선지자들이 많았다는 사실을 여러 곳에서 분명하게 기록하고 있다. 또한 사도들이 전적으로 기도와 말씀사역에 힘쓰기 위해서 접대하는 일을 일곱 집사들에게 넘겼다는 것을 볼 수 있다(행 6:2). 만약 예루살렘 교회 안에 여러 교회들이 없었더라면 이렇게 할 필요가 없었으며 사도들도 역시 기도와 말씀사역에만 집중할 필요가 없었을 것이다.

반론. 사도들이 예루살렘에 잠시 있었던 것은 사실이다. 하지만 유대나 다른 곳에서 복음을 받아들이는 자가 생기면 사도들은 다른 교회들을 세우러 다른 지역으로 건너갔다.

답변. 다른 지역으로 건너간 사도들에 대한 사례가 단지 한 차례 나온다(행 8:14). 열두 사도 모두가 건너간 것이 아니라 두 명의 사도, 베드로와 요한만 파송되었다. 그러나 특별한 일이 있을 경우 사도들이 예루살렘 밖으로 나간 사실을 인정한다면 사도들이 예루살렘에 머물면서 마치 다른 교회에 신경을 쓸 겨를이 없는 양 오직 한 교회에서만 사역을 했다고 생각할 수 있겠는가?

반론. 사도들이 다락방에 모여 백이십 명에 지나지 않는 성도들과 사십 일을 머무를 때 사역으로 매우 바빴다. 그렇다면 그들이 예루살렘에 머무를 때 단지 백이십 명밖에 안 되는 성도들로 눈코 뜰 새 없이 바빴다면, 사도들의 존재만으로 한 곳에서 하는 모든 예배 행위에 참여할 수 없을 정도로 예루살렘에 교회들이 많았다고 주장할 수는 없지 않는가?

답변 1. 그리스도의 승천부터(승천 직후 그들은 다락방에 모였다.) 오순절까지 사십 일이 아니라 십일이라는 기간밖에 없었다. 따라서 위의 주장은 오류가 있다.

2. 그리스도의 승천과 오순절 사이의 기간 동안(십일 이든 사십 일이든 별로 중요하지 않다.) 사도들은 말씀을 전하는 것이 아니라 오히려 예수 그리스도에게서 하나님나라에 관해 배웠던 것들에 집중했다. 사도들은 특히

기도와 간구에 힘쓰고 자신들의 사역을 감당할 수 있도록 성령님을 보내겠다는 약속을 기다렸다. 그때 열두 사도-성령의 특별한 은사를 받기 전-가 작은 무리들과 함께 기도하면서 예루살렘에 잠시 머물렀다고 해서, 그들이 이 특별한 은사를 받은 후 하나의 개 교회에 매어있었다고 할 수 있는가?

반론. 예루살렘에 교사들이 많았다는 주장으로 예루살렘에 여러 교회들이 있었다는 것을 입증하지 못한다. 그 당시 아굴라와 아볼라와 같이 은사를 받은 많은 사람들이 직원이 아닌데도 가끔씩 다른 사람들을 가르쳤기 때문이다. 그러므로 그들은 직원들이 아니라 오직 은사를 받은 일반 신자들이었던 것으로 보인다.

답변 1. 그 당시 은사를 받은 사람들이 많이 있었으며 아굴라와 아볼라와 같이 직원이 아닌데도 가끔씩 다른 사람들을 가르쳤다는 것을 인정한다. 하지만 추가적으로 주목해야할 점들이 있다.

2. 이 가르침은 분명 사적인 것이거나 공적인 것이다. 만약 이 가르침이 사적인 것이라면 위의 반박은 효력이 없다. 이 교사들은 공적으로 가르쳤기 때문이다. 만약 이 가르침이 공적인 것이고 효력을 갖는다고 하면 여성들이 공적으로 가르쳤다는 결론에 이른다. 아굴라뿐만 아니라 브리스가가 아볼라를 가르쳤기 때문이다.

3. 현대주석가들은 예루살렘에는 교사라는 직분을 가진 백이십 명(행 1:16) 가운데 제자가 칠십 명이 있었다고 말한다.

3. 예루살렘에 있던 제자들이 사용한 다양한 방언을 고려해 볼 때, 예

루살렘이라는 하나의 교회 안에 여러 교회들이 있었다는 것은 명백하다. 그들이 사용한 다양한 방언들이 여러 곳에서 분명히 언급되고 있다. "그 때에 경건한 유대인들이 천하 각국으로부터 와서 예루살렘에 머물러 있더니 …… 우리가 우리 각 사람이 난 곳 방언으로 듣게 되는 것이 어찌 됨이냐 ……"(행 2:5, 8-12). 이 다양한 방언과 방언으로 하는 베드로의 설교를 듣던 무리 중에 "그 말을 받은 사람들은 세례를 받으매 이 날에 신도의 수가 삼천이나 더하더라"(행 2:41). 여기서 각자 다양한 방언들을 사용했다는 것은 예루살렘 교회 회원들이 각자 자기들의 방언을 사용하는 구별된 교회의 규례들에 참여해야 했음을 의미한다. 그리고 성령께서는 사도들에게 다양한 방언을 공급해 주셨다. 성령께서 다양한 방언을 주신 것은 교회 밖에 있는 자들에게 하나의 표지가 될 뿐만 아니라 교회 안에 있는 자들을 세우기 위한 것이었다.

반론. 그들은 비록 다른 여러 지방으로 흩어져 있던 유대인들이었지만, 모두 일반적으로 자신들의 모국어인 히브리어를 배웠으며 이해하고 있었다. 따라서 다양한 방언이 구별된 모임의 장소가 반드시 여럿 있었다는 것을 입증하지는 못한다.

답변 1. 유대인들이 일반적으로 히브리어에 능통했다고 입증하기란 말처럼 쉽지 않다. 당시 유대인들이 메대(Media)와 바사(Parthia)와 다른 지역으로 흩어져 있을 때 학문을 할 수 있는 대학이나 학교가 없었다.

2. 예루살렘에는 개종한 자들 가운데 로마인, 갑바도기아인, 그레데인,

아라비아인들이 있었다(행 2:10-11).

3. 히브리어만 사용하는 단 하나의 교회가 예루살렘에 모였다면 어떻게 그들이 믿음 안에서 세워질 수 있었겠는가? 그렇다면 히브리어를 이해하지 못하는 다른 언어 사용자들의 교회는 없었는가?

4. 초대교회 시대에 예루살렘 교회와 그 외 다른 교회들의 그리스도인들의 공적인 모임의 방식을 살펴보면, 예루살렘과 다른 교회들의 수많은 그리스도인들이 아마도 하나의 개 교회에서 모일 수 없었을 것이 분명하다. 왜냐하면 그들은 예배를 드릴 수 있는 공적인 성전이나 넓은 장소(현재 우리가 예배드리는)가 없었고, 단지 사적인 장소나 집, 다락방들이 있었다(교회가 불안정하고 그 당시의 힘든 상황 가운데 생긴). 분명 많은 신자들을 수용할 수 없었으며 수천 명의 신자들을 동시에 수용하기란 턱없이 부족했다. 성경에 다음과 같이 기록되어 있다. “집집마다 다니며 떡을 떼며”(행 2:46); “사도들 다락방에서 여자들과 형제들과 더불어 기도와 간구에 힘썼다”(행 1:12-14). 그들의 모임에 대한 성경 기록을 보면 다음과 같다. “그들이 마리아의 집에 모여”(행 12:12); “두란노 서원에서”(행 19:9); “드로아의 다락방”(행 20:8); “바울이 로마의 자기 셋집에 머물면서”(행 28:30-31); “아굴라와 브리스가와 그 집에 있는 교회가 주 안에서 너희에게 간절히 문안하고”(롬 16:5; 고전 16:19); “눔바의 집에 있는”(골 4:15), “아킵보의 집에 있는”(몬 1: 2). 이러한 것들이 사도시대에 그들이 공적인 모임을 갖는 방식이었으며 이후 여러 세대에 걸쳐 지속되었다. 유세비우스는 다음과 같이 증언한다. “이후에 뒤를 잇는 황제들의 기독교에 대한 관대한 정

책으로 그들에게 아주 널찍한 교회, 공적인 모임의 집들이 마침내 세워졌다."[197]

요약하면 다음과 같다.

1. 예루살렘 교회에는 그리스도의 모든 성례전에 동시에 참여할 수 없을 정도로 많은 신자들이 있었다.

2. 만약 교회 직원들이 설교하는 일이 드물지 않았다면, 하나의 개 교회에서 필요하거나 전임으로 고용할 수 있는 범위를 초과한 수의 교회 직원들이 있었다.

3. 그들 가운데 사용되는 언어가 매우 다양해서 그들은 틀림없이 각자 자기들의 언어를 사용하는 교회에 속해 있었을 것이다. 그렇지 않으면 서로 다른 언어를 사용하는 자들이 상대의 말을 이해하지 못했을 것이다.

4. 마지막으로, 그들이 일반적으로 모이는 장소들은 사적인 장소였고 적은 수만 수용 가능했지 동시에 수천 명을 수용할 수는 없었다.

이 모든 사실들을 요약해 보건데, 이 예루살렘이라는 한 교회에 여러 교회들이 있었음이 얼마나 명백한가!

II. 시리아의 안디옥 교회 또한 여러 개 교회들로 이루어져 있었다.

1. 안디옥의 다수의 신자들.

(1) 사울의 박해로 인해 유대인들이 흩어진 후, 주 예수가 안디옥에 전

197) Eusebius, Hist. Eccles, book 8, ca. 1.

파되었고 수많은 사람들이 믿었다(행 11:21).

(2) 바나바가 그곳에서 설교하자, 많은 사람들이(oklos hikanos) 주께 더하여졌다(행 11:24).

(3) 바나바와 사울은 함께 일 년간 안디옥에서 많은 사람들을 가르쳤고 제자들의 수가 엄청나게 늘었다. 그곳에서 그리스도의 제자들이 처음으로 그 유명한 명칭, 곧 그리스도인이라 일컬음을 받게 되었고 아직도 그 명칭이 전 세계에서 불리고 있다(행 11:25-26).

2. 안디옥에서 사역한 수많은 선지자들과 설교자들.

(1) 예루살렘의 유대인들이 흩어진 후 그들 중 몇 사람(구브로와 구레네 사람)은 안디옥에서 주 예수를 전파했다(행 11:20). 분명 여기에 적어도 서너 명의 설교자들이 있었을 것이다. 그렇지 않았다면 그들은 구브로와 구레네 사람일 리가 없었을 것이다.

(2) 유대인들의 흩어진 사건 이후 바나바(다섯 번째 설교자)가 안디옥에 말씀을 전하도록 파송되었다(행 11:22-24).

(3) 바나바는 안디옥에서 할 일이 너무 많아서 직접 다소에 가서 사울(여섯 번째 설교자)을 데리고 와서 자신을 돕도록 했다(25-26절).

(4) 이 외에도 그 당시에 안디옥에서 예루살렘으로 온 선지자들이 있었는데, 적어도 두 명이 추가로 와서 모두 여덟 명이었다(행 11:27-28).

(5) 바나바와 사울 이외에 세 명의 교사, 즉 니게르라 하는 시므온과 구레네 사람 루기오와 마나엔이 거명됐다(행 13:1-3).

(6) 사실 바울과 바나바는 계속 안디옥에 머물러 있으면서 다른 많은

사람들과 함께 주님의 말씀을 가르치고 전했다(행 15:35). 이 모든 내용들을 요약하면 다음과 같다. 안디옥에 신자들과 설교자들이 얼마나 많았는가? 어떻게 그렇게 많은 설교자들이 한 교회만을 대상으로 그리스도의 규례들을 집행했겠는가?(이들은 나태함을 혐오했다.). 혹은 어떻게 그렇게 많은 신자들이 동시에 한 교회에 모여 그 모든 규례들에 참여할 수 있었겠는가?

III. 소아시아의 에베소 교회(행 19:22)는 둘 이상의 교회들이 있었다.

1. 에베소에는 선지자들과 설교자들이 많았다. 바울은 그곳에서 이 년 세 달을 하나님 나라를 강론하였고(행 19:8, 10), 그곳에서 열두 명을 제자로 삼았는데 그들이 예언을 하였다(행 19:1, 6-7). 교회가 많지 않았다면 어떻게 열세 명의 목사가 고용되었겠는가? 사도행전 20장 17절, 28절, 36-38절을 비교해 보라. 에베소의 감독들에 대한 기록이 나오는데, 바울은 그들 모두와 함께 무릎을 꿇어 기도했고 모두가 비통하게 울었다. 여기에 많은 수의 교회가 존재했었음이 내포되어 있다.

2. 방언의 은사가 열두 선지자들 모두에게 주어졌다(행 19:6-7). 저마다 다른 언어를 사용하는 여러 교회가 없었다면, 선지자들이 무슨 목적으로 이렇게 다양한 방언으로 말했겠는가?

3. 에베소에는 분명히 신자들이 많이 있었음에 틀림없다.

(1) 하나의 개 교회를 이룰 정도의 수만 회심했더라면, 전 세계에 교회 개척을 위한 우주적인 사명을 지닌 바울이 왜 에베소에 이 년이 넘게 그들과 함께 머물렀겠는가?(행 19:8, 10).

(2) 이 기간 동안 아시아에 거주하는 자(대개 예배를 드리러 에베소에 모인)는 유대인이나 헬라인이나 모두 주의 말씀을 들었다(행 19:10).

(3) 에베소에 사는 유대인과 헬라인들이 다 이 일(바울의 기적)을 알고 두려워하며 주 예수의 이름을 높였다(행 19:17).

(4) 많은 신자들이 와서 자복하여 행한 일을 알렸다(18절). 이는 사람들이 이전보다 더 많이 믿게 되었다는 것을 암시한다.

(5) 또 마술을 행하던 많은 사람이 자신들의 책을 모아 가지고 와서, 모든 사람 앞에서 불사르고 그 책값을 계산한즉 은 오만이나 되었다(에베소의 많은 사람들이 그 믿음을 받아들이지 않았더라면 공개적으로 이 일을 하지 않았을 것이다—에베소 도시는 미신과 우상숭배에 매우 열심이었다.) 따라서 하나님의 말씀이 강력하게 전파되었다(행 19:19-20).

(6) 바울의 증언에 따르면 에베소에서 광대하고 유효한 문(a great and effectual door)이 그에게 열렸다. 즉 수많은 영혼들을 그리스도에게로 인도하는 가장 유리한 기회가 열렸다(고전 16:8-9). 이 모든 것들, 즉 선지자들과 설교자들의 수, 그 선지자들에게 부여된 방언의 은사, 에베소에서 굉장히 늘어난 다수의 신자 등을 고려할 때, 에베소 교회에 단 하나의 개 교회만 있었다고 상상하는 것이 가능키나 한가?

Ⅳ. 그리스의 고린도 교회는 둘 이상의 개 교회들이 있었다. 1. 다수의 신자들. 2. 많은 목사들 3. 다양한 방언과 언어 4. 고린도의 많은 교회. 이 모든 사실을 함께 비교해 보자.

1. 다수의 신자들. 그리스도의 모든 규례에 참가하기 위해서 한 곳에서 동시에 모일 수 없을 정도로 신자들이 많았던 것으로 보인다.

(1) 바울이 고린도에 처음 왔을 때 유스도의 집에서 처음으로 설교했다. "회당장 그리스보가 온 집안과 더불어 주를 믿으며 수많은 고린도 사람도 듣고 믿어 세례를 받더라"(행 18:1, 7–8). 여기에서 그리스보와 온 집안(아마도 매우 많은 수였을 것이고 그리스보는 회당장이었다.)과 수많은 고린도 사람도 믿었는데, 이는 놀라운 첫 열매다. 어느 누가 바울의 첫 설교에서 단지 하나의 개 교회를 구성할 정도의 사람들만이 회개했다고 말할 수 있겠는가?

(2) (그들이 대적하여 비방하거늘 바울이 옷을 털면서 이르되 너희 피가 너희 머리로 돌아갈 것이요 나는 깨끗하니라 이 후에는 이방인에게로 가리라 하고)(행 18:6) 이 일이 있고나서 곧 바로 주님께서 바울이 고린도의 이방인들 가운데에서 거두게 될 성공적인 사역으로 유대인들의 완고함에 맞서는 바울을 위로하신다. "밤에 주께서 환상 가운데 바울에게 말씀하시되 두려워하지 말며 침묵하지 말고 말하라 내가 너와 함께 있으매 어떤 사람도 너를 대적하여 해롭게 할 자가 없을 것이니 이는 이 성중에 내 백성이 많음이라 하시더라"(행 18:9–10). 성경에는 다음과 같이 기록하고 있다. 하나님의 비밀스런 예정에 따라서 효과적인 소명으로 이미 당신의 소유가 된 자들 외에도 많은 사람들이 하나님께 속하게 되었다. 그리고 바울을 대적하고 비방한 유대인들과 비교했을 때 상당히 많은 수의 사람들이 하나님의 소유가 되었다. 그렇지 않고 많은 수의 사람들이 하나의 작은 교회에서 동시에

모일 수 있는 정도의 사람들을 의미했다면 바울에게 별로 위로가 되지 못했을 것이다.

(3) 바울 자신은 일 년 육 개월 간 고린도에 머물며 그들 가운데서 하나님의 말씀을 가르쳤다(행 18:11). 이방인들을 위한 사도인 바울이 하나의 개 교회를 이루는 정도를 초월하는 수의 영혼들이 믿음을 갖게 되어 광범위한 지역에서 사역을 감당해야 하는 축복이 자신의 사역 가운데 없었더라면 한 곳에 그토록 오래 머무를 이유가 뭐가 있었겠는가?

(4) 고린도에서 믿은 자들은 세례를 받았다(행 18:8)–세례는 그들을 교회의 한 몸 안으로 받아들이는 것을 말한다. 일부 사람들은 바울에게 세례를 받았다(그들 가운데 신자들의 수에 비하면 극소수에 불과하지만)(고전 1:14–17). 결과적으로 고린도에서 대다수의 사람들이 다른 목사들에게, 그리고 바울이 설교한 곳이 아닌 여러 다른 교회에서 세례를 받았다. 따라서 말씀선포와 성례전 시행에 있어서 다양한 교회의 존재를 부인하고 바울 혼자서 이 일들을 감당했다고 하는 것은 비이성적이다.

2. 고린도 교회의 많은 목사들과 설교자들. 고린도 교회가 단지 하나의 개 교회가 아닌 보편적인 장로교회를 의미했다는 것은 명백하다. 또한 믿음의 결실도 별로 없는데 많은 일꾼들이 무슨 소용이며 하나의 개 교회를 섬기는데 많은 교사들이 무슨 필요가 있겠는가? 고린도에 많은 설교자들이 있었던 것은 분명하다.

(1) 바울 자신은 "교회의 터를 닦은 건축자"이고(고전 3:10), 영적인 아버지이다; "그리스도 예수 안에서 내가 복음으로써 너희를 낳았음이라"(고

전 4:15). 바울은 일 년 육 개월을 그들과 함께 지냈다(행 18:11).

(2) 사도 바울은 그들이 자신들의 선생을 육적으로 치켜세우는 것으로 말미암은 분열에 대해 책망한다(각자 지지하는 교사가 다르다.). "너희가 각각 이르되 나는 바울에게, 나는 아볼로에게, 나는 게바에게, 나는 그리스도에게 속한 자라 한다"(고전 1:12). 이러한 사실은 그들에게 설교자가 많았으며 이 설교자들을 따르는 자들이 많았다는 것-이 따르는 무리들 각자가 높이는 교사와 경시하는 교사가 달랐다-을 시사하지 않는가? 이것으로 미루어볼 때 그들이 나뉘게 된 여러 교회들이 없었을까?

(3) 사도 바울은 말한다. "그리스도 안에서 일만 스승이 있으되 아버지는 많지 아니하니"(고전 4:15). 비록 그가 과장하여 말한 것이지만 여전히 그 말에는 저들에게 교사와 설교자가 많았다는 것이 내포되어 있다.

(4) 고린도 교회의 많은 예언자들에 대한 언급이 있다. "예언하는 자는 둘이나 셋이나 말하고 다른 이들은 분별할 것이요……예언하는 자들의 영은 예언하는 자들에게 제재를 받나니"(고전 14:29, 32). 여기에 두세 명의 예언자들과 이들의 교리를 판단하는 예언자들이 있다. 이 판단하는 예언자들이 분명 판단 받는 예언자들보다 많았다. 소수가 다수를 판단하는 것은 불합리하기 때문이다. 비록 이 예언자들은 특별한 은사가 있었고[은사의 측면에서 고린도 교회가 다른 모든 교회보다 탁월했다(고전 1:7)], 설교가 탁월했지만 고린도전서 14장의 전체 흐름으로 알 수 있는 바와 같이 그들은 고린도 교회의 평범한 목사요 사역자들이었다. 따라서 (일부 신학자들이 잘

지적한 바와 같이[198]) 일반 목사들에게 적절한 많은 규칙들과 지침들이 내려져 그들의 질서 있는 목회가 가능하게 했다. 목사들이 많았는데 그들이 목양할 교회가 여럿 있지 않았겠는가? 아니면 목사들이 자신들의 달란트의 사용과 개선을 등한시 하고 그저 빈둥거렸겠는가?

3. 다양한 방언과 언어들. 고린도 교회는 분명히 탁월했다. "너희가 그 안에서 모든 일 곧 모든 언변과 모든 지식에 풍족하므로…… 너희가 모든 은사에 부족함이 없이"(고전 1:5, 7). 그들 중 일부는 여러 은사들 가운데 방언이 탁월했다. 사도 바울은 방언의 은사를 올바르게 사용할 것을 일반적으로 규정하고 있다(고전 14:2-6, 13-14, 18-19, 23-37): "만일 누가 방언으로 말하거든 두 사람이나 많아야 세 사람이 차례를 따라 하고 한 사람이 통역할 것이요." 고린도 교회에는 방언의 은사를 받은 자들이 많았다. 그렇다면 방언의 은사를 받은 목적은 무엇인가? 믿지 아니하는 자들에게는 표적을 위해서(22절), 그리고 고린도 교회에 있는 다른 방언과 언어를 사용하는 여러 교회들을 세우기 위함이다.

4. 고린도 교회와 관련하여 언급된 다수의 교회들. 사도 바울은 공적인 모임과 예배를 규정하면서 고린도 교회에게 말했다: 너희 여인들은 교회들에서 잠잠하라. 단수형인 교회에서(hen te ekklesia)라고 하지 않고 복수형인 교회들에서(hen tais ekklesias)라고 기록되어 있다. "너희 여인들…"(구체적이지 않게 "여인들…"이라고 하지 않고)이라고 기록되어 있다.

198) 러더포드(S. Rutherford)는 장로회의 정당한 권리(Due Right of Presbyteries, pp. 466-467)에서 여덟 논거를 제시하여 그들이 평범한 목사들이었다는 사실을 증명한다.

이 말씀의 명시적인 글에 따르면 고린도 교회에는 여러 교회들이 있었다. 즉 하나의 보편적인 장로교회 안에 개 교회들이 여럿 있었다. 학문적으로 탁월한 일부 저자들이 생각한 바와 같이, 겐그레아(고린도의 항구) 교회가 고린도 교회 안에 포함되어 있었던 것을 보면 고린도 교회 안에 이러한 교회들이 여럿 있었음이 더욱 확실시된다.[199]

명제 3. 한 교회 안에 있는 여러 개 교회들에게 공통적으로 적용되는 장로교회 정치의 모범이 그리스도의 말씀 안에 제시되어 있다.

이 주장은 다음 고려사항들을 통해 입증될 수 있다.

1. 다양한 개 교회들이 하나의 교회라고 불린다. 이것은 전술한 명제 2에서 대체로 입증된 바와 같이, 예루살렘의 모든 신자들을 하나의 교회로 보았기 때문이다. 하지만 그러한 신자들의 수는 어느 하나의 개 교회에 모여서 모든 규례들을 행할 수 없을 정도로 많았다. 그렇다면 왜 다양한 교회들을 하나의 교회라고 불렀을까?

(1) 어느 한 개 교회 안에서 마음과 뜻이 하나 되어 그렇게 부른 것이

---

199) Fuit autem Cenchreis statio navalis, seu portas Corintho vicinus (ut Athenis Pylaeum) ubi Paulus votum solvit(Acts 18:18). Probabile est in urbe ipsa Christianos non suisse toleratos, vel sat tutos. Loco igitur vicino conventus tutius agebant: Et Historia Apostolica Acts 16:13 docet, Christianos fere extra urbes in campis, vel ad ripas Oratoria sua instituisse □ D. Pareum on Rom. 16:1. The Church of Cenchrea, then have more Congregations than one at Corinth. 지금 학자들은 겐그레아는 고린도인들의 항구나 항구도시였다고 가르친다. Origen Pref on Epist. says, it was a place near to Corinth. Of the Egean Sea on the East, as Strabo, book 18 says, ad Sinum Saronicum, as Lechea was the other port. See Pliny, Natu. Hist, book 4, c. 4. Mr. S. Rutherford in his Due Right of Presbyteries, p. 462.

아니다: "믿는 무리가 한마음과 한 뜻이 되어 모든 물건을 서로 통용하고…"(행 4:32). 그들이 이러한 자비의 성향과 행동을 보인 것은 어느 특정 교회의 회원으로서 지켜야할 특별한 의무감 때문이 아니라, (특히 그 당시 신자들의 상황을 고려했을 때) 서로를 향한 형제애와 그리스도인의 자비의 원리를 따라서(jure fraternitatis & charitatis) 그렇게 했다.

(2) 그들을 한 몸으로 맺어주는 교회언약이 명시되어 있어서 하나의 교회라고 부른 것이 아니다. 예루살렘 교회는 물론이거니와 신약시대의 모든 사도적인 초대교회에는 교회언약이라는 어떠한 이름도 실체도, 흔적도 발자취도 없다. 그리고 교회라면 없으면 안 되는 그리스도의 참된 가시적인 교회의 필수양식으로서(ut formam constituentem verae Ecclesias visibilis) 명시적인 교회언약을 성도들에게 부과하는 것은 하나님의 말씀의 확고한 보증이 없는 인간이 만들어 낸 것에 불과하다.[200]

(3) 말씀, 성례전, 그리고 기도를 하나의 교회에서 시행해서 하나의 교회라고 부른 것은 아니다. 많은 신자들이 모두 하나의 개 교회에 모여서 그리스도의 규례들에 공동으로 참여하는 것은 불가능했기 때문에(입증된 바와 같이), 이 규례들은 각각 개 교회에서 시행되었다.

(4) 그러나 장로들의 회인 한 공동의 노회가 여러 교회들과 관련한 교회정치를 공동으로 집행하기 때문이다. 공동의 노회를 통해서 교회정치를 집행하는 이 한 가지 방식 때문에 예루살렘과 다른 도시들에 있는 모든 신

200) See Mr. W. Rathband's Narration of Some Church Courses, etc. chp. 4, pp. 12-20 and Certain Quaeres by Master Richard Hollingworth, p. 22.

자들을 하나의 교회라고 여겼다.

2. 다양한 개 교회들로 구성된 모든 장로교회에는 다스리는 직원들이 있었다. 그들은 그 교회 직원이라 불리기는 하지만 그 교회에 속한 어느 하나의 개 교회의 다스리는 자, 즉 장로라고 불리지는 않았다. 예를 들면, 예루살렘 교회(행 11:27, 30, 15:2), 안디옥 교회(행 13:1–3, 15:35), 에베소 교회(행 20:17, 28), 고린도 교회(고전 1:12, 4:15, 14:29)가 있다.

3. 장로교회들의 직원들이 교회정치의 행위를 위해 함께 모였다. 예를 들면 다음과 같다. 교회의 물품을 돌보고 정당하게 분배하는 일(행 4:35, 37, 11:30), 교회 직원들을 임명하고 파송하는 일(행 6:2–3, 6, 13:1–3), 죄를 범한 자를 내쫓는 일(고전 5:4–5, 7, 13, 고후 2:6), 회개한 자를 교회 공동체 안으로 다시 받아주는 일 등.

반론. 구호품을 받는 일은 정치 행위가 아니다.

답변. 사실 구호품을 받는 일은 정치 행위에 해당하지 않는다. 하지만 어떻게 구호품의 가치를 높여서 처분할 지를 정하는 일은 부인할 수 없는 정치 행위이다. 이를 위해서 장로들이 함께 모였다(행 11:30).

4. 사도들이 스스로 통상적인 직원으로서, 즉 장로로서 장로교회들의 공동의 정치 행위에서 역할을 했다. 이러한 사실은 여러 곳에서 입증될 수 있다.

(1) 만약 그들이 장로로서가 아니라 단지 사도로서, 다시 말해서 일반적인 장로로서가 아니라 특별한 사도로서 역할을 수행했다면, 그들이 행한

교회정치는 우리에게 모범이 되거나 의무가 될 수 없다. 그들이 단순히 사도로서 행한 행위들은 사도 외에는 누구도 행할 수 없기 때문이다.

(2) 그들은 사도인 동시에 장로였다. 그래서 스스로를 ho presbuteroi 라고 칭한다: 장로인 나는 택하심을 받은 부녀에게(요이 1); 너희 중 장로들에게 권하노니(베드로가 말했다) 나는 함께 장로 된 자요(ho sumpresbuteroi, i.e., who am a fellow-elder, or co-presbyter)(벧전 5:1). 베드로는 자신을 일반 장로의 지위에 둔다. 이것은 베드로가 일반 장로의 직책과 역할을 이행하지 않았더라면 매우 부적절했을 것이다.

(3) 사도들의 행위들은 실질적으로 일반 장로들이 하는 행위와 같았다. 말씀사역과 기도(행 6:4), 직원 임명(행 6:6, 13:23), 성례전 집행(고전 1:14, 행 2:42, 20:7). 교회 권징(고전 5:4-5; 딤전 1 이하) 등과 같은 정치행위들은 그리스도가 세상 끝날 까지 사도들과 일반 장로들(그들의 계승자들)에게 맡기셨다(마 16:19, 18:17-18; 요 20:21-23 와 마 28:18-20 비교).

(4) 사도들은 일반장로로서 역할을 했을 뿐 아니라 그 유명한 예루살렘 대회와 같은 회의에서 다른 장로들과 연합하여 공동으로 활동을 했다(행 15:6, 22-23, 16:4). 그들이(바울과 디모데) 여러 성으로 다녀 갈 때에 예루살렘에 있는 사도와 장로들이 작정한 규례를 그들에게 주어 지키게 했다. 5. 마지막으로 사도들은 교회의 동의를 얻었다. 이것은 집사를 선택하고 임명하는데 필요한 절차였다(행 6:2-6). 교회의 유익을 위해서 노회의 지침을 따라서 집사들은 교회의 물품을 특별히 위탁받아서 처리했다.

이 모든 내용들을 공정하게 판단해 보면 한 교회에 속한 다양한 개 교회들을 다스릴 공동의 장로교회의 정치모범이 말씀 안에 분명히 드러난다.

반론. 많은 개 교회들에 대한 사도들의 권세는 모든 지교회들에 대한 그들의 권세를 토대로 했다. 따라서 많은 개 교회들에 대한 장로들의 권세의 모범일 수 없다.

답변 1. 한 교회를 이루는 많은 개 교회들을 공동으로 다스리는 사도들의 권세는 모든 지교회들을 다스리는 그들의 권세에 기초한 것이 아니라, 한 교회 속으로 개 교회들의 연합에 기초하고 있다. 이 연합은 많은 개 교회들을 다스리는 장로들의 권세의 토대를 마련한다.

2. 게다가, 사도들은 비록 비상직원이었지만 장로라고 불렸고(벧전 5:1), 교회정치의 일반적인 행위에서 우리의 모범으로서 장로직을 수행했다.

반론. 사도들이 실질적으로 장로였다는 것은 사실이다. 즉 그들의 사도직에는 모든 직책이 포함되어있었다. 하지만 그들이 공식적인 장로는 아니었다.

답변 1. 그들이 공식적인 장로가 아니라는 말이 실재로 장로가 아니었다는 의미라면 그것은 잘못된 주장이다. 성경에서는 베드로가 장로였다고 기록하고 있다(벧전 5:1). 공식적인이라는 표현이 단순히 장로만이 아니라는 의미라면 그 주장은 받아들일 수 있다. 그들은 장로이면서 여전히 사도이고 사도이면서 여전히 장로였다. 그들의 장로직이 사도직을 배제하지 않고 그들의 사도직 또한 장로직을 소멸시키지 않았다.

2. 게다가, 한 동일인물이 두 개의 직책을 공식적으로 가질 수 있다. 멜기세덱이 공식적으로 왕이면서 제사장이었고 다윗 또한 공식적으로 왕이면서 선지자였다. 그렇다면 왜 베드로와 요한이, 다시 말해서 열두 사도 중 어느 누가 공식적으로 사도이면서 장로가 될 수 없겠는가?

반론. 사도들과 장로들이 자주 만났기 때문에 그들이 함께 일했던 것은 사실이다. 하지만 그들이 장로를 위한 모범을 공동으로 제시하기 위해 함께 만나야 했다는 것은 증명하기가 쉽지 않다. 사도가 혼자서 모범을 제시했을지도 모를 일이다.

답변 1. 사도들은 장로들과 공동으로 했던 일을 단독으로 처리할 수 있는 권한이 있었던 것은 사실이다. 하지만 그들이 공동으로 일했을 때 교회에서 그들의 행동은 더 많은 권위를 갖게 되었다. 이러한 근거로 안디옥 교회는 바울과 바나바와 다른 몇몇 신자들을 예루살렘에 있는 사도들과 장로들에게(어느 한 개인에게 보낸 것이 아니라) 보냈다. 그들의 행위와 결정에 더 많은 권위를 부여하기 위해서가 아니라면 왜 이랬겠는가?

2. 사도들과 장로들이 직원(집사)을 선택할 때 함께 모여 성도들의 동의를 구하는 일이(행 6) 성도들에게 권한이 있다는 모범이나 보증이 되는 것처럼, 왜 그들이 함께 모이는 일이 노회의 모범이 되지 못하겠는가? 전자를 모범으로 받아들인다면 후자 역시 모범으로 받아들여야 하지 않겠는가?

3. 장로들과 함께하는 사도들이 장로로서 어떠한 역할도 하지 않았다

면, 우리는 그들의 어떠한 행위도 모범으로 삼을 수 없다. 이렇게 되면 마치 성경 속에 교회정치의 발자취가 없는 것처럼 교회정치의 근간을 파괴하게 된다.

명제 4. 마지막으로, 상기 노회와 노회정치의 모범은 후대 그리스도의 교회들이 지켜야할 규범이다.

1. 초대교회들이 그리스도의 사도들과 제자들에 의해서 즉시 세워졌고 그들의 다스림을 받았다.

(1) 그들은 천국열쇠들을 그리스도로부터 직접 받았다(마 16:19, 18:17-18; 요 20:21-23).

(2) 그들은 사역할 때 그리스도께서 영원히 함께하실 것(마 28:18-20)과 성령을 보내어 그들을 모든 진리 가운데로 인도하시겠다는 약속을 받았다(요 14:16, 16:13-15; 행 1:4-5, 8).

(3) 그들은 그리스도께서 부활하시고 승천하시기 전 그로부터 직접 다음과 같은 말씀을 들었다: "그가 택하신 사도들에게 성령으로 명하시고 ……사십 일 동안 그들에게 보이시며 하나님 나라의 일을 말씀하시니라(행 1:2-4).

(4) 그들은 비상하게(extraordinarily) 성령님에게 처음으로 직접 세례를 받았다(행 2:1-5). 그렇다면 어느 누가 사도들과 제자들이 초대교회들을 다스리는데 있어서 자신들에게 부여된 그리스도의 성령님을 통해 행하지 않았고, 자신들에게 주어진 그리스도의 나라에 관한 계명들을 이행하지

않았으며, 또는 그들에게 맡겨진 그리스도의 나라의 열쇠들을 합당하게 사용하지 않았다고 생각할 수 있겠는가? 그렇다면 그들이 행한 모범들은 후대 모든 교회들의 지침이 되어야한다(고전 11:1; 빌 4:9).

2. 성령님은 후대의 교회들이 본받도록 하고자함이 아니라면 최초의 가장 순수했던 시대에 무슨 목적으로 초대교회의 상태와 정치의 모범을 그토록 세심하게 기록했겠는가? "이전에 기록된 모든 것들은 우리가 배우거나 가르치기 위한 것이었다." 하지만 이 기록들이 우리에게 무슨 메시지를 전하고 있는가? 사실상 그러한 일들이 초대교회에서만 행해졌다? 아니면 그 기록들의 권위에 따라서 그러한 일들이 후대 교회들에 의해서 행해져야 한다? 물론 후자가 우리에게 더 적절하고 유익한 것이 틀림없다.

3. 교회정치 문제에서 그리스도의 사도와 제자들과 초대교회들의 모범이 후대 교회들에게 의무적인 지침이 아니라면, 가장 탁월한 개혁주의 교회들에서 공동으로 받아들이고 있는 오직 그리스도의 사도들과 사도적 교회들을 토대로 한 수많은 종교행위들-거센 저항이나 반박 없이 일반적으로, 그것도 지극히 당연히 받아들이고 있는-가령, 성찬식 집행(행 20:7 등) 등을 어떻게 정당화할 것인가?

제14장

대회의 신적권위

지금까지 노회에 대해서 살펴보았고, 이 장에서는 대회(synodal assemblies, or synods, or councils)라고 보통 불리는 보다 상위의 치리회에 대해서 고려해보고자 한다. 대회(synods)가 헬라어로는 sun과 hode의 합성어에서 유래한 sunode(회합하다, 또는 함께 모이다)이고, 라틴어로는 colloco(배치하다), 또는 concito(소집하다-더 나은 어원으로 본다)에서 유래한 concilium(공의회, council)이다.[201] 대회(synod)와 공의회(council) 둘 다 사람들의 공적인 회의에 적용될 수 있는 의미를 지닌다. 하지만 이 단어들은 일반적으로 수적으로나 권한에 있어서 노회(classical Presbyteries)를 초월하는 규모가 큰 교회의 회에 적용된다. 이 대회(synodal assemblies)의 구성(교회의 필요에 따라)은 다음 중 하나로 불린다. 1. 한 지방 이내의 몇몇 노회에서 파송된 장로들로 구성된 지방대회(provincial synods). 2. 한 국가 내의 몇몇 지방대회에서 파송된 장로들로 구성된 전국대회(national

201) Synops. purior. Theol. disput. 49, par. 5.

synods). 3. 기독교계 전체의 몇몇 국가교회에서 파견되거나 파송된 장로들로 구성된 세계대회(ecumenical synods) 또는 보편대회(universal and general councils).

교회문제를 다루는데 있어서 대회(synods)의 신적보증과 권세에 대해서 일일이 나열할 필요는 없다. 파겟(Paget)[202], 길레스피(Gillespie)[203], 라이덴대학의 네 명의 교수(Leyden professors)[204] 등과 같은 다양한 학자들이 이 문제를 충분히 다루었기 때문이다. 대회와 대회의 권세에 대해 보통 제기되는 반론들을 반박하는 좀 더 만족스러운 설명을 원한다면, 이 학자들이 신중하고 정교하게 작성한 논문들을 참조하기 바란다. 그럼에도 불구하고 완전히 해소되지 않을 수 있는 독자들의 궁금증을 해결하기 위해서 다음 두 가지를 간략히 소개한다. I. 대회와 이 대회의 권세의 신적권위에 대해 제기되는 의구심을 일소하기 위해서 특정한 고려사항들이 제기될 것이다. II. 대회의 신적권위를 증명하기 위해서 몇 가지 주장들이 제시될 것이다.

I. 대회와 이 대회의 권세의 신적권위에 대해 제기되는 의문들에 대해서 다음 몇 가지 고려사항을 검토해 보자.

1. 대회는 13장에서 다룬 노회와 몇 가지 점에서 다르다.

---

202) Mr. Paget in his Defense of Church-Government, part 2 throughout.

203) Mr. Gillespie's Assertion of the Government of the Church of Scotland, part. 2, chap. 4 etc.

204) Synops. purior. Theol. disput., pp. 49, and 726-748.

(1) 대회는 노회보다 더 광범위한 회이다. 노회의 회원들은 오직 몇몇 개 교회들에서 파송되지만 대회의 회원들은 몇몇 노회에서 파견되며 여기에 비례하여 그들의 권세 또한 확장된다.

(2) 노회의 정치행사는 성경에 제시된 일반적인(ordinary) 정치방식을 따른다. 하지만 대회는 드물게 그리고 임시적으로(extraordinary) 사도를 선택하는 일(행 1)이나 스캔들을 치유하는 일과 같은 특별한 일이 있을 경우에 열린다(행 15).

2. 모든 대회는 지방이든 국가이든 전 기독교적이든 상관없이 성격과 종류가 동일하다. 비록 대회들이 범위에 있어서 서로 다를 수 있지만(국가나 전 기독교적인 대회가 각자의 범위 내에서 전권을 행사하는 것처럼, 지방대회 역시 그 지방 내에서만 전권을 행사한다.), 대회들의 신적권위를 차별 없이 보편적으로 증명하는 것은 지방대회, 전국대회, 그리고 전 기독교 대회의 신적권위 또한 구체적으로 입증해 준다. 상위의 대회와 하위의 대회가 종류에 있어서 다르지 않다. 모든 대회에 일반적으로 적용되는 것이 각 대회에 구체적으로 적용된다.

반론. 왜 성경에서는 이러한 회(Assemblies)를 구체적으로 정하지 않았는가?

답변 1. 성경이 모든 경우에 있어서 세부적인 내용들을 일일이 나열할 필요는 없다. 특히 세부사항들이 무수히 많다(individua sunt infinita)는 점을 고려해 볼 때, 동일한 종류의 문제에 있어서 일반적인 규칙들이 모든 세부사항들에 적용될 수 있다. 모든 상세한 내용들을 담으려면 도대체 몇 권의 성경이 필요하겠는가?

2. 모든 교회들이 절기 때마다 지방대회(provincial synods)나 전국대회(national synods)를 열수 있는 여력이 없다. 어떤 지역에는 하나의 개 교회나 노회의 범위를 초월한 다수의 그리스도인들이 있을 수 있기 때문이다. 아니면 박해를 받아서 한 국가의 그리스도의 교회들의 수가 매우 적거나 교회들이 뿔뿔이 흩어져서 대회로 모일 수 없기 때문이다.

3. 대회의 권세.

(1) 세속적이지 않다. 세속의 문제를 처리할 권세도 없고 벌금이나 강제징수, 투옥, 몰수, 추방, 사형과 같은 세속의 형벌(세속 통치자들의 고유 영역인)을 부가할 권세도 없다. 하지만 사도행전 15장에 나오는 대회처럼, 대회의 권세는 순전히 영적인 것으로서 교회관련 사건만을 영적인 목적을 위해서 영적인 방식으로 재판한다.

(2) 노회나 개 교회들의 권세를 부패시키거나 박탈하거나 파괴하지 않고, 오히려 완성시키며 보존시킨다. 어떤 개 교회에서 판단이 온전치 못하거나 부도덕한 언사를 일삼는 목사를 선출한다면 대회에서 그 선출을 무효로 하고 더 좋은 선택을 하도록 지도할 수 있다. 이로써 선출의 자유가 침해되는 것이 아니라 교회의 유익을 위해서 규제되는 것이다.

(3) 절대적이거나 무오하지 않고 한계와 오류가 있을 수 있다. 대회나 공의회는 연약하고 부분적으로 무지한 인간으로 구성되어 오류를 범할 수 있다. 그러므로 그들의 모든 규례들과 결의들은 성경이라는 기준으로 심사

되어야 하고 그것들이 강제성을 띄지도 않는 것은 성경과 일치하지 않을 수 있기 때문이다(사 8:20). 이런 이유로 당회는 노회로, 노회는 지방대회로, 지방대회는 전국대회로, 그리고 전국대회는 세계대회로 자유롭게 항소할 수 있다.

(4) 마지막으로, 대회의 권세는 권면과 자비의 성격을 지닐 뿐만 아니라(혹자가 생각하는 바와 같이)-모든 경우에 엄중한 권고를 하고 강력한 설득을 할 수 있는데, 만약 이를 받아들이고 따르면 좋은 일이고, 거부하고 거절하면 교회로서 책망을 할 것이 아니라 교제를 끊는 방법 이외에 더 이상의 방법은 없다[205]-권위 있는 고유한 사법적 권한(Authoritative juridical power)이다. 대회의 결정이 그리스도의 말씀과 일치하는 한, 대회의 관할 지역 내에 있는 모든 성도들은 대회의 권한을 존중하고 복종해야 한다.

4. 마지막으로, 대회의 권위 있는 사법적 권세는 삼중적이다. 즉 교리적(Dogmatic)이고 규제적(Diatactic)이며 비판적(Critic)이다.

(1) 신앙과 거룩한 예배와 관련하여 교리적이다. 대회의 권세는 새로운 신조를 만들거나 새로운 거룩한 예배규칙을 만들지 않고 신조와 말씀에 기록된 예배규칙들을 설명하고 적용하며, 여기에 반하는 것은 오류이고 이단이며 부패한 것이라고 선언한다. 그러므로 교회는 진리의 기둥이요 터라고 불린다(딤전 3:15). 따라서 유대인의 교회는 하나님의 말씀을 맡았다(롬 3:2).

---

205) Apologetical Narration (1643), pp. 15-16.

(2) 대회의 권세는 자연(본성)의 참된 빛과 고전 10:31-32절, 14장 26절, 40절, 로마서 14장 등에 나오는 성경의 보편적인 규범들에 따라서 결정될 수 있는 섭리적이고 정황적인 문제에 있어서 외적질서와 정치와 관련하여 규제적이다. 인간의 어떠한 임의적인 권한에 따르지 않는다.

(3) 오류, 이단, 분파, 완고함, 멸시, 스캔들 등을 비판하고 책망하고 억제시킨다. 대회의 권세는 세속적으로가 아니라 영적인 책망으로서 권징, 출교, 파면 등을 포함한다. 이러한 책망은 고압적으로가 아니라 겸손하고 엄숙하면서도 권위 있는 방식으로 행사된다. 이것은 교리의 온전한 상태를 보존하고 성도간의 교재가 타락하지 않으며 이에 반하는 것을 근절시키기 위한 것이다. 이것이 대회에 속한 권한이다.

II. 대회의 신적권위의 확증을 위해서 다음 사항들을 간단히 살펴보자.

우리의 중보자 예수 그리스도는 신약시대에 자신의 교회를 다스리기 위해서, 사법적인 대회들과 그들의 권위에 대한 충분한 근거와 보증을 자신의 말씀 안에 제시하셨다. 이 명제를 입증해주는 많은 논거들이 있다. (1) 자연의 빛. (2) 다른 법정보다 상위에 있는 유대인들의 교회의 공의회(Ecclesiastical Sanhedrin)에 대해 상세히 말하고 있는 율법(신 17:8, 12, 대하 19:8, 11; 시 122:4-5). (3) 그리스도의 말씀(마 18:15-21). (4) 신약시대의 그리스도의 가시적인 교회의 일치. (5) 기록된 초대교회의 사도적인 모범(행 15)과 다양한 기타 고려사항. 하지만 마지막으로 간략히 두 가지 주장에 대해서 좀 더 나누겠다.

1. 성경에 기록된 신약시대의 그리스도의 가시적인 교회의 일치 혹은 하나됨은 사법적인 대회들의 교회정치에 대한 분명한 근거를 마련해 준다.

(1) 우리의 중보자 예수 그리스도께서는 신약시대에 이 땅위에 가시적인 하나의 보편교회를 두셨다는 것은 이미 입증되었다(파트 2, 8장).

(2) 이 교회 안에 신적권위를 부여받은 정치가 있다는 것은 파트 1, 1장에서 입증되었다.

(3) 그리스도의 모든 규례들과 교회정치는 교회를 세우기 위한 것으로서 일차적으로는 가시적인 보편교회 전체에 속한다(이차적으로는 보편교회의 지체인 지교회와 개 교회들에 속한다)는 사실이 명백히 밝혀졌다(파트 2, 8장). 하나의 가시적인 보편교회가 존재하고 그 안에 신적권위를 부여받은 정치가 있으며 그 정치가 일차적으로는 그리스도의 몸 전체에 속하는(이차적으로는 그리스도의 몸 전체의 지체에 속함) 상황에서, 그리스도의 교회정치를 위한 규례들이 보다 크고 보편적인 회(Assemblies)에서 더욱더 보편적이고 광범위하게 관리가 될수록 교회정치의 완성과 목적, 즉 그리스도의 몸 전체를 세우는 일이 더더욱 충만하게 이루어지지 않겠는가? 반대로 당회에서처럼 교회정치가 더욱 개별적으로 행사될수록 교회정치는 더욱 불완전해지고 주된 목적달성이 미흡하게 된다. 결과적으로 당회에 교회정치를 위한 신적보증이 있다면, 보편교회인 예수 그리스도의 몸을 세우기 위한 공급이 더욱 완전히 이루어진 노회와 대회(또는 공의회)에 교회정치를 위한 신적보증이 더욱 많이 부여되지 않았겠는가?

주후 교회가 가장 순수했던 시대의 초대교회의 사도적인 관습을 보면 사법적인 대회 혹은 공의회의 교회정치에 대한 신적보증이 더욱 상세하게 입증될 수 있다. 이로 인해 다음과 같은 명제가 도출된다.

우리의 중보자 예수 그리스도는 후대의 그리스도의 교회들을 다스리도록 자신의 말씀 안에 사법적인 대회–다양한 장로교회의 다스리는 직원들로 구성된–의 모범을 명확히 제시하셨다.

이 사실을 증명하기 위해서 다음 두 주장을 살펴보자. 1. 예수 그리스도께서는 자신의 말씀 안에 사법적인 대회의 모범을 제시하셨다. 2. 이 사법적인 대회는 이후 세대의 그리스도의 교회들을 다스리기 위하여 존재한다.

주장 1. 예수 그리스도께서는 자신의 말씀 안에 다양한 장로교회의 다스리는 직원들로 구성된 사법적인 대회의 모범을 명확히 제시하셨다는 것은 사도행전 15장과 16장에 명시되어 있다.[206] 1. 대회의 근거. 2. 그 대회의 적합한 회원들. 3. 모든 회원들이 행사하는 동일한 권세와 권위. 4. 통상적인 대회절차의 방식. 5. 교회와 관련한 모든 문제 및 결정에 대해서 대회가 행사하는 권세의 사법적 행위들.

1. 사법적인 대회의 적절한 근거와 계기가 있었다. 성경본문에는 다음

206) See Mr. Paget' s Power of Classes and Synod, chap. 6 &c. urging both Acts 1 and Acts 15 with the consent of writers generally thereon, for Authority of Synods.

과 같이 선언하고 있다: "어떤 사람들이 유대로부터 내려와서 형제들을 가르치되 너희가 모세의 법대로 할례를 받지 아니하면 능히 구원을 받지 못하리라 하니 바울 및 바나바와 그들 사이에 적지 아니한 다툼과 변론이 일어난지라 형제들이 이 문제에 대하여 바울과 바나바와 및 그 중의 몇 사람을 예루살렘에 있는 사도와 장로들에게 보내기로 작정하니라"; "바리새파 중에 어떤 믿는 사람들이 일어나 말하되 이방인에게 할례를 행하고 모세의 율법을 지키라 명하는 것이 마땅하다 하니라"(행 15:1-2절을 5절과 비교); "사도와 장로와 형제들이 안디옥과 수리아와 길리기아에 있는 이방인형제들에게 문안하노라 들은즉 우리 가운데서 어떤 사람들이 우리의 지시도 없이 나가서 말로 너희를 괴롭게 하고 마음을 혼란하게 한다하기로 너희가 할례를 받아 모세의 율법을 지켜야 한다." 이 구절에서 다음 사항들이 명백해진다.

(1) 복음 안에 있는 그리스도의 가르침을 파괴하는 거짓 가르침이 교회 안에서 실제로 생겨났다, 즉 할례와 모세의 의식법을 지키는 것이 구원에 필요하다는 것이었다(1절, 5절, 24절). 이 거짓된 가르침은 마치 예루살렘의 사도들과 장로들이 그런 말을 전하라는 지침으로 거짓교사들을 보낸 것처럼 거짓말을 조장했다.[207] 이것은 그들의 변증(우리에게서 그러한 지시를

---

207) Hic praetextus plurimum etiam apud bonos valebat tunc ad fallendum. Jerosolyma non abs re in summo honore apud mones Ecclesias erat quia non secus ac matrem colebant ac reverebantur: nam ex eo fonte Evangelium quasi per rivos deductum fuerat. Veniunt isti impostores: Apostolos obtendunt: se nihil affere jactant, quod ab illis didicerint; hoc sumo faltem perstringunt oculos imperitis: leves autem & improbi cupide oblatum colorem arripiunt. Calvin on Acts 15:1.

받지 않은 자들, 24절) 에 내포되어있다. 바로 이 지점에서 대회가 사건을 처리하는데 적합한 교리와 방식이 부패했다는 것이다.

(2) 에피파니우스(Epiphanius, 315-403)가 이 부패한 가르침이 유대에서 내려온 어떤 사람들, 즉 세린투스(Cerinthus, AD. 100)와 그를 따르는 자들에게서 나왔음을 언급했다고 베자가 말했다. 바울과 바나바가 예루살렘 교회에서 말한 것은 분명히 바리새파 중에 어떤 믿는 사람들을 두고 한 말이었다(5절). 베자가 전하는 바에 따르면[208] 이 말은 누가가 바울과 바나바가 예루살렘에 왔을 때 발견한 어떤 다툼에 대해서 한 말이 아니라 그들이 안디옥에 있는 거짓교사들의 선동에 관하여 한 말이기 때문이다.[209] 그러므로 유대(그리스도의 교회가 제일 먼저 세워졌고 교회개척이 확산되기 시작한 곳)에서 온 거짓교사들이 자신들의 가르침을 전하면서 교회들에게 더 많은 오류와 해를 끼쳤다. 그래서 그들이 떠났던 유대의 교회들과 그들이 도착한 안디옥, 수리아, 길리기아의 교회들이 모두 이 일에 관심을 갖게 되었다.

(3) 상기 거짓교사들이 자신들의 거짓된 가르침으로 안디옥과 수리아, 길리기아에 있는 형제들을 괴롭히고 마음을 혼란하게 했다(23-24절). 또한 여러 다른 교회들에도 혼란과 스캔들이 있었다(30절, 41절과 비교).

(4) 바울과 바나바가 안디옥에서 거짓교사들과 적지 않은 다툼과 변론이 있었다. 이것은 (가능하다면) 대회로부터 추가적인 도움을 받지 않고 그

208) Beza, Annot. on Acts 15:1.

209) Annot. on Acts 15:5.

들을 설득하고 교회의 평안을 보존하기 위함이었다.

(5) 이 변론이 있고나서 이 문제에 대한 모든 교회들의 혼란을 진정시키기 위해서 형제들이 바울과 바나바와 그들 중 몇 사람을 예루살렘에 있는 사도와 장로들에게 보내기로 작정했다(ordained, hetaxen)(2절). 예루살렘의 장로교회와 갖게 되는 대회에 참석하기 위해 안디옥의 장로교회에서(아마도 수리아와 길리기아의 다른 교회에서도, 23절, 41절 참고) 위임직원들을 권위 있게 파견했다.

2. 이 문제를 의논하기 위해서 대회에 적합한 회원들, 즉 다양한 장로교회들에서 파견된 직원들과 대표들이 모였다. 예루살렘의 장로교회에서 사도들과 장로들이(행 15:6), 안디옥의 장로교회에서 바울과 바나바와 다른 사람들이 파견되었다(2절과 12절 비교). 이들 외에도 다른 교회들의 형제들이 대회의 회원자격으로 참석했을 개연성이 크다.

그 근거를 일부 살펴보면 "온 무리(pan to plethoi)"(12절); "사도와 장로가 온 교회와 함께"(22절); "사도와 장로, 형제들"(23절) 등이 있다. 사도와 장로와 구별되는 온 무리와 온 교회, 형제들이 예루살렘에 있는 모든 신자들의 무리(coetus fidelium)일 리가 없다. (14장에서 입증된 바와 같이) 그들은 수가 너무 많아서 한 집에서 모일 수가 없었기 때문이다(역사가들의 생각대로[210] 특히 그 집이 개인의 집이었다면). 하지만 그 무리는 사도들과 장로들, 형제들로 구성된 대회적인 무리(Coetus Synodicus), 즉 대회적

210) Locum non exprimit Lucas. Forte in alicuius domo fuit ille Conventus. Impii enim Pontifices adhuc erant Christianis insensi. Centur. (1624), book 1, c. 6, p. 42.

인 교회였다. 사도와 복음전하는 자를 돕던 유다와 실라(24절)처럼, 그 형제들은 여러 교회에서 파견된 자들로 보인다: 유다(행 15:22, 32); 실라(행 15:32, 40, 16:19, 17:4, 14, 15, 18:5). 어떤 사람들은 디도 역시 이 대회에 참여했다고 생각한다.

그 근거를 일부 살펴보면 안디옥, 수리아, 길리기아의 형제들이 이 문제로 괴로워했다는 것이다(23-24절). 그러므로 모든 곳에서 해결방안을 찾았고 그 목적으로 여러 곳에서 예루살렘의 대회로 각각 대표들을 보냈다. 그렇지 않았다면 그들은 자신들의 교회의 평안과 행복에 무심한 자들이었을 것이다. 대회의 서신에는 이 서신을 전달하는 자들의 이름이 밝혀져 있었고(23절), 그래서 그 서신은 그들 모두가 대회의 공식 회원임을 분명히 했다. 따라서 이 대회에서 작정한 규례들을 루스드라와 이고니온에 있는 다른 교회들이 지키게 했다(행 16:4). 단지 두 장로교회의 대표들이 파송되었다고 하더라도 그들은 대회를 구성하기에 충분했다. 따라서 이 사실은 열이나 스무 교회들에서 보낸 대표들은 당연히 대회를 구성하기에 충분하고도 남는다.

3. 여기서 그 대회의 모든 회원들은 대등한 일반적인 권한을 가지고 소집되었기 때문에 그들은 그러한 권한으로 당면한 모든 일을 처리했다. 이 사실은 그 대회가 비상하지 않은 통상적인 대회였다는 것을 보여준다. 비록 사도들과 복음전하는 자들이-모든 교회를 다스릴 권한이 있는-일반 장로일 뿐만 아니라 그 대회의 회원 이었지만, 그들은 이 대회에서 초월적인 무오의 사도적인 권세가 아니라 장로로서의 일반적인 권세를 행사했다. 다음

을 통해 이러한 사실은 명백하다.

(1) 사도 바울과 그의 동역자[선지자와 교사(행 13:1-2), 사도(행 14:14)] 바나바가 안디옥 교회의 명령과 결정(hetaxen)으로 이 대회에 회원자격을 갖추어서 파송되었다. 그리고 그들이 사도로서는 복종할 수 없었을 테지만 안디옥 노회의 일반적인 장로이자 회원으로서는 노회의 결정(행 15:2-3)에 복종했다. 파송하는 자들이 파송된 자들보다 지위가 더 높다. 이것을 근거로 베드로가 나머지 사도들보다 지위가 높다는 것에 반대하는 주장이 많다. 예루살렘의 사도들이 베드로와 요한을 하나님의 말씀을 받아들인 사마리아로 보냈기 때문이다(행 8:14).

(2) 이 대회[211]의 진행방식은 특별하거나 사도적이지-사도들이 성령님의 직접적이고 무오의 영감을 통해서 성경을 기록했을 때, 읽힐 수 있는 한 그들이 기록한 내용에 대한 분쟁도 심사도 심판도 없었던 것처럼(딤후 3:16-17; 벧후 1:20-21)-않고 일반적이고 노회적이며 대회적인 성격을 갖는다. 그리고 대회는 당면한 분쟁에 대하여 하나님의 선하시고 기뻐하시는 뜻이 무엇인지에 대한 성경의 증거를 기반으로 문제를 해결하는 일반적인 수단을 통해서 진행되며 이렇게 결론을 내린다. "성령과 우리는 이 요긴한 것들 외에는 아무 짐도 너희에게 지우지 아니하는 것이 옳은 줄 알았노니"(행 15:28). 하지만 어느 회(Assembly)이든지 자신들의 결정에 대한 성경의 명확한 증거를 갖고 있다면, 대회(Synod)에서 행했던 방식과 같이 이

---

211) Vide Cartwr. Annotat. on Rhem. Test. on Acts 15:28.

성경구절을 사용해도 괜찮다. 휫테이커(Whitaker)는 이렇게 말한다. “다른 적법한 공의회들이 이 공의회와 비슷한 성격이고 사도들이 이 공의회에서 지키고 따르던 동일한 규칙을 지킨다면, 그들의 작정이 성령 하나님의 작정이라고 동일하게 주장할 수 있다. 만약 그들이 이 공의회에서 행해진 방식과 동일하게 성경을 떠난 어떤 것도 작정하거나 결정하지 않는다면, 그리고 성경을 통해 모든 문제를 심사하고 자신들의 모든 작정에서 성경의 음성을 따른다면 그들은 성령 하나님께서 그렇게 작정하셨다고 주장할 수 있다.”[212)]

(3) 장로들과 형제들(사도들처럼 대회에서 권위 있는 회원)이 모든 면에서 사도들처럼 권위 있게 행동했다.

A. 바울과 바나바뿐만 아니라 안디옥 교회의 다른 사람들도 안디옥 교회의 대표로 파견되었다(행 15:2).

B. 그들 모두 이 문제에 대하여 예루살렘의 사도들에게 보내졌으며, 또한 장로들에게도 보내졌다(2절).

C. 그들은 예루살렘의 사도들뿐만 아니라 장로들에게도 환영받았고 자신들의 문제를 그들 모두에게 보고했다(4절).

D. 사도들과 장로들이 이 문제를 의논하려고 모였다(6절).

---

212) Posse alia legitima Concilia similiter afferere, decreta sua esse decreta Spiritus Sanctus, si huic Concilio similia suerint & sieandem regulam servaverint, quam in hoc Concilio servarunt & secuti sunt Apostoli. Si enim nihil hisi ex Scripturis statuerint & defimierint, quod in hoc concilio factum est, & si omnes Quaestiones ad Scripturas examinaverint, & Scripturae vocem in omnibus suis decretis secuti fuerint, tum possunt afferere, Spiritum Sanctum sic decrevisse. Whitaker, Controvers. 3, Quest 6, p. 610.

E. 대회의 규례들과 결의문을 담고 있는 서신들이 사도들의 이름뿐 아니라 장로 된 형제들의 이름으로 기록되었다(23절).

F. 사도들뿐만 아니라 장로 된 형제들도 거짓교사들을 가리켜 교회를 괴롭히고 마음을 혼란하게 하는 자들이라고 했다–그들에게 그런 거짓된 가르침을 전하라고 지시한 적이 없다고 밝혔다(24절).

G. 사도들뿐만 아니라 장로 된 형제들은 말한다. "성령과 우리는…… 옳은 줄 알았노니"(28절).

H. 사도들뿐만 아니라 장로 된 형제들은 교회에 이 필요한 것들 외에 다른 어떤 짐도 지우지 않았다(28절).

I. 사도들뿐만 아니라 장로들은 대회에서 작정한 규례들을 안디옥 교회에 전달하고 입으로 전하기 위해서 자기들 가운데 선택한 사람들, 즉 유다와 실로를 바울과 바나바와 함께 보내는 것이 좋다고 생각했다(22절, 25절, 27절).

J. 그 규례들은 예루살렘에 있는 사도들뿐만 아니라 장로들이 작정한 것이라고 한다(행 16:4). 그래서 대회의 진행 내내 장로들이 사도들과 함께 완전히 신뢰할 만한 하나의 쌍을 이룬다고 말한다. 그러므로 이 대회에서 사도들은 비상직원이 아니라 일반적인 장로의 역할을 했다.

4. 사도와 장로 된 형제들이 만장일치로(homothumadon) 대회를 진행하는 일반적인 방식이 있었다(25절).

(1) 그들은 당면한 문제의 정확한 상태와 문제의 해결책에 관하여 심사숙고하여 담론과 변론을 통해 신중히 대회를 진행했다. 다음 두 가지 사항

이 명시되어 있다.

A. 일반적으로 많은 변론이 있었다(7절).

B. 구체적으로 대회의 결의문에 접근했다. 베드로는 이방인의 회심에 대해 언급하고 율법의 행위가 아닌 이신칭의의 교리를 명확히 한다(7-12절). 그러고 나서 바울과 바나바는 이방인들의 회심을 확인하고 이방인들 가운데 자기들이 행한 표적과 기사를 말한다(12절). 이후에 야고보는 이방인들의 회심에 대해 베드로가 말한 것을 승인하고 성경을 통해 그것을 확증한다. 더 나아가 당면한 문제에 대한 해결책(베드로는 넌지시 알렸을 뿐이고 바울과 바나바는 손도 대지 못했던)을 제시한다(13-22절). 이 대회에는 토론과 논쟁, 성경의 진술, 공동투표를 통해서 진행하는 일반적인 방식이 있다. 만약 이 대회가 일반적이 아니라 초월적이고 특별한 것이었다면 이 모든 것들이 무슨 소용이 있었겠는가?

(2) 그들은 모든 신중한 질의와 논쟁을 거친 후 당면한 문제를 결론짓고 결정한다(22-30절). 대회의 결정은(명백하게 드러난 바와 같이) 삼중적이다.

A. 대회에서 작정한 규례들과 결의들을 기록했다.

B. 안디옥, 수리아, 길리기아에 있는 형제들에게 보내는 서신에 그들의 규례들을 표시했다.

C. 작성된 규례들과 구두를 통해 교회들이 믿음과 평안 가운데 굳건히 서도록 그들 가운데 있는 바울과 바나바와 함께 유다와 실로 편에 문제가 있거나 위기상황에 처해있는 모든 교회들에게 이 서신을 보냈다.

5. 교회들이 직면한 혼란의 위급한 정도에 따라 이 대회에서 제시하는 권세의 행위들 중 몇몇은 권위 있고 사법적이었다. 이러한 사실은 다음과 같이 명백히 드러난다.

(1) 그 당시 교회를 혼란에 빠뜨리는 모든 병폐를 제거하기에 적합한 해결책들은 대회의 절차들을 통해 제공된다. 다시 말해서 세 겹의 병폐에 대한 삼중의 해법을 제시한다.

A. 제기된 이단, 즉 그들이 할례를 받아야 하고 모세의 의식법을 지켜야한다. 그렇지 않으면 그들은 구원받을 수 없다(행 15:2)는 이단에 맞서서 대회에서는 교리적인 권세를 제시하고 율법의 행위가 아닌 이신칭의[213]에 관한 진리를 명확하게 입증한다(행 15:7-23). 그리고 사법적인 대회가 믿음의 문제에 대해 내리는 교리적인 결정은 어느 한 교사나 어느 개교회의 당회의 교리적인 결정을 초월하며 그리스도의 구속력 있는 규례로서 교회에서 경건하게 수용되어야 한다.

B. 교회를 괴롭힌 거짓교사들의 가르침으로 인한 교회의 분열에 대항하여 대회(Synod)는 비판, 즉 책망의 권세를 제시하여 거짓교사들을 가리켜 말로써 교회를 괴롭히고 마음을 혼란하게 하며 예루살렘의 사도들과 장로들이 자기들에게 이런 거짓된 가르침을 전하도록 보낸 것처럼 하고 다닌다는(24절에서 우리는 그러한 지시를 내린 적이 없다는 말에서 알 수 있듯

213) Contulerint deinde & reliqui Seniores ac tota Ecclesia suffrigia sua; & obtinuit sententia. Gratis homines absq. operibus Legis, sola fide in Christum justificari; & damnata contratia sententia; nimirum, Opera Legis necessaria & meritoria esse ad salutem. Centur, book 1, cap. 9, p. 422 (1624).

이) 낙인을 찍는다.

반론. 대회에서는 거짓교사들에게 적절한 교회의 책망이나 출교를 집행하지 않았다. 그러므로 대회에서 행사한 권세는 교리적이었을 뿐 사법적인 성격을 갖지는 못했다.

답변 1. 대회에서 그들을 어느 정도 책망했고 명백히 드러난 바와 같이 오명을 씌우기까지 했다(24절). 이것은 거짓교사들을 주의하고 피하며 멀리하라는 교회에 대한 단순한 경고와 조항에 그치지 않는다(롬 16, 17, 18; 딤전 6:3-5 비교). 그들의 교리와 방식들을 명백히 정죄하는 동시에 거짓교사들 자신들을 향한 책망이나 다름없었다.

2. 대회에서 거짓교사들을 출교시키지 않았던 것은 인정한다. 하지만 처음부터 그런 방식으로 급하게 처리하는 것은 시기적절하지도 않고 필요하지도 않으며 신중한 처사도 아니었다. 하지만 대회에서 이렇게 오명을 씌운 후에도 거짓교사들이 자신들의 태도를 고치지도 않고 고집을 부리며 자신들의 입장을 고수하면 적절한 때에 이들을 출교시켜야 한다는 것을 대회는 잘 알고 있었다. 그 사건은 그 자체로서 이러한 이단이나 분리주의자들-그렇게 하지 않으면 줄어들지 않는-을 용납하는 것이 아니라 교회에서 아내야 한다는 것을 명확히 보여주었다. "이단에 속한 사람을 한두 번 훈계한 후에 멀리하라"(딛 3:10-11; 계 2:2, 14, 20 참고).

3. 연약한 유대인들이 자기들의 의식을 지키지 않는 이방인들을 멀리하는 문제와 할례와 율법준수가 구원에 필수인 양 이방인들을 다그치고 괴

롭히는 문제에 반박하면서(1, 2, 19, 24절), 대회는 규제의 권세(diatactic ordering, or regulating power)를 제시한다. 그러고 나서 문제를 치유하고 이 문제의 확산을 방지하기 위한 실질적인 규칙이나 헌법을 제정하고 여러 교회 형제들에게 동일한 문제를 일으킬 소지가 있는 다양한 것들을 삼가라고 명령한다: "성령과 우리는 이 요긴한 것들 외에는 아무 짐도 너희에게 지우지 아니하는 것이 옳은 줄 알았노니"(행 15:28-29). 그 당시에 교회에 필요하다고 판단되는 짐(burden)과 요긴한 것들(necessary things)이 있었고 그것들을 교회에 부과했었다. 이것이야말로 명백히 규제의 권세요 권위가 아닌가? 특히 '부과하다, (짐을)지우다(to impose or lay on)' 라는 단어를 고려해 볼 때, 이 용어가 어떤 회의의 심판, 판결, 선고에 사용되면 보통 권위 있는 판결을 의미한다: "그런데 지금 너희가 어찌하여 하나님을 시험하여 우리 조상과 우리도 능히 메지 못하던 멍에를 제자들의 목에 두려느냐(to impose or lay on)"(행 15:10). 따라서 대회에 참석한 일부 사람들은 이 대회를 전횡하여 위압적으로 교회들에게 의식들을 부과했다. 하지만 베드로는 이것을 반대했다: "그들은 짊어지기 어려운 무거운 짐을 묶어 사람의 어깨에 지운다"(마 23:4). 바리세인들이 이렇게 짐을 지우는 일은 교리를 있는 그대로 선포하는 것이 아니라 고압적인 명령이었다. 이것은 사람의 계명으로 교훈을 삼아 가르치는 것과 같다(마 15:9).

(2) 형제들에게 보내는 서신에는 대회의 결정에 따라 주어진 명칭이 포함되었다. 이 서신은 작정된 규례 또는 판결된 규례(ta dogmata)라고 불렸다(행 16:4). 여기에는 명백히 사법적이고 권위 있는 법령들이 들어있다.

교리(dogma or dogmata)라는 단어가 신약에서 발견되는 곳마다 다음과 같은 의미로 쓰이고 있다는 점은 매우 주목할 만하다—율법, 법령, 명령: 가이사의 명(행 17:7); 가이사의 영(눅 2:1); 모세의 의식법, 법조문으로 쓴 증서(골 2:14); 법조문으로 된 계명의 율법(엡 2:15). 이 단어가 신약 전체를 통틀어 다섯 곳에서만 사용되고 있다. 칠십인경 해석자들은 구약에서 이 용어를 다음과 같은 용도로 자주 쓴다: 규례(단 6:8); 명령(단 2:13, 3:10, 29, 4:3, 6:9).

또 다른 용어로 '정해진(ordained)' 가 있는데 칠십인경에 따르면 이 용어가 회의에 적용될 때 권위자의 판결—그에 대하여 내린 조서(에 2:1)—로 쓰인다. 그래서 sugkeisis는 명령(decree)을 의미한다(단 4:14, 21).

신약에서도 이 용어가 회의에 적용될 때 종종 이런 의미로 쓰인다. 너희가 그를 데려다가 너희 법대로 재판하라(keinaze auton)(요 18:31); 우리가 그를 붙잡고 우리의 율법에 따라 심판하려고(keinein) 했다(행 24:6).

따라서 많은 권세와 권위가 이 두 용어에 각각 새겨져 있다면, 어떤 것에든지 이 두 용어가 적용되면(이곳 대회의 결정에 적용된 것과 같이) 얼마나 강력한 권위가 행사되겠는가?

(3) 이 대회의 진행의 결과.[214] 즉 교회들이 기쁨으로 그 대회의 결정에 복종. 이러한 일이 거짓교사들에 의해 문제가 처음으로 발생한 안디옥 교회

214) Recitatur autem sententia Concilii & Epistola, in Antiochena Ecclesia, ac reliquis, publice coram tota multitudine credentium Qui ingenti gaudio afficiuntur, & sententiae verae acquiescunt. Hoc igitur pacto Ecclesia suae tranquillitatie reddita est: & Seducti a Pseudoprophetis, recuperati sunt. Cent., Book 1, cap. 9, p. 422.

에 생겨났다–대회의 서신이 읽혀졌을 때 그들은 그 위로의 말을 듣고 기뻐했고(행 15:30–31), 유다와 실라는 대회의 지침에 따라 형제들을 말로써 권면하고 굳게 했다(32절). 또한 예루살렘에 있던 사도와 장로들이 정한 규례들을 바울과 디모데에 의해서 전달받은 다른 교회에서도 그 규례들에 복종하는 일이 생겨났다. "이에 여러 교회가 믿음이 더 굳건해지고 수가 날마다 늘어가니라"(행 16:4–5).[215] 이와 같이 교회가 대회의 규례들에 복종한 증거들이 있다.

A. 규례들이 교회에서 위로로 여겨졌다.

B. 그들은 그 규례들을 기쁨으로 받아들였고 그 위로로 인하여 기뻐하였다.

C. 이로써 그들은 자기들 가운데 제기된 거짓교리들에 맞서서 믿음이 더욱 굳게 되었다.

D. 교회들의 수가 날마다 늘어났고 교회들을 괴롭혔던 문제들과 걸림돌이 제거되었다. 교회들이 대회에게 판결을 내리고 부과할 사법적 권세와 권위를 인정해주지 않았다면, 대회의 규례들을 발표하자마자 어떻게 그렇게 빨리 그 효과가 교회들에서 발생했겠는가?

주장 2. 이 사법적인 대회는 후대 그리스도의 교회들의 규범으로서의 역할을 한다.

---

215) 브린슬리(Mr. T. Brinsley)의 사도행전 16장 4–5절에 관한 The sacred and sovereign church remedy 제목의 논문을 읽어보면 유익할 것이다. 이 논문에서는 대회에 관한 유용한 많은 사항들을 성실하고 철저히 다룬다.

이에 대한 새로운 증명은 필요치 않아 보인다. 이전 장의 명제 4를 참고하기 바란다. 그곳에 제시된 후대의 교회들의 규범으로서 노회와 노회 정치의 모범을 촉구하는 내용들이 사법적인 대회의 모범에 적용 가능하다 (mutatis mutandis).[216)]

---

216) 권위 있고 사법적인 대회가 있는데 이 대회(행 15)가 그러한 성격의 대회였으며 이 대회는 우리에게 모범이 된다-독립교회주의자 존 코튼(John Cotton)이 이 모든 사실을 다음과 같은 말로 가장 정직하게 인정하고 주장한다.

"명제 4. 어떤 개 교회가 문제들로 혼란스럽고 그들 가운데 있는 한 당파에 의해 이 상황이 지속될 때 여러 교회나 이 교회들에서 보낸 대표들로 구성된 대회가 그 문제를 사법적으로 압도하고 정죄하며 진실을 찾아서 결정하는 권세와 권위를 처음으로 행사한다. 그리하여 진리와 평안이 그 교회 위에 선언되고 부여된다."

"이 명제의 진리는 두 논증을 통해 드러난다.

"논증 1. 오류와 문제가 한 당파에 의해 지속되면 개 교회에는 구속력 있는 판결을 내릴 수 있는 권세가 필요하다. 개 교회를 향한 매고 푸는 일에 대한 약속(마 18:18)이 오류와 다툼의 기미가 보이는 교회에는 주어지지 않았다. 그리고 만약 교회나 그 교회의 상당 부분이 무지를 통해 오류에 빠지거나 다툼으로 분파되면 그들은 그리스도의 약속을 따라 그리스도의 임재가 맹목적인 판결을 내리는 것을 기대해서는 안 된다. 그들이 자신들의 오류와 다툼이외에 어떠한 문제들이라도 다른 자매교회에게서 형제의 사랑과 교회의 교통 가운데 유죄판결과 책망을 받는 것처럼, 그들은 여러 교회로 구성된 대회의 정죄를 마땅히 받게 된다."

"논증 2. 대회가 개 교회에서 일어나는 오류와 다툼의 원인을 밝히고 심판할 권세를 처음으로 행사한다는 것을 증명할 두 번째 논증은 다음의 안디옥 교회의 사건(행 15:1-28)-어느 거짓교사들이 안디옥 교회에서 할례가 구원에 필요하다고 가르치고 자기들의 편에 서는 한 당파를 형성했을 때 안디옥 교회는 이 사건의 원인을 스스로 결정짓지 못하고 이 문제를 모두 예루살렘에 있는 사도와 장로들에게 보낸(행 15:1-2)-가운데 우리에게 제시된 모범으로부터 나왔다. 사도에게만이 아니라 사도와 장로들에게도 이 문제를 보냈다. 사도들은 모든 교회의 장로와 다스리는 자로서 임했다. 예루살렘에는 장로의 수가 적지 않았고 신자들이 수천 명에 이르렀다. 사도들은 직접적인 계시를 받은 사도적인 권위로 그 문제의 원인을 밝히지 않고(이미 말한 바처럼), 장로들과 함께 모이고(6절)나서 다수의 형제들과 함께 (12, 22, 23절)모여 그 문제를 고려하였다. 변론이라는 일반적인 방법을 통해 그 원인을 찾아낸 후(7절) 베드로는 고넬료의 가정에서 자신이 행한 사역에 대한 성령님의 증거를 통해 그 문제를 해결했다. 바울과 바나바는 이방인들 가운데에서 행한 자신들의 사역의 동일한 효과로 그 문제를 해결했고, 야고보는 선지자들의 증언으로 동일한 문제를 확증했다. 온 대회가 이에 만족하고 사법적인 판결을 내리고 그 판결을 서신과 대표들을 통해 공표하는 방법을 결정짓는다. 이 판결에서 거짓교사들을 교회를 괴롭히는 자로, 그리고 마음을 혼란하게 하는 자로 책망한다. 또한 자신들이나 자신들의 조상들도 감당할 수 없었던 할례의 멍에를 지우는 것을 거부했다. 주님께서 그들에게 주신 권위로 교회에 요긴한 것들 외에는 아무런 짐도 지우지 않는다(28절). 이 모범은 교회에 범죄와 다툼이 있을 때 권위의 열쇠가 누구에게 맡겨지는지를 우리에게 명확히 보여준다. 신자의 범죄가 지속될 경우 교회에서 그 문제를 최종적으로 심판하는 것처럼 교회나 회중의 범죄가 지속될 경우 그 문제는 교회들 중의 회중, 즉 교회들 중의 교회에서 심판한다. 여기서 말하는 교회들 중의 교회가 대회를 가리키는 것이 아니고 무엇이겠는가?"-천국의 열쇠들(Keys of the Kingdom of Heaven), pp. 47-49.

제15장

상회의 교회 문제에 관한 권위 있는 판결 및 결정에 대한 개 교회들의 복종과 상회의 신적권위

당회(congregational assemblies) 노회(classical assemblies) 대회(synodal assemblies)와 같은 교회의 회들의 신적권위와 그들의 교회정치를 위한 권세의 신적권위는 지금까지 성경을 통해 입증되었다. 이제 마지막 장에서 하회의 상회에 대한 복종과 상회의 신적보증에 관한 몇 가지 용어들을 간략히 살펴보자. 개 교회들의 상회(노회이건 대회이건 상관없이)에 대한 복종을 주장할 때 다음 사항들을 유념하자.

1. 개 교회에서 논란이 되고 있는 어떤 문제가 타 교회가 아닌 그 개 교회의 자체적인 문제라면, 치리권이 전적으로 그 개 교회 안에 있다는 것을 부인하지 않는다.

2. 협의회, 즉 서로 도와줄 수 있는 여러 개 교회들로 구성된 이웃교회들이 없으면 어느 개 교회의 전적인 사법권이 부인되어서는 안 된다. 하지만 이런 경우는 그리스도께서 우리에게 남겨주신 교회정치의 일반적인 규칙의 범주에 해당하지는 않는다. 한 국가나 지역에 교회가 하나밖에 없다면, 이 교회는 서로 돕기 위해서 연합할 수 있는 이웃 교회들이 있는 곳에서는 해서는 안 되는 많은 일들을 독립적으로 할 수 있다.

3. 모든 개 교회들은 서로 간에 동일한 권세를 갖고 어떠한 종속관계도 없다. 옛 격언에 따르면 Par in parem non habet imperium, 즉 동등한 자들끼리는 상대를 능가하는 권세나 치리권이 없다. 모든 개 교회들은 서로 대등한 관계에 있으며 동일한 권위를 갖는다.

4. 하나님께서 노회나 대회 위에 부여하신 권세가 개 교회를 탈취하거나 파괴하는 방식으로 행사될 수 없다. 반대로 개 교회보다 상위에 있는 회들의 모든 권세는 누적되어 그 하위에 있는 교회의 권세에 도움을 준다.

5. 전 세계에서 최상위의 교회적인 회라도 임의대로(pro arbitrio) 최하위의 회에게 절대적인 복종을 요구할 수는 없고 어떤 면에서만 복종을 요구할 수 있다. 절대복종은 성경에서 제시한 하나님의 율법에 한한다. 율법에 자신들의 뜻을 부여할 수 있는 권한이 있다고 주장하는 로마 가톨릭의 횡포를 우리는 혐오한다. 절대복종은 단지 주 안에서의 복종을 의미한다. 성경을 제외한 세상의 아무리 정당한 규칙이라도 규제되어야 할(regulam regulatam) 규칙이다. 성경의 규례를 행할 때에만 평강이 임한다(갈 6:16).

6. 이웃교회들이 모두 연합되어 있다는 거룩한 고백 가운데 서로의 유

익을 위하여 그들이 개별적으로나 대회에 참여하여 형제로서의 자비롭고 기독교적인 조언이나 지침을 주거나 받는 것 역시 해법은 아니다. 비록 이와 같이 이루어진다고 해도 많은 사건들에 대한 충분한 해결책이 되지못할 것이기 때문이다.

따라서 다음과 같이 우리는 주장하는 바이다: 하나님의 율법은 여러 개 교회에서 선발한 탁월한 자들로 구성된 상회에 개 교회가 복종할 것을 제시한다. 이 상회는 교회문제들을 판결하고 결정짓는 방식으로 개 교회에 대하여 권위 있는 권세와 교회적인 사법권을 갖는다. 이러한 주장을 확증하기 위하여 다음의 논증을 살펴보자.

논증 1. 자연의 빛은 이러한 복종이 마땅히 있어야 함을 증명한다고 한다. 이것은 하나님의 실정법(positive law)에 의해서 뿐만 아니라 자연법(nature' s law)에 의해서도 보증된다. 교회는 자연법의 보호를 받는 사람들의 무리이다. 가시적인 교회는 교회의 조직체이고 모든 조직체들의 완벽함, 즉 모든 다른 정치적인 조직체들의 모든 탁월한 것들이 교회의 조직체 안에 포함되어 있다고 로빈슨(Robin-son)은 말했다.[217]

교회정치와 국가정치는 유사한 점이 있어서 공통적이고 동일하게 사용하는 것들이 있다. 자연법은 국가의 다양한 법원들에게 지시를 내리는데,

---

217) Robinson, Justification of Separation, p. 113. G. Gillespie, Assertion, Part 2, chap. 5. p. 155ff.

상위의 법원이 하위의 법원에 대하여 권위를 행사하도록 한다. 교회의 역할은 거룩한 예배에 힘쓰거나 여러 회들이 영적인 방식을 따라 영적인 일들을 하도록 하는데 있다. 또한 교회는 일정하게 지시를 받는 사람들의 무리로 구성되어 있다. 따라서 자연은 교회에는 종속된 하회에서부터 상회에 이르기까지 다양한 회가 있어야 한다고 권하고 있다. 개별적인 부분들이 전체의 유익을 위해서 전체의 지배를 받아야하는 것은 자연적인 조직체와 정치적인 조직체 모두에 필요한 원리이다. 예를 들면, 발을 몸에서 떼어내도 기능이 가능한가? 비록 발이 그 나름대로의 독특한 용도가 있지만 눈과 손, 기타 나머지 지체들의 지시를 받아야한다. 국가에는 여러 도시들과 마을들이 있다. 그들은 모두 나름의 독자적인 정치를 한다. 그럼에도 불구하고 국가 전체를 보존하기 위하여 모두가 연합하여 각자 보유하고 있는 군대와 군함 등을 의회군에 내놓는다. 위급한 일이 있을 때마다 개별 군대와 군함은 전 군의 장교와 통솔자들이 협의한 사항과 이들의 명령에 따른다. 에임스 박사(William Ames, 1576-1633)는 교회는 영적이면서도 하나의 몸이고 군대이며 왕국이라고 말하면서, 자신이 저작, 신학의 정수(the Marrow of Theology)[218]에서 주장하기를 중대한 문제가 있을 때 교회들이 대회에 모여야 할 것을 자연의 빛은 요구한다고 한다. 자연과 이성의 하나님은 자신의 말씀 안에 자연의 빛과 올바른 이성의 빛에 거스르는 정치를 두지 않으셨다. 항소(appeals)는 신적인 빛과 자연적인 빛에 속하는 것으로서 재판

218) Ames, Medul. Theol. Book I, chap. 39.

관들의 불법과 무지로 인해 모든 사회에 반드시 필요한 것이라고 휫테이커(Whitaker)는 말했다.[219] 모든 시대와 국가들의 관습들이 이러한 사실을 충분히 증명하고 있다.

논증 2. 유대인의 교회정치는 두 번째 논증을 제공한다. 유대인들의 모든 도시에 예루살렘의 최고의 교회법원에 종속된 회당들이 있었다면, 우리들 가운데에도 개 교회들이 상회에 종속돼야 한다. 유대인들 가운데에는 실제로 그러한 원리들이 작동했다. 그러므로 유대교의 개별 회당들이 예루살렘의 회에 복종했다는 것은 유대인들 사이에 명백한 사실이다(신 17:8, 12; 대하 19:8, 11; 출 18:22-26).

그러므로 우리들 가운데에서도 그러한 복종이 있어야 함은 명백하다. 하나님께서 유대인들이 처하게 될지도 모르는 위험과 어려움에 대비하기 위해서 그들 가운데 정치를 두셨다. 만약 그들에게 정치가 없었다면 큰 혼란에 빠지게 되었을 것이다. 그러므로 우리에게 그와 동일한 예방과 해결의 방법이 없어서야 되겠는가? 사도가 예언한 바대로, 교회에서 재판이 행해졌던 신약시대보다 현재 더 심각한 이단들의 위험에 노출되어 있지 않은가? 또한 이 마지막 때에 불신앙이 판을 치고 있지 않은가? 그 당시보다 오늘날 불신자들과 더 자유롭고 허용된 분위기 속에서 교류하고 있지 않은가?

반론. 그리스도인들이 교회정치의 형태를 취할 때 유대교회에서 따와서

---

219) William Whitaker, Contra de Rom. Pontiff, Q. 4, chap. 2, p. 470.

는 안 된다. 유대인의 정치는 의식적이고 전형적이기 때문이다. 또한 그리스도인들이 유대교화해서도 안 되고 유대교식의 교회들의 복종 시스템을 사용해서도 안 된다. 왜냐하면 신약시대에는 모세의 정치형태가 폐지되었기 때문이다.

이와 같은 반론을 제기하는 자들에게 다음과 같은 말을 하려는 것은 아니다. 이스라엘 백성들이 레위인들에게 안수를 했고 모든 이스라엘 백성들이 불결한 자를 제거해야 했다는 이유로, 어느 누구도 이 유대교정치를 차용해 임직과 출교에 있어서 회중들의 권세[220]를 지나치게 주장해서는 안 된다. 우리는 다음과 같이 답변한다. 유대교회의 의식법과 재판법이 지금까지 심지어 바로 오늘도 시행중이다. 그것은 이성과 자연의 원리인 형평법에 근거를 두었고 도덕법을 유지하는데 이바지했기 때문이다. 부당하게 고통당하는 자가 보상을 받고, 해를 끼친 상대가 유일한 재판관 이거나 재판에 관여하는 유일한 당사자가 되어서는 안 되며, 재판이 성급하고 편파적으로 이루어져서도 안 되는 것은 영원한 도덕이다. 일반적이지 않은 특수한 도덕과 유대교법 안에 있는 유대교회의 고유한 상징이나 유대인들이 받은 약속의 땅의 독특성과 관련된 유대교의 정치 형태는 폐지되었다. 그들의 도덕과 관련된 법, 즉 보편적인 형평법의 모든 것은 아직도 의무적이다. 유대교회가 유대교적인 교회로서가 아니라 정치적인 교회, 즉 기독교 국가로서 가지고 있었던 것은 무엇이나(이 가운데 교회 법원들의 복종이 포함된다.)그리스도

220) Robinson' s Justification..., pp. 122-123.

인의 교회에 속한다. 예를 들면, 모든 판결이 대제사장에 의해서 결정되었던 것은 그리스도의 최고의 재판권의 모형이었다. 하지만 점차적으로 억압당하고 고통 받는 자들을 돕기 위한 법정들이 생겨났다. 여기에는 의식이나 모형이 있을 수 없다. 이 방식은 산상수훈의 모범을 따라 모세에게 배운 것이 아니라(어떤 학식이 뛰어난 저자가 말했다) 자연의 빛을 통해 이드로에게 전해졌고(출 18:22) 이드로가 이 방식을 조언의 형식으로 모세에게 전했다.[221] 이 방식은 유대인의 가르침에 속한 것이 아니라 교회의 선한 질서에 속했다(Gerson, Bucerus).[222]

이 반론에 대한 우리의 답변을 결론 내리자면 다음과 같다. 만약 우리가 유대인들처럼 항소(appeals)의 유익을 자유롭게 누릴 수 없다면, 율법의 멍에보다 복음의 멍에를 견뎌내기 더 어려울 것이다. 이렇게 되면 억압받는 유대인들은 산헤드린에 자유롭게 항소하지만 부당하게 고통당하는 그리스도인들은 불공정하고 압제적인 당회 아래에서 신음해도 이들을 구제해줄 아무런 교회의 법정이 없게 될 것이다. 이것은 분명 그리스도의 예언에 반하는 것이다(시 72:12, 14).

논증 3. 개 교회의 상회에 대한 복종을 입증하기 위한 세 번째 논증은 우리 구주 그리스도께서 제정하신 단계적인 항소(gradual appeals)의 제도를 통해 이

---

221) Charles Herle, Independency and Scripture: Of Independency of Churches, p. 6.

222) Bucer, De Gubernatati Ecclesiastici, p. 65. Gerson.

루어진다(마 18:17–18).

우리 구주는 교회의 어떤 지체를(문제를 일삼는다면) 점차적으로 다룰 것을 명하셨는데, 먼저 개인적으로 꾸짖고 다음으로 두세 명의 증인 앞에서, 마지막으로 교회 앞에서 꾸짖으라고 하셨다. 이 사실을 통해 다음과 같이 주장할 수 있다.

그리스도께서 완강하게 죄를 뉘우치지 않는 형제의 범죄 사실을 교회 앞에서 꾸짖으라고 정하셨다면, 훨씬 많은 수가(전 교회라고 가정해 보자) 완강하게 할 경우 이 문제를 상회 앞에 가져가야 하지 않겠는가? 위 논증의 결과는 몇 가지 방식으로 입증된다.

1. 비례의 법칙에 따라서 한두 명의 신자는 개 교회에 복종하고 개 교회는 노회나 총회에 복종한다. 마찬가지로 개 교회는 이를 대표하는 당회의 다스림을 받고 열 두어 교회들은 이들을 대표하는 노회의 다스림을 받는다.

2. 그리스도께서 교회가 처하게 될지도 모르는 위기상황에 대비해서 규정해 두신 해결책은 충분하다. 동일한 개 교회 내의 두 신자들 사이처럼 동일한 지교회 내의 두 개의 개 교회 사이에 범죄가 발생할 수 있기 때문에, 그리스도께서는 한 교회의 지체들뿐만 아니라, 개 교회들이 문제의 시정을 요청하기 위해서 자유롭게 불만을 제기하고 좀 더 보편적인 재판을 하도록 항소할 수 있게 정하셨다. 그리스도께서 여기서 정해놓으신 해결책은 이러한 문제를 처리하기에 충분하다. 만약 문제가 개별 신자들뿐만 아니라 온 교회에 확산될 경우를 대비해서 항소와 복종이라는 해결책 또한 정해져 있

다. 어떤 신자에게 이웃교회로 인해서 문제가 발생하면 그는 누구에게 불만을 제기할 것인가? 문제를 일으킨 그 교회는 재판에 관여해서는 안 된다.

3. 개별 신자들이 개 교회 안에서 서로 연합하여 한 몸을 이루는 것처럼 하나의 동일한 지역이나 국가의 교회들이 교통함으로써 교리와 치리 가운데 연합하여 한 몸을 이룬다. 그러므로 거룩한 교통 가운데 있는 교회들 간에 범죄-거룩한 연합에 가장 합당치 않고 파괴를 일삼는-가 발생할 경우 그 범죄는 한 교회의 신자들 간에 생기는 범죄와 마찬가지로 상위의 법정에서 반드시 시정되어야 한다.

4. 교회의 일부를 보살피는 자는 교회 전체를 위해서는 더욱더 세심한 배려를 해야 한다. 사랑을 베풀며 한 영혼의 회심에 관심이 있는 자는 틀림없이 많은 영혼들의 영적 건강과 전 교회를 가르치는 일을 중시한다. 그리스도의 사랑의 감화가 자연의 질서를 따라 온 몸과 신부이자 배우자에게 부어져 각 지체, 즉 개별 신자들의 유익에 이바지한다. 이러한 단계적인 항소의 제도에 대한 반론은 없다.

우리의 입장에 직접적으로 반대하는 거대한 반론은 다음과 같다. 우리 구주는 신자들 간의 분쟁이 개 교회 내에서 종결되기를 원하셨기 때문에 그 교회의 최종판결을 요구하셨다. 구주는 교회들이 아니라 "교회에 말하라"로 하셨다. 여기서 그리스도께서는 소수가 다수에게 복종할 것을 정하셨지만, 교회 밖이 아닌 여전히 동일한 교회 안에서 이루어지도록 하셨다.

이에 대하여 우리는 답변한다. 우리 구주는 하나의 개 교회만을 의미한 것이 아니라 여러 교회들의 직원들로 연합된 여러 교회들을 의미했다. 이러한 사실은 이하의 근거들을 통해서 드러난다.

1. 하나의 개 교회가 우리 구주께서 금하신 다툼을 해결하거나 혼란을 진정시킬 수 없는 경우가 많다. 특히 하나의 개 교회가 둘로 나뉘어 서로 대적하거나 갈등관계에 있을 때는 더더욱 그러하다. 그리스도께서 문제의 해결을 한 교회에만 맡겼다면 그 교회가 문제를 자체적으로 해결을 못할 경우 그 혼란은 가중될 것이다.

2. 그리스도께서 "교회에 말하라"고 명하셨을 때 유대교회를 두고 한 말씀이며, 그 유대교회는 하나의 유대교 회당 안의 지체들이기도 하고, 개 교회들 사이에 또는 그 교회들의 지체들 사이에 발생한 분쟁을 해결하도록 하나님께서 임명하신 엄선된 자들로 구성된 산헤드린에 속한 모두이기도 하다. 그래서 다음과 같이 결론을 내릴 수 있다. 그리스도께서 정하신 복종이 유대인들의 교회에서처럼 그리스도인의 교회에서 확장된다. 그리스도는 유대교의 관행을 시사하고 있기 때문이다. 유대교회에서 소수가 다수에게 복종했는데, 이 원리가 동일한 회당이나 교회 내에서뿐만 아니라 온 나라 안에서 적용되었다. 모든 유대교 회당들이 예루살렘의 대공의회 아래에 있었기 때문이다. 그리스도께서는 교회정치를 위해서 옛 유대인들에게 주어졌던 것과 동일한 규칙을 여기서 명확히 제시하고 계신다.

(1) 이교도나 세리로 유명한 그 완고한 사람을 책망한다. 여기서 완고한 사람이란 유대인들의 교회의 현 상태를 나타낸다.

(2) 그리스도께서는 익숙하고도 명확하게 “교회에게 말하라”고 말씀하셨다. 그리스도께서 유대교 법정에 대해서 언급하지 않았더라면 제자들은 교회라는 말을 이해할 수 없었을 것이다. 게다가 그들은 그리스도께서 말씀하셨던 그 범죄들에 대해서 아무것도 몰랐다.

(3) 그리스도는 신명기 19장 17절 말씀을 인용하신다. “그 논쟁하는 쌍방이 같이 하나님 앞에 나아가 그 당시의 제사장과 재판장 앞에 설 것이요.”

(4) 그리스도께서 한 명이 두세 명에게, 두세 명은 교회에 복종할 것을 명하셨던 것을 근거로 추론해 볼 때, 우리 구주는 신자들이 분쟁을 해결할 때 개 교회에 국한하지 말고 개 교회의 범위를 벗어나 더욱더 확장되어 가기를 원하셨다는 것은 명백하다. 이렇게 단계적 절차를 거치는 이유는 수가 더 많을수록 회의 크기가 더 클수록, 소수와 작은 회보다 더 많은 지혜가 모아지고 그 회의 결정에 무게가 더욱 실린다고 생각했기 때문이다. 개 교회 내에서처럼 그 외부에서도 권징의 권세와 가치와 권위가 권징하는 자들의 수에 비례해서 증가한다. 지혜와 위엄에 있어서 열 명이 두 명보다 크다면 사십 명이 열 명을 능가할 것이고 아마도 범죄자를 설득하여 회복시킬 가능성이 더 클 것이다.

여기에 우리는 칼뱅의 증언을 첨언한다. 그리스도는 새로운 것을 제정하지 않으셨고 당신 백성의 교회에서 지켰던 관습을 따랐다.[223] 다시 말하지만 그리스도는 유대인들 가운데 받아들여졌고 교회의 대표인 장로들의 권세이었던 치리의 형식을 존중했다.[224] 베자(Beza), 유니우스(Junius), 휘테이커(Whitaker), 카트라이트(Cartwright), 브라이트만(Brightman), 부카누스(Bucanus) 등의 판단도 동일했다. 이와 관련하여 고대문헌들도 그리스도는 신약시대의 교회가 유대교회의 정치형태와 재판권의 질서를 차용할 것을 의도하셨다는데 완전히 동의한다. 암브로스(Ambrose), 테오도렛(Theodoret), 키릴(Cyril), 그레그(Greg) 등도 이와 의견을 같이한다.

논증 4. 네 번째 논증은 사도적인 교회의 모범을 통해서 이루어진다(행 15).

안디옥 교회(13장 명제 2에서 입증된 바와 같이, 비록 노회였지만)는 예루살렘의 대회에 복종했다. 그러므로 개 교회는 상회에 복종한다. 그 당시 대회의 명령이 하회에 대해 구속력이 있었다면, 오늘날 대회 역시 개 교회들에 대해 구속력을 행사할 수 있고 개 교회들은 대회에 복종해야 한다.

그곳 대회에서 부가한 판결이 부당하거나 오늘날에는 그 당시보다 그러한 해결책이 별로 필요하지 않다고 주장하지 않는다면, 위와 같은 결론은 부인할 수 없다. 영감이라는 비범한 영의 도움을 받은 사도들인데도 의심을 받는 일이 있으면 이 문제를 해결하기 위해서 대회를 열었다면, 그 사도들보다 훨씬 열등한 은사를 지닌 우리들은 문제가 발생 시 대회를 열어야 하

223) John Calvin, Institutes, IV, 2:2, 4.

224) John Calvin, Commentary on Mt. 18.

는 필요가 더욱 크지 않겠는가? 우리에게 교회정치의 모범을 보이기 위해 대회의 사례를 남겨주기로 결정하지 않았더라면, 그들은 자신들의 교리의 무오성에 대한 회의적 생각을 결정짓기 위해 그렇게 많은 사람들이 모이지 않았을 것이고 오늘날 우리가 본받을 만한 대회도 없었을 것이다.

교회정치모범에 대한 이하 반론들은 전혀 타당하지 않다.

1. 이것은 대회(Synod)가 아니었다. 첫째, 대회라는 용어가 성경에 나오지 않기 때문에 그것은 대회가 아니었던 것으로 보인다. 둘째, 여러 교회에서 보낸 수리아와 길리기아의 위원들의 회는 대회적인 성격을 갖지 못했고 그들이 정한 규례들은 구속력이 없었다. 셋째, 신자들 모두가 이 회에서 발언권이 있었다.

2. 비록 그 회가 대회였다고 치더라도 우리의 모범은 되지 못한다. 그 회에는 오류가 없고 사도적인 영의 인도를 받는 회원들로 구성되어있었기 때문이다.

첫 번째 반론에 대한 답변은 다음과 같다. 비록 대회라는 용어가 명시되어 있지는 않지만 여러 교회들의 대표들로 구성된 모임은 분명 대회였다. 예루살렘 교회와 안디옥 교회에 그들의 위원들이 있었다는 것은 명백히 드러났다. 따라서 많은 개 교회들에는 그들의 위원들이 있었다는 결론에 도달한다. 13장 명제 2에서 입증된 바와 같이 예루살렘과 안디옥에는 개 교회들이 여럿 있었다. 함께 모였다(6절)의 그 단어 sunekthesan는 이들이 함께 만났다는 것을 입증해 준다(25절에서도 이 단어가 등장한다.). 위원들을 보내지 않은 수리아와 길리기아의 교회들을 두고 그들의 이름이 나와 있지 않기 때문에 그곳에 위원들이 없었다고 결론내릴 수는 없다. 그리고 만약 그 위원들이 그곳에 없다면, 결과적으로 그들은 존재하지 않았어야 했다: a non facto ad non jus, non valet consequentia. 하지만 오히려 수리아와 길리기아에는 위원들이 있었다. 왜냐하면 대회에서 정한 규례들을 받을 대상이 다른 사람들뿐만 아니라 바로 그 위원들이었기 때문이다. 그 규례들이 공식적인 성경으로서는 아니지만 그들에 대한 구속력을 지녔다. "성령과 우리는 이 요긴한 것들 외에는 아무 짐도 너희에게 지우지 아니하는 것이 옳은 줄 알았노니"라는 성경말씀과 그들이 이 문제로 논쟁을 벌이는 것은 서로 모순되기 때문이다. 그러므로 대회에서 정한 규례들이 그 교회들을 구속했던 점을 고려하면 그 교회들에는 자신들의 위원들이 존재했거나 반드시 존재했어야 한다.

다수의 신자들이 그 집회에서 발언권을 가졌고, 따라서 그 회는 대회가 아니라는 반론에 대해서 다음과 같이 답변한다(22절).

모든 개별 신자들이 그 집회에서 투표권을 가졌다는 것을 입증할 방법이 없다.

유니우스(Junius), 베자(Beza), 칼뱅, 피스카토르(Piscator)는 다수의 신자들과 교회, 사도들과 장로들로 이루어진 다수의 신자들과 전 교회를 문제를 의논하기 위해 함께 모인 자들(6절)로 이해하고 있다. 그 외에 다른 어떠한 무리들이 모였다는 기록은 없다. 하지만 다른 회원들의 동의하고 승인할 자유와 하나님의 말씀을 기준으로 모든 결정된 사항들을 조사할 자유를 부인하지는 않겠다. 하지만 그 규례들이 자신들의 규례라고 불리는 바와 같이(행 16:4, 6), 규례들을 정하고 구성하는 일은 사도들과 장로들이 하는 일이라고 밝혀져 있다. 문제를 의논하기 위해서 대회에 함께 모인 자들만이 확정된 투표권이 있었고 그들은 다름 아닌 사도들과 장로들이었다(행 15:6). 그 서신의 발송이 공동의 동의를 얻었기에 모두의 이름으로 보냈다는 사실은 인정한다. 따라서 그 서신의 메시지의 중요성이 더해졌다. 게다가 예루살렘 신자들이 그 대회에서 투표를 했다면 무슨 권위로 했다는 말인가? 우리 형제들의 의견에 따르면 그들은 위원이 아니었고 위원의 권한이 전혀 없었는데, 그들이 어떻게 수리아와 길리기아의 교회들과 다른 교회들에게 짐을 부과하고 규례를 명할 수 있었겠는가?

그러한 규례들은 성령님께서 지시하시는 것이기에 다른 대회들은 그러한 특권을 행사할 수 없다는 반론에 대하여 아래에 답변을 제시한다.

답변. 이 대회에서 정한 규례는 사도적이고 규범적인 문서로서가 아니라 대회적인 성격으로서 강제력이 있었다. 이것은 몇 가지 사실로 드러난다.

1. 사도들이 이 규범들을 작성할 때 그들이 성경을 받아 적고 신적 진리를 공포할 때 사용했던 방법과는 사뭇 다르게 대회와 교회를 통해서 진행했다. 그들의 규례는 많은 논쟁과 인간의 논고를 통해서 나왔다. 하지만 하

나님의 말씀은 인간의 추론을 통해서가 아니라 성령님의 직접적인 지시를 통해 공표되었다(벧후 1:21).

2. 이곳 대회에는 사도들 외에 장로와 다른 형제들과 일반직원들이 있었다. 사도들은 성경을 기록할 때 장로들과 형제들과 상의한 적이 없다(우리를 반박하는 쪽에서는 상의를 했다고 주장하지만). 우리 형제들은 일반 신자들의 명령을 신적이고 규범적인 문서(Scripture)로 받아들인다.

3. 신적인 명령은 오직 주님의 이름으로 공표된다. 하지만 이 규례들은 사람의 이름으로 공표된다. “성령과 우리는 이 요긴한 것들 외에는 아무 짐도 너희에게 지우지 아니하는 것이 옳은 줄 알았노니”(행 15:28).

4. 정경이 완성되었기 때문에 그리스도의 재림까지 규범적이고 사도에 의한 문서들이 새롭게 나오지 않을 것이다(계 22:18-19). 하지만 세상 끝날 까지 교회와 함께 하시는 성령님의 도우심을 통해서 명령하는 일과 성경의 인도를 받는 일은 계속 될 것이다. 그러므로 이 규례를 정하는 일이 성경을 받아쓰게 하는 방식같이 이루어진 것은 아니다. 이 문제는 성령님께서 니케아 공의회와 도르트 공의회에 영감을 주신 것처럼, 그리스도의 약속, 즉 “두세 사람이 내 이름으로 모인 곳에는 나도 그들 중에 있느니라”(마 18:18-20, 28:20)로 명확히 해결된다. 그러므로 사도들은 이곳 대회에서 자신들의 사도적인 비상함을 내려놓고 미래 세대들의 귀감이 되기 위해서 일반적인 목사의 자라로 내려왔다.

결론적으로 이 회의 모든 본질적인 요소들은 대회적인 성격을 가지며 다음과 같다.

1. 심한 분쟁이 생길 경우에 모임.

2. 분쟁해결을 위해 개 교회들의 위원들로 대표단을 구성.

3. 대표로 위임된 자들의 회.

4. 소집된 위원들에 의한 문제 논의.

5. 논의된 문제의 결정.

6. 결정된 사항을 부과.

7. 부과된 사항에 복종

(aphtharto mone pantote doxa theo)-딤전 1:17.

유스 디비눔

Jus Divinum Regiminis Ecclesiastici

초판 1쇄 인쇄 | 2018년 6월 14일
초판 1쇄 발행 | 2018년 6월 22일

옮긴이 | 장종원

펴낸곳 | 고백과 문답
등　록 | 제 2016-000127호
주　소 | 서울특별시 영등포구 가마산로65길 15-4 (신길동)
전　화 | 02.586.5451
이메일 | largoviva@hanmail.net

편　집 | 문진숙
인　쇄 | 이레아트 02.2278.1886
총　판 | (주)비전북 031.907.3927

ISBN 979-11-958998-4-5